Luigi Palma di Cesnola

Zypern, seine alten Städte, Gräber und Tempel

Luigi Palma di Cesnola

Zypern, seine alten Städte, Gräber und Tempel

ISBN/EAN: 9783743316614

Hergestellt in Europa, USA, Kanada, Australien, Japan

Cover: Foto ©Andreas Hilbeck / pixelio.de

Manufactured and distributed by brebook publishing software
(www.brebook.com)

Luigi Palma di Cesnola

Zypern, seine alten Städte, Gräber und Tempel

CYPERN,

SEINE ALTEN STÄDTE, GRÄBER UND TEMPEL.

BERICHT

ÜBER ZEHNJÄHRIGE FORSCHUNGEN UND AUSGRABUNGEN
AUF DER INSEL

VON

LOUIS PALMA DI CESNOLA.

AUTORISIERTE DEUTSCHE BEARBEITUNG

VON

LUDWIG STERN.

MIT EINLEITENDEM VORWORT

VON

GEORG EBERS.

MIT MEHR ALS 500 IN DEN TEXT UND AUF 96 TAFELN GEDRUCKTEN HOLZSCHNITT-ILLUSTRATIONEN, 12 LITHOGRAPHIERTEN SCHRIFT-TAFELN UND 2 KARTEN.

VORWORT.

In Folge der Befitzergreifung der Infel Cypern durch die Engländer richtete fich die Theilnahme und Wifsbegier von Millionen auf diefes Eiland, das wegen feiner befonderen Lage berufen zu fein fchien, den Verkehr zur See zwifchen dem Weften und Often zu vermitteln, das im Alterthum reich an viel befuchten Häfen, blühenden Städten und glänzenden Tempeln mit dem üppigften aller Dienfte gewefen ift und endlich nachdem es die Türken durch Waffengewalt und den fchnödeften Verrath den Venetianern aus der Hand geriffen, verödend und fich entvölkernd der Vergeffenheit anheimfiel.

Dann und wann machten fchon früher einzelne Alterthümer, die man in der Heimat Aphrodites gefunden, von fich reden, hörte man von einer den Bewohnern von Cypern eigenen Schrift und ihrer glücklichen Entzifferung (zuerft durch George Smith † Birch und Brandis †) fprechen; — an Cypern felbft, diefes fieche Glied am kranken Körper des osmanifchen Reichs, wurde man nur durch Reifende, unter denen von Löher die erfte Stelle einnimmt, und gelehrte Monographieen, vorzüglich die von Engel, erinnert, bis Grofsbritannien feine Hand nach dem berühmten Eilande ausftreckte und zu gleicher Zeit im günftigften unter allen denkbaren Augenblicken das CESNOLA'fche Buch über Cypern erfchien, ein Werk. dem niemand den Namen einer wiffenfchaftlichen That abfprechen darf.

Nicht einzeln. fondern in Menge bietet fich in ihm das Neue. und zwar nicht nur für den Archäologen, der freilich die reichfte Ausbeute in ihm finden wird, fondern auch für den Hiftoriker, Geographen und Ethnographen. Anthropologen und Kunftfreund. welcher den Fahrten des Verfaffers in alle Theile der Infel getroft folgen mag. denn Cesnola zeigt nicht nur für die Alterthümer. fondern für alles offene Augen. was ihm in der Natur und im Leben der Menfchen Bemerkenswerthes begegnet. — Das Cypern von heute weifs er gut zu befchreiben. die Refte des alten Cypern haben befonders durch ihn ihre Auerftehung gefeiert. Was Layard für Babylon und Ninive, was Mariette für Aegypten, was Schliemann für Ilion und Mykene, das hat Cesnola für Cypern gethan. Unter den Namen der glücklichften Ausgräber ift dem feinen ein Ehrenplatz gefichert. und diefen hat er fich durch Jahre lange Mühen und durch Gefahren, denen unfer reich begabter Landsmann Dr. Siegismund zum Opfer fiel, redlich erkämpft. Wenn Einer. fo war allerdings Cesnola durch Geburt. Lebensfchickfale und äufsere Stellung befähigt. fo grofse Erfolge unter fchwierigen Umftänden zu erzielen, denn mit der anfprechenden Beweglichkeit des vornehmen Italieners vereint fich in ihm eine unbeugfam zähe Thatkraft, die er in Amerika als tüchtiger Officier vor dem Feind und im Frieden gewonnen oder doch gefeftigt zu haben fcheint. Als Conful der Vereinigten Staaten kam er nach Cypern, und diefe bevorzugte Stellung und die Möglichkeit, die fie ihm eröffnete, fich im äufserften Fall auf eine der gefürchtetften Seemächte zu ftützen, half ihm den üblen Willen mächtiger Widerfacher zu überwinden. Wohl unterrichtet, klug und beharrlich geht er mit feinen Ausgräbern dem die Denkmäler bedeckenden Boden zu Leibe, und bald feft und trotzig, bald gewandt und liftig weifs er fich der Hinderniffe zu erwehren, welche ihm die türkifchen Behörden in den Weg zu legen verfuchen. So lehrreich es ift. die durch ihn gehobenen Schätze zu ftudiren, fo gern läfst man fich erzählen, wo und auf welchem Wege fie erbeutet und in Sicherheit gebracht wurden. Zahllos find die durch ihn an's Licht geförderten und erretteten Alterthümer, die wir nicht nur durch das Wort, fondern durch eine Fülle von ganz vortrefflichen Abbildungen kennen lernen. Diefe letzteren bringen Neues für jeden Zweig der Alterthumswiffenfchaft und machen uns mit einer reich und vielfeitig ausgebildeten Cultur und mit Kunftwerken vertraut, welche fehr verfchiedenen Epochen und Stilarten angehören. Viele von diefen Monumenten find durchaus eigenartig, an anderen aber tritt uns eine intereffante Vermifchung von Morgen- und Abendländifchen Kunftformen entgegen, welche wir gerade in Cypern, dem Stein im Gewäffer. welches Europa von Afien trennt, dem Zankapfel. um den fich Griechen und Phönizier, Aegypter. Affyrer und Perfer vielfach geftritten, dem Boden, auf dem fich hellenifche und femitifche Culte innigft verfchmolzen haben. zu finden erwarten durften. Auf die bisher nur durch wenige Proben bekannte und der ägyptifchen nah verwandte plaftifche Kunft der Phönizier fällt durch die Cesnola'fchen Funde ein neues Licht und für viele bisher unverftandene Mifchformen wird durch fie und manche neben ihnen entdeckte, hier mitgetheilte und auch für fich eines eingehenden Studiums würdige Infchrift ein befferes Verftändnifs eröffnet.

So grofs erfcheint dem Unterzeichneten die Wichtigkeit des Cesnola'fchen Werks, dafs er, als der Herr Verleger ihm die Frage vorlegte: ob er es für geeignet hielte, eine deutfche Ausgabe von ihm zu veranftalten, fie nicht nur entfchieden bejahte, fondern fich auch gern bereit finden liefs feine Landsleute durch einige einleitende Worte auf das mit dem Gewand der deutfchen Sprache bekleidete Buch aufmerkfam zu machen. Diefer Pflicht unterzieht er fich mit um fo gröfserem Vergnügen, je fichere Bürgfchaft ihm von vorn herein die Perfon des Ueberfetzers für eine würdige Durchführung des grofsen und fchönen Unternehmens leiftete. Herrn Ludwig Stern's, eines allen Aegyptologen bekannten Gelehrten Arbeit liegt nun vollendet vor und kann als eine durchgefehene und namentlich in den Anmerkungen mehrfach bereicherte deutfche Ausgabe des englifchen Originals bezeichnet werden. Sie wird für alle Freunde des Alterthums, der Anthropologie, der Völker- und Erdkunde in Deutfchland eine willkommene und nützliche, zugleich aber auch eine fchöne Gabe fein, denn die Ausftattung, welche fie von Seiten der Verlagshandlung erhalten, ift nicht nur würdig, fondern geradezu glänzend.

Leipzig, den 6. März 1879.

Georg Ebers.

VORWORT

DES VERFASSERS UND DES BEARBEITERS.

Der General Di Cesnola leitet fein in englifcher Sprache gefchriebenes und feiner Gattin gewidmetes Buch mit den folgenden Worten ein:

„Viele Freunde in Amerika und England haben mich wiederholt aufgefordert, einen Bericht über meine Forfchungen auf der Infel Cypern herauszugeben, und fo willfahre ich ihrem Wunfche, allerdings wegen meiner literärifchen Unerfahrenheit und unvollkommenen Kenntnifs der englifchen Sprache nicht ohne ernfte Beforgnifs.

„In gewiffer Weife wurde mir die Veröffentlichung diefes Berichtes dadurch auch als Pflicht auferlegt, dafs mehrere hervorragende Gelehrte in Zweifel gezogen hatten, ob ich meine Ausgrabungen auch wohl fyftematifch vorgenommen habe, ob ich die alten Ruinen fo belaffen habe, dafs künftige Studien und Nachforfchungen in ihnen möglich wären, und, ob ich endlich ein wiffenfchaftlich brauchbares Tagebuch über die Entdeckungen geführt habe, aus dem hervorgienge, wie und wo alle wichtigeren Denkmäler gefunden worden feien.

„Aus Klugheitsgründen, die ich nicht zu bereuen habe, veröffentlichte ich über meine Nachgrabungen nichts, fo lange ich auf türkifchem Gebiete weilte. Dafs aber gleichwohl die Forfchungen, welche ich auf Cypern leitete, fyftematifch ausgeführt und alle merkwürdigen Thatfachen hinfichtlich derfelben in gehöriger Weife verzeichnet worden find, das werden hoffentlich die folgenden Blätter beweifen. Dafs meine Unterfuchungen vielleicht nicht in allen Einzelheiten in der üblichen, von den meiften Archäologen adoptierten und vertretenen Weife geführt wurden, will ich nicht beftreiten; aber ich hatte auch viele fehr ernfte Rückfichten zu nehmen, welche ich nicht nach Belieben aufser Acht laffen konnte. Der mir von der ottomanifchen Regierung ausgeftellte Firman forderte gebieterifch, dafs ich die ausgegrabenen Felder in demfelben Zuftande, in dem ich fie gefunden, laffen follte, felbft wenn fie durch Kauf mein Eigenthum geworden wären. Ich würde auch fogar Anftand genommen haben, Zeit und Geld der völligen Freilegung der Ausgrabungsftätten zu opfern und für fpätere Studien herzurichten, da ich wohl wufste, dafs die Eingeborenen bald alle monumentalen Ueberrefte zerftören und die Steine zu baulichen Zwecken wegfchleppen würden, wie fie es mit den in Dali von Mr. Lang aufgedeckten Ruinen nach beliebter Manier gethan haben.

„Ferner würde ein folches Ausgrabungsfyftem für meine Privatmittel zu koftfpielig gewefen fein, denn ich hatte weder über öffentliche Unterftützungen noch über einen organifierten Stab von Gehülfen zu verfügen, wie es fonft wohl bei denjenigen, welche Forfchungen ähnlicher Art und von gleicher Ausdehnung überwachen, der Fall ift. Vielmehr war ich auf meine eigenen perfönlichen und pecuniären Hülfsmittel angewiefen, und meine Gefundheit fowohl wie meine Verhältniffe erforderten damit haushälterifch umzugehen. Das Ergebnifs würde indefs in jedem Falle das nämliche gewefen fein, da die Trümmer alter Bauten, welche ich während meiner zehnjährigen Ausgrabungen zu Tage förderte, faft durchweg nur in niedrigen fteinernen Grundmauern beftanden, die, nachdem ihre Form und ihr genaues Mafs aufgenommen waren, keine weitere archäologifche Wichtigkeit mehr hatten.

„Das allmählich fortfchreitende Verfchwinden der alten Denkmäler auf Cypern erfchwert die Wiedererkennung feiner Städte und Tempel aufserordentlich; und unglücklicherweife find auch die Nachrichten über diefelben bei den alten Schriftftellern fo fparfam und zuammenhangslos, dafs fie ebenfo häufig irreführen als helfen. Den gröfsten Schwierigkeiten begegnete ich in diefer Hinficht bei den Städten Throni, Leucolla und Aphrodifium.

„Um den fernerftehenden Lefer in den Stand zu fetzen, der Befchreibung meiner Forfchungen mit einiger Theilnahme zu folgen, habe ich eine kurze Einleitung über die Gefchichte der Infel vorausgefchickt, von den mythifchen Zeiten, wo alles in Verwirrung und Dunkel zu fein fcheint, bis auf die Neuzeit.

„Unter den neueren Schriftftellern über Cypern habe ich Lufignan, Dapper, Mariti, Jauna, Pococke, Danville, Lacroix und De Mas Latrie zu Rathe gezogen, aber der, dem ich am meiften verdanke, ift Engel, welcher mit jener Tüchtigkeit und Gründlichkeit, die in unferm Zeitalter fo vornehmlich den deutfchen Gelehrten auszeichnen, in feinem Werke „Kypros“ die befte und zuverläffigfte Kunde, die man von der Infel

Cypern aus dem Alterthume befitzt, gefammelt hat. Meine Unkenntnifs der deutfchen Sprache beraubte mich leider während meines Aufenthalts auf Cypern des grofsen Vortheils, den mir das Studium diefes vortrefflichen Werkes hätte gewähren können. Der Freundlichkeit und gröfsern Gelehrfamkeit des Mr. A. S. MURRAY vom Britifchen Mufeum verdanke ich meine Bekanntfchaft mit Engel fowie auch viele fonftige werthvolle Winke, was ich hiermit dankbar anerkenne.

„Den im Anhange mitgetheilten Catalog der gefchnittenen Steine, welche in den Schatzgewölben des Tempels von Curium gefunden wurden, verdanke ich der grofsen Güte des Mr. C. W. KING, M. A. vom Trinity-College zu Cambridge, des wohlbekannten Verfaffers der Werke „The natural Hiftory of Gems", „Antique Gems" und anderer ähnlicher. Dem Freunde der glyptifchen Kunft wird diefe Arbeit von erheblichem Nutzen fein.

„Im Anhange wird man auch eine kurze Befchreibung der verfchiedenen Typen der auf Cypern gefundenen Vafen fowie alle Infchriften finden, welche ich an verfchiedenen Stellen bei meinen Ausflügen auf der Infel entdeckt und gefehen habe. Diefe Infchriften find griechifch, cyprifch und phönicifch, drei auf babylonifchen Cylindern eingefchnittene affyrifch, eine bilingue auf einer Grabftele griechifch und lateinifch. Die Befchreibung der Vafen ift von Herrn A. S. MURRAY entworfen, gegen den ich bereits meine Verpflichtungen ausgefprochen habe.

„Obgleich diefer Band an Illuftrationen reich ift, fo enthält er doch nur einen kleinen Bruchtheil der cyprifchen Alterthümer, welche ich durch meine Ausgrabungen auf der Infel entdeckt habe.

„Die Befchreibung der verfchiedenen Oertlichkeiten, der Gräber und Tempel, welche man auf den folgenden Seiten lefen wird, habe ich den Notizen entnommen, welche ich an Ort und Stelle während der Ausgrabungen niederfchrieb: ich zeichnete damals gewiffenhaft auf, was ich thatfächlich fah und wie es mir nach forgfältiger Prüfung erfchien.

„Ich hege die Hoffnung, dafs die Entdeckungen, welche ich fo glücklich war auf Cypern zu machen, an Wichtigkeit gewinnen, je allgemeiner fie bekannt werden, und dafs fie die gütigft ausgefprochene Meinung des berühmten Entdeckers von Niniveh rechtfertigen werden: „Sie bereichern die Gefchichte der Kunft und die Archäologie um ein neues und höchft wichtiges Capitel."

Ilfington-Villa, London, im April 1877.

L. P. di Cesnola.

* * *

Diefen Worten Layard's wird jeder zuftimmen, der das Buch Di Cesnola's zur Hand nimmt. Die cyprifche Kunft, welche in demfelben zum erften Male in ihren verfchiedenen Gattungen der Töpferei, der Sculptur, der Bearbeitung des Metalles und der Steinfchneidekunft beinahe vollftändig befchrieben und zur Anfchauung gebracht wird, zeigt durchweg einen eigenthümlichen, gemifchten Stil, der fchon den Alten fremdländifch und feltfam erfchien. Aefchylus nennt ihn geradezu den κύπριος χαρακτήρ und fucht feinen Urfprung an den Ufern des Niles*). Und in der That giebt ein Blick

*) Supplices 283. Vergl. Gazette archéologique 1877, S. 117.

auf die Karte die beſte Erklärung für ſeine Geſchichte, in der die einheitliche Entwickelung ebenſo fehlt, wie die Mannigfaltigkeit in ihr vorherrſcht*). Ich habe nach einem chronologiſchen Verſtändniſs der cypriſchen Kunſt geſucht, die Geſchichte mit den Denkmälern verglichen, die Daten, welche ſie gewähren, zuſammengeſtellt, und erlaube mir im Eingange dieſes Buches einige Andeutungen darüber.

Die älteſte Kunde von Cypern führt uns, wenn denn unter dem *Asebi* der hieroglyphiſchen Inſchriften dieſe Inſel zu verſtehen iſt, in die Mitte des zweiten Jahrtauſends vor unſerer Zeitrechnung und bezeugt einen hohen Stand der damaligen cypriſchen Cultur. Es iſt durchaus wahrſcheinlich, daſs die Cyprer mit der ägyptiſchen Kunſtblüte, die uns beiſpielsweiſe in dem Grabe Ramſes III. entgegentritt, nicht unbekannt geblieben ſind. Ob ſich aber Denkmäler aus dieſer entlegenen Zeit erhalten haben, ob einige der rohen Figuren, welche man pelasgiſch, ob jene wenigen, welche man barbariſch-aſiatiſch genannt hat, dieſer früheren Geſchichte der Inſel entſtammen, das bleibt mindeſtens zweifelhaft**). Arbeiten in Thon und Bronze ſcheinen das Aelteſte zu ſein, was in cypriſcher Erde gefunden worden iſt, und die älteren Thongefäſse ſowohl cypriſchen als phöniciſchen Urſprungs dürften bis in's neunte vorchriſtliche Jahrhundert zurückreichen. Es iſt dies die Anſicht unſeres groſsen Lepsius, die er äuſserte, als für das Berliner Muſeum eine ſchöne Auswahl dieſer Alterthümer erworben wurde***); und von der dürſen

*) Vergl. die fachgemäſsen Ausführungen C. T. Newton's in der Academy 1878, I, 83.

**) Vergl. R. S. Poole in den Transactions Roy. Soc. Lit. XI, 63.

***) Vergl. Lang, Cyprus, S. 346.

wir ausgehen, indem wir die mannigfaltigen Kunstwerke Cyperns in eine chronologische Reihenfolge zu bringen suchen. Jedenfalls scheint eine cyprisch-phönicische Periode als die erste betrachtet werden zu müssen. In der zweiten Periode tritt deutlich erst assyrischer und dann ägyptischer Einfluss hervor; die Keilinschriften, die geschnittenen Cylinder und Scarabäen sowie einige Statuen liefern die wichtigsten Daten für dieses Zeitalter Sargons, Eteanders und des Amasis. Die dritte Periode bezeichnet den Höhepunkt der cyprischen Kunst, indem sich zu dem cyprischen und phönicischen Elemente entschiedener das griechische gesellt. Es ist die Epoche der meisten cyprischen und phönicischen Inschriften, vieler Standbilder von Golgi, des Sarcophags von Amathus und anderer wichtiger Werke. Die vierte Periode führt mit der Herrschaft der Ptolemäer den ägyptischen Einfluss zurück, der sich früher nur durch die Vermittelung der Phönicier geltend gemacht zu haben scheint; neben demselben entfaltet sich die griechische Kunst noch reiner und vielseitiger; die Inschriften dieser Epoche sind griechisch. Die letzte Periode gehört der römischen Kunst an, wogegen der asiatische sowohl wie der ägyptische Einfluss zurücktreten. Für alle diese Epochen liefert nun das Werk Di Cesnola's die deutlichsten Belege und kann deshalb füglich ein Handbuch der cyprischen Alterthumskunde genannt werden.

Die vorliegende deutsche Ausgabe ist eine möglichst getreue Uebersetzung des Originals, so dass in ihr vom Inhalte desselben im Allgemeinen und im Einzelnen nichts fehlt. Ich habe mich nicht für berechtigt gehalten, an dem Texte etwas zu ändern, etwas eigenmächtig hinzuzufügen oder zu kürzen; denn ein Mann von der Thatkraft des Generals Di Cesnola hat zu der eigenartigen Darſtellung ſeiner wichtigen Entdeckungen gewiſs ein Recht. Die vorliegende Ausgabe enthält auch die lehrreiche Abhandlung King's über die Gemmen und die Murray's über die Thongefäſse ſowie die Inſchriften in dreierlei Schrift. Die Wiedergabe der letzteren etwa zu kritiſieren oder zu emendieren, konnte, ſchon aus den Rückſichten, welche bei der Bearbeitung dieſes Werkes maſsgebend waren, nicht in der Abſicht liegen.

In anderen Beziehungen wird dieſe Ausgabe als eine vermehrte und. wenn es zu ſagen geſtattet iſt. verbeſſerte gelten können. Manches kleinere Verſehen des Originals iſt beſeitigt worden; namentlich bin ich bemüht geweſen, die cypriſchen Ortsnamen möglichst correct zu geben, indem ich zwar in zweifelhaften Fällen die meiſt italieniſche Schreibart des Verfaſſers nicht umänderte. aber durch Hinzufügung der richtigen griechiſchen Form, wie ich ſie bei Sakellarios und De Mas Latrie fand. ergänzte und erläuterte. Dieſe und einige andere gelegentliche Zuſätze im Texte ſind in eckige Parentheſen eingeſchloſſen. Einige ausführlichere Ergänzungen und Berichtigungen, die ich zu dem Texte Di Cesnola's machen konnte, habe ich hinter demſelben zu beſondern Anmerkungen zuſammengeſtellt und an den betreffenden Stellen durch Ziffern darauf verwieſen. andere aber für das erklärende Verzeichniſs der Abbildungen vorbehalten.

Das archäologiſche Material habe ich inſofern überſichtlicher geordnet. als ich die Abbildungen nicht in den Text zerſtreute. wie die engliſche Ausgabe. ſondern auf beſondere Tafeln zuſammengeſtellt hinten anhängte. Ich wollte hierin einem Wunſche entſprechen. den der berühmte Archäologe Profeſſor Conze in ſeiner Beurtheilung des Schliemann'fchen Buches über Mycenae kundgegeben hat*). Dafs diefe Zufammenftellung nur ganz im allgemeinen eine fyftematifche fein konnte, wird jeder zugeben. der die äufsern Umftände, die mich hierin befchränkten. in Erwägung zieht. Das durch die Umordnung nothwendig gewordene erklärende Verzeichnifs habe ich möglichft kurz gehalten und zu den betreffenden Bezeichnungen und Mafsen, die ich in der Regel einer Unterfchrift des Originals entnehmen konnte, nur ausnahmsweife abweichende Erklärungen und Hinweife gefügt. auch einige wenige Abbildungen eingefchaltet, die mir zur Erläuterung dienlich fchienen. Was beiläufig die Mafse anbetrifft, fo find fie im ganzen Werke in englichen Fufs angegeben. von denen etwa $3\frac{1}{4}$ auf einen Meter gehen. Einiges ift ferner auch zur Erklärung der cyprifchen und phönicifchen Infchriften hinzugekommen. und endlich ift das Regifter am Ende reichhaltiger geworden.

Di Cesnola's „Cypern" ift nicht nur für die Gelehrten des Faches, fondern auch für die weiteren Kreife der Gebildeten gefchrieben. welche die grofsen archäologifchen Entdeckungen unferes Zeitalters mit Theilnahme und Verftändnifs verfolgen. Den Character des Originals follte auch die Ueberfetzung bewahren. Ob ich aber überall jener Regel des Ueberfetzers eingedenk gewefen bin, fo zu überfetzen. wie der Verfaffer gefchrieben haben würde, wenn er fich der Sprache des Ueberfetzers bedient hätte. das wage ich nicht zu behaupten. Ift nicht allzu häufig dagegen gefehlt. fo ift es Herrn Profeffor Dr. Georg Ebers zu danken. deffen Wohlwollen und Beiftand mir auch bei

*) Vergl. Göttinger Gelehrte Anzeigen 1878, S. 390.

dieser Gelegenheit nicht fehlen follten. Von ihm gieng nicht nur die Anregung aus, dafs die deutfche Bearbeitung mir übertragen wurde, fondern auf meine Bitte liefs er fich felbft herbei, die Druckbogen mit Sorgfalt zu durchlefen und mit höchft werthvollen Bemerkungen zu verfehen. Dafs der ausgezeichnete Gelehrte und gefeierte Dichter trotz fchwerer Krankheit und vieler Berufsarbeiten fich diefer Mühe unterzog, dazu vermochte ihn jene feltene Herzensgüte und Freundlichkeit, die er feinen Schülern zu erweifen pflegt und die ich fo oft von ihm erfahren habe. Es drängt mich, dem verehrten Manne an diefer Stelle meinen Dank auszufprechen.

Steglitz, im Juni 1879.

Ludw. Stern.

CYPERN,

SEINE ALTEN STÄDTE, GRÄBER UND TEMPEL.

CYPERN,

seine alten Städte, Gräber und Tempel.

EINLEITUNG.

Abgesehen von den natürlichen Vortheilen, welche sich mit seiner Gröſse, seiner Fruchtbarkeit und seinem Reichthume verbinden, erlangte Cypern durch seine Lage (für ein Segelschiff ist es nur eine Tagereise von der syrischen Küste entfernt) in dem entlegenen Zeitalter, als die Civilisation in Griechenland nur eben aufdämmerte, aber in Assyrien und Aegypten bereits zu einem hohen Grade vorgeschritten war, eine groſse Wichtigkeit. In späteren Zeiten verleiht diese Stellung zwischen dem Osten und dem Westen mit den dadurch verursachten Kriegen seiner Geschichte einen wechselvollen Character. Aber wir müssen zunächst auf eine Periode zurückgehen, in der Griechenland und die westlichen Nationen von keiner politischen Bedeutung, sondern dem Osten nur um des Handels willen von Werth waren. Die groſsen Kaufleute jener Epoche waren die Phönicier, und ohne Zweifel empfiengen die Griechen im Verlaufe dieses frühen Verkehrs verschiedene wichtige Elemente ihrer spätern Cultur: ihr Alphabet sowie die Systeme ihrer Maſse und Gewichte scheinen dieser Quelle entlehnt zu sein, und neuerdings hat man die wohlbegründete Behauptung aufgeftellt, dafs die Griechen von den Phöniciern auch das, was man das ABC der Kunft genannt hat, entlehnt haben, das heifst, eine Kenntnifs des technifchen Verfahrens in den handwerksmäfsigen Künften, nämlich des Webens, der Stickerei, der Töpferei, der Bearbeitung des Metalls und der Holzfchnitzerei.*)

Für die urfprünglich auf einen fchmalen Küftenftreifen befchränkten Phönicier, welche in der Bearbeitung des Metalls fo geübt und thätig waren, wie es von ihnen in der Zeit Homers bekannt ift, mufs Cypern mit feinem unbegrenzten Reichthum an Kupfer grofse Anziehungskraft befeffen haben, die durch die geringe Entfernung ohne Zweifel nur noch vermehrt wurde. In welcher Zeit fie fich zuerft auf der Infel niedergelaffen haben, ift aus dem Gewirr der Legenden, welches die urfprünglichen Thatfachen umfponnen und verdunkelt hat, unmöglich zu beftimmen. So viel ift ausgemacht, dafs Cypern das Kittim**) des Alten Teftamentes war, obwohl diefer Name zeitweife ohne Zweifel auch auf die weftlichen Völker im allgemeinen ausgedehnt wurde. Jofephus identificiert es ausdrücklich mit Cypern, und andere Schriftfteller haben ihm beigepflichtet, da das Vorhandenfein einer Stadt namens Citium auf der Infel diefe Angabe allerdings fehr wahrfcheinlich macht. Auf welche Auctorität fich Eufebius ftützt, wenn er fagt, die Stadt Paphos fei von

*) Vergl. Brunn, Die Kunft bei Homer, und A. S. Murray im Contemporary Review, January 1874.

**) *Kittim* war ein Sohn Javans, Enkel Japhets und Urenkel Noahs. Man hat vermuthet, dafs diefes Gefchlecht der Kittim aus Kanaan nach der Infel Cypern ausgewandert ift und der Infel feinen Namen gegeben hat. Auch das biblifche *Kaphtor* hat man für einen Namen der Infel Cypern erklärt. In alten ägyptifchen Urkunden kommt fie unter der Form *Keft, Kefta* und *Kefa* vor. Siehe R. S. Poole, Trans. Roy. Soc. Lit. XI., Part 1, New Series. [S. unten die Anm. 1.]

Iſraeliten, die in der Zeit des erſten Richters Athaniel vertrieben wurden, gegründet, wiſſen wir nicht; aber dieſe Angabe ſteht in geradem Widerſpruch mit den ſonſtigen Ueberlieferungen und darf vielleicht einfach übergangen werden.[1] Die frühern phöniciſchen Anſiedler ſcheinen mit dem Mutterlande in Verbindung geblieben zu ſein, und in der Zeit Hirams, des Königs von Tyrus, der ein Zeitgenoſſe Davids und Salomos war (c. 1000 vor Chr.), finden wir, daſs ſie den von Tyrus erhobenen Tribut verweigern. Der Aufſtand wurde von Hiram gedämpſt; und aus der Verbindung Kittims mit der Zerſtörung von Tyrus in den Prophezeiungen Jeſaias ſcheint hervorzugehen, daſs noch zu ſeiner Zeit (am Ende des achten Jahrhunderts vor Chr.) Cypern nahe Beziehungen zu Tyrus hatte. Man darf annehmen, daſs ſich zu den phöniciſchen Anſiedlern Auswanderer vom verwandten Stamme der Cilicier und andere aus Phrygien geſellt hatten; aber es iſt nicht wahrſcheinlich, daſs Aegypten jemals Coloniſten hingeſandt hat, obwohl Herodot berichtet, daſs die Bevölkerung theilweiſe aus Aethiopen beſtehe. So haben wir auf der einen Seite eine ſemitiſche Bevölkerung, von der dieſe Inſel den Namen Kittim empfing und deren erſte Niederlaſſung vermuthlich Citium war. Wahrſcheinlich hatte dieſelbe keinen ſtarken Sinn für politiſche Unabhängigkeit, ſondern lebte vielmehr in friedlichem Verkehr des Handels befliſſen. Auf der andern Seite haben wir eine griechiſche Bevölkerung, durch welche dieſe Inſel unter dem Namen *Kypros**) bekannt wurde, den man vom hebräiſchen *Kopher* ableitet, d. h. Cyperblume, die *Hennah* der Araber (*Lauſonia alba*), eine Pflanze, welche daſelbſt vielfältig wächſt und in alten Zeiten zur Bereitung einer Menge von Salben und Oelen

*) Stephanos von Byzanz: Κύπρος ... ἢ ἀπὸ τοῦ φυομένου ἄνθους κύπρου. Engel I, 14.

gebraucht wurde.[2] Dieser Ableitung des Namens der Insel vom Namen einer Pflanze würde die Ableitung der Insel „Rhodos" von der „Rose" entsprechen.*)

Wir werden später Gelegenheit finden, von den verschiedenen Colonien zu sprechen, welche vom Mutterlande Griechenland nach Cypern entsandt wurden. Uebrigens bemerken wir in den cyprischen ebenso wie in andern griechischen Legenden das Bestreben, die Geschichte der Insel mit den Schicksalen der Griechen des trojanischen Krieges in Zusammenhang zu bringen. Der sagenhafte Held von Cypern war Cinyras, auf den die Erfindung des Hammers, des Ambosses, der Zange und anderer bei der Bearbeitung der Metalle gebrauchter Werkzeuge zurückgeführt wurde, und der die Insel beherrschte, als der trojanische Kriegszug aufbrach. Wie die andern griechischen Fürsten, ward auch er ersucht, am Kriege Theil zu nehmen, und Homer (Ilias 11. 19) giebt eine Beschreibung der Rüstung, welche er dem Agamemnon darbot:

„Weiter umschirmt er die Brust ringsher mit dem ehernen Harnisch,
„Den einst Kinyras ihm zum Gastgeschenke verliehen.
„Denn es erscholl gen Cypern der grosse Ruf der Achaier,
„Dass sie zum troischen Lande hinaufzuschiffen beschlossen;
„Darum schenkt er ihm jenen, gefällig zu sein dem Beherrscher.
„Ringsum wechselten zehn blauschimmernde Streifen des Stahles,
„Zwölf aus funkelndem Gold, und zwanzig andre des Zinnes;
„Auch drei bläuliche Drachen erhuben sich gegen den Hals ihm,
„Beiderseits voll Glanz wie Regenbogen, die Kronos
„Sohn in die Wolken gestellt, den redenden Menschen zur Wahrschau."

Man sagte indessen, dass Agamemnons Rüstung sich als werthlos erwies; doch wurde das nur erwähnt, um

---

*) Die andern mehr oder weniger poetischen Namen Cyperns sind: Aeria, Aerosa, Akamantis, Amathusia, Aphrodisia, Aspelia, Colinia, Kerastis, Kryptos, Meïnes, Ophiusa, Makaria, Paphos, Sphekeia und Tharsis. Die verschiedenen Erklärungen dieser Namen findet man bei Engel 1, 11—24.

den Character des Palamedes zu beleuchten, der entſandt war, um die Hülfe des Cinyras zu erbitten und die wirklich werthvollen Geſchenke, welche ihm von dem cypriſchen König für Agamemnon anvertraut waren, für ſich ſelbſt behalten hatte, indem er die werthloſe Rüſtung unterſchob und ſagte, Cinyras würde hundert Schiffe ſchicken, von denen ſich nie eines blicken liefs. Andere Erzählungen ſetzen Cinyras ſelbſt in ein ungünſtiges Licht. Die Griechen hatten auf ihrem Wege nach Troja bei Cypern Halt gemacht und waren von ihm ſehr gaſtlich empſangen worden: er erbot ſich, ſie während des Krieges mit Vorräthen zu verſorgen, aber erfüllte ſein Verſprechen nicht und lud deshalb den ganzen Zorn Agamemnons auf ſich.

Nach einer andern Erzählung hatte Cinyras dem Menelaus verſprochen, ſunfzig Schiffe nach Troja zu ſenden; als aber die Zeit herankam, ſandte er nur ein einziges hin, indem er die übrigen durch Schiffchen aus Thon mit Mannſchaften von Thonſiguren erſetzte.*) In Folge dieſes Verraths landete Agamemnon auf ſeiner Rückkehr von Troja auf Cypern, verjagte Cinyras und liefs einen Theil ſeiner griechiſchen Mannſchaft in Amathus zurück. Es läfst ſich mit Grund annehmen, daſs Erzählungen dieſer Art, welche die Cyprer mit den Griechen verbündet, jedoch treulos gegen ſie darſtellen, den wahren Stand der Dinge in der Zeit ſchildern, als die Griechen noch nicht der vorherrſchende Theil der Bevölkerung waren.

Die Geſtalt der Inſel wurde von den Alten nicht unpaſſend mit einer Hirſchhaut oder einem ausgebreiteten Flieſse verglichen. Nach Oſten dehnt ſie ſich in einem langen Vorgebirge aus, welches mit Cap Dinaretum (jetzt St. Andreas) abſchlieſst, vor welchem verſchiedene

*) Man ſehe die auf Tafel XLVIII, 2. 3. abgebildeten Boote aus Thon.

Infelchen liegen, die unter dem Namen Clides (Κλεῖδες oder „Schlüffel“) bekannt find. Auf der Nordküfte fpringt das Cap Crommyon (Kormakiti) vor; auf der weftlichen Cap Acamas (St. Epiphanio); und auf der füdlichen Cap Curias (Cap Gatto). Zwifchen diefen Hauptausläufern liegen zahlreiche Punkte oder Vorgebirge, die mit vielen der Schifffahrt günftigen Buchten verbunden find.

Die hauptfächlichften Gebirgszüge liegen im Weften und Südweften der Infel; der höchfte Gipfel ift der des Berges Olympus (Trodos oder Troodos), 6500 Fufs hoch, faft in der Mitte zwifchen den Städten Curium im Süden und Soli im Norden. Vom Berge Olympus kann man die ganze Infel überblicken. Ob der Tempel der Venus Acraea auf diefem Berge oder auf einem Vorgebirge gleiches Namens, welches auf der Nordoftfeite der Infel belegen gewefen fein foll, ftand, ift nicht gewifs. In jenem Tempel hatten Weiber keinen Zutritt. Dem Berge Olympus kommt an Höhe der Berg Adelphi (Μαχαιράς), 5380 Fufs hoch, am nächften; in demfelben Gebirgszuge, aber weiter öftlich, ift ein Hügel, der fich zu einer Höhe von 4730 Fufs erhebt und deffen alter Name nicht feftgeftellt worden ift. In einer weftlichen Verlängerung diefer Kette haben wir den Berg Santa Croce, 2300 Fufs hoch, auf dem in alten Zeiten ein Tempel des Jupiter ftand. Diefer Tempel lag in Trümmern, als die Kaiferin Helena, die Mutter Conftantins, Cypern befuchte; und eine Tradition, aus welcher der Hügel feinen gegenwärtigen Namen ableitet, berichtet, dafs die heilige Helena auf der Stätte eine Kapelle errichten liefs und in derfelben ein Stück vom Kreuze Chrifti niederlegte, welches fie von Jerufalem mitgebracht hatte. Diefe Reliquie will noch ein englifcher Reifender, John Locke, auf Cypern im Jahre 1553 gefehen haben.[3] Jetzt befindet fich auf dem Gipfel des Berges ein zerfallenes griechifches Klofter (des heiligen

Baſilius], und auf dem öſtlichen Abhange ein anderes, welches der heiligen Barbara geweiht iſt. Die Nordküſte iſt in ihrer ganzen Ausdehnung vom Cap Crommyon bis zum Cap Dinaretum bergig, aber die höchſten Punkte erheben ſich nicht über 3340 Fuſs. Der Berg Buffavento iſt 3240 Fuſs, Pentedactylon 2480 Fuſs und Elias 2810 Fuſs hoch. Es iſt nicht bekannt, aus welchem Berge zur Zeit des Kaiſers Titus der vulkaniſche Ausbruch ſtattſand, der ſo groſsen Schaden in der Umgegend verurſachte. Die Inſel ſcheint im allgemeinen den Erdbeben ausgeſetzt geweſen zu ſein. Paphos namentlich fiel ihnen zum Opfer, darnach Amathus.

Auf den Bergen entſprangen zahlreiche Quellen, aber nur zwei oder drei Flüſſe von einiger Bedeutung. Von dieſen war und iſt der Pedaeus oder Pediaeus, der ſich zwiſchen Salamis und Famagoſta ins Meer ergieſst, der bedeutendſte. Sein Lauf richtet ſich nach Oſten durch Nicoſia und einen Theil der groſsen, fruchtbaren Ebene Meſaoria Μεσαορία oder Μεσαρκά, welche hinter den Gebirgszügen auf der Nord- und Südſeite der Inſel liegt: er heiſst jetzt der Pedia Πηδιάς. Im Jahre 1330 war er von heftigen Regengüſſen angeſchwollen und überſchwemmte Nicoſia, indem er viel Leben und Eigenthum zerſtörte; wochenlang war die Ebene von Meſaoria zu einem See geworden. Der Clarius bei Soli und der Bôcarus bei Paphos ſind jetzt den gröſsten Theil des Jahres ausgetrocknet, während der Tetius nur ein Winterfluſs iſt. Der Lapêthus flieſst das ganze Jahr durch, und der Lycus iſt ein ſtattlicher Strom.

Urſprünglich ſoll die ganze Inſel mit Waldung bedeckt geweſen ſein, welche zuerſt für Minierungszwecke, darnach in groſsem Umfange für Schiffsbau gelichtet und verbraucht wurde. Für den letztern wurden die Pinien, welche in hiſtoriſcher Zeit reichlich wuchſen, verwandt, und in einzelnen Fällen auch die Cedern, welche auf Cypern an Höhe noch die auf Libanon übertroffen haben follen. In der Umgegend von Paphos und Amathus wuchfen grofse Maffen Korn. und überhaupt hat die Infel nach der Darftellung der alten Schriftfteller die gröfsefte Mannigfaltigkeit der Naturproducte in Fülle und Ueberflufs erzeugt. Die Cyper- oder Hennahpflanze, von der die Infel ihren Namen haben foll, ift bereits erwähnt worden; die Bereitung von Salben und Farben aus diefer und aus andern Pflanzen bildete in alten Zeiten einen bedeutenden Induftriezweig.*) Der Hanf- und Flachsbau war eine andere gewinnbringende Befchäftigung. Aber die Hauptquelle des Reichthums lag in den Kupferbergwerken, welche nicht nur eine feinere Art diefes Metalles, fondern auch einen reichlichern Ertrag als irgend welche andere, den Alten bekannte Minen lieferten. Der Umftand, dafs das cyprifche Erz fo allgemein verbreitet war, macht es erklärlich, wie der Name deffelben χαλκὸς κύπριος oder *aes cyprium*, verkürzt zu *cyprum*, *cuprum*, in die neuern Sprachen übergieng, fo dafs auch das deutfche „Kupfer" daraus entftand. Die hauptfächlichften Minen waren in Tamaffus, Amathus, Soli, Curium und in der Nähe des Cap Crommyon. Der Ertrag an Eifen war erheblich, während Silber und Gold zwar auch, aber nicht in grofsen Maffen, wie es fcheint, gefunden wurden.

Es unterliegt keinem Zweifel, dafs Cypern unter den urfprünglichen griechifchen Anfiedlern und noch Jahrhunderte nachher, während die unbegrenzten natürlichen Hülfsquellen der Infel nutzbar gemacht wurden, unter den griechifchen Infeln einen hohen Rang eingenommen hat. Aber die leicht erworbenen Naturerzeugniffe, der durch den Handel entftehende Reichthum, das entnervende Klima**) und vielleicht nicht

*) S. oben S. 3 und unten Anmerk. 2.

**) Martial (9, 92) fagt vom Klima: „*Infamem nimio calore*

am wenigſten der Verkehr mit dem Oſten machten das Volk von Cypern bald ſprüchwörtlich zu den glücklichſten Geſchöpfen auf Erden, inſofern Wohlleben und Vergnügen ſie dazu machen konnten. und die natürliche Folge davon war. daſs es keine Unmäſsigkeit oder Verſeinerung des Genuſſes gab, die bei ihnen nicht zu finden geweſen wäre. In dieſer Beziehung ſpielte der Dienſt der Aphrodite eine wichtige Rolle. In groſsem Umfange beſtimmte er den Character der öffentlichen und häuslichen Sittlichkeit auf der Inſel. und daſs das Ergebniſs ein ſehr ſchimpfliches war, läſst ſich aus zahlreichen Stellen bei den alten Schriftſtellern erſehen.*) Jeder kennt die Beſchreibung. welche Herodot (1, 199) von der Sitte der babyloniſchen Frauen im Tempel der Mylitta giebt. und er fügt hinzu. daſs ſie irgendwo in Cypern ähnlich herrſche. Spätere Schriftſteller beſtätigen durchaus. was er ſagt; und die Bilder. welche ſie von den groſsen Feſten der Göttin in Paphos entwerfen, laſſen der menſchlichen Einbildungskraft auf dem Gebiete der groben Sinnlichkeit nur wenig zu erfinden übrig. Zur Vertheidigung könnte man anführen. daſs die Vorſchriften der Religion vieles der Art veranlaſsten. aber man ſcheint wenig oder nichts gethan zu haben, um dieſelben verſöhnlicher zu geſtalten. Beiſpielsweiſe ſind nur ſchwache Spuren vorhanden. daſs es in Cypern ſolche Mittel einer athletiſchen Erziehung gegeben hätte. wie anderswo bei den Griechen. Die Maſſe des Volkes war augenſcheinlich auch dumm. da der Spottname βοῦς κύπριος ein dem βοιωτία ὗς ähnlicher Ausdruck war; auch ſprach man von ihnen in Griechenland meiſt mit Verachtung. Viel Tadel trifft die Könige.

Cyprum". Ludwig IX. verbrachte während ſeines Kreuzzuges 1248 bis 49 einen Winter auf Cypern und verlor ſechsundzwanzig ſeiner edelſten Ritter.

*) Siehe Terenz, Adelphi 2, 2; Athenaeus XIII. 586—594; III. 100; Plautus, Poenulus 1251 flgg.

welche das wollüftige Leben und die Förmlichkeiten der morgenländifchen Fürften nachahmten. Ein Beifpiel, wie der König von Neu-Paphos lebte, ift beim Athenaeus (VI. 257) in einem Bruchftücke einer Comödie des Antiphanes erhalten. Während des Mittagseffens wurde diefem Monarchen durch Tauben, welche ihn umflatterten. Kühlung zugefächelt. Um fie anzulocken, ward er mit fyrifchem Oele gefalbt. welches aus einer Frucht bereitet wurde. die fie gern hatten und deren Geruch fie erkannten. Wenn fie fich aber näherten. um fich auf feinem Kopfe niederzulaffen. dann wehrten Diener fie forgfam ab. und das beftändige Schwingen ihrer Flügel brachte die begehrte Kühlung hervor.

Was die monarchifchen Einrichtungen Cyperns betrifft. fo ift es bekannt. dafs fowohl Ariftoteles als Theophraft über den Gegenftand gefchrieben haben. aber ihre bezüglichen Schriften find verloren gegangen, und nur wenige Thatfachen find erhalten geblieben. Neben den Königen. welche die verfchiedenen Städte ganz ähnlich wie die perfifchen Satrapen die kleinafiatifchen Provinzen beherrfchten. gab es eine Ariftokratie, welche nur durch ihre den Königen geleifteten Dienfte fich bemerkbar macht. Aus der Ariftokratie wurden die Kolakes gewählt, eine Art geheimer Polizei. deren Gefchäft es war, über alle Perfonen. die dem Staate gefährlich fein konnten, Erkundigung einzuziehen. Sie wurden in zwei Klaffen eingetheilt. die Gergini und die Promalanges. Die erfteren hatten fich unters Volk zu mifchen, fowohl auf den öffentlichen Plätzen, wo es zufammenkam, als auch in den Wohnhäufern. und hatten täglich den Anaktes oder dem Obertribunal, welches fich aus den unmittelbaren Verwandten des Königs zufammenfetzte, zu berichten, was fie über irgend jemanden ausgekundfchaftet hatten. Wenn weitere Nachforfchung nöthig erfchien, fo mufsten die Promalanges sie unternehmen. welche in Folge einer Verkleidung und anderer Vorsichtsmaſsregeln dem Volke unbekannt blieben. Auf der andern Seite gab es die öffentlichen Rathssitzungen. die Bulê und Gerusia, wie in Ephesus. und anscheinend folgte man in der Behandlung der öffentlichen Angelegenheiten dem Beispiele Athens. Solon brachte den letzten Theil seines Lebens auf Cypern zu, und starb daselbst, aber er scheint nicht viel Einfluſs auf die Verbesserung der Gesetze und öffentlichen Einrichtungen ausgeübt zu haben.*) Die Könige führten ihren Stammbaum auf die ursprünglichen Begründer der einzelnen Städte, in denen sie herrschten. zurück. und in mancher Hinsicht mögen sie die Traditionen der Fürsten des heroischen Zeitalters erhalten haben.

Von auſserordentlicher Wichtigkeit war auch die Hierarchie von Cypern, in Sonderheit die priesterliche Familie der Cinyraden in Alt-Paphos. deren Vorfahren den Dienst der Aphrodite, wie die Sage gieng. aus Phönicien eingeführt hatten. Paphos galt auf Cypern. wie in Griechenland Delphi. als der Mittelpunkt der Erde. und die Cinyraden standen dort sowohl in politischen als in religiösen Dingen an der Spitze. Der älteste unter ihnen war das zeitige Haupt. mit dem die andern Familienglieder zu einem Priesterrathe vereinigt waren. In Bezug auf religiöse Angelegenheiten erstreckte sich seine Macht über die ganze Insel. In Amathus war die priesterliche Familie gleichfalls aus dem Geschlechte der Cinyraden, aber ihre Macht war nicht so bedeutend. Eine ganz neue Verfassung ward der Insel gegeben.

*) Seinem Einflusse ist vielleicht das Gesetz zuzuschreiben, nach dem der mit dem Tode bestraft wurde, der einen zum Pflügen gebrauchten Ochsen tödtete, da das Schlachten von Zugochsen auch in Athen streng bestraft wurde. Ferner ist das Gesetz, nach dem ein Selbstmörder unbeerdigt bleiben sollte, einem in Athen gültigen Gesetze ähnlich.

als Ptolemaeus I. fie eroberte und das alte Gefchlecht der Könige vertrieb.

Die Minierung des Kupfers und die Verarbeitung des Erzes zu Schwertern, Rüftungen und andern Gegenftänden bildeten von den heroifchen Zeiten bis auf die der Römer den Grofshandel der Infel. Dafs die cyprifchen Waffen zu Homers Zeit fehr gefchätzt wurden, kann man aus dem bereits erwähnten Gefchenke des Cinyras an Agamemnon entnehmen; und fie behielten ihren Ruf. Alexander der Grofse hatte ein Schwert, ein Gefchenk des Königs von Citium, welches wegen feiner Leichtigkeit und Güte gepriefen wurde, und Demetrius Poliorcetes empfieng während der Belagerung von Rhodus zwei Waffenrüftungen aus Cypern, welche der Verfertiger der Sage nach dadurch prüfte, dafs er fie in einer Entfernung von zwanzig Schritten aus einer befondern Mafchine mit Gefchoffen bewerfen liefs. Das Metall beftand diefe Probe fo vollkommen, dafs Demetrius eine der beiden Rüftungen felbft in Gebrauch nahm. Nach cyprifchem Kupfer war faft überall in der alten Welt Nachfrage. Nächft der Verarbeitung diefes Metalles zeichneten fich die Cyprer durch den Schiffsbau aus. Beim Propheten Ezechiel (27, 6) heifst es von den tyrifchen Schiffen, fie feien mit Rudern aus Eichen von Bafan, mit Bänken aus Elfenbein und koftbarem Cedernholz von den Infeln Kittim verfehen. Die cyprifchen Schiffe follen fehr grofs gewefen fein, und von Demetrius Poliorcetes wird erzählt, dafs er fich eins aus Cedernholz, 130 Fufs lang, in Cypern bauen liefs.

In der Pflege der fchönen Künfte fcheint Cypern, wenigftens nach den erhaltenen literarifchen Berichten zu urtheilen, nie eine hervorragende Stelle eingenommen zu haben. Der Name eines einzigen Erzgiefsers ift überliefert worden — Stypax, eines Zeitgenoffen des Pericles, dem ein berühmtes Bildwerk zugefchrieben wird: der *Splanchnoptes*, ein Sclave, der die Eingeweide eines Thieres röftet und das Feuer mit feinem Munde anbläft.*) Aus einer Infchrift in Rhodus**) und aus einer andern Infchrift in Therae***) kennen wir Simus als den Bildhauer zweier Statuen; er war aus der Stadt Salamis gebürtig. Dem Namen eines andern Bildhauers. Onafiphon. gleichfalls aus Salamis, begegnen wir in einer Infchrift aus Rhodus (Hirfchfeld, No. 68), während der des Epicharmus von Soli fich auf zwei Sockeln, deren Statuen verfchwunden find, in Rhodus (Hirfchfeld, No. 71 A) und in Lindus (Hirfchfeld, No. 71) findet. Auf einer Marmortafel in Neu-Paphos (Hirfchfeld, No. 178) befindet fich eine Infchrift, welche ein Bildwerk eines gewiffen Zenodotus befchreibt, der in der Manier des Phidias gearbeitet zu haben beanfpruchte oder vielleicht nur das Motiv aus Werken des Phidias entlehnt hatte.****)

Die Stickerei fcheint in Cypern gewiffermafsen zu einer fchönen Kunft vervollkommnet worden zu fein, denn in Delphi finden wir ein Kunftwerk diefer Art, welches nach einem daran befindlichen Epigramme von Helicon, dem Sohne Acefas aus Salamis, den Pallas zu diefer Kunft begeiftert hatte, verfertigt war. Auch Acefas felbft fcheint in diefer Art Arbeit durch feine Gefchicklichkeit

*) Plinius, nat. hist. 34, 81; 22, 44; Overbeck, Gefchichte der griechifchen Plaftik 1, 331.

**) Hirfchfeld, Tituli statuariorum No. 67; Overbeck, Antike Schriftquellen No. 2020.

***) Hirfchfeld, No. 67 A; Overbeck, No. 2019.

****) Von der grofsen Anzahl alter Kunftwerke, welche in den letzten Jahren aufgefunden worden find, find einige veröffentlicht worden: 1. Photographien der Sammlung Cesnola, mit einer Einleitung von Profeffor Sidney Colvin, London 1873; 2. Catalog der Sammlung Cesnola von Johannes Doell (Mémoires de l'académie de St. Pétersbourg, VII.e Série, XIX. no. 4. 1873); 3. Gegenftände, welche von R. H. Lang, dem Britifchen Conful in Cypern, entdeckt wurden, mit einer Unterfuchung über ihren künftlerifchen Stil, von R. S. Poole (Transactions of the Royal Society of Literature XI. Part 1. New Series).

ausgezeichnet geweſen zu ſein (Overbeck. Ant. Schriftquellen. No. 385—387). Ohne Zweifel hatten die Cyprer dieſe Fertigkeit unter dem Einfluſſe der Aſſyrer erlangt, welche ihren Ruf in dieſer Kunſtgattung bis auf die Zeit des Antiochus aufrecht erhielten; derſelbe ſchenkte, wie Pauſanias erwähnt, an den Tempel zu Olympia einen Vorhang von aſſyriſcher Arbeit.*) Hinſichtlich der ſagenhaften Kunſt der Inſel, der Rüſtung des Cinyras, ſeinen Thonſchiffen mit ihrer thönernen Mannſchaft und dem Bildwerke des Pygmalion läſst ſich wenigſtens ſoviel als begründet erkennen, daſs Cypern ſich ſchon ſeit ſehr frühen Zeiten mit der Bearbeitung des Metalls, mit der Bildung von Figuren aus Thon oder Terracotta und mit der Bildhauerei beſchäftigt hatte.

Mit ungefähr dreiſsig guten Seehäfen und mit ſeinen unbegrenzten Holzvorräthen zum Schiffsbau war Cypern in der Lage, einen groſsen Theil des Verkehrs zwiſchen dem Oſten und dem Weſten an ſich zu ziehen, abgeſehen von der Ausfuhr ſeiner eigenen überreichen Erzeugniſſe, wie Rohkupfererz, Vitriol, Holz, Wein, Korn, Oel, Wolle, Flachs, Hanf, gewebte Stoffe, Salben, Früchte, edle Steine u. ſ. w. Unter den Seehäfen behauptete Citium immer den Vorrang.

In der Literatur ſtand der Ruf der Inſel höher als in der Kunſt. Sie rühmte ſich des älteſten der griechiſchen Wahrſager, des **Euclus**, von dem noch zur Zeit des Pauſanias einige Verſe bekannt waren. Sie war die Heimat des Dichters einer der berühmteſten

---

*) Pauſanias (V, 12, 4) nennt ihn ein παραπέτασμα ἔρειον von aſſyriſcher Arbeit und mit der Purpurfarbe der Phönicier gefärbt. Dieſer Vorhang, fügt er hinzu, wurde vom Dache auf das Pflaſter durch Stricke herabgelaſſen, nicht, wie im Tempel von Epheſus, vom Boden heraufgezogen. An einer andern Stelle (VIII, 5, 2) erwähnt Pauſanias ein Gewand (*peplos*), welches der Statue der Athena Alea in Tegea von Laodice einer Enkelin Agapenors, des urſprünglichen Gründers von Paphos, woſelbſt auch ſie wohnte, geſchenkt wurde.

Epen des Alterthums, der *Kypria*, oder, wie man ſie wohl genannt hat, der cypriſchen Iliade. Daſs Homer in Cypern geboren, daſs er der Verfaſſer der „Kypria“ iſt und daſs er ſeine Tochter dem cypriſchen Dichter Staſinus zur Frau gegeben hat, das alles iſt ohne Zweifel müſsige Erfindung. Die, welche wirkliche Anrechte auf die Verfaſſerſchaft des fraglichen Gedichtes haben, ſind Staſinus und Hegeſias; aber die Anrechte des erſteren ſcheinen die gröſseren geweſen zu ſein, und vermuthlich, weil er der anerkannte Verfaſſer war, ward er mit Homer in Beziehung gebracht. Hinſichtlich des poetiſchen Werthes der „Kypria“ iſt zu bemerken, daſs Herodot (2, 117) für ſeine Anſicht, daſs es nicht das Werk Homers ſei, nicht mindern Werth, ſondern einen Widerſpruch in den Begebenheiten als Beweis anführt. In der letzten Hälfte des achten Jahrhunderts vor Chr., welcher Zeit dies Gedicht zugewieſen wird, muſs es auf der Inſel eine wichtige Schule homeriſcher Dichter gegeben haben. Die Kypria beſtanden aus elf Büchern, von denen wir jetzt nur das ſogenannte Argument beſitzen, was von Proclus im Photius überliefert iſt, doch laſſen ſich die Hauptumſtände des Gedichtes daraus entnehmen. Der Gegenſtand der Iliade iſt der trojaniſche Krieg, der der Kypria die Ereigniſſe, welche dem trojaniſchen Kriege vorangiengen und ihn veranlaſsten. Das Gedicht iſt daher eine Art Einleitung in die Iliade. Zu gleicher Zeit muſs man nicht denken, daſs dieſe ſagenhaften Umſtände von dem Dichter erfunden worden ſind. Vielmehr ſammelte er eine groſse Anzahl von localen Legenden, welche ſich in der Iliade nicht finden, und bewahrte ſie auf. Dieſem Umſtande verdanken wir viel von unſerer Kenntniſs des trojaniſchen Sagenkreiſes, und gewiſs bildete die groſse Verſchiedenheit der Scenen und Ereigniſſe in dieſem Gedichte eine wahre Fundgrube von Stoffen für die tragiſchen Dichter und die Künſtler Griechenlands.

Aufser Stafinus, dem vermuthlichen Dichter der Kypria, und feinem Nebenbuhler Hegefias, finden wir Cleon von Curium als Verfaffer eines Gedichtes über die Argonauten erwähnt, dem Apollonius von Rhodus in feinen uns erhaltenen Argonauten vieles verdanken foll. Aus dem dichterifchen Rufe der Infel zur Zeit Pindars follte man fchliefsen, dafs es auf Cypern noch viele andere Dichter gegeben habe, deren Namen und Werke verloren gegangen find. Da ift der Lyriker Hermias von Curium, von deffen Poefie Athenaeus eine Probe überliefert hat. Auch verfchiedene Fragmente aus den Comödien des Sopatius finden fich beim Athenaeus. Unter den profaifchen Schriftftellern, von denen eine beträchtliche Anzahl namentlich bekannt ift, ift Clearchus von Soli, ein Schüler des Ariftoteles, der hauptfächlichfte. Sein *Gergithios* betiteltes Werk ftellte das Sycophantenfyftem an den cyprifchen Höfen blos. Er hat auch einen Band Biographien verfafst. Cypern hat indeffen keinen berühmteren Sohn gehabt, als den Philofophen Zeno, den Begründer der ftoifchen Schule (geboren 362 vor Chr.); Citium war feine Vaterftadt, und fie war eben fo ftolz auf ihn, wie er mit Liebe an ihr hieng.

Die in literarifchen Schriftwerken verwandte und in hiftorifchen Zeiten eigentlich vorherrfchende Sprache war die griechifche. Die phönicifchen Einwohner, vermuthlich die von Citium und Idalium in Sonderheit, hatten ihre Mutterfprache beibehalten, und obwohl weder ihre Stellung in Bezug auf die Griechen, noch die Eigenfchaft ihrer Sprache geeignet war, auf das landläufige Griechifche viel Einflufs auszuüben, fo ift es doch bemerkenswerth, dafs unter der ziemlich bedeutenden Anzahl von Wörtern, welche als eigenthümlich cyprifch überliefert find, einige offenbar femitifchen Urfprungs find Engel 1.557—593. Die Mifchung der Anfiedler aus verfchiedenen Theilen Griechenlands, welche verschiedene Dialecte mitbrachten, mag die übrigen hervorgebracht haben.[4] Dafs das gewöhnliche griechische Alphabet für literärische Zwecke verwandt wurde. läfst sich aus der Vertrautheit der griechischen Schriftsteller mit der cyprischen Literatur und aus ihrem Stillschweigen in Bezug auf eine Eigenthümlichkeit in dieser Hinsicht annehmen. Es mufste deshalb das Staunen und das lebhafteste Interresse der Gelehrten erregen. als auf Cypern Inschriften in bisher unbekannten Characteren gefunden wurden. Der erste. welcher für die Kenntnifs dieser Inschriften einen wichtigen Dienst leistete. war der Duc de Luynes durch seine Publication „Numismatique et inscriptions cypriotes". Paris 1852. welche alle damals bekannt gewordenen Inschriften enthielt. unter ihnen auch die einer in Idalium gefundenen Bronzetafel von 31 Zeilen. Im Jahre 1855 veröffentlichte Professor Röth eine Ueberfetzung dieser Tafel. in der er eine Proclamation des ägyptischen Königs Amafis an das cyprische Volk erkennen wollte. indem er die Sprache als eine semitische erklärte Aber dieser Versuch und ebenso spätere Versuche der Entzifferung mislangen. bis eine bilingue Inschrift. in phönicischer und cyprischer Sprache, welche mein englischer College. R. Hamilton Lang, entdeckt hatte. bekannt geworden war. Mr. Lang (Transact. Bibl. Archaeol. 1, 116—128) hatte selbst bereits einige Fortschritte in der richtigen Lesung dieser Urkunde gemacht, als der verstorbene George Smith vom Britischen Museum (ib. 1. 129—144) ganz unabhängig denselben Schlüssel entdeckte, indem es ihm gelang. den Werth von vierzig Characteren des cyprischen Alphabets oder richtiger Syllabariums zu bestimmen. Als hierauf Dr. Birch. der Conservator der orientalischen Alterthümer im Britischen Museum. die in diesen fremden Zeichen geschriebene Sprache als wesentlich griechisch erkannte. wandte er den neugefundenen Schlüssel auf die Bronzetafel des Herzogs de Luynes an und veröffentlichte feine Lefung derfelben in den „Transactions of Biblical Archaeology“. I. 153—172. Demnächft ward der ganze Gegenftand von Dr. Brandis in Berlin aufgenommen und mit der ihm eigenen Geduld und Gründlichkeit bis zu feinem allzufrühen Tode behandelt. Seine Ergebniffe wurden 1873 in den Monatsberichten der Berliner Academie veröffentlicht; und auf diefe Abhandlung möchten wir die verweifen, die eine fichere Grundlage für das Studium der cyprifchen Sprache wünfchen.*) Die folgende Ueberficht, welche das Alphabet, foweit er es entzifferte, darftellt, ift dem eben erwähnten Artikel entnommen.[5]

Das cyprische Alphabet.

I. Gutturale.

K	*G*
1. *ka* [auch *ga*, *cha*]	6. *ga* [*za*?]
2. *ki* [*ke*]	7. *g* (*i*) [*ma*]
3. *ko*	8. *go* [*ko*]
4. - *k* [*ki*]	
5. - *ek* [*pe*]	

II. Dentale.

T	*D*	*Th*
9. *ta*	*da*	— *tha*
10. *t*(*i*)	12. *di* (?) [*ri*]	13. *de*, *the*, *te*
11. *to*	*do*	*tho* oder
		14. *s*

*) Ich möchte noch den werthvollen Beitrag zu diefem Gegenftande von dem Profeffor Isaac H. Hall in New-York hinzufügen: „The cypriote Inscriptions of the Di Cesnola Collection“ in dem Journal of the American Oriental Society, vol. X, 1875, wofelbft die Infchriften in Facfimile gegeben find. [Das oben aufgestellte Syllabarium ift durch die neueren Forschungen in mehrfacher Hinficht berichtigt worden; die abweichenden Werthe der Zeichen find daher in Parenthefen beigefügt. Vergl. unten Anmerk. 5.]

N	*L*	*R*	*S*
15. *na* [*py*]	20. *la*	25. *ra* [*ro*]	— *sa*
16. *ni* [*re*]	21. *li*	— *ri*	26. *si*
	22. *le*		
17. *no*	23. *l*(*o*) [*ra*]	*ro*	— *so*
18. *au*(*ou*) [*ty*]			
19. [*sy*] *eu*	24. - *l* [*lo*]	- *r* [*ra*]	27. *s* [*sa*]
19*a* -*n*? [*my*?]			28. -*s* [*se*]
			29. *so*

III. Labiale.

P	*B*	*M*
30. *pa* [*na*]	33. *ba* [auch *pha*]	33. *ma* [*ni*]
pa		
31. *pi*	— *bi*	34. *mi*
32. *po* [*na*]	— *bo*	*mo* [*ni*]
		35. *m*?

IV. Vocale.

A	*I*	*E*
36. *a* meift anlautend	39. *i*	42. *ε* [*ve*]
37. *a* inlautend [*ky*]	40. *i* auslautend	43. *ε η*
38. *a* „ [*va*]	41. *j* [*ja*]	

O	*Y*	*Ou* (?)
44. *o*	47. *y*	49. *ou* [*me*]
45. *o* [*zo*?]	48. Meift auslautend und mit No. 47 abwechfelnd. [*ne*]	
46. *o* [*ve*]		

Mr. R. H. Lang ift der Anficht (Transact. Roy. Soc. Lit. XI. Part 1. New Series, p. 23), dafs diefe Sprache und Schrift von den Ureinwohnern der Infel vor der Ankunft der Phönicier überliefert worden ift. Hinfichtlich des Stammes, dem diefe Aboriginer angehört haben mögen, bemerkt er: „In der Genefis (10. 4. 5) lefen wir: ‚Die Kinder Javans find diefe: Elifchah, Tarfchifch, Kittim und Dodanim. Von diefen find ausgebreitet die Infeln der Heiden in ihren Ländern, jegliche nach ihrer Sprache, Gefchlechtern und Leuten.' Mit andern Worten erfahren wir, dafs die Einwohner von Elifchah, Tarfchifch, Kittim, Dodanim oder Rodanim zu der javanifchen (oder, wie es fpäter heifst, der ionifchen) Familie gehörten. Man wird zugeben, dafs das vom Verfaffer der Genefis erwähnte Kittim Cypern war; und wenn dem fo ift, fo haben wir das Zeugnifs der älteften vorhandenen biblifchen Urkunde, dafs die Ureinwohner der Infel Nachkommen Javans, mithin ein Theil der grofsen griechifchen Familie waren, mit der die Cyprer auch in unferen Tagen fo nahe verwandt find. Ein gewöhnlich überfehener Umftand verleiht dem Zeugniffe des Verfaffers der Genefis, wenn wir annehmen, dafs es Mofes gewefen ift, der am Hofe Pharaos erzogen wurde, befonderes Gewicht. Zu Mofes Zeiten ftand die Infel in der That unter Aegyptens Herrfchaft, da fie unter Thutmes III. von der ägyptifchen Flotte erobert wurde. Deshalb war dies Zeugnifs in Betreff der Einwohner Cyperns wahrfcheinlich auf authentifche Information, wie fie am pharaonifchen Hofe zu erlangen war, begründet.[1] Woher diefe Bevölkerung auf die Infel kam, können wir nur muthmafsen. Als ich letzthin in einem vor der biblifch-archäologifchen Societät gehaltenen Vortrage vom cyprifchen Alphabet handelte, hatte ich Gelegenheit, auf die Aehnlichkeit deffelben mit dem lycifchen Alphabet hinzuweifen; in Rückficht auf diefelbe möchte ich die Vermuthung ausfprechen, dafs ein Ausläufer der grofsen arifchen Auswanderung, welche Lycien bevölkerte, das cilicifche Meer, welches nur 50 Meilen breit ift, überfchritten und fich auf Cypern niedergelaffen hat."

Zu diefer von Mr. Lang fo wahrfcheinlich gemachten Annahme von Anfiedlern, die aus Cilicien nach Cypern gekommen wären, kann man noch eine Angabe des Tacitus (Hist. 2, 3) beibringen, wonach zur Zeit, als die Cinyraden aus Phönicien kamen, ein anderes priefterliches Gefchlecht, die Tamiraden, aus Cilicien eintrafen und ihre prophetifche Macht auf der Infel ausübten. Das führte fchon Engel im Jahre 1841 an; aber da er glaubte, dafs die alten Cilicier von demfelben Stamme gewefen feien wie die Phönicier, fo fchlofs er, dafs diefe cilicifche Anfiedlung den ethnologifchen Character der Infel nicht verändert habe. Die Aehnlichkeit zwifchen dem cyprifchen und dem lycifchen Alphabet würde eine noch wichtigere Thatfache fein, wenn die lycifche Sprache fchon genügend entziffert wäre; es finden fich auch in den Sculpturen Cyperns und Lyciens gewiffe Aehnlichkeiten, auf die wir aufmerkfam machen werden, aber bis jetzt laffen fie fich eher auf einen orientalifchen als auf einen griechifchen Urfprung zurückführen.

Während die beiden Sprachen auf Cypern, das Griechifche und das Phönicifche, getrennt blieben, fcheint die Religion der beiden verfchiedenen Stämme fich erfolgreich vereinigt zu haben. Die Göttin von Paphos, deren Tempel dafelbft nach dem Mufter eines Tempels der tyrifchen Göttin Aftarte in Askalon gebaut fein follte und deren Priefterthum fich in einer Familie vererbte, welche ihren Stammbaum auf den tyrifchen Gründer Cinyras zurückführte, wurde von den Griechen auf der ganzen Infel als Aphrodite aufgefafst. Sie war zunächft die Göttin der Liebe, und wenn man bedenkt, dafs wenigftens diefe Leidenfchaft, wie fehr auch Sprache und Nationalität auseinandergehen mögen, in der Menfchheit beftändig ift, fo kann es nicht Wunder nehmen, dafs die beiden Volksftämme auf Cypern die eine Göttin gemeinfchaftlich verehrten. Ihr Symbol war ein Kegel, wie er im Adytum des Tempels in Paphos ftand, und wahrfcheinlich ift, dafs, was fchliefslich feine Bedeutung auch gewefen fein mag, er urfprünglich auf das Walten der pelasgifchen Aphrodite als einer Göttin der Fruchtbarkeit hindeutete. Die beiden urfprünglich verfchiedenen Elemente in dem Culte der paphifchen Göttin werden durch ihre beiden Titel „Pandemos“ und „Urania“ angedeutet. In jeder diefer beiden Formen hat fie ihre befondere Genealogie. Als Pandemos war fie eine Tochter des Zeus und der Dione und ftellte urfprünglich die rein griechifche Auffaffung einer Naturgöttin dar. und nach diefer Genealogie ift fie Homer bekannt. Als Urania war fie. ein Sprofs des Uranos. aus dem Schaume des Meeres geboren (Aphrodite) und fchliefslich in Cypern ans Land gekommen. Als eine Himmelsgöttin (Urania) erinnert fie uns daran. dafs die vornehmlichften Gottheiten des afiatifchen Stammes. zu dem die Phönicier gehörten. die Sonne und der Mond waren, Baal und Mylitta in Babylon: während. wenn wir ihrer als einer meergeborenen Göttin gedenken. wir nicht überfehen können. dafs die Göttin Derceto in Askalon unter der Geftalt eines Fifches dargeftellt wurde. Anfcheinend unter dem Einflufs der afiatifchen Seite ihrer Religion ward die Proftitution der Weiber in ihrem Dienfte in Paphos fo allgemein. wie fie es in Babylon im Dienfte der Mylitta war.

Die Liebe der Aphrodite zu fchönen Jünglingen ift aus den Erzählungen von Adonis. Phaethon und Cinyras bekannt. während auf der andern Seite die Liebe der Sterblichen zu ihr oder ihrem Bilde fich in der Erzählung von Pygmalion zeigt. der fich ein elfenbeinernes Bild der Göttin fchnitzte und vor demfelben feinen Schmerz ausfchüttete. An einem ihrer Fefttage näherte er fich ihrem Altar und flehte. dafs das Bildnifs belebt werden möchte. Die Göttin erhörte fein Gebet. die Figur erwarmte zum Leben und gebar dem Pygmalion den fchönen Knaben Paphos. Von der Liebe zu der Statue der Aphrodite in Cnidos werden noch andere ihrem Character nach weniger erhabene Gefchichten erzählt. Aber ihr vorzüglichfter Günftling auf Cypern war Cinyras. deffen Verherrlichung weit und breit gefungen wurde. Wegen feiner weiberhaften Schönheit ward er mit Sardanapal verglichen. Sein Reichthum war wie der des Midas fprüchwörtlich. aber mit dem

Unterfchiede. dafs er ihn zu gebrauchen verftand. Er hatte die Verehrung der Aphrodite in Paphos eingeführt und in ihrem Priefterthume feiner Familie ein erbliches Recht ausbedungen. Alte Einrichtungen und Erfindungen, deren die Infel fich erfreute. wurden auf ihn zurückgeführt. und wir haben bereits oben gefehen. dafs er in der Iliade als ein griechifcher Fürft und reicher Zeitgenoffe Agamemnons auftritt. Der Stammbaum des Cinyras fteckt in unentwirrbarer Verwirrung. Einmal ift er ein Sohn des Apollo und der Pharmace; ein anderes Mal ein Sohn des Paphos, des Spröfslings des Pygmalion und feines elfenbeinernen Bildes; ein drittes Mal ift fein Vater Theias. der bald als ein alter König der Infel. bald als König von Affyrien erfcheint. und deffen Kinder nach einigen. aufser Cinyras. noch Myrrha und Adonis waren. welche gewöhnlich Kinder des Cinyras heifsen. In andern Sagen wird fein Urfprung auf Cecrops zurückgeführt. Ferner wird als feine Gattin manchmal Metharme. eine Tochter Pygmalions. und manchmal Cenchreis angeführt.

In Bezug auf die Colonifation der Infel läfst fich annehmen, dafs die Phönicier fich auf der Südküfte an den nächften und geeignetften Punkten zum Behuf des Handels mit dem Mutterlande niedergelaffen und die drei Städte Paphos. Amathus und Citium gegründet hatten. von welchen Paphos wegen feiner gröfsern Berühmtheit in hiftorifchen Zeiten die ältefte zu fein beanfpruchte; aber wahrfcheinlich ift diefer Vorrang vielmehr Amathus zuzugeftehen. welches feine Gründung auf Amath. einen Grofsfohn Kanaans. zurückführte und folche phönicifche Eigenthümlichkeiten bewahrte. wie die Verehrung Melkarts. des tyrifchen Hercules. und das dem Kronos dargebrachte Menfchenopfer, von dem fich in Paphos keine Spur findet. Aus Amathus und nicht aus Paphos vertrieb Agamemnon die Cinyraden. und der Sitz derfelben mufs doch die hauptfächlichfte und wahrfcheinlich die erfte Niederlaffung auf der Infel gewefen fein. Citium war immer nur eine Handelsftadt, wie fie es auch heutiges Tages unter dem Namen Larnaka ift. Ob Lapethus und Carpafia im Norden phönicifche Städte waren, ift zweifelhaft, obgleich aus den an diefen Plätzen entdeckten Ueberreften hervorzugehen fcheint, dafs das erftere griechifch war, während das letztere, meiner Anficht nach, unverkennbar phönicifch gewefen ift.

Die griechifche Colonifation begann, der Sage gemäfs, mit der Rückkehr der trojanifchen Helden. 1. Salamis ward von Teucer gegründet und nach feiner heimatlichen Infel benannt, auf der ihn nach feiner Rückkehr fein Vater Telamon nicht empfangen wollte, weshalb er mit feinen Gefährten nach Cypern floh und zugleich feine trojanifchen Gefangenen mit fich nahm. Nach Virgil landete er zuerft in Sidon und erlangte von Belus, einem fidonifchen Könige, die Erlaubnifs und Unterftützung zur Anfiedelung auf Cypern. Möglicherweife waren die Salaminier mit der athenifchen Colonie unter Acamas nach Cypern gegangen, obwohl dies als ein befonderes Ereignifs erwähnt wird. 2. Die Städte Soli und Chytri fchrieben ihre Gründung den Athenern zu. 3. Die Stadt Lapethus follte von einer lacedämonifchen Colonie unter Praxander, und 4. Cerynia von einer achäifchen Colonie unter Cepheus gegründet fein. 5. Curium wurde von Argivern gegründet, aber unter weffen Leitung, ift nicht gefagt. 6. Eine Colonie von Dryopern foll eine Stadt Namens Afine gepflanzt haben, deren Lage indefs nicht bekannt ift. 7. Als Agapenor mit feinen arcadifchen Mannfchaften von Troja zurückkehrte, erlitt er bei Cypern Schiffbruch und gründete Neu-Paphos. 8. Golgi oder Golgoi wurde von einer Colonie von Sicyonern unter einem Führer Golgos, den die Sage einen Sohn der Aphrodite und des Adonis nennt, gegründet.

Man sieht, dass mit Ausnahme der argivischen Colonie Curium, welche zwischen Paphos und Amathus liegt, die griechischen Ansiedler sich die nördliche und westliche Küste erwählten; und von den westlichen Königreichen auf Cypern waren nur zwei ausgesprochener Massen phönicisch. Wann und unter welchen Umständen diese beiden Städte die monarchische Form der Regierung von ihren griechischen Nachbarn angenommen hatten, ist nicht bekannt; aber kaum möchte das stattgefunden haben, ehe sie von ihrer Abhängigkeit von Tyrus befreit worden waren. Die zehn Königreiche waren Salamis, Soli, Chytri, Curium, Lapethus, Cerynia, Neu-Paphos, Marium, nebst den phönicischen Amathus und Citium.[6]

In der Iliade scheint Cinyras als der damals einzige König der Insel erwähnt zu werden; indess mag Cypern dem Verfasser dieses Epos nur wenig bekannt gewesen sein, war auch wahrscheinlich zu seiner Zeit nicht von besonders bemerkenswerther Bedeutung. In der Odyssee ist jedoch mehr davon bekannt. In dieser wird der Besuch des Menelaus erwähnt (4. 83—84), ferner Cyperns Kupferreichthum, um des willen Athene nach Tamassus geht (1. 181), während Odysseus selbst berichtet (17. 442), wie er die Freundlichkeit Dmetors, des Königs von Cypern, an sich erfuhr.

In einer ägyptischen Grabinschrift wird erzählt, dass Thutmes III. Cypern eroberte.[7] Nach andern Berichten nahm später Belus, der König von Tyrus, die Insel ein und zerstörte die meisten ihrer Städte. Im Jahre 707 vor Chr. eroberte der assyrische Herrscher Sargon Cypern und machte seine Könige tributpflichtig. Im Jahre 594 vor Chr. besiegte Apries, der König von Aegypten, der Pharao Hophra der Bibel, mehrere cyprische Könige bei Citium und kehrte mit Beute beladen heim. Amasis, welcher Apries tödtete, unterwarf die ganze Insel und legte ihr (wie Herodot berichtet einen Tribut auf. Derfelbe Gefchichtsfchreiber erzählt uns, dafs die cyprifchen Herrfcher, der ägyptifchen Ueberwachung müde, während der Regierung Pfammetichs fich Cambyfes dem Perfer ergaben und ihm im Kriege gegen Amafis' Sohn zur Seite ftanden. Als Darius König von Perfien ward und die Satrapien gründete, bildete Cypern mit Phönicien und Paläftina die fünfte Provinz. Einige Zeit fpäter lehnte fich die Bevölkerung der Infel, mit Ausnahme des Königs von Amathus, gegen die Perfer auf, und verband fich mit den Ioniern. Onefilus, der Bruder des Gorgus, des Königs der Salaminier, und der Anführer diefes Aufftandes, belagerte Amathus, wurde aber durch das Vorrücken des perfifchen Feldherrn Artabazus zum Rückzuge gezwungen. Mit den Ioniern vereinigt, begegneten ihre Schiffe der perfifchen Flotte, welche gröfstentheils aus phönicifchen Fahrzeugen beftand, bei den Clides (Cap St. Andreas) und nach mehreren Kämpfen befiegten fie diefelbe. Onefilus war zu Beginn des Streites auch zu Lande fiegreich, ward aber fchliefslich durch den Verrath der Salaminier und Stephanors (oder Stafanors, wie ihn andere nennen), des Königs von Curium, der zu den Perfern übertrat, befiegt. Onefilus und Ariftocyprus, der König von Soli, wurden erfchlagen, indem die Amathufier dem erfteren aus Rache den Kopf abfchlugen und über einem ihrer Stadtthore aufpflanzten. Als einige Zeit darauf ein Bienenfchwarm den hohlen Schädel in Befitz nahm, fragte das darob beunruhigte Volk von Amathus das Orakel in Paphos um Rath und ward angewiefen, die Manen des Onefilus zu befchwichtigen, indem fie feinen Schädel beftatteten und ihm zu Ehren jährliche Opfer darbrächten. Diefe Ceremonien wurden noch zur Zeit Herodots (vergl. 5, 104—105) beobachtet. Als die Ionier von der Niederlage des Onefilus und der Unterwerfung der Salaminier unter Gorgus hörten. kehrten sie heim. um ihr eigenes Land zu vertheidigen.

477 vor Chr. eroberten die Athener und Lacedämonier einen Theil Cyperns von den Persern; dreissig Jahre später machte Cimon mit 200 Schiffen einen Versuch, den übrigen Theil der Insel in Besitz zu nehmen; da er aber bei der Belagerung Citiums einer Krankheit erlag. so kehrte die Flotte nach Athen zurück. wodurch alle athenischen Eroberungen aufgegeben wurden. Evagoras landete mit einer kleinen Macht und bemühte sich. die Insel zu erobern; aber die Könige von Amathus. Soli und Citium riefen die Perser herbei. um ihm Widerstand zu leisten. Dann verband er sich mit dem Könige Acoris von Aegypten und mit den Athenern und ward durch eine athenische Flotte unter Chabrias unterstützt. aber einige Zeit darauf machte Artaxerxes mit den Ioniern und den Inselgriechen Frieden. und Cypern schien den Persern zu gehören. Evagoras jedoch. der durch den Uebertritt seiner Bundesgenossen nicht den Muth verlieren wollte. verstärkte sich unter den Cyprern und verschaffte sich gegen 70.000 Mann Söldlinge. Die Tyrer standen ihm mit zwanzig Fahrzeugen bei. die Aegypter mit funfzig. so dass er mit seiner eigenen Flotte über 200 Schiffe verfügte. Artaxerxes sandte 300.000 Mann und 300 Schiffe unter dem Befehle seines Schwiegersohnes Orontes und des Tiribazus. von denen der letztere den Oberbefehl hatte. Evagoras gelang es. einen Theil der feindlichen Flotte. welche mit Vorräthen beladen war. bei Citium anzugreifen; er nahm zahlreiche Schiffe weg und zerstörte viele andere: als er aber im Triumph nach Salamis zurückkehrte. ward er von dem persischen Admiral Gaos mit den übrigen Schiffen unvorbereitet angegriffen: Evagoras und seine Flotte wurden vollständig geschlagen und zerstreut. Die persischen Truppen unter Tiribazus griffen Citium an. von wo Evagoras heimlich nach Aegypten gieng. um

Hülfe zu fuchen, nachdem er feinen Sohn als Befehlshaber zurückgelaffen hatte. Als fich feine Reife jedoch als nutzlos erwies, kehrte er zurück und bat Tiribazus um Frieden, der ihm auch unter drei Bedingungen angeboten wurde: erftens follte Evagoras ganz Cypern mit Ausnahme feiner eigenen Herrfchaft Salamis aufgeben; zweitens einen jährlichen Tribut entrichten; und drittens den perfifchen Monarchen als feinen Lehnsherrn anerkennen. Evagoras nahm die beiden erften diefer Bedingungen an, aber er lehnte die dritte ftolz ab, fo dafs die Feindfeligkeiten aufs neue begonnen wurden; kurz darauf ward indeffen Tirabazus durch Orontes erfetzt, und diefer war mit Evagoras' Zugeftändniffen zufrieden. Und fo endete ein Kampf von zehnjähriger Dauer, welcher den Perfern 50.000 Talente koftete und Evagoras im Befitze feines Königreichs wie vor dem Kriege liefs. Evagoras wurde von einem Eunuchen namens Thrafidaeus ermordet, und es folgte ihm fein Sohn Nicocles, welcher dem Ifocrates für eine Lobrede zu Ehren feines Vaters zwanzig Talente fchenkte. In einer Lobrede auf Nicocles handelte derfelbe Redner ausführlich über die gegenfeitigen Pflichten der Unterthanen und der Könige. Aus der allgemein gehaltenen Rede des Ifocrates auf Evagoras können wir entnehmen, dafs bei dem Leichenbegängniffe Stiergefechte, Spiele, Wettrennen und andere Ceremonien ftattfanden.

Im Jahre 350 vor Chr. empörten fich neun cyprifche Könige gegen den Perfer Artaxerxes Ochus, der dem Idricus von Carien vierzig Schiffe und 8000 Mann unter dem Befehle Phocions und Evagoras', des Sohnes des Nicocles, der von Protagoras enterbt war, hinzufchicken befahl. Phocion belagerte Salamis zu Waffer und zu Lande, indem feine Soldaten durch den ungeheuern Reichthum der Stadt, welche damals auf der Höhe ihrer Blüthe ftand, angezogen wurden; die Feftung widerftand indefs bis zuletzt, wo es Protagoras gelang, Artaxerxes vom

Verrathe des Evagoras zu überzeugen, so dafs dieser beseitigt und die Unterwerfung des erstern unter günstigen Bedingungen angenommen wurde.

Als Alexander 335 vor Chr. Tyrus belagerte, leisteten ihm die Könige von Cypern mit 120 Schiffen freiwillig Hülfe. Für den bei dieser Gelegenheit gewährten Beistand übertrug Alexander dem Pnytagoras die Herrschaft von Citium. Nach Alexanders Tode bildeten die Könige von Cypern zwei Parteien: die Könige von Citium, Marium, Lapethus und Cerynia verbanden sich mit Antigonus, während Nicocreon von Salamis und alle übrigen Ptolemaeus Lagi begünstigten. Ptolemaeus sandte seinen Bruder Menelaus mit 12000 Mann und 100 Schiffen, um seinen Freunden auf der Insel beizustehen; Seleucus, der die Flotte befehligte, nahm Cerynia und Lapethus und zwang die Könige von Amathus und Marium, ihm Geiseln zu stellen; darauf wandte er sich gegen Pygmalion, den König von Citium, um ihn in seiner Hauptstadt zu belagern. 312 vor Chr. kam Ptolemaeus mit einem grofsen Heere, um die übrigen Herrscher von Cypern zum Gehorsam zu bringen und Pygmalion zu tödten, der verrätherischerweise mit Antigonus correspondiert hatte, vermuthlich nachdem er dem Ptolemaeus Geiseln gestellt hatte; und da er erfuhr, dafs Stasioecus und Praxippus sich gegen ihn aufzulehnen beabsichtigten, so schickte er sie beide als Gefangene nach Aegypten. Er zerstörte die Stadt Marium und versetzte ihre Bevölkerung nach Paphos. Ehe er die Insel verliefs, um gegen Antigonus zu kämpfen, machte Ptolemaeus seinen Freund, den König von Salamis, Nicocreon, zum Herrscher über alle Städte der abgesetzten Könige. In Cilicien hörte der ägyptische Fürst, dafs Nicocles, der König von Paphos, im geheimen mit Antigonus unterhandelte, und entsandte demgemäfs Argaeus und Callicrates nach Cypern, um Nicocles zu tödten; nach ihrer

Ankunft übergab ihnen Menelaus Truppen, welche den Palaft des verurtheilten Königs umzingelten, in denfelben eindrangen und ihm den Befehl des Ptolemaeus überbrachten. Nicocles bemühte fich vergebens, fich zu entlaften; und als er fah, dafs felbft feine Freunde ihn verlaffen hatten, ftürzte er fich in fein Schwert. Seine Gattin Axiothea tödtete fich über feiner Leiche, nachdem fie ihre jungen Töchter mit ihren eignen Händen umgebracht hatte. Die Brüder des todten Königs fteckten den Palaft in Brand und vernichteten mit ihm die königliche Hofhaltung. So wurde die ganze Familie der Könige von Paphos vertilgt.

Demetrius Poliorcetes, der Sohn des Antigonus, ward 306 vor Chr. von feinem Vater entfandt, um Menelaus aus Cypern zu vertreiben, und landete dafelbft mit 15000 Mann Fufsvolk und 400 Reitern bei Carpafia; mit Hülfe von 100 Galeeren und andern Schiffen griff er Salamis an, nachdem er Carpafia überfallen und Urania mit Sturm genommen hatte.

Menelaus ftellte fich dem Eindringling mit 12.000 Mann zu Fufs und 800 Reitern entgegen und ward nach einer kurzen, aber blutigen Schlacht gezwungen, fich auf Salamis, feine Hauptftadt, zurückzuziehen. Demetrius nahm 4000 Mann gefangen, und über 2000 Mann von der einheimifchen Kriegsmacht fielen in diefem Kampfe. Darauf belagerte er Menelaus in der Stadt, indem er zu diefem Zwecke feine Streitkräfte zu Lande und zu Waffer entfaltete und den Hafen blockierte. Die Stadt war indefs wohl verfehen und ftark befeftigt und leiftete erfolgreichen Widerftand. Als Ptolemaeus vom Unglück feines Stellvertreters hörte, eilte er mit 150 Galeeren und 200 kleinern Schiffen nach Cypern, indem er zuerft in Paphos und dann in Citium landete. Demetrius, einer der bedeutendften Feldherrn des Alterthums, hatte mittlerweile alle wichtigen ftrategifchen Punkte auf der Südoftküfte der Infel, von Cap St. Andreas bis Citium befetzt. und als er die Ankunft des Feindes erfuhr. liefs er zehn Galeeren zurück. um die Blockade von Salamis fortzufetzen. und mit feiner übrigen Flotte trat er dem ägyptifchen Könige zwifchen Cap Pyla und Cap Pedalium (Capo greco) entgegen und fchlug ihn fo vollftändig aufs Haupt. dafs Ptolemaeus fofort heimkehrte. Als Menelaus fich fo feinem Schickfale überlaffen fah. ergab er fich dem Sieger auf Gnade oder Ungnade. Unter den in Salamis gemachten Gefangenen befand fich Leontiscus. der Sohn des Ptolemaeus, dem Demetrius die Freiheit fchenkte. Als Antigonus von dem grofsen Siege feines Sohnes vernahm. nahm er den Königstitel an und verlieh Demetrius die gleiche Auszeichnung.

Zehn Jahre nach diefen Ereigniffen eroberte Ptolemaeus Soter die Infel wieder von Demetrius. indem nur die Stadt Salamis. in der die Familie des letztern während feiner Abwefenheit von der Infel wohnte. diefer Veränderung einigen Widerftand entgegenftellte. Ptolemaeus nahm jedoch die Stadt ohne grofse Anftrengung. fchenkte der königlichen Familie die Freiheit und überhäufte Demetrius mit Gefchenken. indem er fo die Grofsmuth vergalt. welche diefer bei einer frühern Gelegenheit bewiefen hatte. Nach diefer Eroberung blieb Cypern faft ununterbrochen unter dem Scepter der Ptolemäer. Engel (1, 423) weift nach. dafs die Infel unter der Regierung des Ptolemaeus Lathyrus (103 vor Chr.) von Aegypten unabhängig ward. und dafs in diefer Zeit die Cyprer mit den Maccabäern von Judaea Krieg führten.

Darnach war Cypern lange ein Schutzftaat Aegyptens unter der Regierung eines Königs aus der Familie der Ptolemäer oder eines Vicekönigs. der aus den vornehmften Aegyptern gewählt wurde. Der letzte diefer Machthaber war Cleopatras Oheim. der fo ernftlich auf die Erwerbung von Reichthümern bedacht war.

dafs, als Publius Claudius Pulcher, ein Römer aus edler Familie, in den cyprifchen Gewäffern von cilicifchen Seeräubern gefangen genommen war und an den König der Infel wegen feines Löfegeldes fchickte, Ptolemaeus zu dem Zwecke nur zwei Talente gewährte, welche die Seeräuber fich anzunehmen weigerten, da fie es vorzogen, ihren Gefangenen ohne Löfegeld auf fein Ehrenwort freizugeben. Der Römer befchlofs fich zu rächen, und als er zum Tribunen erwählt wurde, erlangte er von dem römifchen Senate ein Decret, wodurch der König abgefetzt und die Infel zur römifchen Provinz gemacht wurde. Marcus Cato erhielt Befehl, diefes Decret auszuführen, und ward, trotz feiner gewiffenhaften Einwände gegen diefen Act der Beraubung, gezwungen zu gehorchen. Darauf fandte er Canidius, feinen Secretär, an Ptolemaeus nach Cypern, um ihm feine Befehle zu überbringen und ihm für das Königthum die Hohepriefterwürde der paphifchen Aphrodite mit allen ihren Ehren und Reichthümern anzubieten. Als die Gefandtfchaft anlangte, belud Ptolemaeus, der fich nicht zu widerfetzen wagte, verfchiedene Schiffe mit feinen innig geliebten Schätzen und fegelte nach Salamis, indem er vielleicht anders wohin zu gehen oder fie ins Meer zu verfenken beabfichtigte, damit den gierigen Römern ihre Beute entgienge. Aber da er im letzten Augenblicke den Muth verlor, fo kehrte er zurück, fchlofs fich in feinen Palaft ein und nahm, umgeben von all feinem Golde, Gift. So endete die Dynaftie der Ptolemäer auf Cypern.

Cato nahm Befitz von der Infel und ward von ihren Einwohnern, welche die Römer vermuthlich ebenfo fehr wie ihr verftorbener König fürchteten, gut aufgenommen. Er fand in dem Palafte zu Salamis unermefsliche Schätze, verkaufte das Ganze für die ungeheuere Summe von 7000 Talenten und fandte das Geld nach Rom, indem er für fich felbft, wie erzählt wird, nur eine Statuette Zenos, des Philofophen von Citium, behielt.

Im Jahre 52 vor Chr. folgte auf Appius im Proconfulate von Cypern und Cilicien Cicero, indem er in der letztgenannten Provinz feinen amtlichen Wohnfitz hatte. Nach einem Briefe von ihm an Sextius Rufus, den erften Quäftor der Infel, hat es den Anfchein, als empfehle er die Cyprer, befonders die Bevölkerung von Paphos, angelegentlichft der Sorge diefes Beamten.

Strabo erzählt uns, dafs Antonius die Infel der Cleopatra fchenkte; aber nach dem Tode des Triumvirs forderte Auguftus das Gefchenk zurück und verleibte Cypern dem Reiche ein; fpäter fchenkte er es dem römifchen Volke, welches einen Proconful zur Verwaltung hinfchickte. Unter der Regierung des Tiberius befuchte der Apoftel Paulus die Infel, welche damals unter dem Proconful Sergius Paulus ftand und that in Gegenwart diefes Beamten das Wunder an Bar-jefus dem Zauberer (Apoftelgefchichte 13, 11). Als der Apoftel Paphos befuchte, ward er fo übel behandelt, dafs er die Bürger diefer Stadt für die fchlechteften in der Welt erklärte. Von diefem Urtheile fagt man nicht ohne Grund, dafs es bis auf den heutigen Tag zutreffend fei.

Obgleich die Juden von Vespafian und Titus in Judaea vernichtet waren, fo fuhren fie in andern Provinzen doch noch fort, den Römern Widerftand zu leiften. Die auf Cypern ftellten ein bedeutendes Heer auf, welches von Artemion angeführt wurde und unter der Regierung Trajans 115 nach Chr. fchreckliche Greuelthaten begieng, bei denen faft eine Viertel-Million Cyprer erfchlagen fein foll. Zwei Jahre darauf wurden diefe Unzufriedenen von den Römern vollftändig befiegt und durch Senatsbefchlufs von der Infel verwiefen. So ftrenge ward dies Gefetz gehandhabt, dafs noch mehrere Jahrhunderte hindurch jeder Jude, der durch Schiffbruch an die cyprifche Küfte verfchlagen war, unverzüglich hingerichtet wurde. Nach dieser Vertreibung der Juden nahm das Christenthum auf der Insel rasch zu, und unter Constantin gehörte sie zu den reichsten Provinzen seines Reiches.

Der Versuch des Kameltreibers Calocaerus, sich zum König von Cypern zu machen und so die alte unabhängige Stellung der Insel wieder herzustellen, ward im Jahre 334 nach Chr. von Dalmatius vereitelt, der den ehrgeizigen Bewerber gefangen nahm und an Constantin sandte: dieser befahl, den Empörer lebendig zu schinden und zu verbrennen — ein Urtheil, welches in Tarsus auch vollzogen wurde. Zahlreiche Versuche der Araber, sich Cyperns zu bemächtigen, waren nur zeitweilig erfolgreich. Den byzantinischen Kaisern gelang es stets, sich wieder in Besitz der Insel zu setzen. Phocas, der von 602 bis 610 nach Chr. regierte, machte Cypern zu einer Provinz seines Reiches und stellte dieselbe unter den Befehl eines Dux oder Kriegsobersten. Unter dem Chalifate Othmans griff sein Stellvertreter Moawiyah im Jahre 648 bis 649 die Insel an und kehrte mit siebzig beutebeladenen Schiffen heim; aber die Araber behielten sie nur kurze Zeit.[8] Der Kaiser Justinian II. machte, wie man erzählt, einen ernstlichen Versuch, die Bevölkerung massenweise zu verpflanzen, um Cypern zu einer Wüste zu machen; dies geschah im Jahre 691. Im Jahre 726 gewann Leo III. die Insel dem Reiche wieder; dann war sie unter der Regierung des Chalifen Hârûn el Raschîd 803 in den Händen der Araber, und diese wurden 964 wieder von den Christen vertrieben. Der Herzog von Cypern, welcher in gewisser Weise von Byzanz unabhängig war, pflegte sich die oft wiederkehrende Schwäche oder die Verlegenheiten des Reiches zu Nutze machen, um sich gänzlich frei zu machen; indess waren diese Auflehnungen niemals erfolgreich.

Cypern war ein viel besuchter Halteplatz der Kreuzfahrer auf ihren Zügen vom Westen nach dem Osten, und mancher ihrer Anführer fand sein Grab auf dieser Insel. Unter ihnen befand sich Welf, der vierte Herzog von Bayern, der 1101 auf Cypern starb; vier Jahre später ereilte dasselbe Schicksal Erich, den ersten König von Dänemark; und 1148 gesellte sich Graf Amadeus von Maurianne und Savoyen zu diesen Todten. Im Jahre 1190 war Isaac Comnenus, der der letzte Herzog von Cypern sein sollte, durch seine Grausamkeit so berüchtigt geworden, dafs der byzantinische Kaiser Isaac Angelus seinem rauhen Vasallen mehrfach die ernstesten Vorstellungen machte, allein mit geringem oder keinem Erfolge.

Da erschien auf Cypern eine neue Gestalt in der Person des Königs Richard I. von England, der auf seinem Zuge nach dem Heiligen Lande 1191 erfuhr, dafs einige seiner Soldaten, welche an der Insel Schiffbruch erlitten hatten, von den Unterthanen des Comnenus beraubt, und dafs seine Schwester und Berengaria, seine verlobte Braut, vom Herzoge beschimpft worden waren. Richard Löwenherz landete mit Truppen bei Amathus, nahm die Stadt ohne viele Mühe und zerstörte sie von Grund aus. Einige Tage später trafen die Engländer und Cyprer in der Ebene Mesaoria in der Nähe des alten Tremithus zusammen; die letztern wurden bald in die Flucht geschlagen und der Herzog gefangen genommen. Richard legte demselben silberne Ketten an, entsetzte ihn seiner Würde und führte ihn fort; die Insel selbst aber verkaufte er an die Tempelherren. Diese Ritter des Kreuzes gebrauchten ihr Leibgedinge so wenig weise und mäfsig, dafs König Richard, durch die Klagen der Eingeborenen veranlafst, seine Rechte auf die Insel wieder geltend machte und sie an Veit von Lusignan, einen französischen Kreuzfahrer, verkaufte, der darauf im Jahre 1192 das neue Königreich Cypern gründete, nachdem er nicht lange vorher sein Königreich Jerusalem an

Saladin, der ihn in der Schlacht von Tiberias 1187 besiegte, verloren hatte.

Die Dynastie der Lusignan hatte die Insel in friedlichem Besitz bis zum Jahre 1372, wo König Peter II. an seinem Krönungstage mehrere Genueser und Venetianer in Nicosia bewirtete. Diese Gäste stritten unter sich um den Vortritt und riefen die Entscheidung des Königs an. Die Genueser, heisst es, wurden durch einen Wahrspruch, welcher ihren Erwartungen entgegen war, so schwer beleidigt, dass sie König Peter bei dem Feste, zu dem er sie und ihre Nebenbuhler eingeladen hatte, zu ermorden beschlossen. Von der mörderischen Absicht seiner Gäste unterrichtet, liess Peter die Unzufriedenen aus den Fenstern seines Palastes werfen oder erschlagen, und befahl, dass alle genueser Unterthanen hingerichtet würden. Dieser ungeheuerliche Befehl wurde zu Peters Unglück nur zu pünktlich ausgeführt. Die Republik von Genua, welche durch diese Behandlung ihrer Bürger sehr erbittert wurde, schritt unverzüglich zur Bestrafung Lusignans, indem sie eine bedeutende Flotte unter dem Befehle des Admirals Pietro Fregoso nach Cypern entsandte. Nach mehreren Kämpfen eroberte dieser Feldherr die Stadt Famagosta und führte des Königs Oheim, Jacob von Lusignan, den Statthalter der Insel, gefangen fort. Im Jahre 1374 heiratete Peter Valentine, die Tochter des Herzogs von Mailand, Bernabo Visconti, und starb 1382.

Als sich dies ereignete, schickten die Edelmänner von Cypern eine Gesandtschaft nach Genua, erlangten die Freilassung Jacobs und machten ihn zum Könige. Die Genueser hielten indess Famagosta noch ferner besetzt und befestigten es, um ihren Einfluss auf der Insel zu sichern. Jacobs I. Sohn Janus folgte seinem Vater im Jahre 1398. 1426 von Bursbai, dem Sultan von Aegypten, gefangen genommen, erhielt er unter der Bedingung eines an Aegypten zu entrichtenden jährlichen Tributes von 5000 Goldducaten feine Freiheit zurück. Es wurde dadurch ein Gebrauch wieder ins Leben gerufen, der vor mehr als zweitaufend Jahren gegolten hatte. Janus ftarb 1432 und hinterliefs zwei Kinder, Johann und Anna. Die letztere heiratete einen Prinzen aus dem Haufe Savoyen.

Der erftere, Johann II., folgte feinem Vater auf dem cyprifchen Throne und erbte die Lafter feiner Vorfahren: Verweichlichung, Trägheit und Selbftfucht. Er war indeffen fo glücklich gewefen, die Hand der Helena Palaeologa, der Nichte des Kaifers von Conftantinopel, zu erhalten, welche fich durch Einführung einiger volksthümlicher Reformen regierungsfähig erwies. Sie ftarb vielbeklagt in Cypern: ihr Gemal folgte ihr 1458, und Carlotta, ihre Tochter, war der letzte rechtmäfsige Spröfsling vom Stamme der Lufignan. König Johann II. hinterliefs indefs einen natürlichen Sohn, Namens Jacob, der fchon als Jüngling zum Erzbifchof von Cypern gemacht worden war.

Carlotta heiratete zuerft einen der Söhne des Königs von Portugal und foll ihn haben vergiften laffen, weil er gewiffe Gefetze aufheben wollte, welche die Königin Helena zu Gunften der griechifchen Geiftlichkeit gemacht hatte. Der zweite Gemal der Königin Carlotta war Ludwig von Savoyen, der Jacob, dem eben erwähnten natürlichen Sohne des Königs Johann, in den Waffen nicht gewachfen war. Diefer war ein Mann von bedeutender Begabung und erfreute fich grofser Beliebtheit bei den Eingeborenen der Infel. Da er einen Fremdling auf dem Throne feines Vaters nicht dulden wollte, fo verband er fich mit einigen angefehenen Männern aus Nicofia zu einer Empörung, um mit deren Hülfe den favoyifchen Prinzen der Macht zu berauben und von der Infel zu vertreiben. Als Carlotta von der Abficht ihrer Feinde unterrichtet wurde, wollte fie ihren Bruder in feinem eigenen erzbischöflichen Palaste verhaften lassen, aber er legte seine priesterliche Kleidung ab, floh verkleidet zum nächsten Hafen Cerynia und setzte von da mit Unterstützung seiner Anhänger nach Aegypten über, wo er den Sultan um Schutz bat. Da dieser Fürst sich versichert hielt, dass der junge Rebell, wenn er als König der Insel eingesetzt wäre, den bereits rückständigen Tribut abtragen und ihn auch ferner entrichten würde, versah er den cyprischen Erzbischof mit Geld und Truppen, mit deren Hülfe Jacob alsbald nach Cypern zurückkehrte und nach Besiegung des keineswegs kräftigen Widerstandes, den ihm Carlottas Gemal entgegensetzte, mit dem Titel Jacob II. 1464 zum König ausgerufen wurde.

Ehe er seine Söldnerschaaren entliess, nahm der neue Herrscher Famagosta den Genuesern ab und zwang dieselben die Insel zu räumen. Dieser Erfolg vermehrte seine allgemeine Beliebtheit unter den Eingeborenen ausserordentlich, da es ihnen natürlich sehr misfiel, eine ihrer wichtigsten Städte von fremden Truppen besetzt zu sehen. Dann verbündete er sich klugerweise mit Venedig als einem mächtigen Patrone, der wohl befähigt war, Genua die Spitze zu bieten. In dieser Absicht und um seinem Throne einen Erben zu sichern und so das Blut der Lusignan, welches er geerbt zu haben beanspruchte, zu erhalten, beschloss er sich zu verheiraten. Wahrscheinlich machte es ihm seine ausserEheliche Geburt unmöglich, um eine Braut aus königlichem Blute zu werben. Er hatte ein kleines Bildniss einer Nichte Cornaros, eines venetianischen Edelmannes an seinem Hofe, gesehen und sich in dieselbe verliebt. Dann scheint er mit ihr in Beziehung getreten zu sein und den Wink verstanden zu haben, den ihm der Doge von Venedig, Christoph Moro, in einem Briefe vom Juli 1469 gab, indem er ihm vorwarf, dass er mit der Liebe der Caterina Cornaro tändele. Nachdem

Jacob diefen Brief empfangen hatte, bewarb er fich förmlich um die Hand der edlen Jungfrau bei dem Senate von Venedig — eine Bitte, welche mit einem der Natur der Verhandlungen entfprechenden Ernfte gewährt wurde. Die Braut erhielt eine Mitgift von 100.000 Goldducaten; fie ward als eine Tochter des Staates adoptiert und mit einem glänzenden Gefolge nach Cypern gefandt.

Die politifche und eheliche Verbindung, welche auf diefe Weife eingegangen war, follte nicht von langer Dauer fein. Der neue König ftarb 1473, indem er feiner jungen und fchönen Wittwe die Sorge hinterliefs, das Königreich im Intereffe ihres ungeborenen Kindes zu regieren. Zwei Monate nach dem Tode ihres Gemals fchenkte Caterina einem Sohne das Leben, der den Namen feines Vaters empfieng, zum Könige der Infel gekrönt wurde und, ehe er noch ein Jahr alt war, feinem Vater ins Grab nachfolgte.

Wäre der letzte Wille König Jacobs beachtet oder wären die Wünfche der Cyprer berückfichtigt worden, fo würde nun die königliche Würde auf einen feiner natürlichen Söhne übertragen worden fein; das konnte indeffen der venetianifchen Politik nicht genehm fein, und demgemäfs erhielt Loredano, der damals mit einer mächtigen Flotte an der Infel überwinterte, Befehl, Caterina ohne Verzug als Königin von Cypern anzuerkennen.

Ferdinand, der König von Neapel und Sicilien, fchien auch ein begehrliches Auge auf das Eiland geworfen zu haben und fandte Botfchafter an die junge Wittwe, indem er ihr fein Beileid ausdrückte und zu gleicher Zeit die Hand feines Sohnes anbot. Caterina, fei es, dafs fie in diefer Angelegenheit fich durch Venedigs Einflufs beftimmen liefs oder nicht, lehnte den Prinzen ab und blieb, der Bemühungen anderer Bewerber ungeachtet, unverheiratet.

So regierte Caterina fechzehn Jahre, während welcher Zeit der Senat von Venedig vergebens verfuchte, fie zu Gunften ihres Vaterlandes zur Abdankung zu bewegen. Endlich, im Jahre 1488, fo vieler Ränke müde und die Unmöglichkeit, die Krone noch länger zu behaupten, einfehend, liefs fie fich durch den venetianifchen Gefandten Giorgio Cornaro, ihren eignen Bruder, bewegen, zu Gunften Venedigs abzudanken.

Während fich diefe Ereigniffe in Cypern zutrugen, ftarb die unglückliche, aber heldenmüthige Carlotta 1487 in Rom und vermachte das Königreich Cypern feierlich dem Herzog Carl von Savoyen und feinen Erben, die feit der Zeit den Titel eines Königs von Cypern annahmen.

Der Admiral Francesco di Priuli nahm die Infel im Namen Venedigs unter Ceremonien in Empfang, welche im Voraus beftimmt waren, um der vollendeten Thatfache eine volksthümliche Farbe zu verleihen. Der cyprifche Adel war unzufrieden, aber unfähig fich dem Regierungswechfel zu widerfetzen. Unruhen fanden bei diefer Gelegenheit in Nicofia und an einigen andern Plätzen ftatt, doch waren fie von keiner Bedeutung.

In einer Kirche in Famagofta, welche von den Türken jetzt als Scheune und Stall benutzt wird, fah ich 1874 einige Bruchftücke einer Marmortafel, welche eine fehr merkwürdige, fich auf die letzten Stunden des langjährigen cyprifchen Reiches beziehende Infchrift trägt. Auf dem obern Theile der Tafel ift in Flachrelief der geflügelte Löwe des Apoftels Marcus und eine Anficht von Famagofta eingefchnitten; der andere Theil ift in Stücke gebrochen und zur Ausbefferung des Stalles verwandt; obwohl die Infchrift durch die Pferdehufe ftark gelitten hat, fo läfst fie fich doch noch entziffern und lautet fo:

"FRAN*cisco* DE PRIULIS VENETÆ CLAS*si*
IMPER*ante* DIVI MARCI VES*sillum*
CYPRI *fe*LICITER ERECTUM ES*t*
ANNO 1488, 28 FEBRU*arii*".[9]

Die vormalige Königin Caterina brach im Frühjahre 1489 nach Venedig auf, begleitet von Giorgio Cornaro und den beiden natürlichen Söhnen ihres Gemals, welche auf Befehl Venedigs Cypern verlaffen mufsten.

Der Doge Barbarigo mit dem ganzen Senate gieng der Caterina bei ihrer Ankunft in Venedig entgegen, und während ihres Aufenthalts in der Stadt ward fie aufs glänzendfte unterhalten; die fchöne Stadt Afolo mit allen ihren Gütern und Einkünften ward ihr als Gegengabe für ihr Königreich angewiefen; und in Afolo lebte fie lange Jahre hindurch, indem fie den Mittelpunkt mancher romantifcher Empfindungen und einiger noch erhaltener Legenden bildete. Hier befchlofs fie 1510 ihre Tage.

Die Republik Venedig behielt Cypern nur zweiundachtzig Jahre. Während diefer Zeit ward die Infel von verfchiedenen Unglücksfällen heimgefucht. In den Jahren 1492 und 1542 wurden viele Städte durch Erdbeben zerftört. 1544 erfchienen die Heufchrecken in fo grofsen Schaaren, dafs alle vorhandene Vegetation vernichtet wurde und die Einwohner zwei Jahre lang von auswärts mit Vorräthen von Lebensmitteln verforgt werden mufsten. 1547 regnete es fo aufserordentlich heftig, dafs die Flüffe zu Strömen anfchwollen und die Ebene Mefaoria in einen See verwandelt wurde; in diefem Jahre konnte keine Ernte erzielt werden, und die Bevölkerung litt darunter eben fo fehr wie von den Heufchrecken. Aber das gröfsefte Unheil, welches Cypern bedrohte, war die wachfende Macht der Türken und der Fortfchritt, den fie in Afien und Afrika machten. Mehr als einmal bereits waren türkifche Seeräuber in einige Häfen der Infel eingedrungen und hatten die benachbarten Städte ungeftraft geplündert — ein Vorfpiel zu dem, was bald folgen follte.

Von diefen Raubzügen unterrichtet, befchlofs Venedig Savorniani mit einem Stab von Ingenieuren hinzuschicken, um die Festungen auf Cypern wieder in Stand zu setzen. Famagosta und Cerynia wurden genügend ausgebessert, um eine regelmäſsige Belagerung auszuhalten zu können: die andern wurden geschleift, da sie nicht wieder herzustellen waren. Die Mauern der Stadt Nicosia wurden in ihrem Umfange beträchtlich eingeschränkt. Im Jahre 1570 forderte Selim II. Venedig auf, ihm die Insel Cypern abzutreten, und als die Republik sich deſs weigerte, begann er ausgedehnte Vorbereitungen zu treffen, um sie mit Gewalt zu nehmen. Diese Neuigkeit verbreitete unter allen christlichen Völkern an den Küsten des Mittelländischen Meeres Bestürzung. Der Pabst Pius V. versuchte vergebens einen Kreuzzug zu veranstalten, indem er Europa zu den Waffen rief; man verlor viel Zeit mit Conferenzen und Unterhandlungen, aber energische Maſsregeln wurden verabsäumt. Das furchtsame Venedig verschanzte sich zu Hause und vergaſs oder war unfähig Truppen zu schicken, um die von Savorniani befestigten Plätze zu besetzen. Die Türken verloren keine Zeit und entsandten von Rhodus und Negroponte eine Flotte von 360 Fahrzeugen, um Cypern zu erobern.

Am 1. Juli 1570 landeten die Türken in der Nähe von Limassol, ohne auf Widerstand zu stoſsen, mit einem Heere von 100,000 Mann, das aus 70,000 Mann zu Fuſs und 30,000 Reitern bestand und über 200 Kanonen verfügte, unter dem Befehle des Lala Mustafa. Während die schwere Artillerie ans Land gesetzt ward, durchstreifte die unregelmäſsige Cavallerie die Insel und plünderte alle Städte. Gegen Ende des Juli hatte Mustafa Pascha mit seiner ganzen Armee die Belagerung Nicosias begonnen, das nur von 10,000 Mann verschiedener Nationalität und Religion besetzt war. Die Vertheidigung ward schlecht geführt: jedoch gebrauchten die Türken sieben Wochen, um die Festung einzunehmen, welche sie am 9. September nach mehreren vergeblichen

Angriffen betraten. Eine ganze Woche lang ward die Stadt der Wildheit der Eroberer preisgegeben und die Greuelfcenen, welche darauf folgten, fpotten jeder Befchreibung. Zwanzigtaufend Menfchen beider Gefchlechter wurden erbarmungslos abgefchlachtet und zweitaufend Knaben und Mädchen in die Gefangenfchaft geführt. Am 15. September brach Muftafa Pafcha auf, um Famagofta zu belagern, die letzte Feftung, welche den barbarifchen Osmanli noch Trotz bot.

Sie ward von venetianifchen Truppen vertheidigt, welche, obwohl nur 7000 an der Zahl, lange Zeit widerftanden, da fie immer noch die Hoffnung hegten, aus ihrer Heimat Hülfe zu erhalten. Die Bemühungen Venedigs, Famagofta zu helfen, waren indefs fehr geringfügig. Nach einer beinahe zehnmonatlichen Belagerung, am 29. Juli, als alle Vorräthe und die gefammte Munition erfchöpft und die meiften Krieger kampfunfähig geworden oder gefallen waren, entfaltete der heldenmüthige Befehlshaber Bragadino die weifse Fahne und legte die Bedingungen feiner Uebergabe vor.

Diefelben wurden von dem verrätherifchen Muftafa begierig angenommen; Geifeln wurden ausgewechfelt, türkifche Fahrzeuge fuhren, wie ausbedungen, in den Hafen von Famagofta und nahmen alle die an Bord, welche die Infel zu verlaffen wünfchten; es erübrigte nur noch die Förmlichkeit, dem Sieger die Schlüffel der Stadt zu übergeben.

Am 5. Auguft begab fich General Bragadino, von feinen Offizieren Baglione, Martinengo und Quirini begleitet, in das türkifche Lager und ward von Muftafa höflich empfangen. Nachdem die Schlüffel ausgeliefert waren und General Bragadino fich erhoben hatte, um fich zu verabfchieden, forderte der treulofe Türke von ihm befondere Geifeln für die fichere Rückkehr der türkifchen Schiffe, welche ihn und feine Mannfchaft nach Candia bringen follten; dies verweigerte Bragadino, da es in den angenommenen Bedingungen feiner Uebergabe nicht enthalten gewefen war. Darauf klagte ihn Muftafa des Verraths an, weil er funfzig türkifche Pilger nach feiner Uebergabe hingerichtet hätte, was Bragadino entrüftet in Abrede ftellte. Da ward der Pafcha wüthend und befahl, die vier Venetianer zu enthaupten, und in wenigen Minuten waren die Begleiter Bragadinos hingerichtet; diefem blieb ein fchrecklicherer Tod vorbehalten. Der Henker fchnitt ihm Nafe und Ohren ab; dreimal mufste er feinen Kopf wie zur Enthauptung auf den Block legen, dann ward er mit fchweren Ketten beladen in einen dunkeln Kerker geworfen und neun Tage lang in diefer elenden Verfaffung gelaffen. Am zehnten Tage ward Bragadino auf Befehl Muftafas aus dem Gefängniffe geholt und genöthigt, mehrere Stunden lang Erde zur Ausbefferung der Befeftigungen zu fchleppen, worauf er mehr todt als lebendig an einen Pfahl gebunden und in Gegenwart des graufamen Muftafa gefchunden wurde. Seine Haut ward mit Heu ausgeftopft und fammt den Köpfen der drei andern Venetianer als Gefchenk dem Sultan überfandt.

Diefelben blutigen Scenen, welche in Nicofia vorgekommen waren, wiederholten fich in Famagofta, obgleich es den Anfchein hat, als habe fich die Wuth der Türken an diefem Orte vorzugsweife gegen die römifchen Katholiken gerichtet; die Leute an Bord der türkifchen Schiffe wurden ftatt nach Candia gebracht zu werden, wie ausbedungen war, in Conftantinopel ans Land gefetzt und als Sklaven verkauft.

So ward Cypern erobert und war verurtheilt, fo lange einen Theil des türkifchen Reiches zu bilden, als erleuchtete chriftliche Mächte in ihrer Eiferfucht die Herrfchaft der Barbaren duldeten.[10]

Larnaka.

ERSTES CAPITEL.

Am Ende des Bürgerkrieges in den Vereinigten Staaten, an dem ich Theil genommen hatte, ward ich vom Präſidenten Lincoln einige Tage vor ſeinem tragiſchen Tode zum Conſul von Cypern ernannt. Ich langte am Weihnachtstage 1865 nach einer ſtürmiſchen funfzehntägigen Reiſe von Ancona auf meinem Poſten an. Die von dort aus alle vierzehn Tage einmal nach Cypern gehenden öſterreichiſchen Lloyddampfer bildeten nämlich die einzige regelmäſsige Linie, welche die Inſel berührte.

Ich werde niemals den erſten Eindruck vergeſſen, den ich von der Stadt Larnaka, meinem zukünftigen amtlichen Wohnſitze, empfieng, als das Schiff langſam ſeinem Ankerplatze zudampfte. Der Tag war wolkig und die See ſehr rauh. Es wurde etwa eine engliſche Meile von der Küſte der Anker ausgeworfen, weil ſich daſelbſt kein Hafen, ſondern nur eine offene Bucht befand. In dieſer Entfernung ſah die Stadt juſt, wie das Bild der Zerftörung aus: kein Lebenszeichen, keine Vegetation fichtbar, mit Ausnahme einiger einfamer Palmbäume, deren lange Blätter gleichfam trauernd herabhiengen. In der That war mein erfter Gedanke, an Bord zu bleiben und nicht auf einer fo verlaffen erfcheinenden Infel zu landen.

Der Capitän, ein tüchtiger Seemann, der während unferer aufserordentlich langen Ueberfahrt meiner Familie viel Güte erwiefen hatte, bemühte fich uns einzureden, dafs Cypern ein irdifches Paradies fei, das wir nach einiger Zeit fehr lieb haben würden. Ift diefe Prophezeiung verwirklicht worden? Ich überlaffe dem Lefer, fich hierüber aus dem Umftande ein Urtheil zu bilden, dafs ich dies zehn Jahre fpäter aus der nämlichen Stadt fchreibe; indeffen mufs ich doch anftehen, die unterfcheidenden Eigenthümlichkeiten der Infel für paradiefifch zu erklären.

Als wir Larnakas anfichtig wurden, bemerkte ich, dafs an Bord des Dampfers, als ein Zeichen der Ehrerbietung für den Vertreter der nordamerikanifchen Republik, die „Sterne und Streifen" aufgehifst waren. Bald darauf fah man über einer Reihe von Gebäuden an der Meeresküfte die Flaggen anderer Nationen flattern. Sie fchienen plötzlich hervorgezaubert zu fein und veränderten faft das Ausfehen der Stadt. Dies war die gewöhnliche Aufmerkfamkeit, welche die fremden Confuln ihren neuen Collegen erwiefen.

Ein grofser Lichterkahn, von den Eingeborenen *Mahóna* genannt, näherte fich alsbald mit fliegenden amerikanifchen Farben unferm Dampfer. Das Fahrzeug enthielt ungefähr zwanzig Perfonen, von denen einige mit alterthümlichen Waffen, andere mit Yataganen bewaffnet waren oder fechs Fufs lange Stäbe mit filbernem Knopfe trugen. Alle waren mit dem rothen „Fez" bedeckt, der gewöhnlichen Kopfbedeckung fowohl der Muslimen als der Chriften auf der Infel. Diefe heterogene

Schaar kam an Deck, betrat die Kajüte und würde aller Wahrſcheinlichkeit nach auch in meine Prunkgemächer eingedrungen ſein, wäre ich nicht ſofort heraus und ihnen entgegen getreten. Der Wortführer, der ſich in leidlichem Italieniſch ausdrückte, ſagte, daſs er die Ehre habe, mir den „Stab des amerikaniſchen Conſulats" vorzuſtellen. Ich muſs geſtehen, daſs ich auf die perſönliche Erſcheinung meiner Conſularbeamten nicht ſehr ſtolz war. Jeder einzelne von ihnen küſste, ſtatt meine dargebotene Hand zu faſſen, indem er ſich mir näherte, meine Fingerſpitzen oder machte eine entſprechende Bewegung. Nachdem ich dieſe Förmlichkeit, welche unerläſslich ſchien, überſtanden hatte, theilte man mir mit, daſs mein Gepäck auf den Lichter geſchafft ſei; ſo verabſchiedete ich mich von dem Capitän, half meiner Gattin und meinem Kinde in die „Mahóna" und ſegelte der Küſte zu.

Je mehr wir uns Larnaka näherten, deſto weniger behagte mir ſein Anblick. Als wir der Küſte, wo ſich eine groſse Volksmenge verſammelte, um der Ankunft des neuen Conſuls beizuwohnen (da dies immer ein Ereigniſs in der Stadt iſt), bis auf vier oder fünf Ellen nahegekommen waren, da blieb die „Mahóna", wahrſcheinlich weil ſie zu ſchwer beladen war, im Sande ſtecken, und eine Ueberraſchung ganz neuer Art erwartete uns. Der Lichter konnte trotz des wilden und betäubenden Geſchreies, womit die Matroſen ſich einander ermuthigten, nicht einen Zoll von der Stelle gerückt werden. Ein Matroſe ſprang ins Waſſer und gab mir ein Zeichen, ſeine breiten Schultern zu beſteigen. Andere Matroſen thaten desgleichen und begannen meine „Stabsoffiziere" auf dieſe Manier ans Land zu ſetzen. Ich ſah ſofort ein, daſs mir nichts anderes übrig blieb als zu gehorchen. Daher war ich genöthigt, meinen Einzug in die Stadt Larnaka auf dieſem undiplomatiſchen Wege zu halten.

Meine Frau indeſſen zu überreden, daſs ſie ſich auch dieſes zweifüſsigen Beförderungsmittels bedienen ſollte, wäre verlorene Mühe geweſen: ſie würde lieber den ganzen Weg nach New-York zurückgekehrt ſein als ſich ſolcher Unſchicklichkeit unterworfen haben. Jedenfalls doch, meinte ſie, müſste es irgendwo einen Landungsplatz für Damen geben; aber leider gleicht die Inſel Cypern nicht ihrem heimatlichen Manhattan, und Landungsplätze zur Bequemlichkeit für Reiſende ſind hier zu Lande unerhörte Luxusgegenſtände. Da kam einem meiner Beamten eine prächtige Idee: ein Stuhl ward gebracht und von zwei Matroſen gehalten, und dann wurde die Gattin des amerikaniſchen Conſuls gebeten ſich darauf zu ſetzen, um ſo ans Land gebracht zu werden. Aber ſelbſt die *sella curulis* eines römiſchen Senators hätte ſie nicht bewegen können, das anzunehmen. Da nun aber glücklicherweiſe die „Mahóna" durch die Landung meiner Beamten und meines Gepäcks beträchtlich erleichtert war, ſo konnte ſie ſchlieſslich etwas näher ans Uſer gezogen werden und meine Frau ohne alle Hülſe leicht ans Land ſpringen.

Als wir auf feſtem Grund und Boden waren, wurden wir von mehreren fremden Conſuln bewillkommnet, welche ſich daſelbſt gütigſt verſammelt hatten, um uns zu empfangen und uns ihre Gaſtfreundſchaft anzubieten: und die waren wir eine Zeit lang, wie ſich herausſtellte, anzunehmen gezwungen, da Gaſthöfe irgend welcher Art in Larnaka nicht exiſtieren. Wie angenehm für uns, zu hören, daſs es keine Gaſthöfe gab, die uns Obdach gewähren, keine Läden, in denen wir die nöthigſten Einkäufe für eine Haushaltung beſorgen könnten, und daſs unſere einzige Hülſe die war, die uns angebotene Gaſtfreundſchaft von Leuten anzunehmen, die uns vor fünf Minuten vollſtändig unbekannt geweſen waren! Doch wie können höfliche und gütige

Manieren die Rauhheiten des Lebens felbft unter einem halbbarbarifchen Volke mildern! Das erfuhr ich von meinem italienifchen Collegen Cavaliere Candido Negri und feiner Gemalin, die uns die Gaftfreundfchaft ihres Haufes anboten. Wohl erinnere ich mich der angenehmen Gefellfchaft, in die ich unter meinen Collegen in jener Zeit eingeführt ward: Ceccaldi und fein Bruder; Lang und feine Schwefter; Negri und feine feingebildete Gattin und Simondetti nebft feiner jungen Braut.

Am Tage nach unferer Ankunft machten mir der Gouverneur oder Kaimakam, wie er genannt wird, und andere höhere Beamte des Ortes ihren officiellen Befuch, und eine ganze Woche lang war ich fortwährend durch Empfangen und Erwidern von Befuchen in Anfpruch genommen. Glücklicherweife gelang es mir, nach diefen acht Tagen das unentbehrlichfte Hausgeräth, welches mir Mr. Lang und der belgifche Conful freundlichft zur Verfügung ftellten, zufammenzubekommen; und fo bezog ich ein ziemlich gutes Haus, in dem ich noch bis auf den heutigen Tag wohne.

Larnaka (Λάρνακ̣), nach den alten Gräbern benannt, über denen es theilweife erbaut ward[1], ift eine neuere Stadt, welche nach der Eroberung der Infel durch die Türken entftand und ähnlich wie einige alte Städte Cyperns in zwei getrennte Bezirke zerfällt, welche ungefähr zwanzig Minuten Weges von einander entfernt find. Der Theil, welcher an der Seeküfte liegt, heifst die „Marina", während das eigentliche Larnaka etwa drei Viertel englifche Meilen nach dem Innern zu gelegen ift.

Vor einigen vierzig oder funfzig Jahren befanden fich alle Confulate in Larnaka, während die Marina damals nur aus einigen zerftreuten Häufern und Magazinen beftand. Aber feitdem die Seeräuber des griechifchen Archipels, welche diefe Küfte unficher zu machen pflegten. Dank befonders den Engländern. zu exiftieren aufgehört haben. ift die Marina der Mittelpunkt des Handelsverkehrs für die ganze Infel geworden. Die Küfte ift jetzt eine halbe Meile weit mit Privatwohnhäufern bebaut. hat einen ausgedehnten Bazar. mehrere Kirchen und Mofcheen und nimmt von Jahr zu Jahr in demfelben Umfange zu. wie das eigentliche Larnaka fich entvölkert. Die fremden Confuln wohnen mit wenigen Ausnahmen fämmtlich in der Marina in einer Reihe von Gebäuden. welche wenige Fufs vom Meere entfernt in kaum unterbrochener Reihe auf einander folgen. Das äufsere Ausfehen der Häufer ift etwas befcheiden und anfpruchslos. aber fie find geräumig und nicht fo ganz und gar ohne einen gewiffen Comfort. Die griechifche Kirche von St. Lazarus. welche fich noch in der Nähe befindet und nach der Ausfage der Eingeborenen über dem Grabe des heiligen Lazarus vor mehr als taufend Jahren aufgeführt worden ift und noch deutliche Spuren byzantinifcher Baukunft trägt. noch mehr aber Gräber jener Zeit. welche ich in ihrer unmittelbaren Nachbarfchaft entdeckte. fowie die Ueberrefte von Mofaikpflaftern. die fich hier und dort finden. beftimmen mich zu der Annahme. dafs vor der türkifchen Eroberung hier nicht nur Waarenhäufer. fondern eine nicht unbedeutende Stadt geftanden hat. obwohl von derfelben. fo viel ich weifs. keine Kunde erhalten geblieben ift. Die Bevölkerung beider Bezirke beläuft fich auf nicht mehr als 8000 Seelen. von denen ungefähr 3000 Muslimen. die übrigen Chriften find. Auf die Nachkommenfchaft der Europäer kommt gleichfalls ein kleiner Bruchtheil. Ein wenig nordweftlich von der Marina. in den zwifchen den beiden Bezirken liegenden Gefilden. find deutliche Spuren der alten Stadt Citium [Κίτιον] zu fehen.

Die Entfernung Citiums von Amathus beträgt ungefähr 48 englifche Meilen oder. nach der einheimifchen Reifeart gerechnet. einen zwölfftündigen Ritt. Gleich

Amathus ist es von den Phöniciern gegründet. und. wie bereits angedeutet. bewirkte die überwiegende Bedeutung dieser Stadt. dass ihr Name Kittim in alten Zeiten auf die ganze Insel ausgedehnt wurde. Sie scheint auch ihren phönicischen Character länger als andere Städte. wie Amathus und Paphos. bewahrt zu haben, da sie immer wegen ihres Handels und Verkehrs berühmt war und nicht unter dem hierarchischen Einflusse stand, der in jenen beiden Städten vorherrschte. In den frühesten Nachrichten. wie in der von seiner Weigerung. an Tyrus unter der Regierung Hirams und hernach unter der des Elulaeus Tribut zu zahlen, wird Citium mit Cypern gleichgestellt. aber es ist nicht sicher. ob wir daraus schliessen dürfen. dass es in diesen Bewegungen vorangieng, wenn schon es keineswegs unwahrscheinlich ist. Als Tyrus an Bedeutung verlor. da war Citium durch seine Lage wohl geeignet. seinen Platz als Mittelpunkt des Verkehrs zwischen Ost und West einzunehmen. In der Zeit Sargons (707 vor Chr.) finden wir den König von Citium unter den sechs andern Königen von Cypern. welche diesem assyrischen Herrscher ihre Huldigung darbringen. Dies geht aus der Keilinschrift hervor, welche das Flachrelief einer assyrischen Figur auf einer Tafel in Basalt begleitet; dieselbe wurde im Jahre 1846 in dem westlichen Weichbilde der Marina von Larnaka in einem Garten aufgefunden und befindet sich gegenwärtig in dem Berliner Museum. Die Abbildung dieser Tafel. welche ich auf Tafel I. 1 mittheile. verdanke ich der Güte des Professors Lepsius. der mir eine Photographie davon übersandte. Ein König von Citium erscheint auch unter den zehn cyprischen Königen. welche Tribut an Asarhaddon entrichteten.[2]

Eine erhebliche Anzahl in Citium gefundener phönicischer Inschriften, welche Gesenius veröffentlicht hat. sind ein Beweis. dass es fortdauernd der Wohnsitz von

Phöniciern geblieben ist; und die Bereitwilligkeit, mit der es für die Perser gegen die Griechen Partei nahm, scheint zu beweisen, dafs das phönicische Element unter der Bevölkerung vorwaltete. Bei dieser Gelegenheit ward es von dem Athener Cimon, dem Sohne des Miltiades, belagert, der daselbst sein Leben verlor. Doch bemerkt Plutarch in seinem Leben Cimons, dafs die Bevölkerung Citiums seinem Grabe besondere Ehrfurcht erwies, nachdem sie durch ein Orakel während einer Hungersnoth dazu angewiesen worden war. Dafs Citium sogar noch zu Ciceros Zeit (vergl. de finibus 4. 20) als eine phönicische Stadt betrachtet wurde, kann man daraus schliefsen, dafs er Zeno, den Gründer der stoischen Schule, einen Phönicier nennt, worauf dieser durch weiter nichts Anspruch haben konnte als dadurch, dafs er in Citium geboren war, da er seiner Abstammung nach ein Grieche war. Auch Suidas nennt ihn einen Phönicier. Auf den griechischen Theil der Bevölkerung ist vermuthlich die Legende zurückzuführen, dafs die Stadt ihren Namen von Citia, der Tochter eines Königs von Salamis, empfangen habe; von dieser Stadt oder diesem Königreiche wurde Citium unter der Herrschaft des Evagoras allmählich an Bedeutung überholt.

Im Jahre 391 vor Chr. liefs Citium nebst Amathus und Soli Artaxerxes um Hülfe gegen Evagoras bitten. Der persische König langte mit einer Flotte und einem Heere an. Eine Zeit lang waren die Streitkräfte einander gewachsen und gleich verderblich, bis schliefslich die Flotte des Evagoras vollständig zerstört wurde. In dieser Zeit war Citium ein befestigter Platz von erheblichem Umfange und blieb es während der Oberherrschaft der Ptolemäer auf der Insel, wie aus den daselbst gefundenen griechischen Inschriften dieser Zeit hervorgeht; es begegnen uns in denselben nämlich militärische Titel wie φρούραρχος und ἀρχισωματοφύλαξ. (Vergl. Engel 1, 106—7.)

Alexander der Grofse übertrug die Herrfchaft von Citium dem Pnytagoras; vorher war Paficyprus König gewefen, der, wie es fcheint, Wohlleben den Sorgen der Regierung vorzog und fein Königthum für funfzig Talente an einen gewiffen Pymatus verkaufte. Nach Pnytagoras werden als Könige von Citium Nicocreon und Pygmalion erwähnt, von denen der letztere bei der Auflöfung des Reiches Alexanders fich dem Antigonus anfchlofs. Diefer unterlag indeffen mit feiner Partei, und fo ward auch Pygmalion feines Königthums von Ptolemaeus, dem Nebenbuhler des Antigonus, entkleidet. Seit der Zeit fcheint an die Stelle der alten Könige von Citium ein militärifcher Befehlshaber getreten zu fein.

Der von Strabo erwähnte enge Hafen von Citium ift faft ganz verfchüttet, und auf den Grundmauern eines Theiles feines Dammes fteht jetzt ein franzöfifches Nonnenklofter [Soeurs de la Charité]. Man findet noch grofse Steine, welche zu dem alten Hafendamme gehört haben, in den öftlich von diefem Klofter gelegenen Feldern, und Ueberrefte von Stadtmauern und einer Burg befinden fich noch wenige Fufs unter der Oberfläche etwa zweihundert Schritte nordöftlich vom Klofter. Der alte Küftenftrich wird noch jetzt durch eine fortlaufende Wellenlinie von Felfen bezeichnet, welche aus zufammengeballten und auf natürliche Weife durch die Zeit verkitteten Kiefeln befteht, von Pococke aber und andern europäifchen Reifenden irrthümlich für die Fundamente der Mauern gehalten wurde, welche die alte Stadt umgeben hätten.

Das einzige noch erhaltene Denkmal phönicifcher Baukunft ift eine Grabcapelle oder ein Grab, welches aus vier grofsen Steinen befteht, von denen der eine, als Dach dienende, die andern überragt und fo eine Art Säulenhalle bildet. Die Eingeborenen nennen diefes Grab Phaneromene (φανερωμένη), und die griechifchen

Bauern pflegen hineinzugehen und im Innern Kerzen und Lampen zur Ehre der *Panagia*, der heiligen Jungfrau. anzuzünden.

Die Phaneromene.

Auf einem niedrigen Hügellande, welches sich westlich von der Marina über dem Salzsee erhebt, sind während der letzten zwanzig Jahre von Zeit zu Zeit eine Anzahl kleiner Terracotta-Figuren gefunden worden. von denen man einige. freilich sehr fragmentarische, im Museum von New-York und im Britischen Museum sehen kann. Die typische Figur, welche diese Terracotten darstellen. ist eine sitzende Gottheit in faltigem Gewande und mit einer hohen Krone (*stephanos*), die mit Rosetten und Sphinxen in der Form einer goldenen. in Curium gefundenen. Sphinx (Tafel LVIII) oder, wie einmal in einem Exemplare im Britischen Museum, mit der Figur einer tanzenden Mänade reich verziert ist. Von dem Hinterkopfe hängt ein Schleier herab. In dem auf Tafel L. 2 abgebildeten Specimen. welches $11\frac{1}{2}$ Zoll hoch ist. wird die Figur auf jeder Seite durch eine weibliche Gestalt. deren jede einen Korb hält, unterstützt. Nimmt man die mittlere Figur für Aphrodite. so dürften die beiden Begleiterinnen entweder, wie auf einer gemalten griechischen Vase im Britischen Museum, auf der die Namen beigeschrieben sind. Eunomia und Paidia sein oder sonstige Gefährtinnen, wie Peitho, die manchmal in Kunstwerken in ihrer Begleitung dargestellt werden. Andrerseits läßt uns die hohe Krone und die zur Brust erhobene Hand an die Göttin Demeter denken, deren Dienst bekanntermaßen auf der Insel existiert hat und mit einem sehr berühmten Feste verbunden war. Diese Annahme wird durch zwei hier in der Nähe entdeckte Inschriften zur Ehre der Demeter Paralia, welche hier einen Tempel gehabt zu haben scheint, bestätigt. Im Britischen Museum befindet sich das Bruchstück einer augenscheinlich den gleichen Gegenstand darstellenden Gruppe in Terracotta aus Dali; aber nur eine der unterstützenden Figuren ist erhalten und die Göttin selbst ist ohne Kopf. Unter den Terracotta-Figuren, die hier gefunden wurden, befand sich auch eine Anzahl anderer weiblicher Figuren, von denen einige sitzend, andere stehend waren, und ferner viele rohe, groteske Gestalten, grossentheils mit einem Tamburin oder einer Leier in der Hand. (Tafel I. 5, 6.) Eine unter diesen Figuren ist bemerkenswerth, da sie vielleicht das Bildniß eines Philosophen ist (Tafel II. 1).

Die Schönheit des Thones und die allgemeine künstlerische Ausführung dieser Terracotten, besonders der Gruppen der sitzenden Göttin, macht es weniger wahrscheinlich, daß sie das Werk einheimischer cyprischer Künstler waren, als daß sie aus Griechenland, namentlich aus Athen, eingeführt wurden. Zwischen dieser Stadt und Cypern bestand im vierten Jahrhundert vor Chr. ein reger Verkehr; und dieser Periode griechischer Kunst scheinen die erwähnten Figuren anzugehören. Wären sie auf Cypern entstanden, so würden wir in ihnen irgend eine locale Eigenthümlichkeit, z. B. hinsichtlich der Gewandung, zu finden erwarten, wie es bei den Terracotten aus Tanagra in Böotien der Fall ist. Dem ist aber nicht so. Zusammen mit diesen, einer guten Kunſtperiode angehörigen, Terracotten und mit den zahlreichen roh gearbeiteten Figuren, meiſtens von Muſikanten, fand ich auch eine Anzahl anderer, welche eine ägyptiſche Göttin mit Kuhkopf und ſtark entwickelten Brüſten darſtellen. (S. Tafel I. 7.)

Ein bedeutender Archäologe, der Larnaka 1867 beſuchte, iſt der Anſicht, daſs dieſe Funde aus einer Töpferei herrühren; aber nach ſorgfältiger Prüfung kam ich zu der Ueberzeugung, daſs ſeine Theorie unhaltbar iſt und daſs die Terracotten vielmehr zu einem Tempel gehört haben; und auf dem Kamme des Erdhügels entdeckte ich in der That nach einigen Jahren Grundmauern mit Stücken *al fresco* bemalten Putzes und zwei kleine Marmorſockel mit der Inſchrift ΑΦΡΟΔΙΤΗΙ ΠΑΡΑΛΙΑΙ auf beiden, wie ich bereits anführte.[3] Ehe der Hafen von Citium verſchüttet wurde, muſs dieſer Hügel ſehr nahe am Meere gelegen geweſen ſein; und der Zuname *Paralia* oder „Beſchützerin der Meeresküſte“, den man der Göttin gab, war ſomit ein angemeſſener. Ein anderer Grund, der mich zu der Annahme bewegt, daſs hier ein Tempel und keine Töpferei geſtanden hat, iſt die Menge der Gräber, welche ſich in der Nähe ringsumher befinden und die meiſt, wenn nicht alle, derſelben Periode wie die Terracotten angehören; das heiſst, dem vierten vorchriſtlichen Jahrhundert.

Auf dieſem Hügel begann ich 1866 noch durchaus als Dilettant die Ausgrabungen, welche ſich ſpäterhin zu ſehr ernſtlichen Unternehmungen geſtalten und über alle Theile der Inſel erſtrecken ſollten. Während meines Aufenthalts in Larnaka habe ich mehr als 3000 meiſt auf der weſtlichen Seite der Marina aufgefundene Gräber unterſucht; aber mit ſehr wenigen Ausnahmen, wie ſich herausſtellte, gehörten ſie der griechiſchen Periode vom vierten vorchriſtlichen bis zum zweiten nachchriſtlichen Jahrhundert an; es waren fämmtlich einfache Löcher, welche in Form eines Ofens in der Erde ausgehöhlt waren.

Die Gräber, welche den Sarcophag und die Alabaftervafen enthielten.

In einem Grabe, welches einige hundert Schritte nördlich von der erwähnten phönicifchen Grabcapelle liegt, entdeckte ich einen vorzüglich erhaltenen, fehr grossen Sarcophag aus weifsem Marmor, deffen Deckel am Kopfende einen weiblichen Kopf mit langen Locken darftellt (Tafel II. 3). Die Aehnlichkeit diefes Sarcophags mit den im Louvre befindlichen phönicifchen Sarcophagen aus Sidon ift fehr auffallend. Zwei derfelben wird man in Longpériers „Musée Napoléon III.", pl. 16. 17. abgebildet finden. Ein fehr ähnlicher Sarcophag aus Sidon befindet fich auch im Britifchen Mufeum, und ein anderer, von mir in Amathus gefundener, fteht noch eingepackt in dem „Metropolitan Museum of Art" in New-York.

In einem andern Grabe, welches faft an das den marmornen Sarcophag bergende anftiefs, wurden zwei grofse Alabaftervafen mit ihren Deckeln aufgefunden. Auf einer diefer auf Tafel III. 1. 2. abgebildeten Vafen ift eine aus wenigen Buchftaben beftehende phönicifche Infchrift eingegraben. (Siehe den Anhang der phönicifchen Infchriften, No. 25.)

Ein anderer Sarcophag ward in einem Felde gefunden. welches unter dem die Terracotta-Figuren enthaltenen Hügel liegt: derfelbe ift augenfcheinlich aus fpäterer Zeit. In den zwifchen der Marina und dem eigentlichen Larnaka liegenden Feldern. in der Nähe der Wafferleitung, fand ich ein architectonifches Fragment aus weifsem Marmor mit einem Flachrelief. welches anfcheinend den Silenus darftellt. wie er eine Mänade gefafst hält (Doell. Die Sammlung Cesnola, No. 833. Taf. VII. 14). und eine verftümmelte Statue. vielleicht des Ganymed mit dem Adler, gleichfalls in weifsem Marmor.

Ein anderer Tempel hat auf einem kleinen Vorfprunge in Südweften des Salzfees geftanden; in feiner Nähe befindet fich eine von den Muslimen fehr heilig gehaltene türkifche Mofchee. welche den Sarg enthält, in dem die Milchfchwefter Fatimas, der Tochter des Propheten Muhammed. beftattet gewefen fein foll.[4] In einer Tiefe von 19 Zoll fand ich mehrere Bruchftücke weifser Marmorfchalen und Paterae mit phönicifchen Infchriften auf ihrem Rande.

Die Grundlagen diefes phönicifchen Tempels fanden fich 3½ Fufs unter der Oberfläche; ebenfo Theile des Pflafters aus grofsen Quadern von Kalkftein derfelben Form. die noch heute in Cypern üblich ift. nur viel gröfser. Eine vollftändig erhaltene mafs 3 Fufs 9 Zoll in der Länge und 3 Fufs 4 Zoll in der Breite und war faft 4 Zoll dick. Die Grundlagen wurden zerbrochen vorgefunden und waren zuvor von Steingräbern zerftört worden. In einem der Gräber. welche zwifchen diefem Tempel. der auf einem kegelförmigen Hügel ftand. und der die Terracotten enthaltenen Anhöhe liegen. aber näher an der letzteren. entdeckte 1870 einer meiner Ausgräber mit feinen Gefährten eine Bronzevafe. welche oben mit einem bleiernen Deckel verfchloffen war. Als aus einem

Bruche des Gefäſses einige Goldmünzen hervorrollten, entſtand unter den Gräbern eine Balgerei, und thörichterweiſe beſchädigten ſie dasſelbe in unerſetzlicher Weiſe. Sie fanden darin 990 Statere Philipps und ſeines Sohnes Alexander.[5]

Nach einigen Verſuchen in der Nachbarſchaft von Larnaka bereiſte ich den Süden Cyperns an der Küſte entlang. Als ich die Stätten von Amathus und Paphos und andere Oertlichkeiten in ihrer Nähe beſuchte, kam ich zu dem Schluſſe, daſs, wenn ich über hinreichende Mittel zu verfügen hätte, ich einige dieſer Ruinen mit guter Ausſicht auf Erfolg durchforſchen könnte. Ich unterbreitete den von mir gehegten Plan einigen meiner Bekannten in Europa ſowohl als in Amerika, aber niemand ſchien geneigt zu ſein, an einem ſo zweifelhaften und koſtſpieligen Unternehmen Theil zu nehmen. Ich hatte ſchon faſt die Hoffnung aufgegeben, meine Forſchungen fortſetzen zu können, als ſich ein Zwiſchenfall ereignete, der ſie für immer abzuſchneiden ſchien, aber ſchlieſslich gerade das Gegentheil zur Folge hatte.

Der Kaimakam oder Gouverneur von Larnaka verhaftete eines Tages zwei meiner Ausgräber, ohne mich vorher, wie es Sitte iſt, von ſeiner Abſicht zu benachrichtigen. Ich ſprach ſogleich bei ihm vor, um eine Aufklärung von ihm zu erbitten; in anmaſsender Weiſe gab er mir zu verſtehen, daſs Ausgrabungen ohne einen Firman ſtreng verboten wären. Ich erwiderte, daſs die Nothwendigkeit eines Firmans, um auf Cypern auszugraben, eine Neuerung ſein müſste, da ich vorher darüber nichts vernommen hätte.[6] „Das geht mich nichts an", ſagte er; und keine Ueberredungen meinerſeits konnten ihn beſtimmen meine beiden Leute, die er willkürlich mehrere Tage lang ohne jeden Urtheilsſpruch gefangen hielt, in Freiheit zu ſetzen. Wenn man bedenkt, daſs die wegen kleiner

Vergehen Gefangenen auf Cypern für ihre eigne Beköſtigung ſorgen oder darben müſſen und daſs ihre Familien für ihren Unterhalt nur auf ihre tägliche Arbeit angewieſen ſind, ſo begreiſt man leicht die Härte und Ungerechtigkeit dieſes Verſahrens. Seit dem Tage hegte ich einen Groll gegen den Kaimakam von Larnaka. Genab Effendi, und ich gelobte es ihm zu vergelten, wenn ſich eine geeignete Gelegenheit böte, und auf die ſollte ich nicht lange warten. Eines Morgens kam ein angeſehener Türke der Marina und bat mich, ihn für den erledigten Poſten eines amerikaniſchen Conſulargardiſten anzuſtellen, indem er mir auseinanderſetzte, daſs der Kaimakam ihm perſönlich übel wolle und geſchworen habe, ihn für den militäriſchen Dienſt ausheben zu laſſen. Ich war erfreut, ſo bald eine Gelegenheit zur Ausgleichung meiner Rechnung mit Genab Effendi gefunden zu haben und ſtellte Muſtafa Feſſi unverzüglich als ordentlichen, privilegierten amerikaniſchen Beamten an. Der Kaimakam gerieth in groſse Wuth, als er von dieſer Anſtellung hörte, aber wie ein echter Türke machte er mir alsbald einen Beſuch und verſuchte in ſeiner freundlichſten Weiſe mich zu bewegen, eine andere Wahl zu treffen. Er verſprach, ſich nie wieder um meine Ausgrabungen zu bekümmern, wenn ich nur einen andern Mann anſtatt Muſtafas anſtellen wollte; aber ich lachte ihn aus und weigerte mich entſchieden einen andern anzunehmen.

Genab Effendi beredete jedoch ſeinen Vorgeſetzten, den Generalgouverneur der Inſel, ſo erfolgreich, daſs der letztere ganz *à la turque* ohne die geringſte Berechtigung verweigerte, Muſtafa als meinen Conſular-Kawaſſen anzuerkennen, und mir ſchrieb, ich müſſe eine andere Perſönlichkeit auswählen. Ich entgegnete, daſs ich durch die beſtehenden Beſtimmungen, welche von der Pforte erlaſſen und von den fremden Geſandtſchaften in Conſtantinopel fanctioniert feien, das volle Recht hätte zu meinen Confularbeamten zu wählen, wen ich wollte, und dafs ich entfchieden bei meiner Wahl beharren und Muftafa vor Seiner Excellenz, feinem Kaimakam oder fonft jemandem befchützen würde.

Vier Monate vergiengen und ich dachte, man habe die Sache fallen laffen, wie es bei den Türken oftmals zu gefchehen pflegt, aber ich hatte mich geirrt. Eines Tages um jene Zeit, als Muftafa von mir in einer amtlichen Angelegenheit ausgefchickt war, ward er von der türkifchen Polizei in ein amerikanifches Lagerhaus getrieben, dafelbft gewaltfam ergriffen und als ein Deferteur der türkifchen Armee eingefteckt.

Meine Collegen fowohl als die ganze Infel waren gefpannt, was ich nun in der Sache thun würde und ob es mir gelingen würde meinen Kawaffen Muftafa zurückzubekommen. Um einer blofsen Förmlichkeit zu genügen, verlangte ich vom Kaimakam fofort die Herausgabe meines Dieners, aber, wie sich vorausfehen liefs, ohne Erfolg. Dann reclamierte ich ihn unter Proteft von dem Generalgouverneur von Cypern — gleichfalls vergeblich. Es war keine Zeit zu verlieren, und ich nahm den erften Dampfer nach Conftantinopel, um meine Klage dem Mr. Edward Joy Morris, unferm amerikanifchen Minifter bei der Pforte, vorzulegen, indem ich ihm den ganzen Fall auseinanderfetzte. Er billigte vollftändig das Verfahren, welches ich eingefchlagen hatte, und verfprach meine Reclamationen aufs kräftigfte zu unterftützen, und er hat Wort gehalten.

Die Satisfaction, welche ich verlangte, war den Türken in Conftantinopel fehr unbequem, und der Grofswefir, Aali Pafcha, hoffte fie dadurch zu umgehen, dafs er vorfchlug, eine gemifchte Commiffion zur Unterfuchung der Wahrheit meiner Behauptungen nach Cypern zu entfenden, welchen Vorfchlag Mr. Morris und ich bereitwilligft annahmen. Die türkifchen Beamten vertrauten auf die gewöhnliche Entftellung ihrer Untergebenen in ähnlichen Fällen, um ihre Sache aufrecht zu erhalten; aber die gefchickte Art, in welcher der amerikanifche Bevollmächtigte Mr. Auguftus J. Johnfon, der damalige Generalconful in Beirut, die Angelegenheit führte, veranlafste eine Entfcheidung durchaus zu meinen Gunften. Die rechtzeitige Ankunft zweier amerikanifcher Kriegsfchiffe in der Bucht von Larnaka, welche mit dem von Mr. Morris an die Pforte gefchickten Ultimatum zufammentraf, dafs, wenn eine Woche nach der Entfcheidung die verfprochene volle Genugthuung nicht gegeben fei, die amerikanifche Flagge geftrichen werden würde, zwang die ottomanifche Regierung, alle unfere Forderungen zu gewähren und amtlich anzuerkennen, dafs die Behörden auf Cypern willkürlich gehandelt und den amerikanifchen Conful wider Willen (!) beleidigt hätten. Die empfangene Genugthuung beftand in Folgendem: 1. Genab Effendi foll feines Amtes als Gouverneur von Larnaka entfetzt und für immer zur Bekleidung eines öffentlichen Amtes unter der ottomanifchen Regierung untauglich erklärt werden; 2. Muftafa Feffi foll ausgeliefert und als amerikanifcher Confulargardift amtlich anerkannt werden; 3. die Feftung Larnaka foll die amerikanifche Flagge mit 21 Schüffen falutieren; 4. dem amerikanifchen Dragoman foll eine Entfchädigung von 10.000 Piaftern bezahlt werden, weil die türkifche Polizei ungefetzlich und ohne Erlaubnifs des amerikanifchen Confuls fein Gehöft betreten hat; 5. der Generalgouverneur von Cypern foll dem amerikanifchen Conful für das Verfehen, welches er verfchuldet hat, in einem amtlichen Schreiben fein Bedauern ausdrücken.

Es ward ferner zwifchen dem Grofswefir und dem amerikanifchen Minifter ausbedungen und verabredet, dafs der Generalgouverneur nach Erledigung der Angelegenheit auch von der Infel entfernt und anderswohin verfetzt werden follte; in der That traf einen Monat fpäter aus Conftantinopel ein neuer Pafcha ein, um feine Stelle einzunehmen. Nach diefer rauhen, aber heilfamen Lection wurden die türkifchen Behörden diefer Infel in ihrem Benehmen gegen den amerikanifchen Conful äufserft höflich, wodurch fie mich gar oft an ein Sprichwort ihres Volkes erinnert haben: „Küffe die Hand, die du nicht abhauen kannft."

Ich kann daher mit Vergnügen erklären, dafs während der zehn Jahre, die ich in Cypern nach jenem Ereigniffe verblieb, keine Handlung der Türken mir jemals ernftlichen Grund zur Klage gab; und mit der Ausführung des Planes umfangreicherer Forfchungen auf der Infel, den ich entworfen hatte, wurde einige Monate fpäter unabhängig von aller äufseren Hülfe begonnen, indem ich mein ganzes Vermögen an das Unternehmen wagte.

Die doppelte Gräberreihe in Dali.

ZWEITES CAPITEL.

Die grofse Hitze, welche während der Sommermonate ungeachtet der Land- und Seebrifen, welche fie einigermafsen mildern, in Larnaka herrfcht, macht die Stadt für Europäer in diefer Jahreszeit faft unbewohnbar; diefe fowohl als die Eingeborenen, deren Mittel es erlauben, flüchten fich bis Ende September an ein fchattiges Plätzchen im Innern.

Kurz nach meiner Angelegenheit mit den Ortsbehörden rief mich der Tod eines nahen Anverwandten nach Italien, und als ich im Herbfte zurückkehrte, fand ich, dafs meine Familie von der Hitze aufserordentlich gelitten hatte. Ich befchlofs deshalb einen paffenden Wohnfitz auf dem Lande zu fuchen, der uns während diefer fchlimmen Monate als Zufluchtsort dienen könnte. Bei Gelegenheit eines Befuchs in Nicofia, der Hauptftadt der Infel, hatte ich eine Nacht in dem Dorfe Dali [Δάλι] verbracht, welches ungefähr auf halbem Wege zwifchen Nicofia und Larnaka liegt, und in feiner Umgebung einen Hain von Citronen- und Orangenbäumen bemerkt, in welchem ein weifses Hüttchen mit mehreren Nebenbauten verfteckt lag. Nachdem auch meine Gattin diefen Platz befucht hatte, befchloffen wir ihn in eine angenehme Sommerwohnung zu verwandeln und bewogen den Eigenthümer bald, ihn uns für die heiſse Jahreszeit gegen einen geringen Miethzins abzutreten. Hierzu verſtand er ſich um ſo eher, als die Bauern vom Juni bis zum September faſt gänzlich auſserhalb des Hauſes leben, da während dieſer Monate ſelten ein Tropfen Thau und faſt nie ein Tropfen Regen fällt. Sie ſtellen ihre Betten unter die Bäume und bedienen ſich der Zweige derſelben als Wäſcheſchrank und Speiſekammer. Oft breiten ſie ein Tuch auf dem Boden aus, um ihre Kinder darauf ſchlafen zu laſſen, da ſie verſichert ſind, daſs weder Feuchtigkeit noch Gewürm das Kind in Gefahr bringt, denn Dali iſt von ſchädlichen Thieren wunderbar frei. Ein anderer Grund, der mich in meiner Wahl Dalis zum zeitweiligen Wohnſitze beſtärkte, war der Umſtand, daſs ein alter griechiſcher Bauer namens Hadſchi Jorgi mir aus dieſem Dorfe von Zeit zu Zeit Sculpturenfragmente gebracht hatte, die mich höchlich intereſſierten.

Dieſer ländliche Flecken wurde alſo mehrere Jahre hindurch unſere Sommerwohnung. Er war von ſechs Morgen Land eingeſchloſſen, die mit Alleen von Citronen- und Orangenbäumen und mit der beliebten Aprikoſenart *Kaischá* bepflanzt waren, deren Blüten einen ſehr lieblichen Duft verbreiteten. Zwei herrliche Wallnuſsbäume breiteten ihren Schatten über einen uralten Brunnen (*alakati*)[1] und dehnten ihn bis über unſere Veranda aus, wo wir Tags leſend, ſchreibend und plaudernd ſaſsen, während eine friſche Briſe Stunde für Stunde durch die langen grünen, mit köſtlicher Frucht behangenen Alleen wehte. Ein kleiner Bach reinſten Waſſers aus kalten Quellen ſchlängelte ſich unter den Wallnuſsbäumen hin, deren breite, laubreiche Zweige die Decke unſeres Wohnzimmers bildeten; von einem Haufen roher Steine gehemmt, ſtürzte er ſich cascadenartig über ſie hin in ein ausgehöhltes Becken, indem er uns zugleich als Weinkühler und Springbrunnen diente. Wir nahmen bald die Haushaltungsmanier der Bauern an und hiengen unſere Tellerkörbe und Tiſchwäſche unter den Bäumen auf; und indem wir die einheimiſchen dicken Matten ausbreiteten und einen hölzernen Speiſetiſch und einige rohe Stühle aufſtellten, richteten wir bald einen Speiſeſaal her, in dem unſere türkiſchen Diener uns eben ſo aufmerkſam bedienten wie in einem Prunkgemache, wenn auch nicht ganz mit derſelben Förmlichkeit.

Ein in der Nähe aufgeſchlagenes Zelt ward das Boudoir meiner Frau und meiner kleinen Töchter, die ſie regelmäſsig im Engliſchen unterrichtete; etwas weiterhin bildeten einige türkiſche Teppiche und Diwane das Empfangszimmer für die vornehme Welt von Dali; dieſe beſtand aus einem alten Kadhi, drei wohlhabenden Türken aus Potamia, welche das, was ehemals ein königlicher Palaſt und der Sommerwohnſitz der Königinnen der Dynaſtie Luſignan geweſen war, bewohnten, und einem ungelehrten griechiſchen Prieſter.

Dali iſt auf dem weſtlichen Ufer eines Armes des alten Pediaeusfluſſes, der jetzt gewöhnlich nur noch im Winter Waſſer führt, im Mittelpunkte einer keineswegs ausgedehnten, aber ſehr maleriſchen Ebene erbaut. Eine dreifache Hügelreihe umſchlieſst es faſt und ſchützt es vor der unmäſsigen Sommerhitze. Nach der groſsen Zahl von Gräbern, welche ich auffand, möchte es ſcheinen, daſs das alte Idalium (Ἰδάλιον) von gröſserer Ausdehnung geweſen ſei, als man nach den erhaltenen Berichten, in denen es faſt ausſchlieſslich wegen ſeines Venustempels und ſeines anmuthigen Haines erwähnt wird, anzunehmen geneigt iſt. Virgil (Aeneis 1, 691) läſst die Venus den Ascanius zu den idaliſchen Gefilden mit ihren lieblichen Düften und angenehmen Schatten geleiten. Adonis ward erſchlagen, als er auf den idaliſchen Hügeln jagte. Nach Plinius ſoll die Stadt klein geweſen ſein, doch bezieht ſich dieſe Angabe vielleicht nur auf ihren Zuſtand zu ſeiner Zeit. Ihre Gründung ward einem Könige Chalcanor zugeſchrieben, und es knüpſte ſich an dieſes Ereigniſs eine phantaſtiſche Ableitung des Namens Idalium von εἶδορ ἅλιορ (ἥλιορ); Chalcanor, wurde nämlich erzählt, ſei durch einen Orakelſpruch angewieſen worden, eine Stadt auf der Stelle zu gründen, wo er zuerſt die Sonne aufgehen ſehen würde.[2]

Graf de Vogüé, glaube ich, erkannte Dali als die Stätte der phöniciſchen Stadt Idalium während ſeiner Forſchungen auf Cypern im Jahre 1862. Dieſe Ausgrabungen wurden hernach von dem franzöſiſchen Conſul auf Cypern und Herrn Peretie, dem wohlbekannten Numismatiker in Beirut, gemeinſchaftlich mit Ceſare Mattei, einem Eingeborenen aus Larnaka, in kleinerm Maſsſtabe und mit mittelmäſsigem Erfolge fortgeſetzt. Graf de Vogué erklärte in einem, ſpäter in der „Revue archéologique" vom October 1862 erſchienenen, Briefe an Erneſt Renan, daſs in Dali nichts mehr zu finden ſei. Glücklicherweiſe faſsten weder Mr. Lang noch ich dieſe voreiligen Schlüſſe ernſt auf; andernfalls wäre viel werthvolle Belehrung über das Eiland, welche jener aus einem Tempel und ich aus etwa 15,000 Grüften ans Tageslicht holte, noch begraben geblieben.

Tags nach unſerm Einzuge in Dali beſuchte ich die Stelle, wo der Bauer Hadſchi Jorgi die Sculpturenreſte gefunden hatte, von denen ich geſprochen habe, und ich bemerkte, daſs er ſie nur aus einem bei früheren Ausgrabungen aufgeworfenen Schutthügel hervorgezogen hatte, und daſs ſich dort nichts mehr fand. Dann ritt ich weiter und beſah ein altes Grab, welches vor einem Jahre von mehreren Dorfbewohnern, die nach Bauſteinen ſuchten, geöffnet worden war. Sie hatten daraus einige kleine Terracotta-Vaſen hervorgeholt, welche ſie ihren Kindern als Spielzeug gaben, während ſie zwei andere von beträchtlicher Gröſse zurückließsen, damit ihre Befeitigung nicht zur Kenntnifs des Kadhis käme und fie zur Strafe eingefteckt würden. Da ich diefe Vafen zu fehen wünfchte, liefs ich die Erde zum zweiten Male entfernen, was leicht gethan war, da das Grab am Abhange eines niedrigen Hügels und nur 3 Fufs 4 Zoll tief lag. Ich gieng hinein und fand zwei grofse Vafen in einer archaifchen Form, dergleichen ich vorher nicht gefehen hatte (Taf. V. 1). Man verficherte mich, dafs dies Grab bei feiner Entdeckung bis oben hin mit Erde angefüllt gewefen fei. Die frühere Stellung diefer Vafen konnte ich nicht mehr beftimmen, da fie vorher umgedreht und verfetzt worden waren.

Nachdem ich die Dali umgebenden Felder zwei Wochen lang forgfältig nach jeder Richtung hin geprüft hatte, ward ich vollständig überzeugt, dafs im Süden und Weften der Stadt eine ausgedehnte Necropole läge, vermuthlich die alte Begräbnifsftätte von Idalium, deren Gräber niemals zuvor berührt waren. Deshalb pachtete ich etwa dreifsig Morgen diefes Landes und ward in diefen Angelegenheiten durch Herrn Cosma, einen angefehenen Einwohner Dalis und langjährigen Dragoman des niederländifchen Confuls auf Cypern, erheblich unterftützt. Dann wandte ich mich an unfern Minifter, Mr. Edward Joy Morris in Conftantinopel, indem ich ihm darlegte, dafs ich eine wichtige Entdeckung gemacht zu haben glaubte und diefelbe gründlich zu verfolgen wünfchte. Freundlichft benutzte er feinen grofsen Einflufs bei der Hohen Pforte und erlangte für mich den nothwendigen Firman, der mich ermächtigte, meine archäologifchen Forfchungen auf der Infel zu verfolgen; und diefen hat er nach Ablauf jedes Jahres, fo lange als er in Conftantinopel blieb, regelmäfsig erneuert.

Das Glück hat mich in den elf Jahren meines Aufenthaltes auf Cypern als Conful dadurch fehr begünftigt, dafs ich in unfern Vertretern bei der Pforte

Herren von hoher Bildung und claffifcher Erziehung traf, welche meine Arbeit verftanden und fchätzten und mir mit Vergnügen ihre volle moralifche und amtliche Unterftützung gewährten, ohne welche meine Forfchungen niemals weder fo ausgedehnt, noch fo erfolgreich hätten fein können. Meinem vortrefflichen Freunde, Mr. George H. Boker, habe ich befonders meinen Dank abzuftatten für die vielen Vergünftigungen, welche ich von ihm, als amerikanifchem Minifter in Conftantinopel, empfieng. Mehr als einmal war er, wie er mir fcherzweife fchrieb, genöthigt, „den amerikanifchen Adler in den Schwanz zu kneifen", um die Türken zu dem zu zwingen, was ich verlangte. Als er mir einftmals eine Erneuerung meines Firmans fandte, fchrieb er mir, da er von der Ausdehnung meiner Ausgrabungen unterrichtet war, wie folgt: „Ich fehe, mein theuerer General, dafs Sie eines Tages die ganze Infel mit den Löchern, die Sie überall bohren, zu verfenken beabfichtigen; retten Sie, bitte, ehe Sie das thun, wenigftens die Archive des amerikanifchen Confulates."

Ich begann meine Ausgrabungen auf dem Felde, auf welchem fich die vorhin erwähnte Gruft befand. Diefes Feld fenkt fich fanft gegen das Dorf ab, von einem Maftoid oder bruftförmig geftalteten Hügel, auf dem vor Jahren eine auf beiden Seiten mit cyprifchen Characteren befchriebene Bronzetafel gefunden worden war. Diefes in philologifcher Hinficht hochwichtige Denkmal ward vom Duc de Luynes gekauft und von ihm der Bibliothèque Nationale in Paris vermacht.[3]

Das Feld, von welchem ich rede, ift etwa zweihundert Schritte weftlich von Dali gelegen. Die Tiefe der Gräber betrug im Durchfchnitte nur 5 bis 8 Fufs; fie hatten alle die gleiche Form, das heifst, eine halbkreisförmige Höhlung, die horizontal in die Erde eingefchnitten war und ungefähr 8 Fufs im Durchmeffer weit war. Angefeuchteter Lehm mit ausgedrofchenem Stroh war verwandt worden, um den Wänden und dem Dache der Höhle Feftigkeit zu geben, fo dafs er

die Erde am Einfturze hinderte. Eine 1½ Fufs hohe Platform aus ungebrannten Ziegeln war ferner um ihre innere Grundfläche gebaut. Die Weite übertraf in keinem Falle die Höhe. Auf diefe Platform ward der Todte gelegt, mit beftändig dem Eingange zugewandten Kopfe. Diefe ofenartigen Gräber waren meiftens für drei Leichen beftimmt; in vielen bemerkte man jedoch nur die Ueberrefte von zweien, von denen die eine rechts, die andere links vom Eingange lag. War

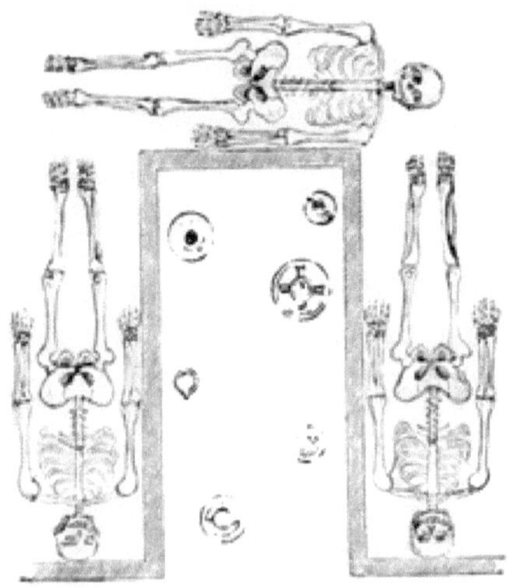

das letztere der Fall, dann wurden die Todtenvafen und andere Leichengegenftände, welche die Ausftattung des Grabes bildeten, regelmäfsig auf den leeren Theil der Platform gesetzt, welche der Thür gegenüber lag; wenn aber alle drei Seiten eingenommen waren, so wurden die Gegenstände auf den Boden zu Häupten jedes Leichnams niedergesetzt. In einigen wenigen Fällen fand sich ein unter den Kopf gelegter, umgestürzter irdener Teller, welcher dem Todten als Kopfkissen diente. Es versteht sich leicht, dass derartige Gräber, nur aus Erde gemacht, nicht sehr haltbar waren; es fanden sich denn auch viele eingefallene, deren sämmtlicher Inhalt zerbrochen war. Doch ist eine sehr grosse Anzahl unversehrt geblieben, obschon alle Gräber bis auf wenige Zoll vom Dache mit feiner Erde angefüllt waren, die durch ihre porösen Wände gesickert war. Dieser Erde ist die wunderbare Erhaltung der Vasen zuzuschreiben, weil sie die Todtengeräthe nach und nach füllte und einschloss; denn indem sie so allmählich durchdrang, war der Inhalt dieser Gräber nach Verlauf von vielen Jahren gleichsam fest verpackt und in fast so vollkommener Weise erhalten, wie er zuerst unter die Erde gebracht war.

Gegen Ende des Sommers hatte ich mehrere hundert Gräber geöffnet; sie trugen alle denselben Charakter und waren meiner Meinung nach phönicisch. Ich bemerkte, dass die Gräber desto tiefer lagen, je mehr wir gegen den Hügel vorrückten; folglich konnte der Abhang nicht existiert haben, so lange das Feld als Begräbnissplatz gebraucht wurde. Bis dahin hatte ich nichts gefunden, was mir rein griechisch erschienen wäre. Die Vasen in den mannigfaltigsten Formen hatten eine blassgraue Farbe und waren meistens mit concentrischen Kreisen und anderen geometrischen Zeichnungen geschmückt (vergl. Tafel V, 2; VII.); dieselben waren in bräunlicher Farbe, vermuthlich aus Umbra-Erde, die sich auf Cypern in grossen Massen findet, gemalt; diese Farbe widerstand selbst der Wirkung der im Wasser gelösten Hydrochlorsäure, woraus hervorgeht, dafs dieselbe aufgelegt wurde, ehe das Gefäfs gebrannt war.

Bei vorschreitender Arbeit fanden wir eines Morgens die Gräber nicht wie bisher in einer Tiefe von 9 und 10 Fufs, sondern nur ungefähr $3\frac{1}{2}$ Fufs tief, und zu meinem Erstaunen bemerkte ich, dafs, obwohl ihre Form und Gröfse die nämlichen blieben, ihr Inhalt ein von dem frühern gänzlich verschiedener war. Es fanden sich keine irdene Vasen mehr, sondern Gegenstände aus Glas von schönen Regenbogenfarben, welche sich in Folge ihrer Verwitterung gebildet hatten. Vertreten waren da die Formen der Amphorae, Lecythi, Teller, Becken, Ringe, Armbänder, Amulette, Perlenschnüre und dergl. (Taf. VIII).

Es fanden sich auch einige goldene Schmuckgegenstände, wie Ohrringe in der Form eines Fruchtabschnittes (?) oder eines Halbmondes und Goldblätter, welche als Todtendiademe gedient hatten (vergl. Taf. VI). In einigen Fällen hiengen Bruchstücke dieser Diademe noch an den zerbrochenen Schädeln.

Immer fand man eine und manchmal mehrere Terracotta-Lampen. Einige derselben waren ohne Zweifel aus Italien eingeführt, da nicht nur der Thon derselben dem der in Rom gefundenen Lampen ähnlich war, sondern etliche sogar den Namen des Töpfers: Fausti auf der Rückseite eingeprägt zeigten; der gröfsere Theil war jedoch auf der Insel und vermuthlich in Dali verfertigt; auf einigen derselben fanden sich griechische Namen, augenscheinlich eingekratzt, nachdem die Lampen gebrannt waren (Taf. V. 3).

Länger als drei Wochen fand ich nur diese Grabart, in der sich dieselben Gegenstände, welche deutlich die griechisch-römische Periode erkennen liefsen, wiederholten. Idalium hatte ja freilich in späterer Zeit eine gemischte Bevölkerung besessen, und es war sehr wahrscheinlich, dafs Begräbnifsplätze für zwei verschiedene Stämme vorhanden wären; aber ihre Nähe an einander war ungewöhnlich und mir eine Zeit lang unerklärlich. Als ich aber die Vasen, die Terracotta-Idole u. s. w. in den ersten Gräbern betrachtete und sie mit den Gegenständen aus den letzteren verglich, ward ich überzeugt, dass die beiden Necropolen nicht zur selben Zeit in Gebrauch gewesen waren und auch nicht gewesen sein konnten. Die Terracotta-Vasen und die kleinen Bildnisse der Venus, von denen einige den die Mylitta darstellenden auf babylonischen Cylindern glichen, waren ohne Zweifel um viele Jahrhunderte älter als die Glasgegenstände in den andern Gräbern. Da fiel mir ein, dass, da der Abhang augenscheinlich nach der Zeit der phönicischen Gräber entstanden war, ich vielleicht die Fortsetzung derselben unter den andern finden möchte, und ich irrte mich nicht. Wir kehrten an die Stelle zurück, wo die ersten griechisch-römischen Gräber zum Vorschein gekommen waren, und 2½ Fuss unter denselben fanden wir die ununterbrochene Reihe der phönicischen Gräber.

Nun begegnete ich einer andern Schwierigkeit: die Thüren der unteren Gräber fielen nämlich sehr selten mit denen der oberen zusammen und lagen oftmals nach der entgegengesetzten Richtung. Es wurde daher viel Zeit und Mühe bei der Zerstörung des obern Grabes verloren, um in das darunter gelegene zu gelangen. Die phönicischen Gräber waren, wie sich zeigte, weniger mit Erde angefüllt, und in einigen Fällen liess sich noch die Lage, in der die Leichname auf der Platform gelegen hatten, bestimmen.

In einem dieser Gräber fand ich die Ueberreste dreier Skelette, aus den Schädeln und den Schenkelknochen bestehend. Zwei der Schädel waren gut erhalten: als sie aber aufgenommen wurden, zerbrach der eine durch die Unachtsamkeit der Arbeiter, welche ihn hielten. Der andere wird jetzt in der Königlichen medicinischen Academie in Turin nebst mehreren andern, welche ich diesem Institute schenkte, aufbewahrt. Die folgenden Gegenstände standen auf dem Boden und in der Nähe der Platform: zwei grosse Vasen (2 Fuss 6 Zoll hoch), mit concentrischen Kreisen und einer Wellenlinie um den Hals verziert: zwei kleinere Vasen mit der nämlichen Verzierungsart versehen, aber aus sehr feinem, rothem Thon verfertigt: endlich vier Terracotta-Wirbel, ohne jede Spur von Zeichnung (Taf. VII).

In der Mitte des Grabes bemerkte ich zum ersten Male eine kleine viereckige Höhlung, die in dem dem Eingange gegenüberliegenden Boden ausgegraben war. Diese Höhlung war mit einem an der Sonne getrockneten Ziegel bedeckt und unter demselben fanden sich: eine Axt und eine Lanzenspitze in Kupfer sowie eine kupferne Schale, $5^1/_2$ Zoll im Durchmesser und $2^3/_4$ Zoll hoch (Taf. IX).

Diese Schale ist bereits abgebildet und beschrieben worden von Georg Colonna Ceccaldi (Revue archéologique XXIV, 1872, Taf. 14), welcher geneigt ist, die thronende Göttin, vor der der Tanz der Weiber ausgeführt wird, für die Isis zu halten. Zu diesem Schlusse ist er besonders durch die Lotusblume geführt worden, welche sie in der Hand hält. Es scheinen lauter Tänzerinnen zu sein, nicht tanzende Männer und Frauen, wie in dem „Chorus“ auf dem Schilde des Achilles (Ilias 18, 593 ff.), welchen Hephaestus dem von Daedalus für Ariadne auf Creta gefertigten „Chorus“ nachbildete, oder in der alterthümlichen Darstellung eines Tanzes auf der berühmten François-Vase (Monumenti dell' Inst. Arch. Rom. IV). Es ist deshalb wahrscheinlich, dass die hier dargestellte Göttin eine solche ist, deren Dienst und Ceremonien zu beobachten den Frauen oblag. Cypern erfreute sich seit alten Zeiten wegen seiner musikalischen Geschicklichkeit sowohl auf der Flöte als auf der Leier des besten Rufes.

und es ist kaum zweifelhaft, dafs diese Geschicklichkeit besonders durch religiöse Uebung, wie die auf der Schale dargestellte, erreicht und entfaltet worden war. Die auf einem Tische vor den Tänzerinnen dargestellten Vasen sind mit Zeichnungen geschmückt, die jener sehr alterthümlichen Töpferarbeit eigenthümlich sind, wie man sie in Idalium und anderswo gefunden hat, nicht nur auf Cypern, sondern auch auf andern griechischen Inseln, auf dem griechischen Festlande und in Italien. Die Bronzeschale kann daher mit den Thongefäfsen, welche dieselben Verzierungen zeigen, gleichzeitig gelten. Es ist zu beachten, dafs, während die Figuren der Tänzerinnen, der Musikantinnen und der Göttin roh ausgeführt sind, die rein decorativen Muster die Geschicklichkeit eines Künstlers, der in solcher Arbeit geübt war, erkennen lassen. Diese decorative Fähigkeit zeigt sich auch in der Anordnung und Gruppierung der Figuren; und wir können hier bemerken, dafs diese Schale im ganzen weniger phönicischen und mehr altgriechischen Character hat, als die phönicischen Schalen in Silber, vergoldetem Silber und Gold, welche man anderswo in Cypern gefunden hat und auf die wir unten noch besonders zurückkommen.

So lange erfuhr ich von den türkischen Behörden in Dali keine Belästigung, obwohl ich gewahr ward, dafs der Chodscha und der Kadhi im geheimen gegen meine Ausgrabungen agitierten. Der letztere schrieb an den Generalgouverneur der Insel, dafs, wenn dieser Art Arbeit nicht bald Einhalt gethan würde, alle Felder bei dem Dorfe unfruchtbar werden würden und die ottomanische Regierung keine Steuern mehr aus ihnen bekommen könnte. Der Chodscha sagte seinen Brüdern in der Moschee, dafs kein Muslim, der für mich arbeitete, in der andern Welt mit den ewig schönen *Huri* belohnt werden würde. Aber das störte mich nicht im geringsten, sondern veranlafste nur, dafs fich die Muslimen eine kurze Zeit lang von den Ausgrabungen fern hielten. Ich wufste, dafs der Generalgouverneur Saïd Pafcha dem Kadhi von Dali ftreng befohlen hatte, fich nicht in meine Ausgrabungen zu mifchen, da ihm nichts daran gelegen fei, wie er fagte, mit mir in Schwierigkeiten verwickelt zu werden.

Aufser der grofsen Anzahl von Leuten, welche ich täglich bei regelmäfsiger Löhnung befchäftigte, gruben noch andere ohne Erlaubnifs von mir auf ihr eigenes *Kismet*, wie fie das nannten. Als eines Tages eine Schaar diefer felbftändigen Ausgräber von ihrer Arbeit, zwei Körbe und eine grofse Vafe tragend, zurückkehrte, begegnete ihnen der Kadhi, der in Begleitung des Chodfcha aus der Mofchee kam, da es Freitag war. Zufällig waren diefe Gräber fämmtlich Griechen. Der Kadhi hielt fie an und fragte, was fie in den Körben trügen. Einer von ihnen erwiderte: „Menfchenfchädel für den amerikamifchen Conful.“ „Menfchenfchädel! Allah!“ rief der Chodfcha aus. Der Khadi entfetzte fich. Da die Leute nicht nachzuweifen vermochten, dafs fie regelmäfsig in meinem Dienfte wären, fo wurden fie fofort verhaftet, und die Schädel wurden mit Befchlag belegt und an den Generalgouverneur gefchickt, als ein Beweis, dafs ich durch Geldgefchenke die chriftliche Bevölkerung von Dali ermuthigte, die Gräber der Gläubigen zu entweihen. Ich wufste nichts von dem, was vorgefallen war, und war Tags darauf fehr erftaunt zu hören, dafs Saïd Pafcha in Dali eingetroffen wäre und mich fogleich zu fprechen wünfchte. Ich liefs dem Pafcha fagen, dafs ich etwas unpäfslich fei, aber, wenn feine Excellenz mir Mittheilungen zu machen habe, glücklich fein würde, fie in meinem Haufe zu empfangen. Er fchien meine Antwort vorhergewufst zu haben, denn mein Bote fand ihn bereit, ein Pferd, welches vor der Thür wartete, zu befteigen. Zwanzig Minuten darauf meldete mir mein Kawafs die Ankunft des Generalgouverneurs. den ich bereits mit feinem gewöhnlichen zahlreichen Gefolge in Begleitung des alten Kadhi und des Chodfcha bemerkt hatte, indem fich der Zug in einer der Alleen auf mein Empfangszimmer *al fresco* zu bewegte.

Ich erfuhr alsbald die Veranlaffung feines Befuchs und lachte herzlich über den wirklichen oder geheuchelten Irrthum, den feine Glaubensgenoffen begangen hatten. Nachdem Saïd Pafcha, der ein intelligenter Türke war, von mir erfahren hatte, dafs diefe Schädel aus alten Begräbnifsftätten von Leuten herrührten. die lange vor der türkifchen Nation und vor Muhammed begraben worden feien, ftimmte er aufrichtig in meine Heiterkeit ein und verabfchiedete fich von mir in fehr freundlicher Weife. Hernach hörte ich. dafs er dem Kadhi und dem Chodfcha einen ernften Verweis ertheilt habe, weil fie fich bemüht hatten eine Störung zu verurfachen. welche die übelften Folgen hätte haben können.

Der ränkefüchtige alte Kadhi ward auf meinen Wunfch unmittelbar darauf aus Dali entfernt, und eine kleine Summe Geldes. die ich dem Chodfcha für die Ausbefferung feiner Mofchee fchenkte. machte diefen für immer zu meinem treuen Freunde.

Die beiden Hügel „Ambelliri“.

DRITTES CAPITEL.

Dieſe Entdeckungen zogen ſehr bald die ganze Aufmerkſamkeit einiger meiner Collegen in Larnaka auf ſich, die nun Alterthümer von den „ſelbſtändigen Gräbern“ zu einem ſehr hohen Preiſe zu kaufen anfiengen, wodurch ein lebhafter Wettſtreit entſtand. Der franzöſiſche Conſul, M. T. Colonna Ceccaldi, bemühte ſich auch um einen Ausgrabungsfirman und erhielt einen ſolchen; aber der ernſtlichſte Mitbewerber, den ich hatte, war Mr. Lang, der Director oder Geſchäftsführer einer Filiale der ottomaniſchen Bank in Larnaka, der ſpäter als britiſcher Conſul auf Cypern angeſtellt wurde. Die Bewohner Cyperns ſind Mr. Lang für die Errichtung dieſer Bank auf der Inſel groſsen Dank ſchuldig; denn er hatte ſie allein in der Hand, und unter ſeiner Verwaltung arbeitete ſie mit groſsem Erfolge. Durch Mr. Lang's Vermittelung ward auch die Waſſerleitung, welche ein verbannter Pafcha gebaut hatte, wieder hergeftellt und das Waffer in Röhren durch die Stadt geleitet, fo dafs alle, die es wünfchten, fich mit reichlichem Waffervorrath verfehen konnten. Mr. Lang hatte das feltene Talent, alle, mit denen er in Berührung kam, fich zu Freunden zu machen, und als er fpäter die Infel verliefs, wurde fein Verluft allgemein bedauert. Die Einwohner von Dali und den benachbarten Städten wurden gleichfalls von dem Ausgrabungsfieber ergriffen, und Griechen fowohl als Türken fiengen im Auftrage eines oder des andern meiner Collegen an zu arbeiten. Dies dauerte indefs nicht fehr lange. Mein Freund Ceccaldi ward bald darauf nach Conftantinopel gerufen, um dem franzöfifchen Gefandten beim Empfange der Kaiferin Eugenie zu affiftieren, und kehrte niemals nach Cypern zurück. Mr. Lang fuhr trotz feiner Bankgefchäfte noch fort fich an den Ausgrabungen zu betheiligen und ward fchliefslich durch die Entdeckung eines Tempels belohnt, unter deffen Trümmern er aufser andern wichtigen Gegenftänden eine werthvolle bilingue Infchrift in phönicifchen und cyprifchen Characteren fand, welche neueren Philologen zu der Entzifferung des cyprifchen Dialects verholfen hat.[1] Am Ende meiner dreijährigen Ausgrabungen in Dali hatte ich ungefähr zehntaufend Gräber geöffnet, und aus ihnen eine ungeheure Anzahl von Vafen und andern Grabgegenftänden von grofsem hiftorifchem Intereffe entdeckt*).

*) In einem vor der „Society of antiquaries" in London gehaltenem Vortrage behauptet Mr. Sandwith, dafs weftlich von Dali mehrere Begräbnifsplätze lägen, und nicht nur einer. Der Verfaffer hat niemals hier oder fonftwo in Cypern umfangreiche Ausgrabungen gemacht, woraus erklärlich wird, wie er in diefen Irrthum verfallen konnte. Ich grub dafelbft von 1867 bis 1875 zu verfchiedenen Malen und erlangte die Gewifsheit, dafs, wenn auch hier und dort einige Schritte weit keine Gräber find, die Felder weftlich von Dali dennoch einen einzigen weiten Begräbnifsplatz bilden.

In der Erntezeit hält es in Cypern fchwer, Arbeiter zu andern als landwirtfchaftlichen Zwecken zu bekommen, und folglich konnte ich während diefer Zeit meine Ausgrabungen nur in kleinerem Mafsftabe fortführen. Unter den Bauern in Dali herrfcht eine patriarchalifche Sitte, die ich um fo weniger mit Stillfchweigen übergehen will, als ich fie auch fonft auf der Infel weit verbreitet fand. Wenn nämlich ein Mann zu alt wird, um noch auf dem Felde zu arbeiten, und er Söhne hat, die ihn zu vertreten fähig find, fo beraubt er fich manchmal feines ganzen Vermögens, um diefe auszufteuern. Ich kenne perfönlich einen achtbaren alten Mann, der vier Söhne und zwei Töchter hat; jeder von den letzteren fchenkte er an ihrem Hochzeitstage ein kleines Haus mit Garten, und den Reft feines Befitzthums theilte er gleichmäfsig unter feine Söhne, indem er für fich durchaus gar nichts behielt. Er lebt jetzt von der Gnade eines feiner Söhne. Es kommt nicht felten vor, dafs der Sohn feinen betagten Vater fchlecht behandelt, der, nachdem er den gröfseren Theil feines Lebens in Wohlhabenheit verbracht hat, nun auf feine alten Tage zum Bettler geworden ift. Ein betrübendes Beifpiel hierzu lieferte auch der alte Hadfchi Jorgi, der Ausgrabungspionier von Dali, der gleichfalls allen feinen Befitz an feine Söhne verfchenkt hatte und fich nun durch Graben ernährte. Es kam noch hinzu, dafs er in einer fchlimmen Stunde fich in einer Geldangelegenheit für einen feiner Verwandten verbürgt hatte; zahlt der Schuldner nicht, fo mufs nach türkifchem Gefetze der Bürge entweder bezahlen, oder er wird in's Gefängnifs geworfen, und diefes Schickfal traf den verarmten Hadfchi Jorgi. Er wurde vom Kadhi von Dali verhaftet, und, alt wie er war, mufste er zu Fufs nach Larnaka marfchieren, einen Weg von etwa funfzehn englifchen Meilen, und ward dafelbft zwei Monate lang gefangen gehalten. Ohne Pflege fiechte er im Gefängnifs hin. bis der Gefängnifsarzt erklärte, dafs er. noch länger in Haft gehalten, fterben würde. Nachdem der arme alte Mann in Freiheit gefetzt war, kehrte er langfam in fein heimatliches Dorf zurück. Ich traf ihn zufällig unterwegs; er fafs auf einem Steine ermüdet, hungrig und vergrämt. Sein Elend erregte mein ganzes Mitgefühl, aber Geld hätte ihm nichts mehr helfen können. Am Tage nach feiner Ankunft in Dali machte er fich auf und wankte langfam feinen lieben Gräbern zu, um ihnen einen Befuch abzuftatten. Als er an diefem Abend nicht nach Haufe kam. fuchte man ihn am folgenden Tage, und fand ihn in einer der aufgedeckten Grüfte hockend, feine Kniee an fich gezogen, feine Augen ftarr, und eine Pfeife in feinem Munde, aus der kein Dampf kam. Es follte auch keiner wieder durch diefe bleichen, kalten Lippen kommen; denn der arme Hadfchi Jorgi hatte fich dem langen Zuge jener angefchloffen. deren Gräber er zu erforfchen geholfen hatte, und war nun dem Bereiche türkifcher Ungerechtigkeit und kindlicher Undankbarkeit entrückt.[2]

Einen Ritt von zwanzig Minuten weftlich von Dali auf dem felfigen Abhange eines Hügels, der eine fchöne Ausficht auf die Ebene darunter gewährt, liegt das kleine Dorf Alambra. Bei früheren Ausflügen hatte ich dem Dorfe gegenüber und von demfelben nur durch eine rauhe, von einem Winterbache ausgefpülte Bergfchlucht getrennt einen merkwürdig geftalteten Erdhügel bemerkt. Als ich bei den Bauern über denfelben Nachfrage hielt, erfuhr ich, dafs dort vor einigen zwanzig Jahren ein tief in den Felfen gehauenes Grab zufällig geöffnet worden wäre: natürlich wurde die gewöhnliche Fabel von vielem, darin gefundenem Golde hinzugefügt. Ich miethete einige Arbeiter und brach auf. um den Hügel zu unterfuchen. Er erwies fich als eine Maffe verwitterten Kalkfteins, von dem der der Sonne am meiſten ausgeſetzte Theil zerborſten war und in Staub zerfiel. Ich erlangte bald die Gewiſsheit, daſs die Abhänge des Hügels eine Anzahl Gräber enthielten, an Gröſse und Form denen in Dali ähnlich, nur daſs ſie in den Felſen gehauen waren. Der Gipfel war mit Steinen und zerbrochenen Thongefäſsen beſtreut, was deutlich die Stätte eines groſsen Gebäudes bezeichnete.

Ich entdeckte hier zweiundachtzig Gräber, welche ich zu verſchiedenen Zeiten zwiſchen 1868 und 1874 öffnete; ſie intereſſierten mich auſserordentlich, da ich ſie zu den älteſten auf Cypern rechne. Sie waren auch in der Hinſicht wichtig, daſs ſie auſser einer beſondern Art Terracotta-Vaſen, die ich niemals bei meinen Ausgrabungen noch ſonſt wo gefunden habe, alle einen kupfernen Gegenſtand und eine der kleinen thönernen Figuren enthielten, welche einige hervorragende Archäologen für Kinderſpielzeug halten, eine Anſicht, der ich indeſſen nicht beipflichten kann (Tafel XII). Die Gegenſtände in Kupfer waren Lanzenſpitzen, Dolche, Meſſer, Aexte, Handwerkszeug, Spiegel, Nadeln und kreisförmige Schalen (Tafel XI). Die Statuetten waren roh angefertigte Bildniſſe der cypriſchen Venus älteſten Kunſtſtiles, Reiter zu Pferde, Krieger mit Schilden und Wagen mit Männern und Weibern.

Die Gräber, welche einen Reiter in Terracotta enthielten, ergaben auch regelmäſsig eine oder zwei Lanzenſpitzen, von 7 bis 10 Zoll in der Länge; die mit einem Meſſer, einem Dolche oder einer Axt hatten daneben die Figur eines Fuſsſoldaten mit einem Schilde, der den rechten Arm, wie zum Wurfe mit dem Spieſse ausholend, erhob. Die Gräber mit Wagen mit beweglichen Rädern, aber ohne Pferde, enthielten Handwerkszeug und Schalen; während in denen, welche ein kleines Bildniſs der Venus zeigten, ſich immer ein Spiegel, lange Haarnadeln und andere Nadeln fanden.

Ich war perfönlich beim Oeffnen aller diefer Gräber gegenwärtig und kann beftimmt verfichern, dafs in keinem einzigen derfelben Ueberrefte von Kindern gefunden worden find. Im Gegentheil grub man Schädel in ihnen aus, welche eher gröfser als die in Dali waren und einer andern Race anzugehören fchienen. Dies war nämlich die Meinung der gelehrten Specialiften, welche fie unterfuchten, und auch des Directors des anthropologifchen Mufeums in Turin, wofelbft fich diefe Schädel jetzt befinden. Daraus fchliefse ich, dafs diefe Figuren nicht Spielzeug waren, fondern vielmehr ins Grab gelegt wurden, um das Gewerbe oder das Gefchlecht der beftatteten Perfon anzuzeigen. Diefe Felfengräber, obwohl nicht kleiner als die in Dali, enthielten jedes nur einen Leichnam.

Die Anhöhe, ihrer Natur nach der Art defenfiver Kriegführung, wie fie in alten Zeiten üblich war, vollkommen angemeffen, ift vermuthlich von einem Fort oder einer Burg gekrönt gewefen, welche durch fremde, vielleicht im Solde des Königs von Idalium ftehende Truppen befetzt war; denn hier war höchft wahrfcheinlich die Grenze, welche diefes kleine Königreich von dem Nachbarftaate trennte. Unter der Annahme, dafs diefe Vermuthung zutreffend wäre, könnten die Gräber keine andere fein als die diefer Krieger und der Perfonen, welche fie begleiteten. Die Kriegsgeräthe mit einer entfprechenden Figur würden entweder das Grab eines Reiters oder eines Fufsfoldaten bezeichnen. Die Lanze pafst zu dem Handwerk des Reiters, das Meffer und die Streitaxt zu dem des Fufsfoldaten, während die für weiblichen Gebrauch beftimmten Geräthfchaften, welche eine Statuette der Venus begleitete, auf das Grab einer Frau fchliefsen laffen würden. Die Wagen und Handwerkszeuge würden die Wagenlenker und Bedienfteten im Gefolge eines Kriegslagers anzeigen. In einem diefer Gräber fand ich die folgenden

Gegenſtände in Terracotta, welche in der Reihenfolge eines feierlichen Zuges aufgeſtellt waren: Die erſte Figur iſt die eines Reiters, der zwei groſse Krüge trägt, vermuthlich Wein enthaltend; ihm folgt ein Eſel mit Körben, ſodann ein Spieler auf der Doppelpfeiſe und zwei Sänger oder Sängerinnen; der demnächſt kommende Wagen trägt einen Mann mit etwas wie einem groſsen Schwerte; dann folgt ein Wagen mit einer Frau, welche auf einem Pfühle ruht; ein letzter Wagen trägt einen Mann, der vermuthlich die Hauptperſon des Zuges darſtellt.

Die Vaſen, welche ſich in dieſen Gräbern fanden, waren von zweierlei Art. Die einen waren aus rohem, röthlichem Thon verſertigt, unvollkommen gebrannt und hatten die Form groſser Schalen mit Löchern am Rande zum Aufhängen; einige derſelben maſsen 2½ Fuſs im Durchmeſſer (Tafel XIV. 1). Andere hatten die Form von Löffeln von verſchiedener Gröſse mit augenſcheinlich numeriſchen Einſchnitten an den Griffen; auch waren einige Krüge mit nur einem Griffe darunter.

Die Vaſen der zweiten Gattung beſtanden in glänzend rothem oder ſchwarz lackiertem Geſchirr von Kugelform, einem Aryballos ähnlich, aber mit langem, engem Halſe verſehen, und einige darunter waren Dreifüſse (Tafel XIII). Mit ihnen wurde eine groſse Anzahl Terracotta-Quirle derſelben Arbeit gefunden. Die Verzierung auf dieſen Vaſen beſteht in Zickzacklinien und andern geometriſchen Muſtern, welche tief in den Thon eingeſchnitten und hernach mit einer weiſsen Maſſe, vermuthlich Mörtel, angefüllt ſind. Zwei Bruchſtücke eines ähnlichen Geſchirrs wurden von Schliemann bei ſeinen trojaniſchen Ausgrabungen gefunden (abgebildet in „Troy and its Remains“, p. 135), und über das hohe Alter dieſer Gattung Thongeräthe ſcheint wenig Zweifel zu herrſchen. Eine ganz erhaltene Vaſe der nämlichen Art iſt abgebildet in

Mr. Lang's Abhandlung in den „Transactions Roy. Soc. Lit. XI. Part. I. New Series, p. 65. Ein anderes ſchönes Exemplar befindet ſich im Britiſchen Muſeum, woſelbſt unter den cypriſchen Thongeräthen auch verſchiedene kleinere Vaſen mit eingeſchnittenen geometriſchen Muſtern ſind; dieſe gehören derſelben Gattung an, einige derſelben ſcheinen aber nicht glaſiert zu ſein.

Ungefähr ein Dutzend dieſer Vaſen wurde von meinen Arbeitern entwandt und kam in die Hände europäiſcher Antikenhändler und durch dieſe in mehrere Muſeen des Continents. Die übrigen, mehrere hundert an der Zahl, befinden ſich alle in dem „Metropolitan Museum of Art" in New-York, mit Ausnahme einiger, die auf einem öſterreichiſchen Schiffe, welches in Brand gerieth und 50 engliſche Meilen von der ſyriſchen Küſte bei Beirut verſank, verloren giengen, wie auch eine reiche Sammlung von Gold- und Silbermünzen, Cylinder und einige ſechzig Kiſten mit anderen Alterthümern, welche ich an Bord dieſes unglücklichen Schiffes nach New-York eingeſchifft hatte.

Obwohl ich mich vorzugsweiſe mit der Ausgrabung der Gräber in Idalium beſchäftigt hatte, ſo forſchte ich doch auch vielfach nach der Lage ſeines Venustempels; es wollte mir aber nicht glücken, irgend welche Spuren desſelben über oder unter der Erde zu entdecken. Ich unterſuchte die ganze Ebene auf beiden Seiten des Fluſses ſowohl als die erſte Hügelreihe, welche Dali einſchlieſst, beſonders aber die beiden weſtlich vom Dorfe gelegenen Hügel, zwiſchen welchen der Weg nach Alambra und andern Orten hindurchführt. Ich glaube, daſs dieſe beiden Hügel, welche die Einwohner von Dali Ambelliri nennen, in früheren Zeiten einen einzigen gebildet haben. Sie liegen in einer Linie und ſo nahe an einander, daſs die Spalte zwiſchen ihnen gleichſam einen Thorweg bildet, welcher aus der Ebene von Dali in das weſtliche, von den Eingeborenen

„Paradision" genannte Thal führt. Wenn diefe Verbindung von der griechifchen Bevölkerung Idaliums hergeftellt worden ift, wie ich glaube, fo würde das die Bildung des künftlichen Abhanges diefes Hügels, in welchem ich die oben befchriebenen griechifch-römifchen Gräber fand, zur Genüge erklären.

Die Bronzetafel des Duc de Luynes wurde, wie man mir fagte, auf dem Kamme des Hügels gefunden, den man rechts liegen läfst, wenn man von Dali nach Alambra geht. Ich hatte an verfchiedenen Stellen viele Bohrlöcher gemacht, fowohl auf dem Gipfel als an den Abhängen, aber traf regelmäfsig wenige Fufs unter der Oberfläche auf den feften Kalkfelfen, und wirklich, wenn man das, was jetzt fruchtbare Erde zu fein fcheint, aufmerkfamer betrachtet, fo wird man finden, dafs es nichts weiter als verwitterter, faft pulverifierter Kalkftein ift; das macht denn auch das öde Ausfehen des Hügels erklärlich. Wie die Bronzetafel auf dem Gipfel diefer Anhöhe gefunden werden konnte, das wird mir immer ein undurchdringliches Geheimnifs bleiben.

Am Fufse des andern Hügels entdeckte Mr. Lang, wie bereits erwähnt, die Ruinen eines Tempels, aber meiner Anficht nach von zu kleinen Mafsen, um für jenen gehalten werden zu können, den die alten Dichter befungen haben. Auf dem Gipfel diefes Hügels ftand einft ein viereckiges Gebäude, anfcheinend ganz aus Stein hergeftellt, deffen Grundmauern bis tief in fein Inneres reichten; diefelben waren bei früheren Ausgrabungen gründlich unterfucht und blofsgelegt worden. Es finden fich noch fichtbare Spuren eines gepflafterten Fufsfteiges vor, der zu den Trümmern diefes Gebäudes führt. Nach feiner beherrfchenden Lage zu urtheilen, ift es eine Burg oder eine kriegerifche Befeftigung gewefen, und Eingeborene verficherten mich, dafs man einige Jahre vor meiner Ankunft auf der Infel aus diesen Ruinen eine grosse Menge Bronzestücke von Helmen, Schwertern, Lanzenspitzen u. dergl., wohl eine Karrenladung, hervorgezogen habe. Die türkischen Behörden in Dali bemächtigten sich dieser Gegenstände und beförderten sie an den Generalgouverneur der Insel, der sie aller Wahrscheinlichkeit nach an einen Kupferschmidt in Nicosia als altes Metall verkaufte, da man sie ja im Schmelztiegel bald zu Kesseln und Pfannen verwandeln konnte. Ich vermochte aus dem türkischen Befehlshaber der Citadelle nicht herauszubringen, was aus ihnen geworden war, obschon er sich ihrer Ankunft in Nicosia wohl erinnerte.

In einem zwanzig Minuten südlich von Dali gelegenen Felde entdeckte ich verschiedene Steinsockel und Bruchstücke von Statuen in einer Tiefe von zwei Fuss unter der Oberfläche (Tafel XIV. 2). Es ist höchst wahrscheinlich, dass auf dieser Stelle einst ein Tempel gestanden hat, aber ich konnte weitere Nachforschungen nicht anstellen, weil der türkische Eigenthümer, ein gewisser Mehemmed Effendi Potamialik, es ablehnte, mir das Feld zu dem Behufe zu verpachten oder mir die Erlaubniss zu Ausgrabungen zu gewähren. In unmittelbarer Nachbarschaft davon führt ein Weg von Dali nach einer kleinen Gruppe von Hütten namens Potamia (Ποταμιά)*), und am Rande dieses Weges entdeckte ich

*) Potamia war eine königliche Residenz der Dynastie Lusignan und wurde von Caterina Cornaro bewohnt. Es war befestigt, und als die Venetianer von der Insel Besitz nahmen, wurde es auf Befehl des venetianischen Senators und Generalgouverneurs der Insel, Francesco di Priuli, sammt den andern königlichen Burgen St. Hilarion, Buffavento, Dio d'Amore, Cava und Kantara geschleift. Der Palast von Potamia gehört gegenwärtig drei angesehenen Türken. Als ich ihren Besuch erwiderte, trug man nach der Sitte des Morgenlandes Kaffee und Zuckerwerk auf, und zu meinem Erstaunen bemerkte ich, dass auf dem silbernen Theelöffel, dessen ich mich bediente, der Löwe von St. Marcus und eine Königskrone eingraviert waren. Ich fragte Mehemmed Effendi, ob er mir diesen und die andern silbernen

verfchiedene Gräber wie die der älteften Periode in Idalium. Ohne Zweifel erftreckte fich diefer Friedhof, wenn er auch nur klein war, bis auf das Befitzthum Mehemmed Effendis; aber aus dem erwähnten Grunde konnte ich feinen Umfang nicht prüfen oder feftftellen.

Auf der Oftfeite des Flufses Pediaeus entdeckte ich nicht weniger als fünf verfchiedene Begräbnifsplätze, welche fämmtlich Terracotta-Vafen enthielten, ähnlich denen des phönicifchen Idalium (Tafel XIV. 3—5), zu welcher Stadt fie gehört zu haben fcheinen, da ich keine Spuren von Grundmauern oder zerbrochenes Thongefchirr oder andere Anzeichen alter Wohnungen dafelbft vorfand.

Weiter befindet fich füdöftlich von diefen Begräbnifsplätzen ein merkwürdig geftalteter Erdhügel in der Form eines Zuckerhutes, der meine Aufmerkfamkeit auf fich zog. Ich grub dort nach, und obgleich auf feinem Gipfel nichts auf alte Bauten hindeutete, fo entdeckte ich doch an feinen Abhängen verfchiedene tief im Kalkfelfen ausgehöhlte Gräber, welche für einen einzelnen Leichnam berechnet waren.

In einem derfelben fand ich zwei Schalen in grünglafierter Terracotta, welche inwendig mit ägyptifchen Darftellungen in fchwarzer Farbe verziert waren, und eine merkwürdig geformte Vafe, welche die Form einer weiblichen Figur mit beweglichen Terracotta-Ohrringen hatte; der gleichfalls irdene Stöpfel ftellte eine Krone dar, welche, in die Oeffnung auf dem Scheitel des

Löffel, welche er vermuthlich noch hätte, ablaffen wollte; doch er wollte nicht, bot mir aber diefen einen in üblicher türkifcher Höflichkeit als Gefchenk an, welches ich indeffen ausfchlug. Ich hatte fagen hören, dafs die drei Türken beim Graben in ihrem Garten einen eifernen Kaften mit goldenen und filbernen Gegenftänden gefunden hätten. Diefer Theelöffel mochte wohl zu dem Schatze gehört haben. Ich wiederholte meine Befuche bei den Türken öfter, aber die Theelöffel mit der Königskrone waren verfchwunden.

Kopfes gefetzt, die Figur vollendete; diefelbe fafs auf einem irdenen Stuhle. Diefe merkwürdige Vafe fafst ein Quart Waffer. Die andern Gräber enthielten Vafen in Form von Vierfüfslern und Waffervögeln; einige waren mit geometrifchen Muftern reich verziert; auch fanden fich Gefäfse mit rundem Boden und langem Halfe, Quirle und Dreifüfse in Serpentin und Terracotta (Tafel XV. XVI). Einige diefer Vafen find ihrem Character nach mit den von Dr. Schliemann bei feinen Ausgrabungen in Hiffarlik gefundenen verwandt. Diefe Gräber gehören meiner Anficht nach zu den älteften in Idalium.

Nächtliche Scene in Golgi.

VIERTES CAPITEL.

Nicht weit von dem im vorigen Capitel erwähnten kegelförmigen Erdhügel läuft in nordöstlicher Richtung ein Fufsweg hin, der durch mehrere Felder auf die Strafse von Dali nach Athîeno (Ἀθηαίνος), dem alten Golgi (Golgoi) führt. Das letztere ist ein Dorf von beträchtlicher Gröfse und hat einige Ansprüche auf den Namen einer Stadt. Die meisten seiner Häuser sind aus Stein erbaut, und da sie aufsen weifs gewaschen sind, so haben sie ein sauberes Aussehen, womit das Innere nicht im Widerspruche steht, ein Umstand, der von der vergleichsweise wohlhabenden Lage ihrer Eigenthümer zeugt.

Das alte Golgi (Γόλγοι) wird von Plinius zu den funfzehn Städten von Wichtigkeit auf Cypern gerechnet; sonst ist wenig Grund zu der Annahme, dafs es jemals ein grofser Ort gewesen ist. Nach den mehrfachen Bemerkungen bei den alten Schriftstellern*)

*) Catull 36, 14; 64, 96. Theocrit 15, 100. Hier findet sich die Form *Golgos*, aber der Plural *Golgoi* ist gewöhnlicher. Nach Stephanus von Byzanz hiefs die Stadt auch *Golgion*. (S. die Anm. 1).

könnte es scheinen, dafs es feinen Ruf dem Umftande verdankte, dafs es ein hervorragender Mittelpunkt des Dienftes der Aphrodite war, die hiervon *Golgia* hiefs. Die Stadt foll nach Stephanus von einer ficyonifchen Colonie unter Führung eines Golgos, von dem fie den Namen empfieng, gegründet worden fein. Derfelbe heifst ein Sohn der Aphrodite und des Adonis. Aber während Golgi ohne Zweifel wegen feines Aphroditecultus berühmt gewefen ift, geht aus einer Angabe des Paufanias (VIII. 5. 2) nicht deutlich hervor, ob er nicht der Meinung ift, dafs Agapenor den Dienft der Aphrodite, der vorher in Golgi beftanden hatte, nach Paphos verpflanzte, als er feine Colonie dahin führte. Ift das der Fall, dann würde auffallen, wie Golgi noch feinen Ruf als ein Sitz diefes Cultes aufrecht erhalten haben könnte, nachdem die Mafchinerie desfelben nach Paphos übertragen worden war, welches feinerfeits, als eine urfprünglich phönicifche Anfiedelung, feinen Tempel der Aphrodite vielleicht lange vor der Ankunft Agapenors nach feiner Rückkehr aus Troja gehabt haben dürfte.[1]

Der Ritt von Dali nach Athieno nimmt gewöhnlich anderthalb Stunden in Anfpruch, obwohl ich ihn mit einem guten Thiere manchmal in weniger als einer Stunde zurückgelegt habe. Die Einwohner Athienos find ihrer Befchäftigung nach meift Maulthiertreiber und befitzen ziemlich gute Sattelmaulefel, welche an einen fanften, den Reiter nicht ermüdenden Pafsgang gewöhnt find, dabei aber in diefer Gangart rafcher als im Trabe gehen. Die gewöhnliche Reife, welche diefe Maulthiertreiber machen, ift von Nicofia nach Larnaka, zwifchen denen Athieno in der Mitte liegt. Sie befördern fowohl Reifende als Gepäck von einem Orte zum andern, auch können fie nach irgend einem Theile Cyperns gemiethet werden, da fie mit den Strafsen und Pfaden der Infel ziemlich vertraut find.

Als Stand find diefe Maulthiertreiber vorzüglich und zuverläffig. felbft unter der Verfuchung, dafs man ihnen grofse Geldfummen zur Beförderung von einer Stadt zur andern anvertraute. Wirklich habe ich während meines Aufenthalts auf Cypern niemals von einem berufsmäfsigen Maulthiertreiber vernommen. dafs er fich des in ihn gefetzten Vertrauens unwürdig erwiefen hätte. Wenn ein Eingeborener eine mehrtägige Reife in nicht dringlichen Gefchäften unternehmen mufs. fo zieht er, da er von Natur gefprächig ift, die Gefellfchaft eines Reifegefährten vor und wartet manchmal Tage lang. um einen zu finden. Gefetzt indeffen. er müfste allein reifen und hätte eine Reife von fechs oder fieben Tagen zu machen, zum Beifpiel von Larnaka nach Karpas. fo würde er folgendermafsen verfahren. Er würde fich in den Chan. eine Art Gafthof. in dem die Maulthiertreiber in Larnaka abfteigen, begeben und dafelbft nach feinem Belieben einen Maulefel auswählen und mit dem Eigenthümer über den Preis für die ganze Reife oder für den einzelnen Tag unterhandeln. Die letztere Art ift empfehlenswerther. denn wenn fich das Maulthier untauglich erweifen follte. fo kann der Reifende es unterwegs umtaufchen. fobald er ein befferes findet. Aus Sparfamkeit bedingen indefs die Eingeborenen im allgemeinen den Preis für die ganze Reife. Der Reifende beftimmt die Stunde. wann er aufbrechen möchte. und der Maulthiertreiber kommt in der Regel vor feinem Haufe eine oder zwei Stunden fpäter an. Eine Art einheimifchen Sattels. *Straturi* [στρατοῦριμ] genannt. wird auf den Rücken des Maulthieres gelegt und darüber. doch fo. dafs fie dem Reifenden nicht unbequem werden, zwei grofse Säcke aus Segeltuch gehängt. welche fein Gepäck und einige Lebensmittel für den erften Tag der Reife enthalten. Mehrere bunte Decken. je nach der Jahreszeit leichter oder fchwerer, werden dann auf das „Straturi“ gehäuft, um Nachts als Bett zu dienen.

Der Maulthiertreiber, der auch den Führer macht, besteigt einen kleinen, aber starken Esel in derselben Weise wie der Reisende, er trägt auch das besondere Gepäck desselben, ausserdem Unterhalt für sich, Futter für beide Thiere, und oft noch mehrere Packete, die ihm zur Ueberbringung anvertraut sind. Anfänglich erschien es mir grausam, so kleine Thiere so überbürdet zu sehen, aber mit der Zeit bekam ich die Ueberzeugung, dass der cyprische Esel stärker ist und der Anstrengung einer langen Reise bessern Widerstand leistet als ein Maulthier.

Wenn alles zur Abreise bereit ist, so hilft man dem Reisenden auf seine Decken hinauf, zwei rostige Steigbügel, welche an die Enden eines Strickes befestigt sind, werden ihm zugereicht, und er steckt seine Füsse hinein; mit Hülfe dieses Strickes vermag er sein Gleichgewicht zu bewahren. Nachdem er einmal zu seiner Zufriedenheit auf den Decken sitzt, öffnet er einen gelben, baumwollenen Sonnenschirm, zündet seine Cigarette an, empfängt die Segenswünsche seines Hausstandes und bricht zur Reise auf. Die Cyprer sind im allgemeinen ein mässiges Volk und können sich auf der Reise fast in jede Nothwendigkeit fügen. Manches Mal habe ich bei meinen Ausflügen auf der Insel, wenn ich in ein kleines Dorf kam, irgend einen wohlhabenden Kaufmann meiner Bekanntschaft mit untergeschlagenen Beinen auf der Schwelle einer Hütte sitzend getroffen, mit einem Strohteller ähnlich einem Korbdeckel vor sich, von dem er seine Mahlzeit, bestehend aus einigen schwarzen Oliven, einem harten Stück Schwarzbrot und etwas sauerer Milch, zu sich nahm. Democratische Sitten scheinen bei solchen Gelegenheiten zu herrschen, und es ist nicht ungewöhnlich, dass man den Maulthiertreiber, dem Kaufmann gegenüber sitzend, von derfelben Schüffel effen und aus demfelben Kruge trinken fieht; denn ein Glas wird im Innern der Infel als nutzlofer Luxus angefehen. Oftmals kommen auch die Kleinen des Haufes fowie die Hunde und das Geflügel herbei, um etwas vom Tifche des Fremdlings zu erhafchen. Diefe Art der Reife ift für einen Europäer nicht fehr angenehm, und ich bediente mich derfelben nicht. Als alter Soldat begriff ich leicht, was erforderlich war, um fich eine gewiffe Behaglichkeit zu verfchaffen. Allerdings ift diefelbe nicht ohne beträchtliche Koften zu haben.

Im Jahre 1866 befuchte ich einige Felder etwa eine halbe Meile nordöftlich von Athieno, die mit Steinen und Mörtel und aus dem Boden hervorragenden Theilen alten Gemäuers beftreut waren; fie luden mich trügerifcher Weife zu einer Nachforfchung ein, aber ich fand durchaus gar nichts mit Ausnahme der Grundlagen kleiner Häufer, die nicht tiefer als zwei Fufs unter die Oberfläche reichten und mir nicht fehr alt zu fein fchienen. Im Jahre 1867 leitete ich dort zum zweiten Male einige Wochen lang Ausgrabungen, aber mit Ausnahme eines Theils der Stadtmauer fand ich nichts, was mich zur Fortfetzung meiner Forfchungen hätte ermuthigen können. Die Stelle heifst jetzt bei den Eingeborenen Agios Jorgos, doch konnte ich keine Spuren einer Kirche in der Nachbarfchaft entdecken. M. De Vogüé hat den Platz, wie man mir fagte, für die Stätte der alten Stadt Golgi erklärt.

Oestlich davon an einem Fufswege, der von Athieno nach Melufcha [Μελούσια] führt, befindet fich ein Begräbnifsplatz, der mehrere Morgen umfafst. Viele der Gräber dafelbft fcheinen vor langer Zeit geöffnet gewefen zu fein. In einigen fand ich in viele Stücke zerbrochene Steinfarcophage. Hier ftiefs der franzöfifche Archäolog auf mehrere Sculpturenüberrefte und eine oder zwei cyprifche Infchriften, die jetzt im Museum des Louvre aufbewahrt werden. Aus einigen diefer Gräber holte ich verfchiedene Todtenftelen hervor mit Flachreliefen, armfelig im Stil und in der Ausführung; fie zeigten die Geftalt eines Löwen in ruhender Lage. Auf einigen waren zwei Löwen Rücken an Rücken dargeftellt, und darunter der „Mihir" oder die geflügelte Sonnenfcheibe. Auf zwei anderen befinden fich Sphinxe anftatt der Löwen, und der Mihir wird manchmal durch den Halbmond mit einem Discus in der Mitte vertreten. Der Stil in der Ausführung der von Sphinxen gekrönten Stelen ift viel feiner als der auf denen mit den Löwen; felbft der Stein, aus dem fie gehauen find, ift von befferer Güte. (Tafel XVII. 3. 4).

Der auf der Tafel XVIII. abgebildete und fchon früher von Ceccaldi (in der Revue Archéologique 1875, Taf. II) veröffentlichte Sarcophag wurde in einem der Gräber auf diefem Felde gefunden; eine Seite desfelben war zerbrochen. An feinem einen Ende ift eine Scene aus der Sage von Perfeus und Medufa dargeftellt. Der vom Künftler gewählte Augenblick ift der, da Perfeus das Haupt der Gorgo abgehauen hat und fich entfernt, nachdem er es in feinen Sack gefteckt hat, damit ihn der Anblick desfelben nicht verfteinere. In demfelben Augenblicke, da das Haupt abgefchlagen war, entfprang aus ihrem Halfe das geflügelte Pferd Pegafus und Chryfaor. Die Enthauptung der Medufa ift nicht felten der Gegenftand der griechifchen Kunft, und die Art und Weife der Darftellung eine fehr verfchiedene. Auf einem fchönen Terracotta-Relief im Britifchen Mufeum fehen wir Chryfaor aus ihrem Halfe hervorkommen, während Perfeus bereits den Pegafus beftiegen hat; und auf einem goldenen Ornamente, gleichfalls im Britifchen Museum, fieht man zwei Pegafus aus ihrem Halfe hervorkommen, während auf der berühmten Metope von Selinus in Sicilien wiederum die Medusa einen kleinen Pegasus an ihrer Seite hält, indem Perseus ihr sein Messer durch die Kehle zieht, was in der That ein Versuch ist, zwei Stadien eines Ereignisses in derselben Darstellung zu vereinigen. Was der Hund neben Perseus in der Darstellung des Sarcophags bedeuten mag, ist nicht sicher. Möglicherweise steht seine Bedeutung mit dem Begräbniss in Beziehung; denn in demselben Grabe ist die auf Tafel XVII. 2 abgebildete Figur eines Hundes gefunden worden.

Während der Gegenstand des einen Endes des Sarcophags mythologisch ist, sind die am anderen Ende und an beiden Seiten dem alltäglichen Leben entnommen. Am anderen Ende ist ein von zwei Pferden gezogener Wagen dargestellt, der sich mit den Wagen auf dem grossen Sarcophag aus Amathus vergleichen lässt (Tafel XLIV). Auf der einen Seite sieht man eine Gastmahlscene, dergleichen vermuthlich bei Leichenbegängnissen gehalten wurden. Ein ähnliches Gelage kommt auf dem berühmten Terracotta-Sarcophage aus Cervetri im Britischen Museum vor und findet sich auch auf archaischen gemalten Vasen, wie beispielsweise auf einer aus Cervetri im Louvre (Longpérier, Musée Napoléon III, pl. LXXI.), auf welcher auch Wagenrennen dargestellt sind, wie man sie in alten Zeiten bei Begräbnissceremonieen veranstaltete. Man wird auch bemerken, dass auf dieser Vase an den Bankettbetten ein Hund angebunden ist.

Die letzte Seite des Sarcophags scheint die wichtigste zu sein und deshalb als die Vorderseite angesehen werden zu müssen. Das Schauspiel, welches sie darstellt (Krieger in voller Waffenrüstung, die einen karischen Bullen und einen Eber jagen) scheint ungereimt zu sein und eine Erklärung zu verlangen, obwohl wir auch sonst griechische Helden auf der Jagd nach dem calydonischen Eber bewaffnet finden wie im Kriege. Man nehme den Ochsen oder den Eber weg, und es bleibt eine Gruppe von zwei Kriegern, die fich einander angreifen. Hiermit find wir durch die Sculpturen des Thürgiebels im Tempel von Aegina vertraut, ebenfo durch zahlreiche gemalte Vafen, auf denen die Zeichnung urfprünglich von Thürgiebelfculpturen entlehnt zu fein fcheint, indem fich die Figuren von jeder Seite der Mitte zuneigen. Es ift nicht unwahrfcheinlich, dafs der Bildhauer des Sarcophags feine Zeichnung gleichfalls den gleichmäfsig vertheilten Gruppen von Kriegern in der Mitte eines Thürgiebels wie des von Aegina entnahm, und an die Stelle des gefallenen Helden, über den der Kampf fortgeht, ein Jagdwild fetzte. Auch der Bogenfchütze zur Linken ift eine im äginetifchen Thürgiebel wiederkehrende Figur und findet fich auch auf Vafen, deren runde Oberfläche in gewiffer Weife der centralifierenden Richtung eines Thürgiebels entfpricht. Bei der Jagd erfcheint er überflüffig. Nicht nur die Compofition auf diefer Seite des Sarcophags, fondern auch die einzelnen Figuren auf allen vier Seiten mit ihren dünnen, fpärlichen Proportionen und ihrer Steifheit in der Handlung fowie die forgfame Wiedergabe ihrer Gewandung und Rüftung würden wohl zu der Sculpturepoche paffen, der die äginetifchen Marmorgruppen angehören.

Zu beiden Enden des Sarcophags ftand eine Stele, jede in Relief ausgehauen, mit einer Gruppe von zwei Sphinxen, die einander zugekehrt find, indem fich ein Blumenornament zwifchen ihnen erhebt (Tafel XX. 1. 2). Eine ähnliche Darftellung von Sphinxen begegnet auf mehreren andern Stelen oder Obertheilen von Stelen, welche ich in Gräbern von Golgi fand. Zwei Sphinxpaare ftehen vor dem Eingange des Grabes, aus welchem das lycifche Relief im Britifchen Mufeum (abgebildet auf Tafel XLVI. XLVII) ftammt. Aehnliche Sphinxe ficht man an beiden Enden des grofsen Sarcophages aus Amathus (Tafel XLVIII. 4), und noch andere Beiſpiele lieſsen ſich anführen, welche beweiſen, daſs die Sphinxſigur, ähnlich der Sirene und der Harpyie, mit Beziehung auf das Begräbniſs verwandt wurde. Dieſe Sculpturen ſind gute Beiſpiele des Flachreliefs gegen das Ende ſeiner archaiſchen Periode, als man das Relief flach, die Zuſammenſtellung mehr zierlich und decorativ als der Wirklichkeit nachgebildet hielt, und die Einzelnheiten ſorgfältig ausarbeitete.

Die Silberſchale, die auf Tafel XIX abgebildet iſt, wurde in einem dieſer Gräber während meiner Abweſenheit in Amerika gefunden; ſie gieng in den Beſitz des Herrn Stini, eines Kaufmanns in Larnaka, über, der mir gütigſt eine Zeichnung davon zu nehmen verſtattete, und befindet ſich gegenwärtig im Königlichen Muſeum zu Berlin.

Zehn Minuten ſüdlich von dieſen Begräbniſſen iſt ein kleiner Platz, genannt Agios Photios (Ἄγιος Φώτιος), woſelbſt M. de Vogüé gegraben und einige ſchöne Köpfe und Statuen in Stein gefunden haben ſoll; aber als ich die Stätte beſuchte, war die Gerſte, welche die Felder bedeckte, gerade in die Aehren geſchoſſen und von dieſen Ausgrabungen nichts ſichtbar. Ich bemerkte mir indeſſen die Stelle und beſchloſs, ſie nach geſchehener Ernte wieder zu beſuchen; aber amtliche Pflichten und andere Ausgrabungen behinderten mich es in jener Zeit zu thun, und ſo vernachläſſigte ich Agios Photios mehrere Jahre hindurch, bis Anfangs 1870 zwei meiner Ausgräber nach Larnaka kamen und mich um die Erlaubniſs baten, in Athieno zu graben. Da ich mich meiner Abſicht in Agios Photios zu graben erinnerte, ſo gewährte ich ihnen die Mittel ſich und ihre Familien inzwiſchen zu unterhalten und erklärte ihnen, wo ich wünſchte, daſs ſie graben möchten; zugleich ſagte ich ihnen, daſs ich in einigen Tagen herüberkommen würde, um ihre Arbeit anzuſehen. Beinahe eine Woche vergieng, ohne daſs ich von ihnen etwas hörte, und ich begann fchon an ihrem Erfolge zu zweifeln. als mir eines Morgens beim Frühftück ein Maulthiertreiber gemeldet wurde, der mit einer Botfchaft aus Athieno kam. Er theilte mir mit, dafs man einen riefigen fteinernen Kopf und andere Bildwerke entdeckt habe, und bat mich fogleich ein Fuhrwerk hinzufchicken, da fonft die Dazwifchenkunft des Eigenthümers, auf deffen Grundftücke die Alterthümer gefunden waren, zu befürchten fei.

An diefem Nachmittage follte eine Zufammenkunft des Corps der Confuln ftattfinden, bei der ich als Aeltefter den Vorfitz zu führen hatte, und deshalb konnte ich unmöglich fortgehen. Ich war rathlos, was ich beginnen follte, da ich wohl wufste, dafs jeder Verzug in der Angelegenheit, falls die Sculpturen wirklich fo wichtig waren, wie fie der Bote fchilderte, mir hernach viele Schwierigkeiten mit einer halb verhungerten Bauernfchaft bereiten würde; denn ohne Befinnen würde fie Gegenftände mit Befchlag belegt haben, für welche fie eine Geldentfchädigung erhoffen konnten. Glücklicherweife kam in dem Augenblicke Herr Andrea Vondiziano, einer meiner Confularbeamten und jetziger ruffifcher Conful auf Cypern, und als er von meinem Dilemma hörte, erbot er fich freundlichft, fich ftatt meiner zu den Ausgrabungen zu begeben und mir den Befund mitzutheilen. Demgemäfs ward fogleich eines meiner Maulthiere für ihn gefattelt, und er ritt unverzüglich davon, nachdem ich ihn vorher angewiefen hatte, mir, falls fich Ungelegenheiten mit den türkifchen Behörden oder dem Eigenthümer des Grundftückes herausftellen follten, einen Expreffen zu fchicken, da ich alsdann fo bald wie möglich nach Agios Photios aufbrechen würde.

Nachmittags, als die Confuln fich auf dem amerikanifchen Confulate verfammelten, kam ein Bote von Herrn Vondiziano, der den Bericht des Maulthiertreibers beftätigte und mich erfuchte, ihm zur Ueberführung der Bildwerke zwei Ochfenwagen zu fenden.

Alles fei ruhig. fügte er hinzu. der fteinerne Kopf fei coloffal und gröfser als irgend einer. den er je gefehen habe.

Ich gab Befehle. dafs die Wagen fofort hingefchickt würden, und bat Herrn Vondiziano. unverzüglich aufladen zu laffen und nicht vor dem nächften Morgen. wo ich ihn ablöfen würde. fortzugehen. Herr Vondiziano. der mir oft bei ähnlichen Gelegenheiten Dienfte erwiefen hatte. befafs eine bewunderungswürdige Eigenfchaft. die ebenfo felten als koftbar ift — nämlich die. empfangene Inftructionen buchftäblich auszuführen. und dieselben nicht eigenmächtig abzuändern und zu verdrehen. wie es bei den Eingeborenen faft die Regel ift. Als die beiden Karren in Agios Photios ankamen. zeigte fich unglücklicherweife. dafs die Bildwerke zu gewichtig waren. um ohne weitere Hülfe gehoben werden zu können; um diefe zu bekommen. mufste man nach dem Dorfe Athieno fchicken. Diefer. freilich unvermeidliche. Schritt verurfachte hernach. wie man fehen wird. viel Ungemach und Verdrufs.

Die Berathung der Confuln zog fich bis zu einer ungewöhnlichen Stunde hin. da viel Zeit mit nebenfächlichen Fragen von gewiffen Mitgliedern vergeudet wurde. die ohne felbft etwas vorzufchlagen befliffen waren. alles. was ihre Collegen auf's Tapet brachten. zu beftreiten. Wo eine Körperfchaft von Confuln in der Levante refidiert. da wird ihre einfchränkende Macht gewöhnlich durch die in ihrer Mitte herrfchenden Intriguen. die Eiferfucht und das Streben nach perfönlichem Einflufs gebrochen: das weifs der fchlaue Türke nur zu wohl. um es nicht für fich zu benutzen. Während der erften zwei oder drei Jahre meines Aufenthalts auf Cypern herrfchte unter den bedeutendern Confuln folche Einigkeit. dafs fie gemeinfchaftlich folche Rückficht von der türkifchen localen Regierung verlangen konnten. die fie einzeln niemals erreicht hätten. Es waren Herren von hohem perfönlichem Character, mit der Welt bekannt und nicht leicht von türkifcher Diplomatie zu nasführen. Diefes glückliche Einverftändnifs beftand freilich nicht mehr; einige meiner neuen Collegen, welche dadurch Einflufs bei der Regierung zu erlangen hofften, dafs fie fich jeder Mafsnahme, die deren ungefetzliche und willkürliche Handlungsweife hindern follte, widerfetzten, vereitelten gewöhnlich das Ergebnifs der Zufammenkunft wie in diefem Falle. Durch die Länge der bei diefer Berathung verlorenen Zeit ermüdet, zog ich mich zeitig zurück, indem ich beabfichtigte vor Tagesanbruch nach Athieno aufzubrechen.

Um Mitternacht ward ich jedoch durch Pferdegetrappel und ein lebhaftes Gefpräch zwifchen neu angekommenen Perfonen und meinen beiden Kawaffen aus dem Schlafe geweckt. Die Ankömmlinge waren, wie fich fand, zwei berittene Boten aus Athieno, die innerhalb zehn Minuten nach einander gekommen waren und mich beide fogleich zu fehen wünfchten, um mir das Vorgefallene zuerft zu melden. Die Cyprer geben fich wie alle ungebildeten Völker viel mit Wundern ab, und ihre Einbildungskraft fängt leicht Feuer. Es währte einige Zeit, ehe ich die Hauptfache ihrer Mittheilung herauskriegte, die darin beftand, dafs die, welche aus Athieno Beihülfe zur Beladung der Fuhrwerke hatten holen follen, dafelbft die Neuigkeit eines aufserordentlichen Fundes verbreitet hatten; die Bauern waren darauf in grofser Menge mit Spaten und Spitzaxt nach Agios Photios geeilt, alle begierig an den Nachgrabungen Theil zu nehmen; auch der Eigenthümer des Grundftückes und feine Verwandten hatten fich gleichfalls an die Arbeit gemacht; man hatte Wunderbares entdeckt, und es herrfchte die gröfste Verwirrung. Da Herr Vondiziano fich ohnmächtig fah, eine folche Menge in Schranken zu halten, fo bat er mich, einen meiner Kawaffen mit einigen „Zabtiyeh“ aus

Larnaka zu fchicken, um Ordnung zu halten und die gefundenen Gegenftände zu bewachen. Während wir noch redeten, kam ein dritter Bote an, der das Maulthier zurückbrachte, welches ich Herrn Vondiziano geliehen hatte, und mich benachrichtigte, dafs zwei Poliziften aus Athieno gekommen wären und alle Sculpturen im Namen des Sultans mit Befchlag belegt hätten, dafs auch viele Bauern im geheimen Gegenftände in ihre Wohnungen gefchafft hätten, in der Hoffnung, durch die Erklärung Schutz zu finden, dafs fie fich im Dienfte diefes oder jenes Confuls befänden. Ich fah, es war kein Augenblick zu verlieren, und nachdem ich nach eiliger Vorbereitung aufgeftiegen war, gab ich einem meiner Kawaffen Befehl, mir früh Morgens mit Proviant, meinen Zelten, meinem Feldbett u. dergl. nachzufolgen.

Kurz hinter Larnaka traf ich mehrere eilige Reiter, welche ich in der Meinung, es feien weitere Boten an mich, anhielt; ich fand aber, dafs einige derfelben an den Kaimakam oder Gouverneur von Larnaka gefchickt waren, und dafs die andern Maulthiertreiber waren, welche von den andern Confuln gelegentlich befchäftigt worden waren und fich nun beeilten, ihnen die Nachricht von dem Funde zu überbringen. Hernach hörte ich, dafs zwei meiner Collegen aufgeftanden und fchon aufgefeffen wären; als fie aber erfuhren, dafs der amerikanifche Conful bereits an Ort und Stelle fei, zogen fie fich klugerweife wieder aus. Mein Maulthier galoppierte *ventre à terre* nach Agios Photios, wo ich in weniger als einer Stunde anlangte.

Die Scene, welche fich mir zeigte, war wild und wirr. Ganz Athieno hatte auf der wüftenartigen Ebene von Agios Photios fein Lager aufgefchlagen; der Mond war noch nicht aufgegangen und grofse Feuer waren an verfchiedenen Stellen angezündet und warfen phantaftifche Schatten, indem die Männer fich umherbewegten und eifrig geberdeten und unterhielten. Das Licht, welches auf ihre dunkeln Gefichter und bunte Kleidung fiel, gab ihnen das Anfehen einer Räuberbande, die fie gewiffermafsen auch waren. Sie zählten mehr als hundert und ihr Gefchrei, ihr Gezänk und Gefinge bildete ein vollkommenes Pandaemonium.

Ich darf hier bemerken, dafs der glückliche Verlauf meiner Angelegenheit mit dem Gouverneur von Larnaka bei den Ortsbehörden einen für mich günftigen Eindruck hinterlaffen hatte und der Bevölkerung wohl bekannt geworden war. Das kam mir jetzt fehr zu Statten. Als ich mich näherte und die Ankunft des amerikanifchen Confuls bekannt wurde, hörte der Aufruhr und die Verwirrung augenblicklich auf. Da ich während meines militärifchen Lebens an die Beauffichtigung grofser Menfchenmengen gewöhnt worden war, fo begriff ich leicht die Lage. In einer kleinen Entfernung ftanden die beiden türkifchen Zabtiyeh zur Bewachung der Sculpturen. Ich ritt fofort auf fie zu und befahl einem derfelben, mein fchäumendes Thier in Obhut zu nehmen und es umher zu führen, was er ohne Widerrede that. Dann rief ich den andern Poliziften und winkte ihm, die Menge zu zerftreuen und einen Platz um die Sculpturen frei zu machen. Er gehorchte ebenfo bereitwillig wie fein Gefährte, und diefe Mafsnahmen verfehlten ihren Eindruck auf die Menge nicht. Dann erblickte ich zum erften Male den coloffalen Kopf (Tafel XXI. 1). Indem feine maffiven, fteinernen Züge mir durch den aufflackernden Schimmer der Wachtfeuer enthüllt wurden, fah ich im Geifte das Volk, deffen künftlerifche Hand feit Jahrtaufenden verwelkt und in Staub zerfallen war. Doch dies war kein Augenblick, um phantaftifchen Träumereien nachzuhängen. Ich liefs fogleich die Karren bringen und die Sculpturen forgfam darauf legen, übergab mein Maulthier Herrn Andrea Vondiziano und bat ihn, fie auf dem Wege nach Larnaka zu begleiten, bis er meinem Kawaffen begegnen würde, deffen Obhut er fie übergeben follte, um dann nach Athieno zurückzukommen. Somit kann ich fagen, dafs ich diefe Steinfchätze eher erbeutete als entdeckte. Und alles dies ward ausgeführt, ohne dafs irgend jemand Einfpruch erhoben hätte, da vielmehr jeder mit Munterkeit that, was ihm aufgetragen wurde — ohne dafs felbft der Eigenthümer des Grundftückes gemurrt hätte, obwohl er mir allerdings folgte wie mein Schatten.

Nachdem Herr Vondiziano fich entfernt hatte, winkte ich den Zabtiyeh, nach dem Dorfe voranzugehen. So wanderte ich in vollkommener Dunkelheit, vor mir diefe beiden Türken, hinter mir fämmtliche Bauern, allein nach Athieno. Der Tritt der jetzt ermüdeten und faft verftummten Bauern, wie fie in der Dunkelheit dahinzogen, tönte meinem erregten Ohre wie die Schritte der abgefchiedenen Geifter, die, durch die Plünderung ihrer Denkmäler aufgeweckt, gekommen waren, um den Ruheftörer zu bewachen. Als wir uns jedoch dem Dorfe näherten, erfchien der Mond über den Hügeln, und wie er die Umriffe der Berge von Karpas filbern umgofs, verfcheuchte er alle Gedanken an die körperlofen Geifter.

Als ich in's Dorf kam, gieng ich zum Haufe des Maulthiertreibers, bei dem ich bei früheren Gelegenheiten abgeftiegen war, und nachdem ich die beiden Poliziften mit einem kleinen Gefchenke entlaffen hatte, wünfchte ich der Menge, die mich begleitet hatte, eine gute Nacht. Ohne mich zu entkleiden, hüllte ich mich in eine der dicken wollenen Decken ein und verfiel, auf eine harte, hölzerne Bank geftreckt, bald in einen tiefen Schlaf.

FÜNFTES CAPITEL.

Die Sonne war kaum aufgegangen, als Herr Vondiziano ankam, um mir befriedigende Nachrichten zu überbringen; er fügte indessen hinzu, dass es sehr schwer gehalten habe, über eine Hügelreihe auf dem Wege nach Larnaka zu kommen. Es wurde mir auch hinterbracht, dass der Kaimakam von Larnaka, Arif Effendi, in der Begleitung seines Medschlis, auf dem Wege nach Athenio sei, ohne Zweifel, um die daselbst Tags zuvor gefundenen Alterthümer in Besitz zu nehmen. Jetzt mussten sofort zwei wichtige Schritte gethan werden. Der eine bestand darin, das Grundstück, auf dem die Ausgrabungen unternommen waren, zu kaufen, um dadurch ein Recht auf alle daselbst gefundenen Gegenstände zu erwerben; der andere war die Verhinderung aller fernern Ausgrabungen durch Unbefugte. Beides ward in weniger als einer Stunde ausgeführt, obschon es nicht ganz leicht war. Der Eigenthümer des Grundstückes verlangte 1000 Pfund Sterling — eine Forderung, die abgelehnt wurde; als er aber mittlerweile von dem Nahen des Kaimakams von Larnaka hörte und voraussah, was alsbald stattfinden würde, kam er aus eignem Antriebe, um es mir für 20 Pfund anzubieten, was ich, wie man sich denken kann, ohne weiteres annahm, und fo ward der Handel unverzüglich abgefchloffen. Der Kaimakam hatte unterwegs eine Stunde in einem fogenannten Kaffeehaufe geraftet und darauf feinen Weg direct nach Agios Photios fortgefetzt. Nach Berichten, die er empfangen hatte, erwartete er ganz Athieno bei der Ausgrabung höchft vortrefflicher Denkmäler gefchäftig zu finden und war ebenfo wie fein Gefolge unangenehm enttäufcht, als er den Platz verlaffen fand und auch die Alterthümer verfchwunden waren. Er fchickte nach dem Eigenthümer des Grundftückes und nach den vornehmften Männern in Athieno, um zu erfahren, was vorgefallen fei. Als er erfuhr, dafs das Grundftück das Eigenthum des amerikanifchen Confuls geworden wäre, dafs fogar die dafelbft entdeckten Gegenftände ficher das amerikanifche Confulat erreicht hätten, noch ehe er und fein Medfchlis Larnaka verlaffen hätte, da fchlofs er, dafs ihm nichts weiter erübrige als dem Generalgouverneur Bericht zu erftatten; und nachdem er eine herzhafte Mahlzeit und verfchiedene Flafchen Wein und Raki zu fich genommen hatte (wie gewöhnlich, auf Koften der armen Dörfler), kehrte er von feinem ganzen Gefolge begleitet nach Larnaka zurück.

Einige meiner Leute hielten mich über das, was in Agios Photios vorgieng, unterrichtet, und ich war mittlerweile thätig, alles in Sicherheit zu bringen, was die Bauern heimlich in ihre Häufer in Athieno gefchafft hatten, da fie wohl wufsten, dafs fie eingefteckt worden wären, wenn man fie ohne Erlaubnifs beim Ausgraben betroffen hätte. Sie wufsten, dafs ich die Macht hatte, jene Dinge, wenn ich wollte, mit Gewalt zu nehmen, und fie waren daher fehr froh, als fie fahen, dafs ich dagegen für die Erwerbung jedes einzelnen Gegenftandes eine anftändige Summe bot. Anfänglich bezweifelten fie indefs meinen guten Willen, und es erforderte viel Tact und Gefchicklichkeit, um ausfindig zu machen, wo fich alle Stücke, die befeitigt worden waren, befanden und wer fie hatte. Nachdem ich unter der Hand benachrichtigt worden war, wer von den Bauern die fehlenden Gegenftände an fich genommen, und mir diefelben ziemlich genau befchrieben worden waren, liefs ich diefe Männer holen und nahm zu der folgenden kleinen Kriegslift meine Zuflucht. Ich hatte auf einem Stuhle einen Band von Layard's „Nineveh" liegen, und indem ich eine Seite auffchlug, welche eine Abbildung ähnlich dem, von dem Manne, wie ich bereits wufste, verborgen gehaltenen Gegenftande, enthielt, fagte ich ihm, dies Buch fei ein Zauberbuch, durch das ich entdecken könnte, ob er etwas von den Alterthümern bei Seite gefchafft habe. Dann wandte ich mich keck zu der Abbildung, zeigte fie ihm und verlangte die fofortige Zurückgabe, verfprach ihm allerdings ein gutes Bachfchifch, wenn er ohne Zögern gehorchte. Der erftaunte und überführte Bauer pflegte fich dann mit der Hand vor den Kopf zu fchlagen oder irgend ein anderes Zeichen der Verwunderung zu machen, indem er ausrief: „*Panagia mu!* (Heilige Jungfrau!) das Buch verräth ihm alles!" und bald darauf kam der fehlende Gegenftand zum Vorfchein. So gelangte ich ohne viele Verdriefslichkeiten in Befitz aller Alterthümer, welche gefunden worden waren.

Nachdem ich mich durch eine lange nächtliche Ruhe erquickt hatte, befuchte ich am nächften Morgen in der Frühe das Grundftück, welches ich gekauft hatte, und war nicht wenig erftaunt, als ich fand, dafs es nicht das Feld war, welches ich den Arbeitern urfprünglich als dasjenige bezeichnet hatte, auf dem ich nachzugraben wünfchte, fondern ein ungefähr 200 Schritt weftlich davon gelegenes und durch einen kleinen Erdhügel davon getrenntes Stück Land. Auf diefem Felde hatte der Schwarm der Ausgrabungsdilettanten aus Athieno am Tage vorher in feinem Eifer hier und dort in fo verworrener und unregelmäfsiger Weife gegraben, dafs es unmöglich geworden war, zuverläffig zu beftimmen, ob dafelbft ein Tempel geftanden hatte oder nicht. Ich war deshalb genöthigt, alle ausgegrabene Erde von der Oberfläche entfernen zu laffen, um die Theile zu unterfuchen, welche die Bauern unberührt gelaffen hatten.

Als dies gefchehen war, liefs ich an den Stellen, wo die Männer gegraben hatten, Löcher bohren, in der Hoffnung auf Grundmauern zu ftofsen, erreichte aber die Jungfererde ohne Spuren von dergleichen zu finden, mit Ausnahme einiger zufammengemauerter Steine in Halbkreisform, deren Durchmeffer 5 Fufs 7 Zoll betrug. Diefe fanden fich weniger als 3 Fufs unter der Oberfläche. Es erhellt, dafs ein fo kleiner Raum niemals die Grundfläche eines Tempels gewefen fein konnte, felbft wenn der ganze Kreis ausgefüllt gewefen wäre, wovon ich keine Anzeichen fand. Ich unterfuchte die wenigen Steine unter den am vorherigen Tage ausgegrabenen Sculpturen ganz befonders und überzeugte mich, dafs keiner derfelben je zum Bauen verwandt gewefen war.

Nach meiner Rückkehr aus Amerika im Jahre 1873 befuchte ich diefen Platz wieder und prüfte das ganze Grundftück forgfam zum zweiten Male. Ich befchäftigte mehrere Arbeiter, um alle Erde, welche ich bei der erften Gelegenheit wieder an ihre alte Stelle hatte fchaffen laffen, von der Fläche, auf der die Sculpturen gefunden worden waren, zu entfernen, und nochmals liefs ich viele Löcher bohren, bis ich die unberührte Erde erreichte und mich überzeugte, dafs keine Steinfundamente irgend eines Baues dafelbft exiftiert hatten. Ich war um deswillen fo eifrig bemüht die Sache gründlich zu erforfchen, weil ich gedruckt gelefen hatte, ich hätte zwei Tempel in Agios Photios entdeckt ftatt eines, und dies veranlafste viele erklärliche, aber vergebliche Speculation über Fragen wie die, welche Statuen in dem einen Tempel und welche in dem andern gefunden worden feien, welches der beiden Heiligthümer das ältefte fei. u. a. m. Da ich auf diefen Seiten dem Lefer eine einfache und wahrhaftige Schilderung meiner Entdeckungen zu geben beabfichtige, fo mufs ich mich begnügen, fie zu erzählen wie fie ftattfanden, ohne aus meiner Phantafie hinzuzufügen, wie fie wohl hätten fein können; dies erachte ich für die erfte Pflicht eines Forfchers.

Auf diefem Felde wurde, wie bemerkt, der coloffale Kopf in merkwürdig guter Erhaltung gefunden; aber es fand fich nicht ein einziger Theil des dazugehörigen Leibes, mit Ausnahme des Unterfatzes, der die Füfse getragen hatte, von denen der linke etwas vor den rechten geftellt war, wie man es bei ägyptifchen Statuen bemerkt.

Zweiunddreifsig Statuen verfchiedener Gröfse, alle mehr oder weniger verftümmelt, und fechsundzwanzig Sockel, einige mit, andere ohne die anhaftenden Füfse, nebft einer Menge von Bruchftücken von Armen, Beinen und Rümpfen, wurden auf diefem Felde gefunden. Diefe Bildwerke gehören einem hieratifchen Kunftftile an, in welchem das ägyptifche oder das affyrifche Element vorwaltet, oder, wie in einigen Beifpielen, beide vereinigt find. Von keinem derfelben läfst fich behaupten, es weife einen beftimmten Einflufs der griechifchen Kunft auf. Ihre Kopfbekleidung befteht entweder in der fpitzen affyrifchen Mütze (Taf. XXVII. 2. XXVIII. 1. 2.) oder in dem ägyptifchen Pschent (Tafel XXI. 2).[2] Der Kopf ift, wie mein Freund Ceccaldi richtig bemerkte, der einzige Theil des Leibes, dem der Bildhauer feine befondere Aufmerkfamkeit zuwandte. Da der Typus der dargeftellten Gefichtszüge weder ägyptifch noch affyrifch ift, vielmehr eine auffallende Aehnlichkeit mit dem der heutigen Bewohner Cyperns hat, so darf man annehmen, dafs diese Statuen Bildnisse einheimischer cyprischer Würdenträger sind. Ihre Kleidung besteht entweder aus einem langen, bis auf die Füfse reichenden Gewande oder aus einer kurzen, nur bis an's Knie gehenden Tunica. Die Arme liegen entweder dicht an den Seiten, oder der rechte ist über die Brust gelegt, indem die Hand geschlossen ist oder eine Lotusblume hält.

Unter diesen zweiunddreifsig Statuen ist eine halbcolossale, deren Leib bewunderungswürdig gut erhalten ist; der Kopf, die Arme und die Füfse fehlten zuerst, aber ich hatte das Glück, sie von verschiedenen Bauern, welche sie weggetragen hatten, wiederzuerlangen. Sie sind jetzt mit dem Rumpfe vereinigt, und das Ganze hat ein stattliches Aeufsere. (Taf. XXII.) Die Kopfbekleidung ist spitz und geht oben in einen Kalbs- oder Stierkopf aus. Die Vorderseite des Helms ist durch sechs gegen die Spitze convergierende gerade Linien getheilt und zeigt eine einer Leier ähnliche Verzierung in Flachrelief, in den Zwischenräumen vier Mal wiederholt. Der Bart, welcher einst roth gemalt war, ist mit vielem Fleifse in kurze Locken angeordnet. Das Stirnhaar ist auch gelockt und auf beiden Seiten des Halses fallen drei lange Locken herab. Die Kleidung besteht in einem langen, auf die Füfse herabfallenden Gewande, das fast in derselben Weise getragen wird, wie der Peplos von Frauen auf alten griechischen Bildwerken. Um den Hals des Kleides laufen zwei Reihen roth gemalter Sterne, die vermuthlich einen Schmuck darstellen sollen. Die Behandlung der Falten ist der der archaischen griechischen Gewandung nicht unähnlich. Die Vorderarme mit den Händen sind besonders gearbeitet und der Figur durch Pflöcke, welche in etwa vier Zoll tiefe Löcher eingesteckt sind, angefügt. Die rechte Hand hält zwischen dem Mittel- und Zeigefinger einen Becher an seinem Fusse, während sich auf der linken eine Taube mit ausgebreiteten Flügeln befindet. Diese Attribute bezeichnen, wie es scheinen könnte, das Amt eines Hohenpriesters der Venus, vielleicht einen der Cinyraden, da wir wissen, dass sie nicht nur an der Spitze der Priesterschaft des Tempels in Paphos standen, sondern die anerkannten Häupter aller dem Dienste der Venus geweihten Heiligthümer der Insel waren: doch die grosse Entwickelung der Brüste und die gewissermassen weiblichen Gesichtszüge haben mehr als einen Archäologen zu der Annahme bestimmt, dass die Statue die Göttin selbst darstellt, welche nach Macrobius in Amathus als bärtig aufgefasst wurde, und wirklich entdeckte ich später zwei Terracotta-Statuetten einer bärtigen weiblichen Figur in Gräbern, welche zu jener Stadt gehörten.

Da ich bemerkt hatte, dass die Verunstaltung der hier gefundenen Statuen grossentheils der ungeschickten Handhabung der Hacke durch die Bauern von Athieno zuzuschreiben war, so liess ich beim Wiederbeginn der Ausgrabungen eine Anzahl meiner erfahrenen Gräber aus Dali holen, denen ich allein zu graben gestattete: um aber die früheren Gräber, die sehr arbeitsbegierig waren, nicht zu erbittern, so beschäftigte ich dieselben mit der Wegschaffung der ausgegrabenen Erde.

Ich begann damit, dass ich zehn Ellen von dem umgewühlten Felde entfernt einen Graben aufwarf, und ward zwei Tage lang nur durch Auffindung einiger Fussgestelle und Bruchstücke von Bildwerken belohnt: am dritten Tage aber kam eine schöne Statue des Hercules von colossaler Grösse mit dem Löwenfelle als Kopfbedeckung zum Vorschein. (Taf. XXIII.) Die Beine vom Knie abwärts fehlten zuerst, wurden aber alsbald an ihren grossen Proportionen aus einem Haufen von Fragmenten in einiger Entfernung erkannt, und kurz darauf deckten meine Leute auch den Unterfatz mit den Füfsen daran auf. Der rechte Arm des Standbildes ift abgebrochen und konnte, bis auf einen Theil der Hand, die vier Pfeile hielt, nicht gefunden werden. Der linke Arm ift erhoben und hatte in feiner Hand eine knotige Keule gehalten, die auch bald darauf ausgegraben wurde. Einen Theil des mit einem Thierkopfe verzierten Bogens an der linken Schulter fieht man gleichfalls.

Meine Arbeiter ftiefsen dann auf einen viereckigen Block von grofsem Gewichte, der bei früheren Nachgrabungen theilweife von der Erde befreit und befchädigt war. Da fie ihn nicht wegzufchaffen vermochten, fo baten fie mich um die Erlaubnifs ihn zu zerhauen. Dies geftattete ich jedoch nicht, beftand vielmehr darauf, dafs man ihn zur Anficht umwende, obwohl die rohe Behauung der fichtbaren drei Seiten nicht vieles erwarten liefs. Man denke fich daher meine Freude, als ich dann ein leicht mit Roth bemaltes geiftvolles Flachrelief fand, welches eine der Arbeiten des Hercules darftellte (Tafel XXIV).

Dies Relief wird durch eine wagerechte Linie in zwei Hauptfelder getheilt, und erinnert in diefer Hinficht an einen der affyrifchen Friefe. In einem dritten Felde oder auf einer dritten Fläche, und nicht auf einem Fufsgeftelle, wie Herr Ceccaldi fagt (Revue Archéol. 1872 p. 223), ift Hercules in coloffalen Mafsen von der Linken vorfchreitend dargeftellt. Er trägt das Löwenfell, welches ihm von den Schultern herabhängt; der rechte Arm ift bis zur Höhe des Kopfes erhoben, aber der Kopf felbft und der obere Theil des Körpers ift zu fehr verwifcht, um unterfchieden werden zu können. In der Ferne fieht man Orthrus, den Hund des Hirten, der hier drei, und nicht wie gewöhnlich zwei, Köpfe hat; ein Pfeil durchbohrt ihm den Hals zwifchen dem zweiten und dritten Kopfe. In dem unteren Felde ift dargeftellt. wie der Hirt Eurytion die Rinder des Geryon wegtreibt. um zu verhindern. dafs Hercules fie bekommt und fo eine der ihm von Euryftheus auferlegten Arbeiten ausführt. Dies Relief ift von Ceccaldi in der Revue archéologique 1872 (XXIV. pl. 21) und von Doell. Die Sammlung Cesnola No. 763. veröffentlicht worden.

Augenfcheinlich war diefer mächtige Stein das Fufsgeftell der vorher entdeckten Statue — eine Vermuthung. die uns der Umftand beftätigte. dafs fie genau darauf pafste. Da es fowohl fehr fchwierig als nutzlos gewefen fein würde. eine fo grofse Steinmaffe fortzubewegen. fo befchlofs ich. die mit dem Bildwerke verfehene Seite abfägen zu laffen. Dies ward von einem meiner Arbeiter ficher und leicht ausgeführt.

Obwohl ich die Nachgrabungen nach diefem wichtigen Funde noch zehn bis zwölf Tage lang fortfetzen liefs. fo wurde doch nichts Bemerkenswerthes gefunden. noch waren die geringften Spuren baulicher Ueberrefte zu fehen. Indem ich die Leute unter der Auffficht des Herrn Vondiziano bei der Arbeit auf diefem Felde zurückliefs. nahm ich eine andere Abtheilung mit mir und befichtigte das Feld auf der andern Seite des Erdhügels. welches der Gegenftand meiner früher beabfichtigten Forfchungen gewefen war.

Die von M. de Vogué geleiteten Ausgrabungen hatten auf dem Gipfel des Hügels begonnen und fich an dem öftlichen Abhange herunter über einen Streifen Landes erftreckt. der nicht über zwei Morgen weit von einem niedrigen Graben begrenzt wird. Am Fufse des Hügels angekommen. giengen wir in füdlicher Richtung vor. indeffen nur wenige Schritte weit. und darnach wurde die Arbeit aufgegeben. Der Eigenthümer des Feldes. welches ich befichtigen wollte. war ein verfchmitzter griechifcher Bauer. der. um mir dasfelbe zu einem möglichft hohen Preife zu verkaufen, anfieng, die herrlichen Dinge zu preifen, die, wie er fagte, ein *milordo francese* von dort fortgebracht hätte, „ohne“, fügte er mit gen Himmel gerichteten Augen und über die Bruft gefalteten Händen hinzu, „mir irgend etwas dafür zu bezahlen“. Mit Ausnahme der vier noch fichtbaren Gräber und der aus ihnen aufgeworfenen Erdhügel deutete nichts darauf hin, dafs dort jemals etwas gefunden fein könnte.

Es gelang mir fchliefslich, das Grundftück für einige hundert Piafter zu kaufen, unter der Bedingung, dafs, falls ich Werthvolles fände, der Preis auf denjenigen erhöht werden follte, welcher dem Eigenthümer des andern Feldes bezahlt worden war. Er bedingte auch, dafs ihm das Grundftück nach Beendigung meiner Ausgrabungen wieder anheimfallen follte. Nachdem wir dahin übereingekommen, liefs ich eine Verkaufsurkunde aufftellen und nach forgfältiger Befichtigung der von mir erworbenen Fläche fieng ich regelmäfsig vom Fufse des Hügels zu graben an, indem ich einen fünfundzwanzig Fufs langen Graben zog und fo gegen den Mittelpunkt vorrückte. Der Verfuch die Bauern zu bewegen, dafs fie mit eifernen Spaten und Schiebkarren arbeiten follten, war ganz nutzlos; fie weigerten fich deffen hartnäckig, und deshalb rückte die Arbeit nur fehr langfam fort, da es viel Zeit in Anfpruch nahm, die ausgegrabene Erde in dem einheimifchen Korbe, der mit einem Stricke über die Schulter geworfen wird, wegzufchaffen.

Als der Graben erweitert worden war und eine Tiefe von 6½ Fufs erreicht hatte, ftiefs ich auf eine fteinerne Mauer, 2 Fufs 10 Zoll hoch und 2 Fufs dick. Diefelbe ward nach beiden Seiten bis zu ihrem Ende verfolgt. Am nördlichen Ende wandte fie fich im rechten Winkel nach öftlicher Richtung, aber das füdliche Ende brach nach einigen Fufs plötzlich ab, obwohl eine Unterſuchung ergab, daſs ſie unberührt und durch frühere Ausgrabungen nicht zerſtört war. Indem wir unſere Arbeit hier ausſetzten, verfolgten wir die Linie der nördlichen Mauer und trafen auf ihren öſtlichen Winkel in einer Entfernung von 30 Fuſs. Da die weſtliche Mauer trotz ihres plötzlichen Aufhörens bereits über 45 Fuſs maſs, ſo war die nördliche augenſcheinlich die Breite des Gebäudes. Allmählich wurde die öſtliche Mauer bloſsgelegt und es fand ſich, daſs ſie 60 Fuſs in der Länge, alſo das Doppelte der Breite maſs. Dieſe Mauern waren, wie ſich

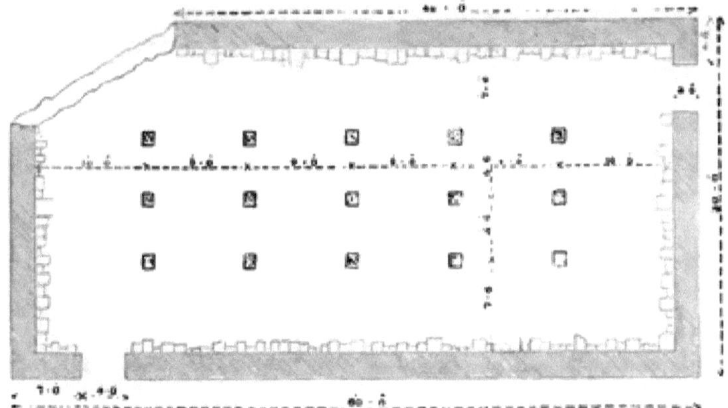

zeigte, nur die Fundamente des Baues. Ich bin überzeugt, daſs viele der auf Cypern vor dem helleniſchen Einfluſſe auf der Inſel gebauten Tempel in ihrer Architectur ſehr einfach waren, indem ſie ausſchlieſslich aus ungebrannten Ziegeln erbaut und dann inwendig und auswendig dick übertüncht wurden, wie die heutiges Tages daſelbſt gebauten Häuſer. Der Umſtand, daſs ſich in dieſem Raume keine Säulen, dagegen zwei ſteinerne Capitäle fanden, läſst ſich durch die Annahme erklären, daſs die heute in Cypern, beſonders im Innern, herrſchende Sitte, die Säulen der Hallen und Periſtyle aus Holz mit Capitälen und Baſen aus Stein zu bilden. in jener Zeit gleichfalls beſtand. Zu dieſem Zwecke werden die unter alten Ruinen gefundenen Capitäle jetzt öfter verwandt. und manchmal mit lächerlicher Wirkung. wie zum Beiſpiel in dem Säulengange eines griechiſchen Kloſters in Lapethus. wo ich zwanzig nur fünf Fuſs hohe, hölzerne Schäfte zählte. die durch ſchön gehauene corinthiſche Capitäle ſowohl getragen als gekrönt wurden — im vollſtändigen Miſsverhältniſs zu den winzigen Schäften. Mit Bedauern ſieht man dieſe Capitäle aus ſchönem Marmor und von vorzüglicher Arbeit gegenwärtig zur Stütze eines Lehmdaches verwandt. nachdem dieſelben in alten Zeiten ohne Zweifel irgend ein wichtiges Gebäude geſchmückt hatten.

Sobald als ich die Länge der öſtlichen Mauer oder Grundlage feſtgeſtellt hatte. vermehrte ich die Zahl der Arbeiter und ſetzte die Arbeiten gleichzeitig auf der ganzen Linie fort. Nach Entfernung der ſieben Fuſs Erde. welche ſie bedeckten. ward eine Reihe von oblongen Fuſsgeſtellen. zweiundſiebzig an der Zahl. roh gearbeitet und von verſchiedenen Maſsen. ſichtbar. Sie ſchienen ihren usſprünglichen Platz einzunehmen und waren dicht zuſammen geſtellt. jedoch ohne Gleichmaſs der Höhe. Wir waren von dieſen aus kaum zwei Fuſs vorgeſchritten. als auf der ganzen Linie eine Anzahl Standbilder in Kalkſtein zum Vorſchein kam; dieſelben waren. wie ſich ſpäter zeigte. von allen Gröſsen. coloſſale Statuen und Statuetten, und die meiſten lagen mit den Geſichtern nach unten. Obwohl ſich dieſe Bildwerke ſo wenige Fuſs unter der Oberfläche befanden. ſo waren ſie doch äuſserſt ſchwer von der Stelle zu ſchaffen. weil die Erde. in welche ſie gebettet waren. dermaſsen mit Thon. der wahrſcheinlich von aufgelöſten Ziegeln herrührte. untermiſcht war. daſs ſie eine feſte. für die Spitzhacke faſt undurchdringliche Maſſe bildete.

Um den Ausgräbern die Arbeit etwas zu erleichtern. liefs ich Waffer bringen und aufgiefsen. um die Erde, einige Zoll tief bei jedem Male, zu erweichen. worauf fie leichter entfernt werden konnte. Doch dies war ein fehr langwieriges Verfahren. da das Waffer aus beträchtlicher Entfernung geholt werden mufste. und zwar von einer Quelle. die eine fo geringe Waffermaffe lieferte. dafs das Füllen der Krüge viel Zeit erforderte. Die Art des Waffertragens ift auf Cypern noch heute genau diefelbe wie die vor dreitaufend Jahren übliche; es gefchieht nämlich vermittelft irdener Krüge in einer Art Weidenjoch. welches auf den Rücken des von dem Waffer träger gerittenen Efels gelegt wird. Dies kann man aus den kleinen Bildwerken in Terracotta erfehen. welche zu dem von mir in Alambra gefundenen feierlichen Zuge gehören (Tafel XXXVII. 1; vergl. S. 84). Ich mufste zu diefem Zwecke allein fechs Männer befchäftigen. und nach zweiwöchentlicher fchwerer Arbeit gelang es. die erfte Reihe der Sculpturen frei zu legen. Ich hatte befonders auf die Gruppierung der Statuen Acht; die mit kegelförmiger Kopfbedeckung wurden neben einander gefunden. und ebenfo ftanden die von ausgeprägt ägyptifchem Character zufammen.

Eine diefer Statuen von gröfseren Mafsen erregte meine Aufmerkfamkeit. Man konnte ihre Umriffe erkennen und fie fchien unberührt zu fein. Bald darauf wurde bemerkt. dafs es eine bärtige Figur mit langem Gewande war. Es war eine Tantalusqual. diefe anfcheinend fehr fchönen Bildwerke da vor fich zu fehen und zu wiffen. dafs fie nur durch geduldigen Fleifs erft nach mehrtägiger Arbeit dem Boden entriffen werden könnten. Als das Profil diefer Statue fichtbar wurde. da waren noch über fechs Fufs verkitteter Erde von ihrem Rücken zu entfernen. und jeder Schlag der Spitzhacke erfüllte mich felbft in diefem heifsen Klima mit kaltem Schauer, da ich dachte, dafs fchon der Widerhall der Schläge befchädigen könnte, was ein Bildwerk von ungewöhnlichem Intereffe und Werthe zu fein fchien. Mittlerweile ergötzte ich mich mehrere Tage lang mit einem naffen Schwamme und einem Meffer, indem ich die thonige Erde um den Kopf entfernte und von Zeit zu Zeit eine neue und erfreuliche Entdeckung machte; zuerft, dafs fein Haar und Bart nach affyrifcher Mode fchön gekräufelt war; fodann, dafs die Locken, durch Aufdrückung des Schwammes angefeuchtet, Spuren rother Farbe zeigten; darauf wurde ein mandelförmiges Auge mit gleichfalls roth gefärbter Pupille fichtbar. Aber der hervorftehendfte Theil, der dem ganzen Gefichte feinen Character verleihen und feine Schönheit entweder erhöhen oder fie zerftören mufste, ob der fich wohl unverfehrt fand? Nur zu fehr war es leider das gewöhnliche Gefchick alter Statuen, diefes wefentlichften Gefichtstheiles beraubt zu fein, als dafs ich in diefem Falle Günftigeres hätte hoffen können; jedoch ich arbeitete langfam und mit vermehrter Vorficht weiter, indem ich das Meffer durch ein Stück weichen Holzes erfetzte und den Schwamm ungezwungen gebrauchte. Endlich erfchien die Nafe in ihrer ganzen Vollkommenheit; aber die Beforgnifs, ob fich auch der übrige Theil des Kopfes unbefchädigt finden möchte, wuchs und machte meine Furcht und meine Hoffnung lebendiger. So arbeitete ich Tage lang, indem ich allmählich einen Gefichtszug nach dem andern enthüllte, bis der ganze prächtige Kopf, der felbft nicht einmal durch einen Rifs entftellt war, blofs gelegt war. Er trug eine fpitzige Mütze, anfcheinend von geftrickter Arbeit oder in Leder, und oben in einen Knoten ausgehend (Tafel XXVII, 1).

Mittlerweile machten die Leute mit ihrer Arbeit auf der Linie ftätige Fortfchritte, und das Verfprechen eines Bachfchifch machte fie bei ihrem Hacken äufserst vorſichtig. Einige Statuen waren ſchon hervorgezogen; meiſt jedoch fand ſich der Kopf abgetrennt, als ſei er beim Fall der Statue von ihrem Fuſsgeſtelle abgebrochen. Die nähere Unterſuchung zeigte ganz deutlich, daſs der Bruch nicht neu war.

Vier Mann waren emſig beſchäftigt, „meine" Statue herauszuarbeiten, ich hoffte ſie in drei Tagen in ihrer Majeſtät aufrecht ſtehen zu ſehen. Endlich ſtand ſie ganz frei da und war, wie ſich zeigte, bewunderungswürdig erhalten. Der Kopf war, wie bei vielen andern, abgebrochen, doch war das nicht von Bedeutung, da er ſpäter ohne Mühe feſt aufgeſetzt werden konnte. Die ganze Statue iſt nahezu acht Fuſs hoch. Die Kleidung, aus irgend einem ſchweren Stoffe gefertigt, reicht bis auf die Füſse und verhüllt die Geſtalt vollſtändig, wie bei den aſſyriſchen von Layard gefundenen Flachreliefen, mit Ausnahme der Arme, welche entblöſst ſind und an den Seiten herabhängen. Die Füſse ſind gleichfalls bloſs und ſtehen in gleicher Linie. Um den Saum des Gewandes befanden ſich ſchwache Spuren rother Verzierung, die nur angefeuchtet noch zu ſehen waren. Von allen Statuen, die ich entdeckt habe, iſt keine in ihrem Character ſo rein aſſyriſch wie dieſe.

Faſt ſämmtliche Bildſäulen auf der Linie waren mittlerweile aus der Erde gehoben und aufrecht in eines der mir vom Paſcha geliehenen groſsen Zelte geſtellt worden. Dieſe Vorſichtsmaſsregel gegen die raſche Verdunſtung der Feuchtigkeit, welche ſie aufgeſogen hatten, erwies ſich als durchaus nothwendig, da einige Bruchſtücke, die man unachtſamerweiſe unter der glühenden Sonne gelaſſen hatte, zu zerbröckeln anfiengen. In der öſtlichen Mauer, in der Nähe des ſüdöſtlichen Winkels, war eine Oeffnung, die vermuthlich einen Eingang gebildet hatte; nicht weit davon wurde eine ſteinerne Vaſe entdeckt, 7 Fuſs im Durchmeſſer und nur 16 Zoll in der Höhe, welche vermuthlich dazu gedient hatte, um Sprengwaffer für die zu enthalten, die das Gebäude betraten, und fomit dem *Perirrhanterion* am Eingange griechifcher Tempel entfprach. Der Form nach glich fie einer riefigen Schale mit vier Griffen und war mit einem Kranze von Epheublättern verziert, der um den obern Theil nahe am Rande eingefchnitten war. Unglücklicherweife war das Gefäfs in fo viele Stücke zerbrochen, dafs es fich nicht wieder herftellen liefs. Auf einem Fragmente war eine Schlange mit aufgerichtetem Kopfe in Hochrelief ausgehauen und darunter ein Delphin; rechts von dem Gewürm hatte fich eine Infchrift von mehreren Zeilen in cyprifchen Characteren befunden, aber leider war fie fo verwifcht, dafs fie nicht mehr entziffert werden konnte. Am Boden der Vafe befand fich ein rundes Loch von zwei Zoll im Durchmeffer, um das Waffer ablaufen zu laffen. Urfprünglich hatte fie aufserhalb des Tempels und zwar dicht an der rechten Seite des Eingangs geftanden. In der nördlichen Mauer fand fich genau diefelbe Art der Oeffnung oder des Eingangs und diefelbe merkwürdige Lage abfeits vom Mittelpunkte. Auch bei diefer Oeffnung fand fich eine ähnliche Steinvafe mit einem Ornament von Epheublättern und zwei Griffen, ohne jede Infchrift, aber in gut erhaltenem Zuftande; fie befindet fich jetzt im Mufeum von New-York. (Taf. XXXI. 3.) In derfelben lagen mehrere roh aus Stein gehauene kleine Krüge.

Nach elftägiger fortgefetzter Arbeit waren 110 Mann auf diefer Linie von fechzig Fufs erft neun Fufs gegen den Mittelpunkt vorgerückt, doch waren fchon 228 Bildwerke freigelegt. Obwohl einige derfelben zerbrochen waren, fo waren doch ihre Oberflächen mit wenigen Ausnahmen von Entftellungen jeder Art merkwürdig frei — ein Umftand, der die Archäologen, welche die Statuen in Europa unterfuchten, fehr in Verwunderung fetzte. Etwa zweihundert derfelben mafsen durchfchnittlich nur zwei Fuſs in der Höhe; die übrigen waren entweder in Lebens- oder in heroiſcher Gröſse.

Obſchon die Leute nach dieſem Funde in ihrer Arbeit noch eine ganze Woche lang mit gleicher Sorgſalt und Vorſicht unausgeſetzt fortfuhren, ſo wurde doch nichts mehr entdeckt, auſser in der unmittelbaren Nähe der Seitenmauern, d. h. der nördlichen und ſüdlichen. Das war ſehr unbefriedigend.

Der Generalgouverneur der Inſel gab nun ein Lebenszeichen von ſich. Der Kaimakam von Larnaka hatte ihm pflichtſchuldigſt meine neuen Entdeckungen mitgetheilt, indem er ſie wie gewöhnlich mit dem morgenländiſchen Märchen von Goldfunden ausſchmückte. Der Paſcha, deſſen Vollmacht in jener Zeit faſt unbeſchränkt war, hatte jedoch einen Beirath, dem er alle Sachen von Wichtigkeit vorlegte und nach deſſen Befinden er gewiſsermaſsen zu handeln hatte. Der „groſse Rath", wie er hieſs, war aus den höchſten chriſtlichen und muslimiſchen Würdenträgern der Inſel, welche in der Hauptſtadt wohnten, zuſammengeſetzt; es ragten unter ihnen der türkiſche *Molla* oder Oberrichter und der griechiſche Erzbiſchof von Cypern hervor. Der Paſcha theilte dem groſsen Rathe den Bericht des Kaimakams mit und fragte, was in der Angelegenheit zu thun ſei. Der Rath gab dem Generalgouverneur nach reiflicher Erwägung anheim, weitere Ausgrabungen zu unterſagen und ſich aus Conſtantinopel Verhaltungsmaſsregeln zu erbitten. Demgemäſs empfieng ich nach einigen Tagen eine amtliche Depeſche von Sr. Excellenz, in der er mich von der Entſcheidung des Rathes in Kenntniſs ſetzte und zu meiner Einſicht eine Abſchriſt der *Mazbátah* oder des Protokolls, welches er von dem Rathe hierüber empſangen hatte, beilegte. Er fügte hinzu, daſs er meinen Brief, in welchem ich gebeten hatte, mir zwölf Zelte für meine Ausgräber in Agios Photios zu ſchicken, empſangen und beſohlen habe, mir dieselben ohne Verzug zu schicken: der Widerspruch, in dem diese Mittheilung mit der amtlichen Depesche stand, war echt türkisch.

Zur Zeit jener Entdeckungen (1869) gab es zwischen Cypern und der Hauptstadt des türkischen Reiches nicht wie jetzt telegraphische Verbindung, und ich wufste, dafs mehr als ein Monat vergehen könnte, ehe eine Antwort in Betreff meiner Nachgrabungen einträfe, wenn die Pforte geneigt sein sollte, in Folge der übertriebenen Schilderungen von ihrer Wichtigkeit meinen Firman aufzuheben oder zu widerrufen, und deshalb nahm ich die Sache ganz kühl auf.

Da ich gerade damals nicht die Zeit hatte, mich mit dem Pascha in eine lange Correspondenz einzulassen, um ihm zu zeigen, dafs weder er noch sein Rath das Recht hätten (wenn vielleicht auch die Macht), sich mit meinen Ausgrabungen zu befassen, und dafs meinerseits nicht die geringste Absicht bestände sie aufzugeben, so übergieng ich den ersten Theil des Briefes Sr. Excellenz vollständig und dankte ihm überschwänglich für seine Güte, dafs er mir die verlangten Zelte, welche sicher angekommen waren, geschickt habe, und versicherte ihn, dafs meine armen Gräber ihm sehr dankbar wären, indem sie sich nun vor den kalten Nächten schützen könnten.

Aus dem langen Umgange mit türkischen Beamten wufste ich, dafs der Pascha nicht verfehlen würde, mir zum zweiten Male über die Angelegenheit zu schreiben, obwohl wir nur zwei Stunden von einander entfernt waren, und wirklich hörte ich erst nach Verlauf von zehn Tagen wieder von Sr. Excellenz. Sein zweiter Brief bekannte sich zu dem Empfange des meinigen, lenkte aber zugleich meine Aufmerksamkeit auf die Thatsache, dafs ich zu erwähnen „vergessen“ habe, ob ich die Mazbátah seines Rathes empfangen und ob ich meine Ausgrabungen in Agios Photios eingestellt hätte.

In Fällen wie diesem fand ich die türkische Manier brieflichen Verkehrs sehr zweckmäfsig und liefs deshalb wieder eine lange Woche verstreichen, ehe ich antwortete. Dann schrieb ich, dafs ich das fragliche Document in der That empfangen habe und bald das Vergnügen zu haben hoffe, ihn zu benachrichtigen, dafs ich meine Ausgrabungen in Agios Photios eingestellt habe, dafs ich das indessen nur thun werde, um ihm angenehm zu sein, keineswegs aber in Anerkennung, dafs der grofse Rath in Nicosia sich in die Angelegenheiten des amerikanischen Consuls zu mischen habe.

So dauerte meine wöchentliche Correspondenz mit dem Generalgouverneur so lange, bis meine Forschungen in Golgi vollständig beendigt waren, und dann willfahrte ich seinem Ersuchen. Während des amtlichen Briefwechsels beeilte ich mich, mir eine Anzahl Ochsenkarren und Kamele aus Nicosia und Larnaka zu verschaffen, um die Alterthümer rasch nach meinem Wohnsitze zu bringen, wo ich sie unter der amerikanischen Flagge sicher wufste.

Es zeigte sich, dafs dies kein sehr leichtes Unternehmen war, da der Boden, auf dem die zweiräderigen Karren von einheimischer Arbeit zu fahren hatten, sehr uneben und stellenweis tief umgepflügt war. Aufserdem mufste man über einen steilen Hügel, ein Weg, den man lieber zu Fufs zurücklegt als selbst mit dem sicherfüfsigen cyprischen Maulthiere. In der Route, die ich vorgeschrieben hatte, mufste man denn auch unvermeidliche Veränderungen vornehmen, damit die Karren die Strafse nach Larnaka von meinem Lager aus sicher erreichen konnten.

Das schwierigste Stück Arbeit, welches zu vollbringen war, bestand darin, die Karren über den Hügel zu schaffen, was die Ochsentreiber einstimmig für eine Unmöglichkeit erklärten. Ich begleitete den ersten Zug auf diesem Wege und fand, dafs es das Einfachste war.

auf der Spitze des Hügels angelangt, die Wagenräder abzunehmen, fie mit einem Theile der Sculpturen auf dazu beftimmte Kamele zu packen, und die fo erleichterten Wagen wie Schlitten den Abhang herabzuziehen. Als hierauf die Räder wieder befeftigt und die Sculpturen wieder aufgeladen waren, konnten wir ohne weitere Schwierigkeit Larnaka erreichen. Es glückte bewunderungswürdig, aber es war ermüdend und koftfpielig.

In der Woche, welche auf die an Funden unergiebige folgte, wurde bald eine Votivtafel in Kalkftein, 15 Zoll zu 10, entdeckt, mit einer Gaftmahlsfcene im untern und einer religiöfen Ceremonie im obern Felde (Taf. XXVI. 3). Ferner fanden fich noch andere Tafeln, meift zerbrochen, mit Flachreliefen und Infchriften in cyprifchen Characteren; acht Fufs von der öftlichen Mauer fand ich eine Reihe von fünf grofsen viereckigen Steinblöcken, genau zehn Fufs von einander, die entweder als Fufsgeftelle oder als Pfeilerbafen gedient hatten. Auf einem diefer Blöcke waren noch die Füfse zweier grofsen Statuen fichtbar, die Rücken an Rücken geftanden haben mufsten, da fie fich mit den Ferfen berührten. An der nördlichen und füdlichen Mauer waren viele fteinerne Poftamente in derfelben Weife aufgeftellt wie die an der öftlichen gefundenen, und dicht dabei fanden fich einige fchöne Statuen in vorzüglicher Erhaltung, von denen die eine, mit einem dreifachen Kranze bekränzt, im Falle der Enthauptung entgangen war. Ihr Bart ift nach Art der Bärte an den menfchenköpfigen Stieren aus Niniveh, mit denen Layard das Britifche Mufeum bereichert hat, gekräufelt, und ihre Kleidung in regelmäfsige Falten gelegt. In einer Hand hält fie eine kleine runde Büchfe und in der andern eine Taube bei den Flügeln. Die Füfse waren abgebrochen, lagen aber in der Nähe. Auf ihrem Gefichte ruht ein fonderbares, mit Verfchmitztheit vermifchtes Lächeln. welches fehr von dem die anderen characterifierenden Ausdrucke der Würde und Ruhe abfticht (Taf. XXVI. 2).

Als wir bis zur Mitte des Tempels vorgedrungen waren. wurde eine dicke Schicht Afche gefunden mit einigen gröfseren Stücken verkohlten Holzes. von denen jetzt eine Probe im Mufeum von New-York aufbewahrt wird. Diefes Afchenlager mafs, foweit es fich beftimmen liefs. 10 Fufs in der Länge und 7 Fufs in der Breite. Unter der Afche las ich eine kleine Alabaftervafe und zwei Thonfiguren von Reitern auf. denen ähnlich. welche in den Gräbern von Alambra und Dali gefunden waren (Tafel XXXVII. 2. 3). Als ich erft gewahr geworden war, dafs alle Sculpturen neun Fufs unter der Oberfläche lagen und dafs man nichts fand, bis man diefe Tiefe erreicht hatte. liefs ich die Erde viel rafcher als anfänglich befeitigen. So ward die Arbeit fortgefetzt. bis wir der weftlichen Mauer nahe kamen, wo ich nach der Idee. die ich mir von der urfprünglichen Aufftellung der Statuen im Tempel gebildet hatte, eine zweite Ernte einzuheimfen hoffte. und hierin wurde ich nicht getäufcht.

Eines Morgens jedoch berichteten die Leute. welche an der füdlichen Mauer gruben. dafs fie aufgehört habe. ebenfo die Reihe der Poftamente. während auf der entgegengefetzten Seite fich beide noch fortfetzten. Ich fprang in den Graben. in dem die Männer arbeiteten. und nach forgfältiger Unterfuchung der Stelle fah ich. dafs die Mauer einft beftanden hatte. aber vermuthlich von früheren Ausgräbern zerftört worden war. Auf die Oberfläche zurückgekehrt bemerkte ich. dafs wir an einen der von denfelben geöffneten Gräben gekommen waren. Es erfcheint fonderbar. dafs fie. an diefen Theil der Mauer gelangt. diefelbe nicht weiter verfolgten. fondern anfcheinend aufserhalb der Einfaffung zu graben vorzogen — jedenfalls ohne Erfolg.

Nachdem fünf Wochen feit dem Beginne unferer Arbeit vergangen waren. fanden wir uns 22 Fufs von der öftlichen Mauer entfernt und hatten wiederum das Vergnügen. in der Erde eine Menge Statuen und Köpfe eingebettet zu finden. einige derfelben in über Lebensgröfse. Solche Ueberrafchungen verleihen den Leuten neuen Muth. wohingegen fie müde und entmuthigt werden. wenn Tage lang nichts gefunden wird. Ich war nun genöthigt. die Wafferträger wieder zu befchäftigen. die ich eine Zeit lang entlaffen hatte. und fogar ihre Zahl auf zehn zu vermehren. da ich aus mehreren Gründen diefe Arbeiten zu Ende zu führen begehrte.

Die griechifche Ofterwoche rückte immer näher heran. und während derfelben hätte kein Geld meine griechifchen Ausgräber zur Fortfetzung ihrer Arbeit zu bewegen vermocht. Ich war deshalb fehr froh. als wir nach fechs Tagen die öftliche Mauer erreichten. Die auf diefer Seite gefundenen Bildwerke tragen einen ausgeprägt griechifchen Character; es gehört dazu eine der fchönften Statuen. die aus diefem Tempel gewonnen wurde (Tafel XXVI. 1).

Sie ift von heroifcher Gröfse und ftellt vermuthlich einen Priefter dar. der in der einen Hand eine Büchfe und in der andern eine Patera hält. Bemerkenswerth ift der Verfuch. den Vorderarm vom Leibe abzulöfen; ein cylinderförmiges Stück Stein. welches erhalten geblieben ift. hat dazu gedient. den Arm zu unterftützen und ihn mit dem Leibe zu verbinden. Die Erhaltung ift vollkommen. Der Character und die vorzügliche Arbeit des Kopfes feffelte die Aufmerkfamkeit des Profeffors Ruskin. der eine Zeichnung davon machte. als die Sammlung aus Golgi in London war. Von den vielen Statuen griechifchen Stiles find auf Tafel XXXV. 2. 3. zwei abgebildet. welche anfcheinend einer fpätern Epoche angehören. Ein schöner griechischer Kopf, der nahe an der Mauer lag, ist durch geistige Gesichtszüge und ausgesprochene Individualität wie die eines Portraits ausgezeichnet. Man hat nicht ohne Grund vermuthet, dass er den cyprischen Philosophen Zeno darstellt. Das Gesicht ist von den Linien der Sorge oder des Nachdenkens tief durchfurcht und bildet einen auffallenden Gegensatz zu den glatten und rundlichen, obschon massiven Zügen der übrigen.

Als eine Besonderheit einer der steinernen Statuetten, welche Diana in langem Gewande darstellt (Taf. XXXII. 3), möchte ich erwähnen, dass die Hornhaut der Augen in Elfenbein ausgeschnitten und eingesetzt ist; die Pupillen waren vermuthlich durch eingelegte edle Steine oder Schmelz gebildet; doch existieren sie nicht mehr.

Eine Statuette, etwa 4½ Fuss hoch, die eine Muse mit der Leier darstellt (Tafel XXXI. 2.), ist durch die anmuthige Haltung der das Instrument haltenden Arme bemerkenswerth. Unglücklicherweise war der Kopf abgebrochen und konnte nicht aufgefunden werden. Eine andere merkwürdige Statue (Tafel XXXI. 1.) stellt einen ägyptischen Krieger dar. Der Kopf ist mit einem Helme bedeckt, dessen Spitze in zwei grosse Lotusblumen ausgeht: ein grosses Halsband schmückt die Brust und beide Arme tragen Spangen. Vorn auf dem Gewande oder auf einer Art Schurz ist ein Auge gezeichnet, etwa zwei Zoll lang, darunter ein Kopf, aus dessen Munde zwei sich ringelnde Schlangen kommen. Ein Köcher scheint über die Schulter geworfen gewesen zu sein. Nicht minder interessant ist der Theil einer Statue in Lebensgrösse, die einen Krieger darstellt, auf dem Kniee liegend, als wenn er den Bogen anlegt (Tafel XXXIII. 1). An seiner Seite trägt er am Gurte einen Köcher, der einen Löwenkopf in erhabener Arbeit zeigt und voll von Pfeilen steckt; unter dem Köcher hängt ein Dolch. Die Stellung dieser Statue ist der Figur des Teucer auf salaminischen Münzen nicht unähnlich.

Etwa in der Mitte der Mauer fanden sich drei sehr merkwürdige Gruppen, deren eine 3 Fuss 5 Zoll hoch war, während die andern nur 7 oder 8 Zoll massen. Alle drei stellen denselben Gegenstand dar, den dreigestaltigen Geryon. Die Köpfe der grössten Gruppe (Taf. XXXIV. 1) scheinen absichtlich mit einem scharfen Instrumente abgeschlagen zu sein, und die Hälse und Schultern sind an vielen Stellen zerhackt. Zwei Hinterseiten dieser Köpfe fanden sich noch. Die drei runden Schilde, mit denen die Figur bewaffnet ist, sind mit Flachreliefen von fechtenden Kriegern verziert, von denen einige griechisch sind. Einer dieser drei Schilde ist durch scharfe Schnitte beschädigt. Unter den Schilden sind zwei Aegypter mit zwei Löwen fechtend dargestellt. Die linken Beine sind nackt und wie zum Ausschreiten vorgesetzt; die rechten sind in einem unfertigen Zustande. Auch die kleinern Gruppen scheinen jemandes Widerwillen erregt zu haben und sind vielfach beschädigt; ein oder zwei Köpfe sind jedoch noch übrig geblieben.

Ich will eine Statuette nicht übergehen, vermuthlich die einer Venus, die die Besonderheit zeigt, dass der Sockel von den Köpfen zweier Caryatiden getragen wird, von denen allerdings weiter nichts erhalten geblieben ist (Taf. XXXV. 1). Sie sind im ägyptischen Stile gehalten. Die Göttin ist in ein langes Gewand gehüllt, dessen weite Falten sie mit der einen Hand zurückhält, indem sie ihre mit Sandalen bekleideten Füsse zeigt, während sie in der andern Hand eine Lotusblume zu halten scheint. Drei schöne Flechten fallen auf jeder Seite ihres Halses herab, um welchen eine Perlenschnur mit einem Amulett als Gehänge gebunden ist; ein langer Schleier, über dem sich ein Diadem erhebt, hängt vom Hinterhaupte herab.

Unter andern bemerkenswerthen Gegenſtänden befanden ſich groſse monolithe Lampen in Form kleiner Tempel, ungefähr 18 Zoll im Geviert, deren Thürgiebel und Säulen mit ioniſchen Capitälen theils in Relief geſchnitzt, theils roth gemalt waren (Taf. XXXI. 4). Sie waren erſichtlich viel benutzt worden. Es fand ſich auch eine Menge von Votivgegenſtänden in der Form von Augen, Ohren, Naſen, Geſichtern, Lippen, Daumen, Füſsen und andern Theilen des menſchlichen Körpers, roh aus Stein gehauen und anſcheinend von den ärmeren Schichten der Bevölkerung dargebracht; ſie erinnern uns an die Ausſätzigen, deren es noch auf der Inſel giebt, und von denen ich noch zu ſprechen Gelegenheit haben werde (Taf. XXXVII. 7). Dieſe Opfergaben fanden ſich alle auf einer Stelle, als ſeien ſie vor einem Altare oder vor einer beſondern Gottheit, der man die Macht gewiſſe Krankheiten zu verhindern oder zu heilen zuſchrieb, niedergelegt geweſen.

Bei dem nördlichen Eingange, zwiſchen den erſten und zweiten Reihen groſser viereckiger Blöcke oder Poſtamente, fand ſich eine andere Art von Votivopfergaben, nämlich kleine ſteinerne Gruppen von Frauen, welche kleine Kinder hielten oder bisweilen ſäugten, von Kühen und andern Thieren, die mit ihren Jungen ähnlich dargeſtellt waren. Eine andere übel zugerichtete Gruppe beſteht aus vier Perſonen, von denen die eine ein neugeborenes Kind hält, während die Mutter, auf eine Art Stuhl hingeſtreckt, mit Zügen, die noch von den Wehen verzerrt ſind, am Kopfe von einer Dienerin unterſtützt wird. Eine andere nicht beſſer erhaltene Gruppe ſtellt eine Kuh in einem ähnlichen Zuſtande dar. Ganz nahe bei dieſen Opfergaben wurde die Baſe oder der untere Theil eines Kegels in blauem Granit gefunden, den Ceccaldi als ein Fragment des Symbols der Venus erkennt. Innerhalb des Platzes fanden ſich auch ein Armſtuhl und dicht dabei zwei Fuſsbänke (Taf. XXXIII. 2. 3), von denen die gröfsere 3 Fufs zu 12 Zoll mifst und nur auf der Vorderfeite mit zwei Rofetten und einem Löwen, der einen Hirfch erlegt, in Flachrelief verziert ift. Derfelbe Gegenftand ift auf Silbermünzen aus Citium dargeftellt. Die gröfsere Bank hat auf der Vorderfeite ein Reliefbild der Chimaera.

Ich war durch die Ordnung überrafcht, die in der urfprünglichen Aufftellung der Bildwerke in diefem Tempel beobachtet worden war, indem die Statuen, wie vorhin bemerkt, nach ihrer befondern Kunft und Nationalität gefchieden waren — die ägyptifchen für fich, ebenfo die affyrifchen und die griechifch-römifchen an der weftlichen Mauer, die Tafeln mit Flachreliefen und Infchriften für fich, und die verfchiedenen Votivopfergaben ihrer Art nach ebenfalls getrennt und wahrfcheinlich der entfprechenden Gottheit vorgelegt.

Dafs diefes die Ruinen eines Tempels waren, erheben die Infchriften und Votivtafeln über jeden Zweifel; aber über feine Bauart läfst fich kaum etwas Beftimmtes behaupten. Wäre er nicht überdacht gewefen, fo würden die Oberflächen der Statuen zeigen, dafs fie den Elementen ausgefetzt waren. Wodurch aber das Dach getragen wurde, kann lediglich gemuthmafst werden, da fich nur zwei Säulencapitäle vorfanden.

Der Umftand, dafs unter den Trümmern keine goldene oder filberne Gegenftände entdeckt wurden, führt zu der Annahme, dafs der Tempel geplündert und zerftört worden ift, während andrerfeits das verkohlte Holz und das tiefe Afchenlager in der Mitte den Eindruck macht, dafs er vom Blitze getroffen wurde. In diefem Falle wären die Querbalken und Sparren, wenn fie nach der noch von den Eingeborenen felbft bei ihren höchften Bauten beobachteten Sitte blofs geblieben waren, durch den electrischen Funken in Brand gerathen, und jene Stücken verkohlten Holzes, von denen in einigen noch lange Bronzenägel fteckten, könnten die

Ueberreste des Daches sein, welches im Falle die Statuen herabgestürzt haben würde. Da dieselben auf den ungepflasterten Boden schlugen, so waren sie nur wenig beschädigt worden. Die Lehmmauern, welche nur von einem 2 Fuſs 10 Zoll hohen steinernen Fundamente getragen wurden, wären natürlich bald nachgefolgt, wenn auch die Priester vielleicht noch Zeit gefunden hätten, alle tragbaren Gegenstände von Werth fortzuschaffen. Daſs die Mauern eingefallen sind, beweist die Masse von Thon und zerstoſsenem Stroh, in welche die Statuen eingebettet lagen. Sonne und Regen hatten sie damit so fest umkleidet, daſs ihre Ausgrabung sehr schwierig wurde. Ferner kann die Zerstörung des Tempels durch ein Erdbeben, wie es im Alterthum nicht selten auf der Insel vorgekommen ist und auch heute noch vorkommt, veranlaſst worden sein. Dies ist indessen alles nur Muthmaſsung, bis auf die Thatsache, daſs die verschiedenen Kunstepochen, welche in dem Tempel vertreten waren, sich über eine lange Reihe von Jahren erstrecken.

Am Sonnabend Mittag vor der Osterwoche hatte ich meine Ausgrabungen in Golgi glücklich beendigt. Die Zelte wurden abgebrochen, der Boden wieder ganz geebnet und die entlassenen Arbeiter kehrten vergnügt und mit wohlgefülltem Beutel in ihre Dörfer zurück. Nachdem ich ohne Verzug dem Pascha unter erneutem Danke und mit der Benachrichtigung, daſs ich meine Nachgrabungen in Agios Photios eingestellt habe, die Zelte zurückgeschickt hatte, kehrte ich zu meiner Familie heim. Hier ward ich nicht müde, meine kürzlich entdeckten Schätze immer wieder zu prüfen und zu studieren, denn jeder Tag gewährte mir einen neuen Grund zur Freude und zur Bewunderung.

SECHSTES CAPITEL.

Während meiner Ausgrabungen in Agios Photios hatte der Aufſtand auf Candia einen Abbruch der diplomatiſchen Beziehungen zwiſchen der Türkei und Griechenland veranlaſst. Die eingeborenen Cyprer, welche, durch eine Reiſe nach Athen leicht zu erlangende, griechiſche Päſſe beſaſsen und von den türkiſchen Behörden in gehöriger Weiſe als Unterthanen des Königs von Griechenland anerkannt waren, geriethen in groſse Beſtürzung, da ſie beſürchteten, von der Inſel ohne jeden Aufſchub verwieſen zu werden. Der griechiſche Conſul war ſelbſt mehrere Male nach Agios Photios während meines Aufenthalts daſelbſt gekommen, um mit mir die Angelegenheit zu überlegen und meinen Rath zu hören. Bei den verſchiedenen Zuſammenkünften der Conſuln hatte ich mich bemüht, etwas zu Gunſten dieſer rathloſen Leute zu erwirken, doch ohne Erfolg, da die Conſuln von ihren betreffenden Regierungen beſtimmte Befehle bekommen hatten, ſich nicht dreinzumiſchen, obwohl perſönlich einige derſelben ihnen, ſo weit es in ihrer Macht lag, gern beigeſtanden hätten. Einige Tage nach meiner Rückkehr nach Larnaka erhielt der Generalgouverneur einen Befehl von der Pforte, den er den Confuln fogleich mittheilte, nämlich dafs alle griechifchen Unterthanen auf Cypern die Infel innerhalb zwanzig Tagen verlaffen follten. Herr Georg Menardos, der damalige griechifche Conful auf Cypern, wurde von feiner Regierung angewiefen, einen feiner Collegen um die Wahrnehmung der Gefchäfte der griechifchen Colonie zu erfuchen, dann die griechifche Flagge zu ftreichen und nach Griechenland zurückzukehren.

Meine amtlichen Inftructionen glichen durchaus denen, welche meine Collegen empfangen hatten; aber der amerikanifche Minifter empfahl mir in einem Privatbriefe mit warmen Worten, meinen etwaigen perfönlichen Einflufs bei den türkifchen Behörden zu benutzen, um das Elend der Griechen zu lindern. Da Herr Menardos mich bat, während diefer zwanzig Tage im Intereffe feiner Landsleute zu handeln, fo empfieng ich die griechifchen Confulararchive und nahm es auf mich, alle Handelsangelegenheiten zwifchen den griechifchen und türkifchen Unterthanen abzufchliefsen, was kein kleines Unternehmen war. Herr Menardos hatte eben eine reiche cyprifche Dame geheiratet und wünfchte Cypern nicht zu verlaffen, fondern erbot fich, bei mir zeitweilig die Stelle eines Privatfecretärs anzunehmen, um fo unter einem andern Titel mir in den Angelegenheiten der Griechen Hülfe leiften zu können. In der Woche, in welcher der Befehl der Pforte erlaffen war, ftrömten die Griechen aus allen Gegenden der Infel nach dem amerikanifchen Confulate, um fich Auskunft zu holen. Im Hofe und auf dem Platze vor dem Confulate fchaarte fich eine Menge alter Männer und Frauen mit Säuglingen an der Bruft zufammen, welche ihre Päffe und die nöthigen Geldmittel verlangten, um die Infel verlaffen zu können. Ich hatte keine Gelder für diefen Zweck, war auch nicht reich genug, um ihnen mit

Privatmitteln zu helfen, aufser dafs ich täglich einiges Brot unter fie vertheilen liefs. Es war herzzerreifsend anzuhören, welches Elend und welchen Jammer die Ausführung jenes Befehls über diefe unglücklichen Leute gebracht haben würde, die genöthigt gewefen wären, Haus und Hof im Stiche zu laffen und ihr weniges Hausgeräth und Flitterwerk zu verkaufen, um die Küften Griechenlands zu erreichen, wo fie die äufserfte Armut erwartete. Meine eigene Ueberzeugung war, dafs die Grofsmächte niemals zugeben würden, dafs ihre beiden Schützlinge fich bekriegten. Weshalb follten alfo diefe armen Leute gezwungen werden, alle ihre Habe im Stiche zu laffen und in einem fremden Lande betteln zu gehen? Mehrere Tage lang bemühte ich mich einen Ausweg zu finden, wodurch die Nothwendigkeit diefem graufamen Befehle zu gehorchen abgewandt und der Generalgouverneur überredet werden könnte, diefe elenden Dörfler unbeläftigt in ihren Wohnfitzen zu laffen. Ich befchlofs nach Nicofia aufzubrechen und mit ihm über die Angelegenheit zu fprechen. Said Pafcha war ein intelligenter Türke, der fliefsend franzöfifch fprach und nicht alles menfchlichen Mitgefühls für die Chriften baar war. Sein grofser Ehrgeiz war volksthümlich zu regieren, und ich wufste, dafs ich diefe mächtige Triebfeder berühren mufste, wenn ich Erfolg erwarten wollte. Es war ihm bekannt, dafs ich die Wahrnehmung der griechifchen Intereffen auf Cypern feit dem Rücktritte des griechifchen Confuls übernommen hatte, und dafs der letztere als mein Secretär fungierte. Seine Excellenz hatte bereits allen feinen Kaimakamen Befehl gegeben, fich zum Behuf der Regelung der Geldangelegenheiten der Griechen mit mir unverzüglich in Einvernehmen zu fetzen. Die türkifchen Richter waren, wie zu erwarten ftand, fehr bereitwillig, jene Gefchäfte, in denen ihre Landsleute etwas zu empfangen hatten, zu ordnen, aber machten allerlei Schwierigkeiten, falls das Gegentheil der Fall war. Ich hatte mehrere Griechen veranlafst, ihre Schulden zu bezahlen und erklärte deshalb den localen Behörden. dafs kein Grieche die Infel verlaffen follte. fo lange ihm ein Türke verfchuldet fei. Said Pafcha erliefs ftrenge Befehle zum gleichen Zwecke. Zwei Wochen lang waren meine vier Dragomane in diefen Angelegenheiten vor den türkifchen Gerichten beftändig befchäftigt. Die Zahl der den türkifchen Unterthanen fchuldigen Summen war aber, wie fich ergab. erheblich gröfser. Ich erfuhr damals zuerft, auf welche Weife diefe armen Teufel gezwungen werden. Jahr aus Jahr ein zu Zinfen von 20 bis 25 Procent Geld zu borgen. um leben und ihre Ländereien bebauen zu können, indem fie dem Geldleiher ihre Ernte im voraus verpfänden. Da das Korn in diefer Jahreszeit noch nicht zur Reife gelangt war, fo hatten fie kein Geld oder fonftige Mittel, um ihre türkifchen Gläubiger zu befriedigen. und wenn fie innerhalb der von der Pforte vorgefchriebenen zwanzig Tage ausgewiefen worden wären. fo würde ihre ganze Ernte verloren gewefen fein. Das gemeinfame Intereffe des Schuldners und des Gläubigers erheifchte. dafs die Griechen die Infel nicht bis nach der Ernte verliefsen. und hierauf gründete ich meine Hoffnungen. da ich wufste. dafs. wenn fich dies ermöglichen liefs. der Generalgouverneur an Beliebtheit erheblich gewinnen würde, namentlich unter der grofsen und einflufsreichen Klaffe feiner ottomanifchen Unterthanen. deren hauptfächlichfte Befchäftigung es ift. den Bauern Geld zu leihen und dafür Korn zu nehmen. mit dem fie einen ausgedehnten Handel in Europa und in der Levante treiben. Diefe Thatfachen hielt ich dem Pafcha in Nicofia fo dringlich vor. dafs fie. von einer Petition. die die türkifchen Gelddarleiher auf meinen Rath gleichzeitig einreichten, unterſtützt, den erwünſchten Erfolg hatten.

Zuerſt that ich, als ſei mir's noch mehr als ihm darum zu thun, daſs alle Griechen Cypern innerhalb der beſtimmten Friſt verlieſsen, und fragte ihn, welche Beförderungsmittel er für jene armen Familien beſchafft hätte; viele ſeien nämlich zu arm, um ihre Ueberfahrt nach Griechenland zu bezahlen. Ich erklärte ihm dann, wie gänzlich unmöglich es ihnen ſei, ſeinen türkiſchen Unterthanen ihre Schulden zu bezahlen, und fügte dann, an ſeine ſchwache Seite rührend, hinzu, wie viel Gutes er auf der Inſel gethan hätte (was auch der Fall war), und wie ſowohl Türke als Chriſt ihn hoch achteten. Ich bewies ihm, wie unwahrſcheinlich es ſei, daſs die Groſsmächte einen Krieg zwiſchen der Türkei und Griechenland zulieſsen, und fragte ihn, warum er einen Befehl ausführen ſollte, der doch ſeine Volksthümlichkeit beeinträchtigen, ſo viel Leid verurſachen würde und bald widerrufen werden müſste. „Ich ſehe", ſagte der Paſcha, „Sie ſind wirklich mein Freund; aber wie kann ich umhin, einem Befehle zu gehorchen, der, wie Sie wiſſen, nicht nur Cypern, ſondern das ganze Reich betrifft? Was ſollte ich wohl thun?" „Erbitten Sie Sich Inſtructionen in Conſtantinopel", erwiderte ich. Seine Excellenz lächelte ironiſch, und ich ſah, daſs er mich verſtand. Endlich kamen wir überein, daſs keine Schritte gegen die Griechen, ſelbſt nach Ablauf der zwanzig Tage, ohne vorherige Benachrichtigung an mich gegethan werden ſollten.

Mit dem nächſten Dampfer traf die Nachricht von der Verlängerung der Friſt auf weitere zwanzig Tage ein. Noch ehe ſie verſtrichen waren, waren die Kriegswolken zerſtreut, und nicht ein einziger griechiſcher Unterthan war genöthigt geweſen, die Inſel gegen ſeinen Willen zu verlaſſen. In den andern Provinzen des türkiſchen Reiches hatten die Griechen indeſs nicht eine ſo milde Behandlung erfahren. In Beirut zum Beiſpiel wurde der griechiſche Conſul ſogar gewaltſam aus dem Bette geholt und an Bord des öſtereichiſchen Dampfers gebracht, der über Cypern, Rhodus und Smyrna nach Griechenland gieng; als der Dampfer vor Larnaka anlegte, kam er an's Land und beſuchte mich. Man kann ſich Herrn Molinos Erſtaunen ausmalen, als er ſeinen Collegen Herrn Menardos in meiner Kanzlei ruhig am Pulte ſitzen ſah, ſeine gewöhnlichen Conſulargeſchäfte erledigend. Ich darf hier erwähnen, daſs die griechiſche Colonie auf Cypern und ſelbſt die griechiſche Regierung mir ſpäter viele Zeichen ihrer Anerkennung für das Wenige, was ich für ſie bei dieſer Gelegenheit gethan, gaben, und doch trug ich jenem Volke nur eine Familienſchuld der Dankbarkeit für ſeine gütige und groſsmüthige Behandlung meines Oheims des Grafen Alerino Palma ab, der in dem erfolgloſen piemonteſiſchen Aufſtande von 1821, zu deſſen Häuptern er gehörte, zum Tode verurtheilt und *in effigie* hingerichtet wurde, indem alle ſeine Güter confiſciert wurden, und der dann, in Griechenland eine Zufluchtsſtätte ſuchend, daſelbſt bis zu ſeinem Tode eine hohe Stellung und eine zweite Heimat fand.

Meine erfolgreiche Verwendung zu Gunſten der griechiſchen Colonie auf Cypern und eine unweiſe Veröffentlichung in einer griechiſchen Zeitung, wonach ich beim Ausbruche eines Krieges mit der Türkei das mir angebotene Commando der griechiſchen Cavallerie annehmen würde, lenkten auf mein Haupt die Donnerkeile des Groſswefirs Aali Paſcha, der verlangte, daſs ich entweder entlaſſen oder wenigſtens aus Cypern zurückberufen würde, und ein officielles Erſuchen dieſer Art kam einige Zeit darauf wirklich in Waſhington an. Es erfolgte dann eine etwas ſcharfe Correſpondenz zwiſchen den Vereinigten Staaten und der türkiſchen Regierung über die Angelegenheit, aber da mir nach dem Erachten des Mr. Seward keine unrechtmäfsige Handlung nachgewiefen werden konnte, die ich in meiner amtlichen Eigenfchaft als amerikanifcher Conful begangen hätte, fo liefs man die ganze Sache fallen.

Sobald die griechifche Frage nicht mehr meine Zeit in Anfpruch nahm, begann ich ernftlich zu erwägen, welche Mafsnahmen ich für meine Schätze treffen follte. Mein Haus in Larnaka und die anftofsenden Waarenhäufer, welche ich zu dem Zwecke miethete, waren mit Alterthümern buchftäblich überfüllt. Um diefelben in weiteren Kreifen bekannt zu machen, erlernte ich die Kunft der Photographie und fandte Abbildungen der wichtigften Gegenftände meiner Sammlung an die Mufeen in Paris und London. Der Kaifer Napoléon intereffierte fich fogleich dafür und hatte entfchieden, alle meine Funde anzukaufen und dem Louvre einzuverleiben, als der deutfch-franzöfifche Krieg die Unterhandlungen unterbrach. Einer der Beamten des ruffifchen Mufeums in St. Petersburg, Herr Doell, befuchte Cypern, ausdrücklich um einen Catalog meiner Sammlung, „Die Sammlung Cesnola“, zu machen, den er nach feiner Rückkehr veröffentlichte.[1] In England ermuthigte man mich mehrfach zur Ueberfendung meiner fämmtlichen Alterthümer nach London.

Mittlerweile übten fie grofse Anziehungskraft auf alle Reifenden aus, welche Cypern berührten; fie pflegten häufig darauf zu beftehen, fie anfehen zu dürfen, zur Zeit und zur Unzeit, und ich ward demgemäfs manchmal nicht wenig beläftigt. Die wohlbekannten Cook'fchen Reifegefellfchaften pflegten fchaarenweis zu kommen, von meinem Garten und Hof Befitz zu nehmen und dabei zu beharren, dafs fie das Mufeum des amerikanifchen Confuls fehen wollten. War ich zufällig gegenwärtig, fo wurde ich mit taufend Fragen beftürmt, die fich mitunter kaum beantworten liefsen. Als einftmals eine ältliche Engländerin mit den ſprichwörtlichen Locken, welche zu einer dieſer Geſellſchaften gehörte, die Statuen aus Golgi eine Weile aufmerkſam betrachtet hatte, bat ſie mich in ernſthafteſter Weiſe, ſo freundlich zu ſein und ihr die Myſterien des Dienſtes der Venus zu erläutern! Wenn die Beſucher meiner Sammlung in groſser Zahl zugelaſſen wurden, dann war es nicht immer möglich, denſelben das Anfaſſen der kleineren Gegenſtände, welche alle auf Tiſchen und in Fächern lagen, zu verwehren, und mit Bedauern muſs ich hinzufügen, daſs die Gegenſtände nicht immer ihren Weg an ihre richtige Stelle zurückfanden. Es iſt eine ſeltſame Wahrheit, daſs es anſcheinend achtbare Leute giebt, die ſich nichts dabei denken, wenn ſie ihnen nicht gehörige Alterthümer einſtecken oder Stücke von Bildwerken abbrechen, um ſie als Trophäen nach Hauſe zu bringen.

Als der Generalgouverneur ſich eines Tages mit mir über meine Entdeckungen unterhielt, bemerkte er, daſs, da in meinem Firman nicht die Erlaubniſs ſie wegzuſchicken enthalten ſei, er nicht geſtatten könnte, daſs ich ſie von der Inſel fortſchaffte, vielmehr beſtimmte Befehle erhalten habe, ihre Einſchiffung zu verbieten. Ich fragte den Paſcha, unter welchen Verzollungs- oder Beſteuerungsbedingungen die Pforte mir erlauben würde, ſie nach Amerika auszuführen. „Unter keinen, ſoviel ich weiſs“, entgegnete er; „Sie haben einen Firman zu Nachgrabungen verlangt, und der iſt gewährt worden, nicht aber das Geſundene fortzuſchaffen.“ Ich fragte ihn, in welcher Abſicht er wohl dächte, daſs ich den Firman erbeten hätte? Das erklärte er ſelbſt nicht zu wiſſen. Ich hatte bereits Grund gehabt, in Betreff des Ausfuhrs einer ſo groſsen Menge von Alterthümern bei der ottomaniſchen Regierung Schwierigkeiten zu erwarten, obwohl die damals von der Pforte erlaſſenen Firmane keine Befchränkungen enthielten. noch irgendwie ausbedungen wurde, dafs die türkifche Regierung ein Anrecht auf irgend welche Funde des Ausgräbers haben follte, noch dafs eine befondere Erlaubnifs zu deren Ausfuhr erforderlich wäre. Aber das Gerücht von meinen Erfolgen hatte bereits Conftantinopel erreicht, und die Gier des Türken war erwacht.

Kein Wunfch die Wiffenfchaft zu befördern oder Liebe zur Kunft lag der Mafsregel. welche die Verladung meiner Sammlung verhinderte. zu Grunde. Ich hatte vor einigen Jahren einen Beweis empfangen. welches Intereffe die Türken an diefen Dingen nehmen. als ich Mehemmed Kaiferli Pafcha. den damaligen Generalgouverneur des Archipels. erfucht hatte. zwei von mir als Gefchenk für das ottomanifche Mufeum beftimmte grofse Kiften mit Alterthümern in Obhut zu nehmen. Seine Excellenz übernahm die Besorgung bereitwilligft und verfprach fie richtig abzuliefern. aber diefe Kiften kamen nur bis zu den Dardanellen. der Amtswohnung Kaiferli Pafchas. und erreichten niemals Conftantinopel; es follte mich nicht wundern. wenn er fie vielmehr zu einem Alterthumshändler gefchickt hätte. da trotz aller auf meine Bitte von der amerikanifchen Gefandtfchaft angeftellten Nachfragen keine Spur derfelben entdeckt werden konnte.

Bei einem fpätern Befuche in Conftantinopel gieng ich mit dem amerikanifchen Minifter und Dr. Dethier. dem jene Rumpelkammer. genannt „Kaiferliches Mufeum". übertragen ift. hin. um zu fehen. ob ich unter den dort aufgehäuften Gegenftänden irgendwelche der von mir überfandten Stücke erkennen könnte, aber ich fand keine. In Europa oder in den Vereinigten Staaten würde die Regierung den Mann. dem die Kiften anvertraut waren. gefragt haben. was er damit angefangen hätte; anders in der Türkei. wenn der Betreffende ein Minifter eines abgedankten Cabinets und möglicherweife zukünftiger Grofswefir ift. Weil ich nun wufste, dafs die in meinem Befitze befindliche Collection von mir auf die rechtmäfsigfte Weife erworben war, da fie mich viel Arbeit, Studium und Geld koftete, und fo gänzlich mein Eigenthum war, wie nur etwas Eigenthum fein kann, und dafs die von den Türken jetzt erhobene Schwierigkeit nur ihrer gewöhnlichen Unredlichkeit, wo ihr Vortheil oder ihre Leidenfchaften eingreifen, zuzufchreiben war, fo befchlofs ich alles einzupacken und nöthigenfalls mit Gewalt einzufchiffen, da ich wufste, wie vergeblich es fein würde, in der Angelegenheit Gerechtigkeit zu verlangen, befonders bei der perfönlichen Gefinnung Aali Pafchas gegen mich.

Ich wandte mich an unfern Marineminifter und bat um ein Kriegsfchiff, welches meine Sammlung nach den Vereinigten Staaten bringen follte; er verfprach es gütigft zu fenden und gab dem Befehlshaber des amerikanifchen Gefchwaders im Mittelmeere die erforderlichen Befehle. Da fich aber, kurz nachdem ich alle meine Alterthümer eingepackt hatte, die auf Cypern fehr feltene Gelegenheit darbot ein Schiff zu verfrachten, fo befchlofs ich fie nicht vorübergehen zu laffen und fchrieb deshalb an den Generalgouverneur, dafs ich gern wiffen möchte, ob er die Verfchiffung meiner Sammlung gewaltfam zu verhindern beabfichtige. Als Antwort fandte er mir die Abfchrift einer Depefche des Grofswefirs, die er vor einigen Monaten empfangen hatte, als er angefragt hatte, welche Schritte er in Betreff meiner Entdeckungen in Agios Photios thun follte. In diefer Depefche ward er angewiefen, ihre Ausfuhr zu verhindern. Der Pafcha fügte hinzu, dafs er hoffte, dafs ich ihn nicht in eine fo unangenehme Nothwendigkeit verfetzen würde. Der Schooner, den ich gemiethet hatte, löfchte noch feine Ladung und konnte erft nach wenigen Tagen meine 360 grofsen Kiften aufnehmen. Mittlerweile erfuhr ich, dafs die

Handlung des Paschas sich auf einen geschriebenen Protest beschränken würde, und beschloss ihn, soviel ihm beliebte, protestieren zu lassen.

Zwei oder drei Tage darauf traf in der Bucht unerwartet ein türkisches Kriegsschiff mit einigen politischen Gefangenen ein. Dies brachte mich etwas ausser Fassung, besonders da es fast vor meinem Wohnhause anlegte. Nichts desto weniger beschloss ich, *coûte que coûte*, den Versuch zu wagen und sandte meinen vertrauten Dragoman Besbes an den Director des Zollamts, um von ihm eine Ordre zur Ausfuhr meiner Kisten zu erwirken. Er zeigte ihm ein Telegramm von der Pforte, welches dem amerikanischen Consul jede Verschiffung untersagte, und bedauerte mir nicht dienen zu können, aber seine Befehle seien bestimmt und ausserdem sei dies das zweite Telegramm, das er in der Angelegenheit empfangen habe, und zwar erst an demselben Morgen. Ich gestehe, diese Nachricht verlieh der Lage einen düstern Anstrich. Da standen meine Kisten, alle zur Verschiffung bereit, und da lag das Fahrzeug, auf ihre Aufnahme wartend. Andrerseits verboten dies zwei Telegramme, und die türkische Corvette lag ganz friedlich vor unsern Augen; aber wer konnte wissen, ob sie das bleiben würde, wenn ich bei meiner Absicht beharrte. Wer wusste denn, welche Befehle der türkische Befehlshaber empfangen haben konnte? Endlich der Protest des Generalgouverneurs! Der machte mir allerdings die wenigste Sorge.

Ich sass niedergeschlagen da und brütete, indem Besbes mich mit seinen rothgeränderten Augen und unleidlichem Gesichte durch seine grosse blaue Brille ansah: er ist nämlich einer der hässlichsten Menschen, die ich je gesehen habe, und zugleich einer der treusten. „Besbes“, sagte ich, „diese Alterthümer müssen und werden heute an Bord des Schooners kommen!“

Plötzlich sah ich ein Zwinken in seinen Augen, und ein sonderbarer Ausdruck zeigte sich auf seinen Lippen, als er sagte, indem er mich sehr sanft ansah: „Effendi, jene Telegramme sollen dem amerikanischen Consul verwehren Alterthümer zu verschiffen“, und dann hielt er inne. Ich entgegnete etwas hitzig: „Du scheinst Dir ein Vergnügen daraus zu machen, mir die Nachricht zu wiederholen — ich sollte denken, dass ich das nunmehr wissen müsste.“ Besbes verlor nicht im geringsten seinen Gleichmuth, sondern sagte noch sanfter: „Es steht in jenen Befehlen nichts über den russischen Consul.“ Da verstand ich, was er meinte, obwohl meine westliche Civilisation niemals auf diese wahrhaft orientalische Lösung der Schwierigkeit gekommen wäre. „Wirklich“, rief ich aus, „geh rasch auf's Zollamt und sage dem Director, dass ich seine beiden Telegramme zu sehen wünsche.“ Kurz darauf kam dieser Beamte und ersuchte Besbes sehr höflich sie zu lesen und mir zu übersetzen. Als er damit fertig war, fragte ich: „Haben Sie Befehle, dem russischen Consul die Ausfuhr von Alterthümern zu verwehren?“ Er sann ein Weilchen nach, las seine Befehle über und erklärte, dass sich dieselben deutlich nur auf den amerikanischen Consul bezögen, und gab zu, dass er mir die Erlaubniss nicht verweigern könnte, wenn ich sie in der gewöhnlichen amtlichen Weise als russischer Consul erbäte.

Eine Viertelstunde darauf hatte ich die Ordre in der Hand und alle *Facchini* von Larnaka waren bei der Arbeit, die Kisten hurtig auf die Lichterschiffe zu bringen. Nach fünf Stunden waren alle meine Alterthümer an Bord und der Schooner, nun bis an den Wasserrand voll geladen, segelte nach Alexandrien ab, woselbst sie nach London umgeladen werden sollten. Wenn ich an die schwere Fracht dachte und an die plötzlichen Böen, welche sich in diesen Breiten in jener

Jahreszeit häufig erheben, dann verzagte mein Herz manchmal — denn da fchwammen alle meine Schätze, und nicht ein einziges Stück war verfichert. Mein treuer Besbes ging an Bord der Barke mit keinem andern Schutze gegen die Wellen oder das türkifche Gefetz als feine eigene Erfindungsgabe und die kleine griechifche Flagge, welche auf dem Mafte wehte.

Ein ganzer Monat verging, ehe ich über das Schickfal meiner Fracht und meines mehr als treuen Dragomans etwas hörte. Da erfchien eines Morgens das Geficht des Besbes in der Thür meiner Kanzlei, über das vollftändige Gelingen feines Unternehmens frohlockend, und in dem Augenblicke erfchien es mir als eines der angenehmften Gefichter, die denkbar find. Meine Befürchtungen wegen einer rauhen See und ftürmifcher Winde waren nicht unbegründet gewefen. Das ungeftüme Wetter hatte den Capitän genöthigt, eine Woche lang in Port Said liegen zu bleiben, und da bei feiner Ankunft in Alexandrien kein Dampfer nach London im Hafen lag, fo befchlofs Besbes die Ladung nicht zu verlaffen, fondern zu warten, bis alles ficher umgeladen war.

Said Pafcha fagte, er habe von der Angelegenheit nichts gehört, bis er kurz darauf auf feiner Reife nach Conftantinopel, wohin er zurückberufen war, nach Larnaka gekommen fei. Als er darüber fprach, erklärte er, die ganze Sache fei höchft gefchickt angegriffen worden, und es fei fchade, dafs ich nicht ein geborener Türke wäre.

SIEBENTES CAPITEL.

Im Anfang des Frühjahrs 1872 beſchloſs ich ſo viel wie möglich auf der ſüdöſtlichen Küſte der Inſel Forſchungen anzuſtellen, und gab daher meinem Kawaſſen Muſtafa Befehl alles in Bereitſchaft zu ſetzen. Ich kann hier nicht unterlaſſen zu erwähnen, daſs derſelbe mir in einem achtjährigen Dienſte in unwandelbarer Treue ergeben war und während dieſer Zeit neugriechiſch zu leſen und zu ſchreiben, die Bücher zu führen und flieſsend italieniſch zu ſprechen lernte. Er vereinigte in ſeiner Perſon die Aemter des Tafeldeckers, des Dieners, des Dragomans und des Conſulargardiſten und war die Ehrlichkeit ſelbſt. Der Reiſekoch, den ich bei ſolchen Gelegenheiten beſchäftigte, wurde von der Länge der Zeit, während der ich ſeiner Dienſte bedurfte, in Kenntniſs geſetzt; die Zelte wurden in Ordnung gebracht, die Betten und das Bettzeug gelüftet und bereit geſtellt, mein Mantelſack gepackt, die Feldſtühle, der Speiſetiſch und ein vollſtändiges Tiſchſervice nebſt allem Erforderlichen für eine geſunde und ſelbſt luxuriöſe Tafel auf Maulthiere und Eſel geladen. Nur der ſorgfältigen Rückſicht auf die Behaglichkeit fowie der thunlichften Vermeidung einer Veränderung in der Diät und in den täglichen Gewohnheiten fchreibe ich es zu, dafs meine Gefundheit fich während diefer anftrengenden Ausflüge in den vielen Jahren, die ich auf Cypern zubrachte, erhielt.

Ich fand es fchliefslich bequemer und weniger koftfpielig, Reitthiere zu kaufen als fie zu miethen, und kam auf diefe Weife in Befitz mehrerer fchöner Maulthiere und zweier ftarker Efel, die, faft fo hoch wie Pferde, von einer Cypern eigenthümlichen Race find. Sie find glänzend, glatt und langohrig und gehen fo rafch wie Maulthiere; aufserdem find fie fehr klug.

So ausgeftattet brachen wir frühmorgens auf und wandten uns öftlich, indem wir zwei Stunden lang dicht an der Meeresküfte entlang ritten, bis wir zu einem Orte Palaeo-Caftro kamen; mit diefem Namen bezeichnen die Eingeborenen jedes baufällige Gebäude, mag es nun funfzig oder zweitaufend Jahre alt fein. Hier fand ich die fteinernen Mauern eines oblongen Baues, welcher nicht früher als in den Zeiten der Venetianer entftanden fein mag. Es war ein kleines, mit drei Kanonen ausgeftattetes Fort gewefen, deffen Schiefsfcharten noch ftehen. In dem füdöftlichen Theile der Infel finden fich entlang der Küfte auf Anhöhen noch mehrere folcher Wachthäufer, von denen einige jetzt zerftörte und des Daches beraubte vor zwei- oder dreihundert Jahren von den Türken erbaut find. Die meiften fcheinen zum Schutze der benachbarten Dörfer gegen die algerifchen Piraten errichtet zu fein, die noch vor nicht mehr als fechzig Jahren kühn genug waren, zu landen, wohlhabende Einwohner fortzufchleppen und gefangen zu halten, bis das verlangte Löfegeld bezahlt war. In der Nähe zeigt man auch noch die Piratenhöhle.

Nahe bei dem Fort fand ich Spuren einer alten Stadt, Ueberrefte von der fteinernen Mauer, welche fie eingefchlofsen hatte, und kleine viereckige Grundmauern von Wohnhäufern. Der Friedhof befindet fich aufserhalb der Mauer, dicht an der Meeresküfte. Die Gräber liegen nur wenige Fufs unter der Oberfläche und haben die überall auf Cypern vorkommende Form. Die, welche ich öffnete, enthielten römifche Lampen, Glas und fchwarzlackierte Thongefäfse fehr gewöhnlicher Art. Ein wenig öftlich vom Fort ift ein, anfcheinend künftlicher, formlofer Erdhügel, in dem ich zwei grofse Gräber der früheften Periode fand. Aus einem derfelben nahm ich Stücke von fiebenundzwanzig verfchiedenen Schädeln und eine Anzahl Cylinder aus Haematit ohne gravierte Arbeit; ferner einen grofsen kupfernen Keffel, der Spuren des Feuers trug, und viele Pfeilfpitzen in Kupfer und Eifen, aber keine Vafen irgend welcher Art. Diefer Erdhügel fcheint über einigen funfzig oder fechzig Leichen aufgehäuft worden zu fein, die in zwei grofsen, oblongen Gräbern augenfcheinlich alle zur gleichen Zeit beerdigt und vermuthlich in einer Schlacht erfchlagen worden waren. Die Erde, welche den Hügel bildet, kann die bei der Herftellung der Gräber aufgeworfene fein.

Indem ich meine Reife an der Küfte fortfetzte, kam ich zu einer Stelle, an der die Strafse eine nördliche Richtung einfchlägt. Indem ich diefelbe verfolgte, kam ich bald zu einem kleinen Dorfe namens Ormidia [Ὀρμίδια], welches ausfchliefslich von griechifchen Bauern bewohnt wird. In einer fchmucken, kleinen weifsen Hütte auf dem Gipfel eines Hügels, der vor diefem Dorfe lag, fchlug ich 1873 meine Sommerwohnung auf, und fie blieb unfer Landaufenthalt, fo lange als wir auf der Infel weilten.

Die Hauptreize derfelben waren eine nie fehlende Brife in der Nacht, gutes Waffer und ein grofser Garten im Mittelpunkte eines freien Platzes, auf welchem fich die Zweige eines Baumes ausdehnten, der hundert

10*

Perfonen zu gleicher Zeit zu befchatten vermocht hätte. Seine Nähe an der Meeresküfte gewährte uns den Vortheil der Land- und Seebrifen und aufserdem das neue Vergnügen, Mufcheln fammeln zu können. In der Kühle des Nachmittags pflegten wir am Strande hinzuwandern, von ein Paar Leuten begleitet, welche nach unfern Maulthieren fahen, wenn wir abftiegen, und dann pflegten meine Frau und meine kleinen Töchter fich ftundenlang auf dem Sande zu ergötzen, indem fie auflafen, was unter den Myriaden der den Strand bedeckenden kleinen Mufcheln ihnen das Erlefenfte fchien. In Ormidia bemerkte ich zuerft, dafs die griechifchen Priefter im Innern, die in den Feldern wie die Bauern arbeiten, einen kegelförmigen Hut tragen, der denen nicht unähnlich fieht, welche die

Papà Petro.

in Golgi entdeckten Statuen zeigen: und es fcheint mir nicht unwahrfcheinlich, dafs diefe Huttracht aus den Zeiten der cyprifchen Priefter der Venus überliefert ift. Nicht nur das; es fchien mir auch eine

Aehnlichkeit zu beſtehen zwiſchen den Zügen des Prieſters, der hier meine Aufmerkſamkeit auf ſich zog, und denen ſeiner im Bildwerke erhaltenen Vorgänger (Taf. XXXV. 4). Sein Name war, wie ich erfuhr, Papà Petro. Ich wünſchte ſein Photogramm zu beſitzen, und nachdem ich meinen Apparat vorher in Bereitſchaft geſetzt hatte, rief ich ihn herbei und gab ihm meinen Wunſch zu erkennen. Er bat, ihn erſt zu Haus gehen und ſein feierlichſtes Gewand anlegen zu laſſen, und war nicht wenig gekränkt, als ich ihm ſagte, daſs ſich mein Intereſſe ausſchlieſslich auf ſeinen Kopf und auf ſeine Mütze bezöge, was ihm, vielleicht nicht ohne Grund, das am wenigſten Bedeutende in ſeinem Beſitze zu ſein ſchien.

Im Mittelpunkte eines von den Dörfern Ormidia, Timbo und Avgoro (Αὐγόρου) gebildeten Dreiecks entdeckte ich einen ſehr ausgedehnten Begräbniſsplatz, welcher die gröſsten und am reichſten verzierten Vaſen lieferte, welche in Cypern gefunden worden ſind (Taf. XXXVIII. 1. 2). Die Gräber rühren aus ſehr alter Zeit her. In den Jahren 1870—1871 und 1875 unternahm ich einige ſyſtematiſche Ausgrabungen an dieſer Stelle, ohne jedoch die geringſten Spuren von Tempeln oder alten Wohnungen zu finden.

In einſtündiger Entfernung ſüdweſtlich von Ormidia iſt das Cap Pyla, nach einem Dorfe dieſes Namens (Πύλα?) benannt, und dieſe Landſpitze iſt, wie ich glaube, das von Strabo unter dem Namen Throni (Θρόνοι) erwähnte Vorgebirge; nicht das von Dades (Νᾶδες), wie Pococke meint, denn dieſes heiſst jetzt Cap Citi (Κίτι). Auf dem äuſserſten Punkte dieſes Vorgebirges befindet ſich ein groſser runder Turm, den Pococke als eine alte Ruine beſchreibt, der aber ein bloſser Wachtturm iſt, von dem man das Nahen des Feindes oder einer Piratenbarke zu erſpähen pflegte, und der nicht weiter zurückreicht als die Regierung der Luſignan. Der

Umfang an der Bafis beträgt 86 Fufs und die Höhe des noch Stehenden $22\frac{1}{2}$ Fufs; in diefer Höhe, welche mir mit Hülfe zweier meiner Leute zu erklimmen gelang, find die Spuren eines Thorwegs fichtbar. Ich fand, dafs der untere Theil des Turmes bis zur Höhe von 18 Fufs fefte Mauerarbeit war, und dafs er von aufsen nur vermittelft einer Leiter zugänglich gewefen fein konnte. Er ift aus etwa einfüfsigen Quaderfteinen erbaut, von denen viele tief eingefchnittene grofse Charactere zeigen. Einige derfelben find den cyprifchen Zeichen ähnlich. Mein Zweck bei einer fehr forgfältigen Unterfuchung der Umgegend des Cap Pyla war, wo möglich Spuren von der alten Stadt Throni zu entdecken, und ich überzeugte mich, dafs im Umkreife von mehr als einer Meile niemals eine Stadt oder ein Dorf geftanden hat. Nach jeder Richtung zeigt der Boden eine ununterbrochene Fläche harten Kalkfteins, der an mehreren Stellen gebrochen ift.

Als ich dies Cap befuchte, nahm ich mir einen Führer aus dem Dorfe Ormidia, der mich zu einer grofsen Höhle geleitete, die er „Spilio Makaria“ nannte und deren Eingang nach dem Meere zu liegt. Diefe Höhle enthält eine grofse Menge verfteinerter Gebeine, deren einige von competenten Gewährsmännern als menfchliche erkannt find. Sie liegt ungefähr 60 Fufs über dem Meeresfpiegel. Ich fage ungefähr, weil der Felfen an diefer Stelle das Meer dergeftalt überragt, dafs eine Meffung desfelben ebenfo fchwierig als gefährlich ift. Ein junger Bauer, der eines Tages dahin kam, um fich wilden Honig zu verfchaffen, den er in einer Spalte gefehen hatte, glitt aus und ertrank. Es gelang mir indeffen, in die Höhle einzudringen; fie ift 64 Fufs lang, 46 Fufs hoch und 21 Fufs breit. Zwei meiner Leute giengen mit mir hinein, und wir fanden die zu einer feften Maffe verfteinerten Knochen auf dem Boden und an den Wänden. Meine beiden Leute arbeiteten etwa eine Stunde lang mit der Spitzhacke, konnten jedoch nur einen Beinknochen und einige Zähne ablöfen. Das Knochenlager auf dem Boden der Höhle fcheint mehrere Fufs dick zu fein. Wie die Gebeine dahin kamen, das wird wahrfcheinlich ein Geheimnifs bleiben.

Mein Führer, der Neffe des griechifchen Priefters, erzählte mir mit religiöfer Ehrfurcht, dafs dies die Gebeine der „vierzig Heiligen“ wären und dafs bis vor wenigen Jahren die Bauern von Ormidia, Avgoro und andern benachbarten Dörfern die Sitte beobachtet hätten, alljährlich am 9. März in Begleitung ihrer Priefter eine Wallfahrt zu der Höhle zu machen, aber dafs der griechifche Erzbifchof von Cypern, der zur Zeit einer diefer Wallfahrten zufällig in Ormidia gewefen fei, um die kirchlichen Abgaben zu fammeln, fie unterfagt hätte. Wie fchwierig es war in die Höhle zu gelangen, fo war es doch noch fchwieriger wieder herauszukommen, und hätten mir nicht meine Führer, die barfüfsig und auf den Felfen zu fchreiten gewöhnt waren, Hülfe geleiftet, fo zweifle ich, ob ich unverfehrt davongekommen wäre.[1]

Indem ich meinen Weg an der felfigen Küfte fortfetzte, die ftellenweis durch alte Spuren von Karren und Wagenrädern tief gefurcht ift, was auf lebhaften Verkehr in alten Zeiten fchliefsen läfst, langte ich nach einer Stunde in einem kleinen Orte Potamos an, in deffen Nähe fich ein Nebenarm des Pediaeus in's Meer ergiefst. Hier fand ich eine alte eingefallene, dem Agios Jorgos geweihte, griechifche Kirche und die Trümmer eines alten chriftlichen Dorfes, welches den Flufs an beiden Seiten einfafste. Weiter weftlich liegt eine andere Höhle, welche gleichfalls eine Menge verfteinerter Knochen enthält und etwas bequemer zu betreten ift; aber ich bemerkte darunter weder Theile von menfchlichen Schädeln noch Zähne. Es befinden fich Gräber in der Nähe, jedoch alle aus früher chriftlicher Zeit. Zwei Jahre lang suchte ich hier vergeblich nach der Stätte des alten Throni, von dem Strabo unbestimmt bald als von einem Vorgebirge und bald als von einer Stadt spricht. Zuletzt jedoch entdeckte ich sie, wie ich glaube, zwischen Cap Pyla und Capo Greco, aber näher an dem letztern, an einer Stelle, wo noch ausgedehnte Grundmauern von Häusern sichtbar sind. Der Ort heisst Torno, was unverkennbar eine Entstellung aus Throni ist. Die alte Stadt scheint wie Larnaka aus zwei Bezirken bestanden zu haben. In dem an der Küste gelegenen fand ich mehrere unterirdische Gemächer, die theils in den Felsen gehauen und theils aus rothen Ziegeln gebaut sind. Der vom Meere weiter abgelegene Bezirk ist von einer Mauer eingeschlossen gewesen, deren Umrisse ich fast eine Stunde lang verfolgen konnte. In diesem Theile der Stadt entdeckte ich mehrere in den Felsen gehauene Treppen, welche zu unterirdischen, kreisförmigen Gemächern führen; die letzteren mögen als Getreidemagazine gedient haben oder vielleicht gleich denen am Meere Keller zu ehemals dort befindlichen Häusern gewesen sein. Ich war an dieser Stätte auf früheren Reisen mehrfach vorübergekommen, ohne sie zu bemerken. In der Nachbarschaft fanden sich keine Gräber, aber innerhalb der Mauern traf ich auf Spuren eines kreisförmigen Tempels, und auf seinem Gebiete brachte ich mehrere Bruchstücke von Statuen in Kalkstein und von griechischer Arbeit an's Tageslicht.

Was mich schliesslich veranlasste, dieser Gegend bei meinem Suchen nach Throni besondere Aufmerksamkeit zuzuwenden, war die Entdeckung einiger Bruchstücke von Statuen, die ich auf dem Kirchhofe eines dicht dabei gelegenen Dörfchens namens Sotira (Σωτείρα) machte. Diese Bruchstücke waren, wie mir die Priester des Ortes sagten, von Arbeitern, die Steine zum Kirchenbau suchten, in einem Orte namens „Torno“

ausgegraben. Da dies in der Nähe des von Strabo Throni genannten Vorgebirges war, fo fchlofs ich aus dem griechifchen Character der dafelbft gefundenen Sculpturen, fowie aus der Aehnlichkeit feines jetzigen Namens und dem Umftande, dafs keine andere Stadt in der Umgegend erwähnt wird, dafs diefe Ueberrefte nur zu dem alten Throni gehört haben könnten. Ich habe im Verlaufe meiner Nachforfchungen die Beobachtung gemacht, dafs man eine Stadt, deren Lage nicht genau überliefert ift, am zuverläffigften und am rafcheften identificiert, wenn man die Mauern der Kirchen und Mofcheen in den Dörfern der Gegend, in welche die Gefchichte ihre Stätte verlegt, unterfucht und prüft, ob fie Bruchftücke von alten Bauten enthalten, was ficherlich der Fall fein wird, wenn eine alte Trümmerftätte in der Nähe war, deren Steine die Arbeiter verwerthen konnten.

Ehe ich Sotira befuchte, hatte ich ein anderes Dorf namens Leo-Petro [Ἡλιοπέτρι unterfucht, doch fand ich nicht folche Anzeichen, wie ich fie fuchte. Leo-Petro ift ein blofser Haufen von Hütten. Die Einwohner find fehr arm und friften ihr kümmerliches Dafein durch einen Handel mit Geflügel, welches fie in den Bergdörfern von Karpas aufkaufen und in den Bazaren von Nicofia und Larnaka abfetzen. Sie haben den Spitznamen *Linobambaki*, d. h. „Leinen und Baumwolle“, ein bildlicher Ausdruck, der eine Verbindung zwifchen Christ und Muslim bezeichnet. Während fie äufserlich Türken zu fein fcheinen und als folche von den Ortsbehörden anerkannt werden, find fie in Wirklichkeit Chriften, deren Vorfahren zur Zeit der türkifchen Eroberung genöthigt wurden, fich für Muslimen zu erklären und den Islam anzunehmen, um ihr Leben und ihre Habe zu retten. Viele derfelben, wenn nicht alle, hatten fich zur lateinifchen Kirche bekannt, obwohl es noch häufig zwifchen den griechifchen Bifchöfen und den lateinifchen Prieftern ftreitig ift, zu welcher Kirche fie von Rechts wegen gehören, da beide fie zu ihren Anhängern zählen möchten. Die Trau- und Taufhandlungen der Linobambaki werden im geheimen von einem Priefter ihrer Wahl vollzogen.

Bei der Geburt eines männlichen Kindes wird der Gebrauch der Befchneidung durch ein Geldgefchenk an den Chodfcha umgangen. Für ihre Söhne wählen fie folche Namen, welche Chriften und Muslimen gemeinfam find, wie Ibrahim (Abraham), Mûfâ (Mofes), Yûfuf (Jofeph), u. a. Im ganzen zählen fie nicht mehr als zwölfhundert Seelen und wohnen hauptfächlich bei Nicosia, Famagofta und Limassol. Alljährlich werden fie von den Ortsbehörden bedrängt, wenn die Aushebung ftattfindet. Als Muslimen find fie verpflichtet, in der Armee des Sultans zu dienen, wenn fie tauglich find; als Chriften würden fie durch Bezahlung einer Steuer, der *Askeriyeh*, welche vom Tage ihrer Geburt an beginnt, vom Dienft befreit fein; und damit ihre Kinder dem militärifchen Dienfte entgehen, bezahlen die Linobambaki diefe Steuer oft wie die übrigen anerkannten chriftlichen Unterthanen der Pforte. Die Türken erheben die Steuer regelmäfsig als eine gefetzmäfsige und angemeffene Ablöfung, bis der junge Linobambaki in das dienftpflichtige Alter tritt, wo dann der Beweis der bezahlten Chriftenfteuern gänzlich unbeachtet bleibt und er als Muslim eingezogen wird. Bei folcher Gelegenheit berufen fie fich wohl auf ihre chriftlichen Namen, aber, wie man fich denken kann, ohne Erfolg. Viele geben, ehe fie fich in die türkifche Armee einreihen laffen, lieber ihre Heimat auf, verlaffen die Infel und kehren niemals wieder. In folchen Fällen werfen die Behörden den Vater des Conferibierten manchmal in's Gefängnifs und erklären, dafs er nicht eher in Freiheit gefetzt werden foll, bis fein Sohn fich geftellt hat. Bisweilen nehmen fie auch einen Bruder des

Dienftpflichtigen in Anfpruch, was langes Procefsieren und viele falfche Zeugnifse veranlafst. Zu meiner Zeit erhob fich aus diefen verwickelten Verhältniffen mancher Streit diefer Art, und fehr oft wurde mein angeblicher Einflufs bei den Ortsobrigkeiten angerufen, um eine günftige Entfcheidung zu erwirken.

Bei einer folchen Gelegenheit bat mich der Verwandte eines eingekerkerten Linobambaki um meine Fürfprache bei Azîz Pafcha, dem damaligen Generalgouverneur von Cypern. Ich telegraphierte an ihn nach Nicofia, indem ich auf das gewaltfame und ungerechte Verfahren der Behörden in Larnaka hinwies, die jemanden ftatt feines Bruders verhaftet hatten. Als ich einige Stunden darauf von einem Abendfpaziergange zurückkehrte, kam mir der bereits in Freiheit Gefetzte entgegen, um mir für feine Befreiung zu danken. Dafs der Generalgouverneur meine Bitte fo unverzüglich gewährt hatte, das war nur von einem fo gütigen Manne wie Azîz Pafcha zu erwarten, der durch einen feltenen Adel des Characters und eine Achtung gebietende Gefinnung ausgezeichnet ift. Sein angeborener Gerechtigkeitsfinn machte ihn während feiner Verwaltung Cyperns unter Türken und Griechen gleich beliebt, nicht minder bei den Confuln.

Nachdem ich die Lage von Throni beftimmt hatte, fetzte ich meinen Weg öftlich in der Richtung auf Capo Greco fort. Auf halbem Wege zwifchen demfelben und den Ruinen von Throni liegt ein kleines Dorf von ungefähr funfzig Häufern, welches auf der Seite eines felfigen Hügels dicht bei einem grofsen Klofter erbaut ift und von griechifchen Bauern bewohnt wird. Das Klofter heifst Santa Napa [Ἁγία Νάπα] und ebenfo das Dorf. Vor der Eroberung der Infel durch Selîm II. gehörte es der lateinifchen Kirche an und wurde den Griechen von Muftafa Pafcha übergeben; jetzt ift es indeffen in verfallenem Zuftande. Seine

Bauart beweist, dass es unter der Dynastie Lusignan gegründet worden ist. Die königlichen Kreuzfahrer müssen es reich beschenkt haben, da es noch jetzt tausende von Morgen fruchtbaren Landes besitzt, von denen viele wegen Mangels an Arbeitskräften brach liegen. Seine Besitzungen reichen bis an das Dorf Ormidia. In den Gärten des Klosters befinden sich zwei grosse steinerne Reservoire, welche besonders in den Wintermonaten durch das Wasser eines Baches, dessen Quelle etwa vier englische Meilen nordöstlich entspringt, gespeist werden. Das Wasser wird durch einen alten Aquaduct hergeleitet, der denen in Amathus, Curium, Citium und einem oder zwei Oertern auf der Nordseite der Insel ähnlich ist. Die Wasserleitung von Santa Napa ist wie die in Citium mehrfach ausgebessert, und der grössere Theil des Baues, wie er jetzt erscheint, ist nach römischem Systeme angelegt; aber als ich sie verfolgte, fand ich mehrere Luftschachte, welche beweisen, dass das Wasser ursprünglich in geraderer Richtung nach Throni geleitet worden war, und zwar vermittelst des alten griechischen Tunnelsystems. Ich untersuchte einen dieser Schachte, die mir als bereits ausgebeutete, alte Gräber gezeigt wurden, und fand, dass der Felsen darunter für den Durchfluss des Wassers etwa sechzehn Zoll im Geviert ausgehöhlt war. Dieser Theil der Werke bleibt jetzt unbenutzt, und der Aquaduct windet sich um mehrere Hügel bis auf einige hundert Schritte weit vom Kloster, wo er mit einem Bau von Quadersteinen überbrückt ist, deren viele mit grossen, den cyprischen Buchstaben ähnlichen, Characteren versehen sind. Gerade vor dem Dorfe Santa Napa und unmittelbar am Fusse des Hügels finden sich Ueberreste einer alten Stadt kleinen Umfangs, welche die Eingeborenen Katalima nennen. Ich grub daselbst, obwohl nur kurze Zeit, und deckte die Grundmauern eines elliptischen Baues auf, in welchem ich ein grosses corinthisches Capitäl in weissem Marmor und eine Menge zerbrochener Ziegel und Krüge fand. Die Stätte zeigte unverkennbare Spuren früherer Ausgrabungen, die wahrfcheinlich von den Erbauern des Klofters unternommen waren. Ein ähnliches Säulencapitäl von derfelben Gröfse und Güte des Marmors, wie das eine hier entdeckte, liegt halb begraben in einem der Höfe des Klofters von Santa Napa; aber der griechifche Priefter, welcher jetzt der alleinige Inhaber des Klofters ift, konnte mir keine Auskunft geben, wann und wo daffelbe ausgegraben war. „Ich fand es da, wo es liegt", fagte er, „als ich das Klofter vor zweiundzwanzig Jahren übernahm, und ich habe es da ruhig liegen laffen." Daneben bemerkte ich ein fchönes Marmorbaffin oder eine Fontaine, mit Figuren in Hochrelief, aber fehr verftümmelt; es könnte gleichfalls in Katalima ausgegraben worden fein, wahrfcheinlicher aber in Throni, denn meiner Anficht nach ift es viel älter als die chriftliche Zeitrechnung.

Von dem alten Dorfe, welches einft auf der Stätte Katalimas ftand, ift nichts erhalten geblieben als ein merkwürdiger Monolith, der durch die Zeit und die Unbill der Witterung fo mitgenommen ift, dafs fich nicht mehr erkennen läfst, ob er urfprünglich rund oder vierfeitig war. Seine gegenwärtige Höhe über dem Boden beträgt fechs Fufs fieben Zoll; als ich aber um ihn herum grub, fand ich, dafs er fich noch unter der

Erdoberfläche ausdehnt. In der Mitte ift er mit einem oblongen Loche, 9 Zoll hoch und 5 Zoll weit, verfehen. In demfelben lag ein Haufen zerbrochenen Glafes, Armbänder, einige Glasohrringe und zwei oder drei theilweife verzehrte Votivkerzen. Ich fragte meinen Führer, Capitän Andrea, einen fehr intelligenten Griechen, der in Santa Napa lebt, warum diefe Gegenftände da lägen und ob damit ein Aberglaube verbunden wäre. Er erklärte mir, dafs die jungen Mädchen feines Dorfes hierher kämen und ihren Glasfchmuck zerbrächen, wenn fie fich verheirateten oder von ihren Liebhabern verrathen worden wären. Auch alte Frauen kämen zu diefem myfteriöfen Monolith, um Wachskerzen anzuzünden, in der Hoffnung, dadurch von körperlichen Gebrechen geheilt zu werden. Ift diefer Stein, zu dem das weibliche Gefchlecht, jung und alt, in feiner Bekümmernifs feine Zuflucht nimmt, das Ueberbleibfel eines heidnifchen Tempels, der dem Dienfte der Venus geweiht war, oder das Denkmal irgend eines griechifchen Heiligen? Ich vermochte es nicht zu entfcheiden.

Ich fand drei ähnliche Monolithe mit einem oblongen Loche in jedem an verfchiedenen Oertlichkeiten weiter öftlich nach dem Cap St. Andrea zu. Einer in der Nähe einer kleinen Landfpitze genannt Elaea (Ἐλαία), bei dem Dorfe Gaftria (Καστριά), liegt zerhauen und halb verfchüttet am Boden; der zweite liegt jenfeits eines Dorfes namens Galinoporni [Γαλνόπορμα?], wo ich mehrere zu einer alten Wafferleitung gehörige Luftfchachte bemerkte; und der dritte ift bei Cap St. Andrea, wo fich, den „Clides“ gegenüber, die Trümmer einer kleinen Stadt und viele längft geöffnete Felfengräber befinden. Auf der nördlichen Küfte der Infel fand ich keine folche Monolithe. Sie ftellten vielleicht den fymbolifchen Kegel der Venus dar; denn unter diefer Form ward die Göttin in Paphos verehrt.

Der zu Katalima und vermuthlich auch zu Throni gehörige Begräbnifsplatz liegt etwa zehn Minuten öftlich von Santa Napa in der Richtung auf Capo Greco und dicht an der Meeresküfte. Der gröfsere Theil der Gräber ift roh aus dem Felfen gehauen und wie die in Dali geformt. Ich fand in denfelben viele Särge in Terracotta. mit roth gemalten Blumengewinden verziert. (Tafel XXXVIII. 3). Die Deckel werden durch drei neben einander gelegte Terracotta-Tafeln gebildet. welche. nachdem der Leichnam hineingelegt war. mit Mörtel verkittet worden find. In diefen Gräbern fand ich auch eine grofse Menge Terracotta-Lampen. Glasgegenftände und einige wenige Goldornamente mitfammt den jetzt im Mufeum zu New-York befindlichen Proben regenbogenfarbigen Glafes. welche an Farbenglanz alles übertreffen. was ich je gefehen habe.

Der Gipfel des Capo Greco hat eine flache. felfige Oberfläche. aber keine Anzeichen deuten darauf hin. dafs darauf je ein Tempel oder ein anderes Gebäude geftanden hat. Oeftlich von diefem Vorgebirge. welches fich allmählich in die Ebene von Salamis und zu der einen natürlichen Hafen bildenden Ausbuchtung des Meeres abfenkt. entdeckte ich die Ruinen einer alten griechifchen Stadt. Nachdem ich einige Tage lang auf's Gerathewohl gegraben hatte. kam ich auf die Grundmauern eines Gebäudes. aus denen ich einige grofse Köpfe und Bruchftücke von Steinfculpturen hervorbrachte. welche alle einen entfchieden griechifchen Character trugen. (Tafel XXXVIII. 4. XXXIX. 1). Nach der geographifchen Lage diefer Ruinen können fie keine andern fein als die von Leucolla (Λεύκολλα). einer Stadt, welche zur Zeit Alexanders des Grofsen blühte und nach der die berühmte in der Nähe gefchlagene Seefchlacht zwifchen Demetrius Poliorcetes und Ptolemaeus benannt ift. Ihren Hafen. der etwa 130 Fufs unter der Ebene der Stadt gelegen war. erreichte man auf einem noch theilweife fichtbaren. in den Felfen gehauenen Wege. Nach der kleinen Ausdehnung diefer Ruinen zu urtheilen. mufs Leucolla eine Stadt von geringer Bedeutung gewefen fein.

Von hier aus bis nach Salamis giebt es keine alte Ruinen an der Meeresküſte, die man mit der Stadt Arsinoe identificieren könnte, obwohl dieſelbe einen Hafen gehabt haben ſoll und von Strabo zwiſchen Leucolla und Salamis verlegt wird. Famagoſta, welches die Stätte des alten Ammochoſtos einnimmt, einer der zehn königlichen Städte, welche an Asarhaddon Tribut entrichteten, hat den einzigen Hafen zwiſchen Salamis und Leucolla, und dieſes wurde vielleicht unter den Ptolemäern Arſinoe genannt.[2]

Nordöſtlich von Leucolla liegt die Ebene von Salamis, wo das Heer des Darius den Oneſilus ſchlug und wo ſpäter eine andere perſiſche Armee von mehr als 300.000 Mann faſt zehn Jahre gebrauchte, um den hochherzigen Evagoras zu beſiegen. Auf dieſer Ebene ſchlug auch Demetrius nach Ueberſchreitung des Höhenzuges von Karpas Menelaus, den Bruder des Ptolemaeus.

Auf dieſe Ebene gelangt man in einigen Minuten von dem vorerwähnten flachen Vorgebirge, welches jetzt Capo Greco heiſst, und durch das kleine Dorf Paralimni (Παραλίμνι) am Paraſee, der jetzt ganz trocken iſt und zur Zeit der Luſignan und der Venetianer als Reisfeld beſtellt wurde. Zwiſchen Paralimni und der Meeresküſte liegt eine Anzahl alter Gräber, die ohne Zweifel zu Leucolla gehörten. Ihr Inhalt war ebenſo beſchaffen und wies auf die nämliche Periode hin wie der in den vorhin beſchriebenen Ruinen. Die meiſten dieſer Gräber waren jedoch ſchon früher geöffnet, und ich fand in ihnen nur Glasfragmente und einige römiſche Lampen.

Kaum einen halbſtündigen Ritt öſtlich von Paralimni und innerhalb eines Steinwurfs von Famagoſta liegt Varôſia (Βαρώσια), eine aufblühende kleine Stadt, welche von den aus Famagoſta vertriebenen Chriſten nach der Eroberung dieſer Stadt durch die ottomanifche Armee gegründet wurde. Sie hat eine fchöne griechifche Kirche mit einem neuen Glockenturme, ein hübfches Beifpiel neuerer einheimifcher Baukunft, einen guten Bazar, mehrere Thonwaaren-Manufacturen und einige aus Stein gebaute Häufer, fo gut wie fie nur in Larnaka oder Nicofia zu finden find, nebft Orangen- und Citronenhainen und fehr ausgedehnten Gärten, die mit Maulbeerbäumen zur Zucht des Seidenwurms bepflanzt find.

Das freundliche Aeufsere von Varofia fteht in einem auffallenden Gegenfatze zu den düftern Stadtvierteln Famagoftas [Ἀμμόχωστος][3], welches von den Türken bewohnt wird. In der That find auf der ganzen Infel die nur von Türken bewohnten Oerter in der Regel fchmutzig, armfelig und in Verfall gerathen; wie denn nichts anderes von einem Stamme zu erwarten ift, der zu feinem Lebensunterhalte ein Gewerbe oder ein Handwerk weder erlernen kann noch will, fondern lieber im Müffiggang in den Kaffeehäufern die Zeit verbringt, trinkend und rauchend, während Weib und Kind und die Wirtfchaft fich felbft überlaffen bleiben, um für fich felbft zu forgen, fo gut es eben gehen will. In Cypern ftirbt der Stamm der Osmanli rafch aus. Das hatte ich während meines Aufenthalts dafelbft mehrfach zu beobachten Gelegenheit; und kundige Perfonen haben mich verfichert, dafs die Hauptftadt der Infel vor nur 40 Jahren mehr Türken als Chriften enthielt, während die letztern gegenwärtig in grofser Mehrzahl find. Das Verbrechen der Abtreibung der Leibesfrucht wird unter der türkifchen Bevölkerung in ausgedehnteſter Weife verübt, und die türkifchen Hebeammen gedeihen überall. Ich habe hierüber zu Türken gefprochen, welche verftändig und rechtfchaffen genug waren, um das Verfahren zu verdammen, aber fie fügten beftändig hinzu, dafs der Türke zu arm wäre, um fich den koftfpieligen

Luxus von Kindern zu geftatten! Wenn ein folcher Zuftand auch in den andern Provinzen des türkifchen Reiches befteht, dann bedarf es nur der Zeit, um Europa von diefer entarteten Race zu befreien.

Die fromme Stadt Famagofta, welche von den Chriften vor 800 Jahren von den Ruinen von Salamis erbaut und von den Türken 1571 nach der fchrecklichen, für die venetianifchen Soldaten fo ruhmreichen Belagerung zerftört wurde, zählte einft ihre fchönen Kirchen nach Hunderten und ihre palaftähnlichen Wohnungen nach Taufenden. Einft war fie eine der Haupthandelsftädte der Levante und hatte einen Hafen, in welchem grofse Flotten vor Anker gelegen haben, der aber jetzt durch Vernachläffigung fo fehr verfandet ift, dafs nur noch Fahrzeuge von geringem Tiefgange darin fchwimmen können. Dicht vor der Mündung diefes verfchloffenen Hafens verfenkte der treulofe Muftafa Pafcha die venetianifchen Familien mit ihrem werthvollften Befitz, nachdem er die Generäle getödtet hatte.

Wenn man fich den maffiven Stadtmauern nähert, die faft 17 Fufs dick und aus feftem, von den Ruinen von Salamis entnommenem Stein erbaut find, dann begreift man, wie unmöglich es war, eine folche Stadt aufser durch Hunger oder Verrath zu nehmen. Die Mauern ftehen noch jetzt fo unerfchütterlich und unverfehrt, wie fie von den Lufignan errichtet wurden. Die alten Bronzekanonen der Republik Venedig ftehen noch auf den Baftionen an ihrer urfprünglichen Stelle, furchtbar auf die See und die Ebene von Salamis gerichtet, aber feit 1571 vernagelt und ungebraucht. Es befindet fich dort auch ein halbes Dutzend eiferner Kanonen von türkifcher Arbeit, verroftet und ziemlich im gleichen Zuftande.

Die Trümmer von Famagofta find nicht grofsartig und Staunen erregend; doch erfcheinen fie mir würdevoll und rührend. Nicht ohne ein Gefühl tiefer Wehmuth verweilt das Auge auf den noch ftehenden Mauern vieler feiner fchönen mittelalterlichen Kirchen. mit noch deutlich fichtbaren Frescogemälden im Innern, hier auf einer ftilvollen Pfarrei, dort auf Spuren ftattlicher Häufer. Nur zwei von den dreihundert Kirchen, welche es in Famagofta gegeben haben foll. blieben ftehen. Die hauptfächlichfte. vormals die Kathedrale und jetzt eine Mofchee, ift mit marmornen Leichenfteinen gepflaftert. auf denen die Namen und Wappen der unter ihnen beftatteten italienifchen Edelleute eingegraben find; die Gebeine derfelben wurden von dem fanatifchen und graufamen Muftafa Pafcha am Tage nach feiner Eroberung der Stadt ausgegraben und in's Meer geworfen. Die andere Kirche, welche von den Türken als Getreidefpeicher und als Stall benutzt wird. enthält gleichfalls einige Leichenfteine. die nun fämmtlich durch die Pferdehufe abgefcharrt find. Dort entdeckte ich die in der Einleitung erwähnte Infchrift über den Tag, an dem die Venetianer durch die Abdankung der Caterina Cornaro Herren von Cypern wurden. Innerhalb der Stadtmauern hat der Kaimakam der Provinz Karpas feinen Sitz. ebenfo der Kadhi von Famagofta und der übliche Medfchlis. Es giebt hier auch einen Feftungscommandanten und eine Compagnie Artillerie. Diefer Commandant wohnt mit feinen Truppen in einem kleinen Fort. welches auf das Meer geht und durch einen grofsen runden Turm flankiert wird, den von den Eingeborenen fogenannten „Turm des Mohren“ *(Torre del Moro)*. Nach der Ueberlieferung war in diefem Turme das Hauptquartier des venetianifchen Statthalters von Cypern Crifto-foro Moro in den Jahren 1506—1508. In dem letztern Jahre. am 22. October. wurde derfelbe aus Cypern zurückberufen und kehrte nach Venedig zurück; und aus Urkunden. die man mir einzufehen verftattet hat. gewinnt es den Anfchein, als fei diefer Mann vier Mal verheiratet und fein Privatleben kein fehr mufterhaftes gewefen. Diefer Criftoforo Moro war aber der „Othello" Shakefpeares und darf nicht mit feinem Namensvetter, dem Dogen von Venedig, der mit ihm nicht einmal verwandt war, verwechfelt werden; der letztere fchrieb im Juli 1469 an den König von Cypern den in der Einleitung erwähnten dringlichen Brief hinfichtlich Caterina Cornaro's.

Die Feftung von Famagofta beherbergt einige der fchlimmften Verbrecher des türkifchen Reiches. Viele derfelben find auf Lebenszeit verurtheilt, andere zu durchfchnittlich 15 bis 25 Jahren Gefängnifs, und alle tragen fchwere Ketten. An der öftlichen Mauer, wo die Gefangenen eingefchloffen find, befinden fich zwei Kafematten, worin die den Venetianern abgenommenen Waffen aufbewahrt werden. Auf den Griffen einiger Degen bemerkte ich den Helmfchmuck der Eigenthümer, mit Gold eingelegt, und das Kreuz von Jerufalem. Mein Freund, Mr. Hiram Hitchcock, der mich auf einem Befuche Famagoftas begleitete, hatte den Wunfch ausgedrückt, eine diefer merkwürdigen Waffen zu befitzen, und es gelang mir, mehrere für ihn zu bekommen. Bei diefer Gelegenheit waren auch Frau Hitchcock und meine Frau von der Gefellfchaft. Als wir die Rüftkammer verliefsen, wies Frau Hitchcock auf einige hochrothe Schlingpflanzen, die über eine Bruftwehr hiengen und einen auffallenden Gegenfatz zu ihrer Umgebung bildeten. Zu unferm Erftaunen fprang ein unterfetzter, breitfchulteriger Mann, der fich immer in der Nähe unferer Gefellfchaft gehalten hatte und deffen gebietende Haltung und fchönes männliches Geficht uns allen aufgefallen war, mit der Behendigkeit einer Katze auf die Bruftwehr, brach einige Blumen ab und bot nach feiner Rückkehr mit allem Anftande eines Höflings jeder der Damen einen Zweig dar.

Als er dies that, bemerkten ſie erſt zu ihrem Schrecken, daſs er vom Handgelenk bis an den Knöchel mit ſchweren eiſernen Ketten gefeſſelt war. Seine groſsen und traurigen blauen Augen und ſein vor der Zeit graugeſprenkeltes Haar ſchienen zu ſeinen Gunſten zu ſprechen, und als wir nach ſeinem Verbrechen fragten, erfuhren wir, daſs er kein Geringerer war als der berühmte Katirdſchi Janni[1], der Robin Hood der Levante. Zahlreich ſind die romantiſchen Geſchichten, welche von dieſem Räuberhauptmann erzählt werden, der, wie man verſichert, niemals einen Mord begieng oder durch ſeine Bande begehen lieſs, ſo lange er an ihrer Spitze ſtand. Als er im Dienſte eines Herrn in Smyrna ſtand, ſoll er ſich in die Tochter ſeines Gebieters verliebt und eine Entführung geplant haben: er wurde jedoch durch einen Kameraden verrathen, eingeholt und in's Gefängniſs geworfen. Nachdem er von dort in die Berge bei den Ruinen von Ephesus entkommen war, fieng er die wilde Lebensweiſe an, welche ihn ſchlieſslich nach Famagoſta brachte. Er und ſeine Bande pflegten Perſonen aufzulauern, von denen ſie wuſsten, daſs ſie groſse Geldſummen bei ſich trugen, und ſie der Mühe dasſelbe weiter zu befördern gütigſt zu überheben; oder ſie pflegten wohlhabende Leute gefangen zu nehmen und in Verwahrſam zu halten, bis ein Löſegeld bezahlt war. Da Katirdſchi Janni ſehr rohe Begriffe von Recht und Unrecht hatte, ſo pflegte er dies Geld oftmals den Armen als Almoſen zu geben, und man erzählt, daſs er gegen tauſend junge Griechinnen mit Brautgeſchenken bedacht hat. Niemand wagte je ihn anzuzeigen, da man wuſste, daſs das unfehlbar eine ſchlimme Vergeltung zur Folge gehabt haben würde. Alle Bemühungen ſeitens der türkiſchen Behörden, einen von der abenteuerlichen Bande zu faſſen, erwieſen ſich als nichtig, ſo lange Janni an ihrer Spitze ſtand. Zur Zeit des Krimkrieges, als ein Theil der englifchen Armee in Smyrna lag, zogen, wie ich gehört habe, fünfhundert Soldaten, von den Türken unterftützt, aus, um ihn wo möglich in Sicherheit zu bringen und feine Bande aufzulöfen, aber ohne jeden Erfolg. Die Hügel um Ephesus und die Umgegend von Smyrna waren für das Räubergewerbe wunderbar geeignet. Um einen Begriff von der Kühnheit diefes Räubers und von dem Schrecken zu geben, in dem er die Einwohner Smyrnas hielt, kann ich das folgende Ereignifs anführen, welches in der Familie jemandes vorgekommen ift, der es mir mitgetheilt hat. Als diefe Familie eines Abends bei Tifche fafs, entfetzte fie fich über die Mafsen, als fie plötzlich zwölf bis an die Zähne bewaffnete Kerle, an der Spitze diefen kühnen Banditen, in's Zimmer treten fah. Nachdem die ungeladenen Gäfte ruhig Platz genommen hatten, bemerkten fie: „Wir wollen warten, bis ihr fertig feid, und dann wünfchen auch wir zu effen." Die Familie ftand fofort in grofser Beftürzung auf und gab ihnen, was fie verlangten. Als Katirdfchi Janni feine Mahlzeit beendigt hatte, fagte er zu feinem zitternden Wirte, dafs er und feine Familie hinfort frei jagen und reifen könnten, wo fie wollten, und keine Beläftigung zu fürchten hätten, da Katirdfchi Janni niemals eine Gefälligkeit vergäfse! Als er endlich diefes wilden Lebens müde war, oder fich vielleicht ein befferes Gefühl in ihm regte, befchlofs er fich den türkifchen Behörden zu ftellen gegen das ihm öfter gegebene Verfprechen, dafs er nach Cypern verbannt, anders aber nicht beftraft werden follte.

Er wurde nach Conftantinopel gebracht, und ich bin geneigt zu glauben, dafs die Türken ihr Verfprechen gehalten haben würden, da fie Kühnheit und Muth, felbft bei einem Banditen, gern haben; aber unglücklicherweife war ein mit dem franzöfifchen Confulate in Smyrna in Verbindung ftehender junger Franzofe durch ſeine Bande ſehr ſchlecht behandelt worden, und deshalb beſtand der franzöſiſche Geſandte darauf, daſs Katirdſchi Janni feſtgenommen und ſehr ſtreng behandelt würde, wie ich aus des Räubers eigenem Munde hörte. Er wurde dann eingekerkert und in einer kleinen Zelle wie ein wildes Thier ſieben Jahre lang an die Wand gekettet. Später ward er in die Feſtung von Famagoſta gebracht, wo er ſich noch befindet. Durch die Fürſprache eines einfluſsreichen Türken lieſs ſich der Sultan Abdulazîz bewegen, ihn milder behandeln zu laſſen, und im Jahre 1869 wurde ihm dieſelbe Freiheit zugeſtanden wie den andern weniger bekannten Gefangenen, obwohl er noch mit einer Kette belaſtet blieb, deren Glieder fünf Zoll lang, drei weit und einen halben Zoll dick waren. Auf Bitten meiner Frau verwandte ſich Azîz Paſcha 1875 in Conſtantinopel für ihn und erhielt die Ermächtigung, dieſe ſchweren Ketten durch bedeutend leichtere zu erſetzen. Dies war der Mann, dem unſere Damen ihr Blumenandenken an Famagoſta verdankten.

Indem ich Famagoſta verlieſs und meine Reiſe in der Ebene fortſetzte, langte ich nach dreiviertelſtündigem Ritte bei den Ruinen der alten Stadt Salamis (Σαλαμίς)[5] an. Nach der Lage dieſer Stadt am öſtlichen Ende der Inſel und der phöniciſchen Küſte gegenüber ſollten ſich in derſelben mehr als anderswo Spuren alter phöniciſcher Anſiedelungen vorfinden. Aber dem iſt nicht ſo. Im Gegentheil iſt Salamis diejenige unter den cypriſchen Städten, welche wegen ihrer Neigung zu den Griechen und ihres Widerſtandes gegen die Perſer am berühmteſten iſt. Ihre Geſchichte ſcheint die Ueberlieferung zu rechtfertigen, nach der ſie von einer Colonie von Griechen unter Teucer, dem Sohne Telamons, des Königs der Inſel Salamis, gegründet wäre; wie die Sage geht, weigerte fich der Vater, den Teucer nach feiner Rückkehr von Troja aufzunehmen, weil diefer nicht den Selbftmord feines Bruders Ajax zu verhindern gefucht hatte. Darauf fegelte Teucer mit feinen Genoffen und vielleicht auch mit trojanifchen Gefangenen ab, und als fie in Cypern an's Land kamen, wählte er diefe Stätte zur Gründung einer Stadt, die er aus Anhänglichkeit an feine heimatliche Infel Salamis nannte. Nach Virgil (Aeneis 1. 621) gieng Teucer zuerft nach Sidon und erlangte dafelbft die Ermächtigung des Königs Belus, fich in Cypern niederzulaffen. Aber dies fteht nicht im Einklang mit den andern Legenden, und es läfst fich nicht entfcheiden, ob es nicht nur eine Erfindung des Dichters ift. Strabo fagt, dafs die Coloniften auf der nördlichen Küfte landeten, und wenn das der Fall gewefen ift, dann haben fie wahrfcheinlich die Berge überfchritten, um in die Ebene von Salamis zu gelangen. An diefer Stelle ift die Infel fchmal. Die Legende fagt, dafs Teucer Evne, eine Tochter des Cinyras, heiratete, und dafs von ihnen das Gefchlecht der Könige von Salamis entfprang. Ein anderer characteriftifcher Zug von Salamis war der Umftand, dafs es dem Dienfte des grofsen hellenifchen Gottes Zeus ergeben war, der hier *Splanchnotomos* genannt wurde, mit einer Anfpielung auf die Ceremonie der Befchauung der Eingeweide der dargebrachten Opferthiere.

Von der Gefchichte der Stadt Salamis ift bis auf die Zeit der Perferkriege faft nichts bekannt; aber feit jener Epoche bis auf die Regierung der Ptolemäer war fie die bei weitem angefehenfte und blühendfte der cyprifchen Städte. Ich habe bereits in der Einleitung kurz fkizziert, wie Onefilus die Herrfchaft von Salamis feinem Bruder Gorgus entrifs und dem perfifchen Druck, unter dem die Infel um 500 vor Chr. litt, einen hartnäckigen Widerftand entgegenfetzte.

Schliefslich wurde er von einem perfifchen Heere befiegt und fiel in der Schlacht, und um diefe Zeit, wenn nicht auch in Folge diefer Niederlage, wurde die Dynaftie Teucers eine Zeit lang der Herrfchaft über Salamis entfetzt. Es ift nicht erfichtlich, wie lange. Es fcheint jedoch feftzuftehen, dafs fich mit perfifcher Hülfe ein Phönicier namens Abdemon des Thrones bemächtigt hatte und nicht nur Tribut an Perfien entrichtete, fondern fich auch bemühte, die perfifche Obmacht über die ganze Infel auszudehnen. Nach Salamis lud er felbft phönicifche Einwanderer ein und führte afiatifchen Gefchmack und afiatifche Sitten ein, fo dafs anfcheinend alle frühern Beftrebungen, der Stadt einen feften, hellenifchen Character zu verleihen, vereitelt wurden. Aber mittlerweile wuchs ein muthiger Knabe heran, der feinen Stammbaum auf Teucer zurückführte und in dem die Natur ihre höchften Gaben vereinigt hatte. Körperlich hatte er nicht feines Gleichen an Schönheit, an Stärke und Gewandtheit; geiftig war er mit allem ausgeftattet, deffen ein grofser Anführer bedarf. Das ift kurz die Befchreibung, welche die Alten uns von Evagoras hinterlaffen haben. Abdemon, dem tyrifchen Ufurpator, entgieng es nicht, wie die Anwefenheit diefes Jünglings die Salaminier feffelte, und er traf Mafsnahmen, um fich feiner wirkfam zn entledigen. Aber der Plan ward entdeckt, und Evagoras entkam nach Cilicien, wo er um feine Perfon allmählich eine Schaar von funfzig treuen Freunden fammelte, zu jedem Dienfte bereit, den er von ihnen fordern konnte. Von Cilicien aus fetzten fie über das Meer und drangen in der Finfternifs in eines der Thore von Salamis. In der allgemeinen Aufregung und Verwirrung fchlugen fie fich gegen einen weit überlegenen Gegner nach der Citadelle durch und befetzten fie. Darnach fcheint man nur noch geringen Widerftand geleiftet zu haben.

Evagoras ward König, und vom Anfange bis zum Ende seiner Regierung scheint er alles aufgeboten zu haben, um Salamis zu einer blühenden und mächtigen Stadt zu machen, indem er sie unter anderm befestigte und ihren Hafen verbesserte. Die zehn Kriegsjahre, welche dann folgten, mit ihren grofsen Siegen und ebenso schweren Niederlagen, müssen selbst die grofsen Hülfsquellen einer solchen Stadt auf die Probe gestellt haben. Evagoras starb oder ward von einem Eunuchen ermordet im Jahre 374 vor Chr.

Die nächste bemerkenswerthe Epoche in der Geschichte von Salamis fiel nach der Theilung des Reiches Alexanders des Grofsen, als Ptolemaeus und Antigonus beiderseits aufserordentliche Anstrengungen machten, um Cypern in Besitz zu nehmen. Ptolemaeus ward durch Menelaus vertreten, der Salamis inne hatte. Der Anführer auf der gegnerischen Seite war der Sohn des Antigonus, der junge Demetrius, der unter dem Namen „Poliorcetes" berühmt ist, welchen Namen er sich durch sein Verhalten bei der Belagerung von Salamis erwarb. Menelaus vertraute auf die Befestigungen der Stadt, aber Demetrius baute eine colossale Maschine, 75 Fufs breit und 150 Fufs hoch, die *Helepolis* oder „Städtenehmerin", die auf vier Rädern bewegt wurde, neun Stockwerke hatte und ungefähr 200 Mann fafste. Mit Hülfe dieser Maschine und mit Sturmböcken gelang es ihm, eine Bresche in die Mauer zu legen. Doch die Vertheidiger leisteten hartnäckigen Widerstand, und es glückte ihnen, in der Nacht die grofse Kriegsmaschine in Brand zu stecken. Demetrius war nun genöthigt, bei seiner Flotte Hülfe zu suchen. Es folgte ein Seetreffen, aus welchem er als Sieger hervorgieng, und in Folge dessen übergab sich Menelaus in Salamis. Seit dieser Zeit scheint die Stadt ihre Blüte sowohl wie ihre hohe Stellung verloren zu haben und allmählich in Verfall gerathen zu ſein. Ein groſser Theil derſelben wurde während der Empörung der Juden in der Zeit Trajans zerſtört. Später, unter der Regierung des Conſtantius Chlorus. verſank ein Theil in Folge eines Erdbebens im Meere. Dieſer Kaiſer ſoll viele neue öffentliche Gebäude in der Stadt errichtet und ihren Namen in Conſtantia verändert haben. Im Mittelalter ward ſie durch Famagoſta überholt.

Gegenwärtig iſt Salamis faſt gänzlich mit Sand bedeckt. der von der Meeresküſte her angehäuſt iſt, wo er an zehn Fuſs tief liegt. Der Hafen und der Theil der Mauer, welcher der See gegenüberliegt, laſſen ſich noch leicht erkennen. Ich maſs die Länge der Mauer und fand ſie nahezu 6850 Fuſs lang. Die Stätte des alten Salamis iſt mit Diſteln und hohem Unkraut dicht überwachſen, was die Unterſuchung nicht weniger erſchwert als die Verſandung. Der Boden iſt auch reich an Schlangen, von denen einige Natterarten giftig ſind. An dieſer Stelle wandte ich zu drei verſchiedenen Malen groſse Geldſummen auf. aber mit keinem irgendwie befriedigenden Ergebniſs. Die Ruinen von Salamis haben zu einigen der Moſcheen und zu vielen Wohnhäuſern in Adrianopel das Baumaterial geliefert.

Nördlich von Salamis ſind zwei Tumuli, deren Grund ich vermittelſt ſenkrechter Schachte erreichte: daſelbſt fand ich einen einfachen weiſsen Marmorſarcophag. aber ſo beſchädigt, daſs er werthlos war. Eine Spitzhacke war von den Gräbern zurückgelaſſen. welche den Tumulus früher. vielleicht vor Jahrhunderten. geöffnet hatten. Nördlich von dieſen Grabhügeln zeigt man das Gefängniſs und das Grab der heiligen Katherine, welches ganz den Anſchein hat. als ſei es ein altes phöniciſches Grab geweſen. wie das der Phaneromene in Larnaka. Etwas weiter nördlich liegt die Kirche des heiligen Barnabas. welche auf der Stelle erbaut ſein ſoll. wo man den

Leib des Heiligen mit dem Evangelium St. Lucae auf der Bruft entdeckte. Diefe Kirche wird in grofser Verehrung und gut im Stande gehalten, obwohl jetzt nur noch eine der urfprünglichen monolithen Säulen ftehen geblieben ift, da man die fehlenden durch Säulen aus kleinen Steinen und Mörtel, bei denen man die urfprünglichen Capitäle beibehielt, erfetzt hat.

Nachdem ich Salamis verlaffen hatte, ritt ich acht Stunden lang an der Meeresküfte hin und erreichte dann den Fufs der Berge von Karpas, wofelbft ich bei einem Dorfe namens Gaftrudi [Καστροῦλι] Halt machte. Es befteht aus ungefähr vierzig Familien. Ein kleiner Flufs fliefst daneben. Auf der nördlichen Seite eines öftlich von Gaftrudi gelegenen Hügels befinden fich die kreisförmigen Ruinen eines Amphitheaters oder Tempels, und auf einem andern an der Meeresküfte ein Wachtturm. Von diefer Stelle bis nach Cap St. Andreas bemerkt man Anzeichen einer frühern dichten Bevölkerung. Viele der Hügel bei Karpas find mit zertrümmerten Burgen gekrönt, doch gehörten die, welche ich befuchte, alle dem Mittelalter an. Ich fand auf diefen Hügeln mehrere Luftfchachte und Ueberbleibfel von Wafferleitungen, denen ähnlich, die man auch fonft auf der Infel findet. Längs der Küfte find viele Friedhöfe, deren Gräber zu den älteften auf Cypern gehören. Einige find in den Felfen gehauen und andere nur in der Erde ausgehöhlt. Vom Cap St. Andreas bis zum Dorfe Jaluffa [Αἰγιαλοῦσα] fcheinen die von mir gefehenen alten Refte einer fehr frühen Periode in der Gefchichte der Infel anzugehören und gewiffermafsen einen orientalifchen Character zu haben; aber von Jaluffa an der Küfte entlang bis nach Kormakiti find die Ruinen entfchieden hellenifch; denn fie beftehen aus cannelierten Säulen, aus ionifchen und corinthifchen Capitälen in reinem, weifsem Marmor, der importiert worden war.

Spuren von Hafendämmen, Docken, künſtlichen Häfen und andern Ueberreſten öffentlicher Arbeiten, die augenſcheinlich griechiſch ſind. Vor acht Jahren ſah ich auf dieſer Seite der Inſel, auf halbem Wege an einem Hügel hinauf, zwei coloſſale Löwen, die wahrſcheinlich das Thor eines Tempels geſchmückt hatten; als ich das letzte Mal vorüberkam, war einer der Löwen verſchwunden, der andere lag in Stücke zerhauen da.

Die Ruinen von Paphos.

ACHTES CAPITEL.

Die Stätte der uralten Stadt Paphos, welche der groſse Mittelpunkt des Dienſtes der Venus im Alterthum war, wird jetzt theilweiſe von dem kleinen Dorfe Kuklia (Κούκλια) eingenommen, welches aus ungefähr ſechzig Häuſern beſteht.[1]

Paphos (Παλαίπαφος) ſollte von Cinyras gegründet ſein; und mag derſelbe nun eine ſagenhafte Perſon ſein oder nicht, ſo viel ſteht feſt, daſs das Prieſterthum und die oberſte Macht in Paphos ſich in der Familie der Cinyraden, welche ihre Abſtammung auf einen Ahnherrn namens Cinyras zurückführten, vererbten. Der Reichthum dieſer Prieſterfamilie war ſprichwörtlich, und daſs ihre amtliche Stellung bis in ſpätere Zeiten fortdauernd eine hochwürdige war, läſst ſich aus der Thatſache erkennen, daſs, als der römiſche Senat auf Betreiben des Clodius Ptolemaeus des Königreichs Cypern verluſtig erklärte und Cato zur Ausführung dieses Decretes hinschickte. Cato ihm als Ersatz für den Thron die Stellung eines Hohenpriesters von Paphos anbot. Wenige Städte sind im Alterthume durch die Dichter so viel besungen und verherrlicht worden; und erscheint es nicht wie eine Ironie der Zeit, wenn man heutiges Tages in die Mauern dieses elenden Dorfes schöne architectonische Bruchstücke in Marmor und Granit eingefügt sieht, die von dem Reichthum und der hohen Bildung eines vergangenen Zeitalters Zeugniss ablegen, deren eines weit mehr gekostet haben muss, als der Gesammtwerth aller Wohnhäuser von Kuklia beträgt?

Obschon dieser Ort der Schauplatz grosser religiöser Ereignisse auf der Insel gewesen ist, so befindet sich dennoch daselbst nichts weiter als einige wenige über dem Boden erhaltene Ruinen; auch die Ausgrabungen, welche ich daselbst zu verschiedenen Malen leitete, haben nichts von Bedeutung zu Tage gefördert. Ich glaube, dieser Mangel an Trümmern lässt sich folgendermassen erklären. Paphos ward mehrfach durch Erdbeben erschüttert. Das letzte Mal baute Vespasian den Tempel wieder, wie er auf den Münzen desselben dargestellt ist; da aber von einem Wiederaufbau der Stadt nichts erwähnt wird, so muss man annehmen, dass sie in Trümmern liegen geblieben ist; wahrscheinlich wurde dann in der langen Zeit, dass Cypern unter römischer und byzantinischer Herrschaft stand, ein grosser Theil des decorativen und architectonischen Materials von Paphos nach der benachbarten Stadt, Neu-Paphos genannt, gebracht und zu deren Verschönerung benutzt. In der Apostelgeschichte wird die Stadt als der amtliche Sitz des römischen Proconsuls, Paulus Sergius, erwähnt; sie war also die Hauptstadt der Insel. In der Zeit der Könige aus dem Hause Lusignan war Alt-Paphos verschwunden: die Trümmer der Stadt wurden damals in umfassender Weise nach

Bildfäulen und anderen Kunftgegenftänden durchfucht, um damit das in der Nähe erbaute königliche Schlofs zu fchmücken. Es ift kaum ein altes Grab aus vorrömifcher Zeit aufzufinden, welches nicht bereits vor Jahrhunderten geöffnet worden wäre. Das erwähnte Schlofs wurde von Hugo Lufignan erbaut, etwa einen Steinwurf füdlich von dem grofsen Tempel, und liegt jetzt gleichfalls in Trümmern. Der einzige überdachte Theil desfelben ift eine kleine gothifche Kapelle, welche von ihrem türkifchen Eigenthümer als Kamel- und Efelftall benutzt wird. Ich habe es immer für mehr als wahrfcheinlich gehalten, dafs diefes mittelalterliche Gebäude auf der Stätte des königlichen Palaftes der Könige von Paphos erbaut worden ift; denn da diefe zu gleicher Zeit Hohepriefter des Tempels der Venus waren, fo follten fie ihre Wohnung in der Nähe des Tempels gehabt haben. Ich hegte daher den lebhaften Wunfch, die Grundmauern des Schloffes zu unterfuchen; aber da ich aus langer Erfahrung wufste, dafs die Türken aller Klaffen archäologifchen Unterfuchungen auf ihren Grundftücken abhold find, fo enthielt ich mich felbft eines Befuches des Platzes, obwohl ich mehrere Male nach Paphos gieng, um zu graben.

Ich beauffichtigte 1869 mehrere Monate lang Ausgrabungen dafelbft mit zwanzig Mann, ohne jedoch etwas von Wichtigkeit zu entdecken. Ich wiederholte den Verfuch unter dem perfönlichen Beiftande des Dr. Friederichs vom Berliner Mufeum mit einer gröfsern Anzahl von Arbeitern, aber mit keinem günftigeren Erfolge. Nichtsdeftoweniger kaufte ich 1870 die ganze Fläche des Tempels und den Theil des Peribolos oder der Aufsenmauer, welcher nicht von Häufern eingenommen war.

Nachdem ich ohne Nutzen viele Koften aufgewandt hatte, wurde ich überzeugt, dafs nur eine über umfangreiche Mittel verfügende Regierung es unternehmen könnte, den durch mehrfachen Wiederaufbau des Tempels viele Fufs hoch angehäuften Schutt zu befeitigen. Ohne diefe vorläufige Arbeit auszuführen, die ebenfo koftfpielig als fruchtlos gewefen fein würde, konnte ich nicht hoffen, irgend welche dem älteften phönicifchen Heiligthum angehörige Kunftgegenftände aus der Erde zu fördern.

Ich befuchte die Ruinen von Alt-Paphos noch zweimal, einmal 1874 und zuletzt im Winter 1875. Bei einer diefer Gelegenheiten bemerkte ich, wie der Eigenthümer des Schloffes meine Gräber häufig beobachtete und fie fragte, ob fie nach einem Schatze fuchten. Die regelmäfsige Antwort war verneinend, doch das fchien den alten Osman Aga nicht zu befriedigen. Als diefer Türke bei meinen letzten Nachgrabungen im Jahre 1875 mich mehrere Tage lang auf Schritt und Tritt verfolgt hatte, wurde er augenfcheinlich überzeugt, dafs ich nach Gold fuchte, und indem er fich mir eines Tages vorfichtig näherte, fragte er, ob ich nicht von einem dort verborgenen Schatze wüfste, wobei er auf fein verfallenes Schlofs zeigte. Diefe Frage erfreute und überrafchte mich zu gleicher Zeit, und ich erwiderte ihm, ohne Zweifel feien dafelbft Schätze begraben, aber die Schätze, welche ich meinte, würde er fchwerlich dafür haben gelten laffen. Seine religiöfen Scrupel fchwanden fodann, als ich ihm alles Gold verfprach, welches ich finden würde. Es war ergötzlich anzufehen, wie er den ganzen Tag lang daftand und die Arbeiter fcharf bewachte und jeden Augenblick den erfehnten Schatz zu Tage gefördert zu fehen erwartete. Ich liefs in dem füdöftlichen Winkel des Schloffes zwei Löcher bohren und fand, dafs in einer Tiefe von 13 Fufs unter der Oberfläche die Grundmauern noch nicht erreicht waren. Tags darauf hatten meine Arbeiter ihre

Arbeit kaum wieder aufgenommen, als ich aus meinem Zelte gerufen wurde, um einige fehr grofse Steine anzufehen, welche fie blofs gelegt hatten. Diefe Steine, auf welchen, wie ich bald bemerkte, das mittelalterliche Schlofs erbaut worden war, waren ohne Zweifel die Grundmauern entweder des Palaftes der Könige von Paphos oder irgend eines andern wichtigen Gebäudes. Ich war daher begierig, mich zu vergewiffern, wie tief fie lagen. Mein türkifcher Freund fieng an, Zeichen der Ungeduld zu verrathen, und da er feinen Hof mit Steinen und ausgegrabener Erde fich anfüllen fah, fagte er zu einem der Gräber, dafs, wenn vor Sonnenuntergang der Schatz (von dem er ihnen einen kleinen Procentfatz zugefichert hatte) nicht zu Tage käme, er keine weiteren Nachgrabungen geftatten würde. Nachdem ich hiervon unterrichtet war und wufste, dafs wir an dem Tage nicht wohl auf die Grundmauern ftofsen könnten, obwohl wir bereits 41 Fufs unter der Oberfläche waren, fo verhinderte ich Osman Aga an der Ausführung feiner Drohung durch eine Lift.

Ich hatte gerade zwei Goldmünzen des Kaifers Heraclius in der Tafche, die in Cypern fehr gewöhnlich und nicht viel mehr als ihr Gewicht an Gold werth find. Ich rief den Auffeher bei Seite und fteckte ihm unbeobachtet diefe beiden Münzen zu, mit dem Erfuchen damit zu thun, was der König von Neapel in Pompeji zu thun pflegte, wenn ein königlicher Gaft feine Ausgrabungen zu befichtigen kam, nämlich, vorher entdeckte Gegenftände wieder einzufcharren und diefelben darauf in Gegenwart feiner Gäfte mit vieler Feierlichkeit wieder entdecken zu laffen. Mein Auffeher verftand mich, und zur gehörigen Zeit wurden die Münzen dem Türken eingehändigt, deffen kleine Augen vor Vergnügen leuchteten, und natürlich war er hierauf gern bereit, fein altes Schlofs einreifsen zu laſſen, um noch mehr Gold zu finden. Ich weiſs nicht, ob er nicht aus Furcht, daſs etwas von dem Schatze heimlich gehoben würde, die ganze Nacht an der Oeffnung des Schachtes gewacht hat. Wir arbeiteten den ganzen nächſten Tag und trafen gegen Abend in einer Tiefe von 52 Fuſs auf die Jungfererde. Da ich meinen Zweck erreicht hatte, ſo ſchloſs ich die Ausgrabungen unter dem Schloſſe ab, zum Aerger des armen Osman, der einige Monate darauf ſtarb, vollſtändig überzeugt, wie ich glaube, daſs dort noch viel mehr jener Goldmünzen gefunden worden wären, wenn ich nur die Ausgrabungen fortzuſetzen gewillt geweſen wäre. In einer Tiefe von 47 Fuſs fand ich einige zerbrochene Krüge ohne irgend welche Spuren von Farbe auf ihnen, und 2 Fuſs tiefer einige Fragmente gemalter Terracotta-Vaſen. (Tafel XL. 3).

Der groſse Tempel der Venus war auf einer Anhöhe gelegen, welche gegenwärtig etwa fünfundzwanzig Minuten vom Meere entfernt liegt. Einige Theile ſeiner coloſſalen Mauern ſtehen noch, der Zeit und dem Steinhauer trotzend, obwohl vom letztern arg mitgenommen. Einer der Mauerſteine maſs 15 Fuſs 10 Zoll in der Länge bei einer Breite von 7 Fuſs 11 Zoll und einer Dicke von 2 Fuſs 5 Zoll. Der Stein iſt kein cypriſcher, ſondern, da er eine Art des blauen Granits iſt, entweder aus Cilicien oder aus Aegypten eingeführt.

Der von Vespaſian ausgeführte Neubau des Tempels ſcheint denſelben Platz eingenommen zu haben wie das frühere Heiligthum und war von einem *Peribolos* oder einer äuſseren Mauer eingeſchloſſen. Hiervon ſind nur noch einige groſse Blöcke übrig geblieben. Auf der Weſtſeite dieſer äuſseren Mauer befand ſich ein noch deutlich ſichtbarer Thorweg. Seine Weite betrug 17 Fuſs 9 Zoll. Die beiden Höhlungen für die Angeln, an welchen ſich die Thür drehte, haben folgende Maſse:

6 Zoll Länge, 4½ Zoll Breite und 3½ Zoll Tiefe. Die ſüdöſtliche Mauer war, wie ich mich durch die Ausgrabung ihrer ganzen Länge überzeugte, 690 Fuſs lang. Die Länge der weſtlichen Seite konnte ich nur bis zu 272 Fuſs verfolgen, da ihre Fortſetzung unter den Häuſern von Kuklia verborgen war. Die Länge der andern beiden Seiten vermochte ich aus ähnlichen Gründen nicht feſtzuſtellen. Die Mauern des Tempels ſelbſt, aus der vorhin erwähnten Steinart aufgeführt, aber nicht aus groſsen Blöcken, konnte ich mit Geduld richtig verfolgen; und obwohl ſehr wenig über dem Boden zu ſehen iſt, ſo ſind doch ſeltſamerweiſe noch die vier Eckſteine ſtehen geblieben. Der nordöſtliche Eckſtein iſt in ein Haus von Kuklia eingefügt, indem er einen Theil der Wand desſelben bildet; der nordweſtliche ſteht in einer Kreuzſtraſse des Dorfes für ſich allein. Einige europäiſche Reiſende haben ihn in ſeiner gegenwärtigen Form für den ſinnbildlichen Kegel der Venus gehalten. Die ſüdöſtliche Ecke ſteht gleichfalls ſelbſtändig in einem offenen Felde, wo die chriſtliche Bevölkerung von Kuklia Lampen und kleine Wachslichte anzündet, aber zu weſſen Ehren oder zu welchem Zwecke, habe ich nicht erfragt. Der vierte Eckſtein bildet gleichfalls einen Theil eines modernen Wohnhauſes.

Der Tempel war oblong und hatte die folgenden Maſse: die öſtliche und weſtliche Wand miſst 221 Fuſs; und die andern beiden Seiten 167 Fuſs. Ich kann wegen der Schwierigkeiten, welche ich zu überwinden hatte, die genaue Meſſung nicht verbürgen; doch kann der Unterſchied nur einige Zoll betragen. Der Eckſtein der Nordweſtſeite hat ein Loch von 13 Zoll im Durchmeſſer; ein ähnliches Loch findet ſich auch in der äuſseren Mauer. Da der Tempel von Paphos ein Orakel beſaſs, ſo können dieſe durch den ganzen Stein gehenden Löcher damit in Verbindung geſtanden haben.

Diefe Anficht fprach wenigftens Dr. Friederichs gegen mich aus, als er mich in Paphos befuchte. Von diefer Stelle aus kann man, auf diefem grofsen durchlöcherten Steine ftehend, ein deutliches und fchönes Echo von drei oder vier Worten, welche man in einem gemäfsigten Tone ausfpricht, hervorbringen.

Mafsftab = 1 Zoll : 200 Fufs.

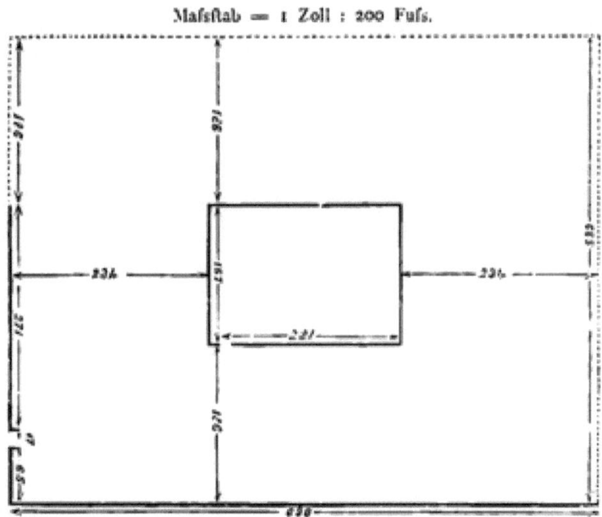

Auf dem Boden des Tempels fand ich 2 Fufs 4 Zoll unter der Erdoberfläche ein Mofaikpflafter, welches zu Sternen, Macanderlinien und andern Zeichnungen recht artig zufammengeftellt war und aus verfchiedenfarbigen Teffellae in Marmor beftand, weifs, gelb, roth, braun und rofa. Auch auf dem Hofe zweier Privatwohnungen, immer noch innerhalb der Grenze des Tempels, wurden Stücke desfelben Mofaikpflafters aufgedeckt. Etwa 3 Fufs unter diefer Mofaik fand ich mehrere grofse Fufsgeftelle zu coloffalen Statuen mit eingefchnittenen griechifchen Infchriften, und andere Fufsgeftelle, die vielleicht durch frühere Ausgräber zurückgelaffen waren, fah man am Boden liegen. Die, welche ich unter der

Mofaik entdeckte, find meift aus derfelben Steinart wie die Tempelwände, aber feiner gekörnt. Die Infchriften gehören alle der ptolemäifchen Zeit an. Daraus fchliefse ich, dafs Vespafian nach allem den Tempel in Paphos wohl nur ausgebeffert hat, oder wenn er ihn ganz neu baute, fo gefchah es theilweife mit früheren Steinen. Ich war begierig die Tiefe diefer Grundmauern zu beftimmen und fand, dafs fie nur fechs und einen halben Fufs betrug; nachdem ich aber weitere Löcher hatte bohren laffen, entdeckte ich eine andere Gründung darunter, fo feft wie die des Schloffes und augenfcheinlich aus derfelben Zeit. Es ift feltfam, dafs ich bei diefen Bohrungen auf keine Ueberbleibfel von Bildwerken und nur auf wenige Bruchftücke von Thongefäfsen ftiefs.

Zwei chriftliche Kirchen, welche jetzt beide in Trümmern liegen, und deren eine innerhalb des Tempelgebietes gebaut ift, während die andere innerhalb der Grenzmauer fteht, das Schlofs Lufignan und das ganze Dorf Kuklia find alle aus den Steinen der alten Stadt erbaut. Jedes Haus hat eine Schafhürde, welche mit einer Mauer aus diefen alten Steinen umgeben ift; diefelben find ohne Mörtel über einander gehäuft. Eine der beiden Kirchen, die in dem Tempelgebiete, enthält in ihren Mauern eingefügt mehrere befchriebene Marmortafeln, welche jedenfalls hergeftellt wurden, ehe fie bei der Erbauung der Kirche als Material dienten. Alle Fufsgeftelle, welche ich auf dem Tempelareal entdeckte, hatte ich in diefen beiden Kirchen verwahrt, da fie zur Fortfchaffung zu fchwer waren. Ich nahm jedoch Papierabdrücke von allen Infchriften, welche fie trugen. Die Nachbarfchaft von Kuklia ift voll von alten Gräbern, welche vor langer Zeit geöffnet worden find.

Auf der Höhe, welche die Stadt Paphos eingenommen hat, mufs ihr Tempel vom Meere aus meilenweit ſichtbar geweſen ſein. Zu dem Schloſſe gehört eine ſchöne und fruchtbare Ebene, welche ſich von Kuklia ſanſt zur Küſte abneigt; dieſe Ebene muſs früher dicht bewaldet geweſen ſein und bildete ohne Zweifel den Hain, von dem Homer ſpricht. In dem Augenblicke, wo ich dies ſchreibe, iſt ſie mit reiſer Gerſte bedeckt und gleicht einem goldenen Meere. Einige hundert Schritte von der Küſte entfernt befinden ſich die Ueberreſte eines andern Tempels, deſſen Anlage gleichfalls

Tempelruinen von Paphos.

oblong war. Dieſes muſs jener Tempel der Venus geweſen ſein, welcher angeblich an der denkwürdigen Stelle erbaut iſt, wo die ſchöne Göttin den Cyprern zum erſten Male erſchienen ſein ſoll. Hier pflegte der jährliche feſtliche Zug der Pilger, welche aus Neu-Paphos zu einem Beſuche des groſsen Altars kamen, anzuhalten, um zu opfern, ehe er den Hügel hinanſtieg, um das Heiligthum daſelbſt zu betreten. Von dieſem Tempel ſind noch zwei 5 Fuſs von einander entfernte Monolithe ſtehen geblieben, in der Form jenen Kegeln ähnlich, von denen oben (S. 157) die Rede war. Die Höhe dieſer pyramidenförmigen Steine beträgt von ihrer Baſis 17 Fuſs 10 Zoll, obſchon ſie heutiges Tages nur 11 Fuſs 7 Zoll über die Oberfläche hervorragen. Der beſſer erhaltene miſst an der Spitze 3 Fuſs 7 Zoll bei 1 Fuſs 4 Zoll, und an der Baſis 7 Fuſs 9 Zoll bei 2 Fuſs 6 Zoll. Dieſe Monolithe beſtehen aus einem bräunlichen Granit, der an andern Orten auf der Inſel nicht zu finden iſt.

Der Bocarusfluſs, jetzt aber anders genannt, bewäſſert die Ebene noch, indem er ein wenig ſüdlich von dieſen Ruinen leiſe dahin flieſst und ſich in's Meer ergieſst. Der Fluſs iſt von wilden Oleandern, Myrthen und Wachholdern dicht umgeben und bildet einen Lieblingsaufenthalt des Rebhuhns und des Birkhuhns. Im Jahre 1874 durchforſchte ich dieſe Ruinen und deckte mehrere Theile der Grundmauern zweier Bauten auf, von denen die eine die Wohnung der Prieſter und Prieſterinnen des Tempels geweſen ſein kann. Einige Schritte von den Monolithen entfernt grub ich zwei groſse doriſche Capitäle aus nebſt Fragmenten von dazugehörigen Triglyphen und Säulen; auſserdem einen groſsen rechtwinkeligen Stein von 7 zu 5 Fuſs, der wahrſcheinlich zu Opferzwecken gebraucht worden iſt, endlich einige Stücke von Thongefäſsen. Zwiſchen den beiden Monolithen und ein wenig weſtlich von denſelben ſteht, halb im Erdboden begraben, etwas, was mir ein Grabcippus zu ſein ſchien; doch könnte es auch ein Altar geweſen ſein. Es iſt 3 Fuſs 4 Zoll hoch und 2 Fuſs im Durchmeſſer und hat oben ein viereckiges Loch, 10½ Zoll tief und 7 Zoll weit.

Dieſer Tempel war klein. Das künſtliche Plateau, auf welchem er erbaut war und welches die Grundmauern zweier getrennter Gebäude erkennen läſst, iſt auf 68 Ellen beſchränkt. Ich konnte weder in ihrer Nähe noch ſonſtwo in der Ebene Gräber entdecken.

die mit ihnen gleichzeitig wären. Etwa 750 Ellen füdweftlich von diefem Tempel jenfeits des Bocarusfluffes legten einige Bauern aus Kuklia vor etwa funfzehn Jahren durch Zufall mehrere Gewölbe blofs, in welchen fie „wunderbare Dinge“ fanden; worin diefelben aber beftanden, konnte mir mein Gewährsmann nicht angeben. Ich befuchte die Stelle und fah, dafs dafelbft wirklich Gräber gewefen waren. Ich befichtigte den Boden und entdeckte eine Gruppe von funfzig, welche etwa einen halben Morgen einnehmen. Diefe Grüfte waren fämmtlich längft geöffnet und geplündert. In einem derfelben fand ich zwei Terracotta-Reiter und eine unverfehrte grofse griechifche Amphora, über 3 Fufs hoch, mit einer Infchrift auf beiden Griffen (Taf. XL, 4—6). Aus dem Helioskopfe, der auf dem einen Griffe eingeprägt ift, und aus der Rofe auf dem andern erkennt man leicht, dafs diefe Amphora in Rhodus gefertigt und wahrfcheinlich benutzt worden ift, um nach Cypern Oel oder eine andere dicke Flüffigkeit auszuführen, da fie für Wein zu porös gewefen fein würde.

Oeftlich von Kuklia beginnt jener Gebirgszug, deffen höchfter Gipfel, jetzt Troodos genannt, als der Berg Olymp bekannt war. Kuklia ift eines der ärmften Dörfer auf Cypern. Die Männer diefer Ortfchaft pflegen in den Sommermonaten ihre Häuslichkeit zu verlaffen, um fich anderswo Arbeit und Nahrung zu fuchen.

Der Tanz, die Mufik, der Gefang und die heiligen Feftzüge von vor dreitaufend Jahren find durch das fchrille Kukuwaii der Eule und das wilde Gekrächz anderer Nachtvögel fowie durch das jämmerliche Geheul von halb verhungerten Hunden erfetzt worden, die von ihren nicht weniger ausgehungerten Herren daheimgelaffen find, um das verödete Dorf zu durchftreifen und nach Aas zu fuchen. Das ift das Paphos von heute!

Der Eremit von Kantara.

NEUNTES CAPITEL.

Nachdem ich meine unergiebigen Forschungen in Paphos beendigt hatte, beschloss ich die Ruinen von Neu-Paphos und die nördliche Küste bis zu der Stätte von Aphrodisium zu besuchen, daselbst den Gebirgszug nach Mesaoria zu überschreiten und über Kythrea nach Larnaka zurückzukehren. Nach einem anderthalbstündigen gemächlichen Ritte nördlich von den Ruinen von Paphos am Rande einer Ebene entlang, welche sich nach dem Meere zu absenkt, und über die mit Wachholder-Unterholz bestandenen Hügelabhänge erreichten wir das Dorf Koloni (Κολόνι). In einigen dieser Berge findet man den „Asbestos", von dem mir Bauern der Umgegend Proben zeigten, und den „Diamanten von Paphos"; der letztere ist jedoch nur ein Bergkrystall von etwas besserer Güte (nach Gaudry Analcim). Diese Hügel ergeben fossile Muscheln in groſsen Mengen; auch findet man in dieſem Gebiete dann und wann Erdſorten von verſchiedenen Farben, grün, carmin und gelb; aber die ſogenannte Umbra-Erde, die in der Umgegend von Larnaka ſo reichlich iſt und eines ſeiner Ausſuhrerzeugniſſe bildet, trifft man ſonſt nirgends an.

Wir kamen rechts an den Dörfern Mandria [Μανδριά], Dimi [Δίμη] und Aſchelia [Ἀχέλια] vorüber, die aus kleinen Hüttengruppen beſtehen. Ich bemerkte an drei oder vier Stellen auf dem Wege Grundmauern alter Bauten, die eben aus dem Boden hervorſahen, aber von kleinem Umfange waren. Die alte Straſse von Neu-Paphos nach dem groſsen Heiligthume in Alt-Paphos verfolgte wahrſcheinlich dieſelbe Linie, auf der wir uns befanden, und vielleicht rühren die eben erwähnten Ruinen von kleinen Altären her, welche an dieſem Wege ſtanden.

Einen zehn Minuten langen Ritt von Koloni entfernt liegt in nordweſtlicher Richtung Jeroskipo [Γεροσκίπου], welches nur aus wenigen Wohnhäuſern beſteht; der Name iſt aber augenſcheinlich ein Ueberbleibſel des alten Hieroskepis [Ἱεροκηπίς], des „Heiligen Gartens“, d. h. des wohlbekannten Gartens der Venus, welche auf Cypern eben ſo wohl wie in Athen als eine Göttin des Frühlings und der Blumen verehrt wurde. Cupido lebte mit ihr auf Cypern, und aus dieſem Eilande entſprang der erſte Frühlingstrieb auf der Erde. Es befindet ſich hier eine groſse Höhle, welche künſtlich aus dem Felſen gehauen zu ſein ſcheint; durch dieſe nimmt eine Quelle ihren Weg und füllt ſie wie ein Reſervoir, dann flieſst ſie über und bildet einen kleinen Bach, der zur Bewäſſerung der umliegenden Felder genügt; dies iſt als das „Bad der Aphrodite“ bekannt. Der müſste wirklich gegen die Reize der Natur gefühllos ſein, den nicht die groſse Schönheit dieſer Oertlichkeit feſſelte. Der Boden neigt ſich im allgemeinen ſanſt gegen das Meer ab; hier aber erſcheint er wie in groſse Plateaux oder Terraſſen zerlegt, die von einem dichten, augenſcheinlich Jahrhunderte alten, Olivenhain umgeben ſind. Unter den Oliven ſtehen vereinzelte Karuben oder Johannisbrodbäume, die mit ihrem grünen, glänzenden Laube einen auffallenden Gegenſatz zu der blaſſen Farbe des Olivenblattes bilden. Dicht bei Jeroskipo befindet ſich eine Anzahl Felſengräber, die ſämmtlich längſt geöffnet ſind, aber Spuren von Gebäuden ſind keine ſichtbar.

Wir blieben noch zwanzig Minuten im Sattel, indem wir in derſelben nördlichen Richtung weiterritten, und dann erreichten wir die Stätte, wo einſt die königliche Stadt NEU-PAPHOS (Νέα Πάφος) ſtand. Nach den ſich über viele Morgen Landes erſtreckenden Schutthügeln zu urtheilen, muſs dieſe Stadt eine Bevölkerung von 20.000 bis 25,000 Seelen gehabt haben. Die Stadt war urſprünglich eine von Agapenor angeführte Colonie von Arcadiern, wie Pauſanias (VIII. 5. 2) und Strabo bezeugen; aber ob dieſe Arcadier bereits eine phönicifche Stadt vorfanden, läſst ſich nicht ausmachen. Der urſprüngliche Name war nach Stephanus von Byzanz und andern ERYTHRAE (Ἐρυθραί), und da die Stadt mit dem alten Paphos gewiſſermaſsen in Verbindung ſtand, indem die Feſtzüge von hier aus nach dem Venustempel aufbrachen, ſo ward der Name Erythrae allmählich mit Neu-Paphos vertauſcht. In der Iliade (2, 609) wird Agapenor als Anführer der Arcadier im trojaniſchen Feldzuge, an dem er mit ſechzehn Schiffen theilnahm, erwähnt, und Pauſanias (VIII. 5. 3) berichtet, daſs die Schiffe der Arcadier durch den Sturm, welcher die griechiſche Flotte auf ihrer Heimkehr aus Troja zerſtreute, nach Cypern verſchlagen wurden, wo dann ihr Führer Agapenor Neu-Paphos gegründet hätte. Von Agapenor und ſeinen Arcadiern hieſs es, ſie hätten in der Gegend

Kupferbergwerke angelegt; aber es kann keinem Zweifel unterliegen, dafs die Minen lange vor der griechifchen Colonifation ausgebeutet worden find. Ein von Paufanias überliefertes Diftichon befagt, dafs Laodice, eine Tochter Agapenors, der Athene Alea zu Tegea in Arcadien einen Peplos weihte, um ihre Liebe zu ihrem Heimatslande auszudrücken. Diefer Peplos war wahrfcheinlich geftickt und eine Probe der grofsen Gefchicklichkeit, welche Cypern in alten Zeiten in diefer Kunft erlangt hatte.

Sehr wenige bauliche Ueberrefte finden fich unter den Haufen von lofen Steinen, welche die Grundeigenthümer von den Feldern gelefen und aufgehäuft haben, um eine Gerftenernte auf ihnen erzielen zu können; und obwohl Neu-Paphos ausficht, als fei es erft kürzlich zerftört, fo fteht doch mit Ausnahme einiger Säulen und unbedeutender Theile von Mauern von der alten Stadt nichts mehr. Die Veranftaltung von Ausgrabungen dafelbft in einem zweckdienlichen Mafsftabe würde meine Mittel weit überftiegen haben; aber davon abgefehen ftellte fich noch ein anderes Hindernifs entgegen, welches die Erforfchung der Oertlichkeit meinerfeits unmöglich machte. Der Grund und Boden gehörte mehreren Türken der Stadt Ktima [Κτῆμα], die in geringer Entfernung öftlich von diefen Ruinen gelegen und der amtliche Sitz eines Kaimakams, eines Kadhi und eines griechifchen Bifchofs ift. Die Türken find dort roher und fanatifcher als fonft irgend wo auf Cypern, wie ich bei verfchiedenen Gelegenheiten erfahren hatte. Im Jahre 1868 fandte ich eine Abtheilung meiner Gräber unter einem Auffeher aus Larnaka hin, um hier einige Bohrverfuche anzuftellen, aber fie wurden mit Steinen geworfen und mufsten davon laufen, um ihr Leben zu retten. Nachdem mir der Pafcha im folgenden Jahre feinen Schutz zugefichert und einen nachdrücklichen Brief an den Kaimakam in

Ktima gesandt hatte, in dem er ihm anbefahl, Acht zu geben, dass meine Leute bei ihren Grabungen nicht belästigt würden, sandte ich eine andere Abtheilung unter Besbes, meinem Dragoman, hin; nichtsdestoweniger wurden sie nach einigen Tagen von dem türkischen Pöbel angegriffen und genöthigt, unter Zurücklassung ihrer Werkzeuge die Flucht zu ergreifen. Mein Dragoman empfieng Anweisungen von mir, die Rädelsführer vor dem Kadhi zu verfolgen; aber dieselben wurden von diesem Beamten so gelinde behandelt, dass die Strafe eher geeignet schien, sie zu ähnlichen Vergehen zu ermuthigen als sie davon abzuschrecken; da ich unter diesen Umständen einsah, dass die Leute ohne meine fortdauernde Gegenwart nicht unbelästigt bleiben würden, so hatte ich den Gedanken an weitere Nachgrabungen auf diesem Gebiete aufgegeben.

Als der Kaimakam von Ktima von meiner Ankunft in Neu-Paphos unterrichtet worden war, sandte er einen Offizier mit vier Polizisten, um sich mir zur Verfügung zu stellen. Nachdem ich einige Stunden umhergestreift war, um nach Bildwerken und Inschriften zu suchen, brach ich nach Ktima auf. Wir hatten das westliche Weichbild der Stadt erreicht, als uns zwei Türken der besseren Klasse begegneten. Als sie unsere Cavalcade bemerkten, sagte der eine zum andern: „Wer ist der Hund?“ „Irgend ein grosser Dschaur, dass Allah ihn verdamme!“ antwortete der andere, und sie setzten ihren Weg fort. Da ich hinreichend mit der türkischen Sprache bekannt war, um zu verstehen, was sie gesagt hatten, so rief ich den Offizier der Garde und befahl ihm die beiden Effendi zu verhaften. Der Offizier gehorchte, obwohl mit sichtlichem Widerstreben. Es ist unmöglich, die jämmerlichen Bezeugungen äusserlicher Reue zu schildern, welche diese beiden Türken vorbrachten, als sie erkannten, dass ich ihre Unterhaltung verstanden hatte.

„Consolos Bey, pardon, pardon, Consolos Bey!“ riefen fie aus, und meine Steigbügel ergreifend fiengen fie an, meine ftaubigen Stiefel zu küffen, indem fie oftmals das Wort pardon wiederholten; doch es half ihnen nichts. Ich befchlofs ihnen und den andern Türken in Ktima für die frühere übele Behandlung meiner Leute eine gefunde Lection zu geben, und fo liefs ich fie zwifchen den vier Poliziften durch den Bazar der Stadt marfchieren, wo fie natürlich eine Aufregung verurfachten; und da die Stunde, in welcher die türkifchen Gerichte geöffnet find, fchon vorüber war, fo mufsten fie die Nacht über in das allgemeine Gefängnifs eingefchloffen werden.

Sobald als der Kaimakam von dem Vorfalle benachrichtigt war, fprach er in meiner Wohnung vor und verwandte fich warm für die Befreiung diefer Männer aus dem Gefängniffe, da fie, wie er fich ausdrückte, zwei „Notabeln“ aus Ktima feien. Ich fagte dem Kaimakam, dafs, wenn fie zwei türkifche Bauern wären, ich feiner Bitte bereitwilligft willfahren würde, da in diefem Falle ihre Unwiffenheit zu ihren Gunften gefprochen hätte; da fie aber Türken von Diftinction feien, fo hätten fie eine folche Entfchuldigung nicht, und ich beftände darauf, dafs fie nach den türkifchen Gefetzen beftraft würden. Meinen Dragoman hatte ich angewiefen, dem Kaimakam zu erklären, dafs, wenn er fie ohne meine Einwilligung in Freiheit zu fetzen wagte, ich ihn aus feiner amtlichen Stellung entfernen laffen würde. Mehemmed Bey war hauptfächlich auf einen Empfehlungsbrief, den ich ihm für den Pafcha gegeben hatte, zum Kaimakam von Ktima ernannt, und er wufste, wie leicht feine Befeitigung zu erlangen war. Kurz nach feinem Fortgange wurden zwei verfchleierte *Hanum* (Damen) als die Frauen der Gefangenen gemeldet; fie begannen wie gewöhnlich, indem fie jammerten, den Fufsboden küfsten und um die Befreiung ihrer Gatten und Herren baten. Eine derselben trug einen sehr dünnen Schleier über ihr Gesicht, was in der Türkei ein Zeichen der Schönheit ist. Ich fühlte für die dünn verschleierte einiges Mitleid, blieb aber gleichwohl unbeugsam.

Als Morgens zu gewohnter Stunde der Kadhi seine Sitzung hielt, trug mein Dragoman ihm, einem Neger, den Fall so eindringlich vor, dafs er nach Anhörung der Zeugen von einem Verhör der Gefangenen absah und die beiden Effendi zu einmonatlichem Gefängnifs verurtheilte.

Ich blieb in Ktima eine Woche lang und konnte mich im Laufe dieser Zeit überzeugen, dafs die Ruinen von Neu-Paphos keine wichtige Denkmäler und Bruchstücke von solchen enthielten, die der angewandten Mühe werth gewesen wären. Ich konnte natürlich keine regelmäfsige Ausgrabung veranstalten, ohne die Erlaubnifs der Eigenthümer der Felder einzuholen, aber oberflächliche Untersuchungen nahm ich an zwei Stellen vor. Eine dieser Stellen war die Stätte eines alten Tempels, von dem noch drei grofse Granitsäulen standen. Ich entdeckte auch die Basen von neun anderen Säulen, welche einige Zoll unter der Oberfläche noch ihre ursprüngliche Lage einnahmen, während rings umher architectonische Fragmente zerstreut lagen, welche zu jenem Baue gehört haben. Die andere Stelle befindet sich bei einer noch stehenden, zerbrochenen Säule aus weifsem Marmor; etwa 7 Fufs hoch, an welche gebunden der Apostel Paulus gepeitscht worden sein soll, als er auf die Insel kam, um das Evangelium zu predigen; doch soviel ich weifs, ist diese Ueberlieferung nur unter der griechischen Bevölkerung von Ktima erhalten. An diesem Orte befanden sich auch Säulenschäfte, einige Triglyphenblöcke und Schnörkel, welche am Boden lagen und wahrscheinlich auch Ueberbleibsel des Tempels waren. Eine silberne Münze Vespa[illegible]

Darftellung des Tempels von Paphos (ob von Alt- oder Neu-Paphos, ift nicht bekannt) und einige wenige römifche Lampen waren alles, was ich in einer achttägigen Nachforfchung in Neu-Paphos fand.

Ein wenig nach Nordoften und auf halbem Wege zwifchen diefen Ruinen und Ktima befindet fich eine felfige Anhöhe, die fich nach dem Meere zu abfenkt und Palaeo-Caftro heifst; ihre Oberfläche ift von Taufenden von alten Gräbern durchlöchert, von denen einige fenkrecht, andere wagerecht in den Kalkfelfen gehauen find.[1] Einige find nur für einen Leichnam berechnet, während andere für zwanzig oder mehr ausreichen. Diefe Gräber find augenfcheinlich alle vorrömifch. Ich liefs den Schutt aus einem der gröfsten entfernen und fand, dafs es ein oblonger Bau war, mit einem Atrium, das durch drei roh aus dem Kalkftein gehauene, monolithe Säulen geftützt wurde, und vor dem fich ein Vorhof befand. Das Grab ift in drei Kammern getheilt, welche im Innern mit einander in Verbindung ftehen, obwohl jede auch von aufsen einen befondern Eingang hat. Sie enthalten eine grofse Anzahl von Nifchen,

Eine Gruft in Palaeo-Caftro.

7 Fufs zu 2, und jede ift für einen Leichnam beftimmt. An der Wand, dem Eingange jeder Kammer gegenüber, befindet fich eine niedrige in den Felfen gehauene Platform, auf welcher vermuthlich ein Sarcophag ftand, von dem fie [illegible] erhalten geblieben ift. Der Vorhof ent-

hält gleichfalls mehrere einzelne Gräber, aber alle find lange zuvor geöffnet. Dies mufs das Familiengrab einer vornehmen Perfon gewefen fein, möglicherweife eines der Könige von Paphos.

Am Abend meiner Abreife aus Ktima liefs ich die beiden Türken aus dem Gefängniffe freigeben, nachdem fie mich in Gegenwart des Kaimakams, des griechifchen Bifchofs und anderer Beamten um Verzeihung gebeten hatten. In diefem Falle mufste ich aus der Noth eine Tugend machen, denn ich wufste fehr wohl, dafs man fie entlaffen würde, fobald ich aus der Stadt wäre. Nach jener heilfamen Lehre nannten mich die Türken von Ktima mit dem Spitznamen Scheitân, d. i. „der Satan", und haben vor demfelben in meiner Perfon feit jener Zeit heilfame Furcht gehabt.

Als ich 1876 Neu-Paphos zum zweiten und letzten Male befuchte, befand ich mich in der Gefellfchaft zweier Amerikaner, des Profeffors Ifaac H. Hall, der der erfte Amerikaner gewefen ift, welcher zur Entzifferung der cyprifchen Charactere beigetragen hat, und des Generals S. W. Crawford, eines wackern Offiziers unferes ftehenden Heeres. Wir hatten kaum die Höhen von Kuklia (Paphos) hinter uns, als wir einen Trupp Soldaten, von ihren Offizieren mit gezogenem Degen geführt, auf uns zukommen fahen. In einiger Entfernung machten fie Front und, als wir nahe kamen, präfentierten fie das Gewehr. Darauf trat Yûsuf Aga, der Hauptmann, heran und theilte uns mit, dafs er vom Kaimakam von Ktima Befehl erhalten habe, bis nach Kuklia zu marfchieren und wenn fie dem „Confolos Bey", d. h. dem Satan, begegneten, demfelben nach Ktima das Geleit zu geben. Ich fah, dafs die Lection gute Früchte getragen hatte.

Von Ktima nach Cap Acamas ift der Weg an der Meeresküfte entlang wegen der Steilheit der

Klippen nicht anwendbar. Da diefe Route in Wegfall kam, fo nahmen wir unferen Weg über kahle Berge, welche keinerlei Spuren alter Bauten aufweifen. Hinter einem Dorfe namens Floraka find die Gipfel mit Unterholz bedeckt, doch nur bis zum Dorfe Lemba. Hier führte mich ein Bauer auf einem Wege durch eine holperige Schlucht an die Meeresküfte, um mir einige Felfengräber zu zeigen, die fich bei einem Vorgebirge namens Drepano befinden; es giebt indeffen keine Refte alter Wohnungen in der Nähe, obwohl die Menge der Gräber dafelbft zu einer unfern gelegenen Stadt gehört haben mufs. Einige hundert Schritte öftlich von diefen Gräbern find die zerfallenden Mauern einer alten griechifchen Kirche. In Krisonerki (Κισσόμεργα?) follten fich nach der Verficherung des Dorfpriefters auf einem fein Dorf überragenden, flachen Hügel die Ruinen eines Palaeo-Castro und mehrere Infchriften befinden. Obfchon fehr ermüdet, erftieg ich doch den fteilen Kalkfelfengipfel und fand darauf die Ueberbleibfel einer andern, dem Agios Jorgos gewidmeten Kirche; die Infchriften beftanden in modernen Namen, welche mit einem Tafchenmeffer in den Kalkftein eingefchnitten oder mit einem Bleiftift aufgefchrieben waren! Diefe Art Enttäufchung habe ich mehr als einmal zu erfahren gehabt.

Von Krisonerki war ich genöthigt nach Lemba zurückzugehen, da es nördlich unter diefen rauhen Bergen keinen für Maulthiere geeigneten Pfad giebt. Nachdem wir Rhodos (Ἀρῶδες?) und Kritoterra (Κρίτου Τέρας), zwei kleine erbärmliche Dörfer, welche auf niedrigen, flachen Hügeln vor einer, mit wilden Olivenbäumen bepflanzten, Hochebene liegen, hinter uns hatten, tauchten wir alsbald aus einer Schlucht in eine Ebene auf; diefelbe wird von einem Strome bewäffert, der einem auf feinem öftlichen Ufer erbauten Dorfe feinen Namen Khrysokhou (Χρυσοχοῦς) verleiht.

Eine halbe Stunde weiter nördlich liegt ein anderes Dorf, Poli [Πόλι] genannt: es ift jedoch viel kleiner und liegt an dem weftlichen Ufer des Fluffes. Es nimmt einen Theil der Stätte der alten Stadt Arsinoe ein. Dafs Trümmer hier fo felten find, erklärt fich aus der Nähe der füdlichen Küfte Ciliciens; von dort aus kommen nämlich, wie man mir erzählte, mit Bauholz beladene Böte, und es ift die Gewohnheit diefer Schiffer, nachdem fie ihre Ladung gelöfcht haben, ihre Barken mit behauenen Steinen aus der Umgegend zu befrachten. Man erzählte mir auch, dafs diefelben einige Infchriften und Bildwerke nach Caramanien gebracht hätten. Strabo verlegt in diefe Gegend einen Tempel und einen Hain des Jupiter, doch konnte ich von beiden keine Spuren entdecken.

Die weftlich von Poli gelegenen Hügel enthalten viele Felfengrüfte, und auf den Feldern öftlich von den Ruinen befinden fich viele ofenförmige Gräber, die in die Erde gehöhlt find, wie die in Idalium, und graugefärbte Thongefäfse enthalten, roh gearbeitet und ohne jede Malerei oder Ornamente, ferner einige ägyptifche Scarabäen und Amulette in grünglafiertem Thon, endlich Kupfermünzen mit zwei Adlern auf einer und dem Kopfe des Ptolemaeus auf der andern Seite. Die Felfengräber find alle offen, aber fcheinen mir viel älter zu fein, als die auf den öftlich von Poli gelegenen Feldern. Indem wir darauf die krummen Windungen der Meeresküfte verfolgten, reiften wir weiter nach Weften, bis wir einen abgefchloffenen, dicht bewaldeten Fleck erreichten, die durch Ariofto berühmt gewordene *Fontana amorosa;* dafelbft fcheint fich ein Mineralbrunnen zu befinden, wenn man nach dem Eifenrofte urtheilen darf, den man auf den von dem Waffer befpülten Steinen bemerkt. In unmittelbarer Nähe von Cap Acamas entdeckte ich zwifchen zwei merkwürdig geformten conifchen Gipfeln die

Ruinen einer alten Stadt, die ich bei Strabo, Ptolemaeus und andern nicht erwähnt finde. Vielleicht ſind ſie nur die Ueberreſte eines alten Dorfes von keiner Wichtigkeit.

Bei dieſem Cap ſahen wir mehrere hundert Geier, welche das Aas eines Maulthieres verzehrten. Sie ließen ſich durch unſere Annäherung nicht ſtören, und wir hätten über ſie hinreiten können, wenn unſere Thiere nicht erſchreckt worden wären und ſich geſträubt hätten weiter zu gehen. Es war eine gute Gelegenheit, die Raubvögel zu beobachten. Sie ſind ſehr groſs, einige ganz grau, aber die meiſten braun; ihre Köpfe und Hälſe ſind mit weiſsen Daunen dicht bedeckt und nicht nackt, wie ich es ſonſt bemerkt habe. Der Moſchusgeruch, oder ein ähnlicher, den ſie verbreiteten, übertraf faſt den Geſtank des Aaſes.

Vom Cap zurückgekehrt, ſchlug ich meine Zelte auſserhalb der Stadt Poli auf und verweilte daſelbſt zwei Tage, indem ich einige Gräber unterſuchte, zugleich aber wartete, bis unſer Brodvorrath erneuert war. Am dritten Tage giengen wir immer zwiſchen den Bergen in öſtlicher Richtung weiter, bis wir das Dorf Pyrgas [Πύργος] erreichten, wo wir unſer Nachtquartier aufſchlugen. Von Poli bis hier wurden keine Spuren alter Bauten angetroffen. Indem wir von Pyrgas unſere Reiſe zwiſchen den Bergen fortſetzten, kamen wir zu einigen Waarenhäuſern und einem türkiſchen Zollamte an der Küſte, genannt Karavoſtaſi [Καραβοστάσιον]; einige hundert Schritte ſüdlich davon iſt die Stätte der alten königlichen Stadt Soli (Σόλοι).

Nach der bei Plutarch (Vit. Solon. 26) erhaltenen Geſchichte hatte der atheniſche Geſetzgeber Solon, welcher, wie wir wiſſen, ſeine letzten Jahre in Soli verbrachte, Cypern bei einer frühern Gelegenheit beſucht und war damals der Freund und Gaſt des Philocyprus oder Cypranor, des Königs von Aepia, geweſen:

dies lag in felfiger und vergleichsweife unfruchtbarer Gegend zwifchen den Bergen. Solon wies auf die tieferliegende, fruchtbare und fchöne Ebene hin und rieth feinem Freunde, fein Volk dahin zu führen. Philocyprus nahm den Rath an und benannte die neue Stadt nach feinem Freunde Solon. Diefe an fich unwahrfcheinliche Dichtung wird dadurch jeder Glaubwürdigkeit benommen, dafs der Name des Königs von Soli unter den cyprifchen Monarchen vorkommt, welche ein Jahrhundert vor Solons Zeit Gefchenke an Afarhaddon fandten; zugleich fcheinen die griechifchen Anfiedler in diefem Gebiete der Infel wirklich vorwaltend attifche gewefen zu fein.[2] Von dem befchriebenen affyrifchen Cylinder, auf dem die Namen der Könige vorkommen, vermochte George Smith (History of Assyria p. 130) nur drei Buchftaben vom Namen des Königs von Soli zu entziffern; er las fie *Kin* . . ., worunter man vielleicht den Lieblingsnamen der Cyprer Cinyras vermuthen darf. In den „Records of the Past" (3. 108) wird der Name dagegen *Erili* gelefen.

In hiftorifchen Zeiten war Soli nächft Salamis die wichtigfte Stadt auf der Infel, während feine Theilnahme an der Auflehnung gegen die Perfer und fein hartnäckiger Widerftand gegen diefelben ihm zum höchften Ruhme gereichen. Es weigerte fich mit Salamis unter Evagoras gemeinfame Sache zu machen, als es zufammen mit den Athenern unter Conon zur Vernichtung der Lacedämonier ein Bündnifs mit Artaxerxes eingieng. Als aber fpäter (391 vor Chr.) Evagoras in Folge des Bündniffes fich zum Herrn der ganzen Infel zu machen fuchte, verband fich Soli mit Amathus und Citium, fandte an den perfifchen Hof, um Artaxerxes um Hülfe gegen Evagoras zu bitten, und es glückte ihm auch, diefelbe zu erhalten. Wahrfcheinlich verdankte Soli den Kupferminen in der Nähe grofsen Wohlftand.

Die Stadt ſtand auf dem linken Ufer des Fluſſes Clarius, der jetzt ein Winterſturzbach iſt, bedeckte den nördlichen Abhang eines niedrigen Hügels, der von einem höhern Gebirgszuge getrennt daſteht, und dehnte ſich über das Feld am Fuſse des Hügels bis auf einige hundert Schritte an die Meeresküſte aus, woſelbſt noch Spuren ihres Hafens ſichtbar ſind. Auf halbem Wege zu dem Gipfel der Anhöhe befindet ſich ein halbkreisförmiger Steinbau, der ein Theater geweſen zu ſein ſcheint. Bei einem frühern Beſuche legte ich am untern Theile desſelben einige ſteinerne Stufen oder Sitze bloſs, welche ſich um den Halbkreis erſtreckten. Jetzt iſt nur der untere Theil dieſer Ruinen übrig. So viel ich weiſs, hat ſie in den letzten zehn Jahren den Kornhändlern aus Levka als Steinbruch gedient, der ihnen alle zum Bau ihrer Waarenhäuſer auf dem Ufer von Karavoſtaſi erforderlichen Steine lieferte; von dieſem Punkte aus wird nämlich alles in dem nordweſtlichen Gebiete der Inſel geerntete Getreide verſchifft.

Auf demſelben Abhange befinden ſich die Grundmauern eines kreisförmigen Gebäudes, welches ein kleiner Tempel geweſen zu ſein ſcheint, mit einer Höhle darunter. Dieſe Grundmauern beſtehen aus mächtigen Kalkſteinblöcken, die aus den benachbarten Hügeln gebrochen ſind. Auf dem Gebiete dieſes Tempels fand ich auſser mehreren Fragmenten von Säulen und Capitälen in Marmor und Granit eine oblonge Marmortafel mit einer griechiſchen Inſchrift (Anhang Nr. 29), ſehr beſchädigt, aber den Namen Soli und den des Proconſuls Paulus enthaltend, wahrſcheinlich des Sergius Paulus, der in der Apoſtelgeſchichte erwähnt wird. Auf demſelben Gebiete entdeckte ich eine kopfloſe Figur der Cybele in reinem, weiſsem Marmor (Tafel XLI. 1). Dies können die Ruinen eines Tempels der Cybele geweſen ſein, deren Dienſt hier, in der Nähe der reichen Kupferminen des

Gebietes von Soli, gleichsam heimisch gewesen sein würde. Die meisten Steine sind von den Eigenthümern der Grundstücke auf einander gehäuft, um eine Bestellung der Felder mit Gerste zu ermöglichen. Die Abhänge der westlich von Soli gelegenen Hügel und die Ebene an deren Fusse sind voll von alten Gräbern. In dieser Ebene erkennt man die Lage jedes Grabes leicht an einem unbehauenen Stein, der in einigen Fällen oben über dem Boden hervorsieht und in andern sich einige Zoll bis drei Fuss tief unter der Oberfläche vorfindet. Die Gräber auf den Hügeln sind sämmtlich längst geöffnet. Sie sind sehr gross und meist aus dem Kalkstein gehauen, aus dem die Hügel bestehen. Die auf der Ebene enthalten meistentheils nur das Skelett einer Person und haben die gewöhnliche Ofenform. Die sich gelegentlich in ihnen findenden Gegenstände sind Krüge in Terracotta von der sehr glänzenden, rothen Farbe, welche den sogenannten samischen Gefässen eigen ist; mit seltenen Ausnahmen sind sie jedoch ohne jedes Ornament. (Tafel XLI. 1). Dies sind vermuthlich Gräber armer Leute gewesen.

Südöstlich von diesen Ruinen liegt in einer Schlucht der Berge eine Hochebene, auf der das Dorf Levka (Λεῦκα) erbaut ist, der Sitz eines Mudîr oder Landraths: die Stadt ist reichlich mit Wasser versehen und von vielen Gärten umgeben, die voll von Fruchtbäumen sind, wie Orangen, Citronen, Granatäpfeln und Feigen. In diesem Theile des Landes ist der Boden sehr ergiebig und fast für jede Art der Bestellung geeignet. Viele Sträucher und Schlingpflanzen sieht man hier überall wild wachsen, unter ihnen die Iris oder Schwertlilie. Die Abhänge der Hügel sind mit Olivenbäumen bepflanzt, die ein vorzügliches Oel liefern; die Esche und die Karube werden gleichfalls nicht selten angetroffen, von denen die letztere sich besonders gern in weitem Buschwerk ausdehnt, manchmal 120 Fuſs im Umfange; der Oleander und die Myrthe wachſen gleichfalls in dichten Büſchen, aus denen die Anemone und Clematis und eine Menge anderer wilder Blumen, deren Namen mir nicht bekannt ſind, hervorlugen.

Weſtlich vom Dorfe Levka liegen auf dem Kamme eines ſteilen Hügels die Ruinen einer ſehr alten Stadt, die Reiſende zutreffend, wie ich glaube, mit Aepia [Αἴπεια] identificiert haben; nach der Erzählung Plutarchs war Soli eine Kolonie derſelben, aber dieſe Ruinen ſind nicht ſehr ausgedehnt und führen heute gar keinen Namen; die dazu gehörige Necropolis liegt auf dem weſtlichen Abhange desſelben Hügels und ſetzt ſich am Rande zweier anderer damit verbundener Hügel fort. Die Gegenſtände, welche ich in einem dieſer Gräber fand, ſind durchaus denen in Soli ähnlich, nämlich Krüge und Vaſen von glänzender, rother Farbe.

Von Levka gelangten wir bald in die Ebene von Mesaoria und erreichten Morfu [Μόρφου], das zwei und eine halbe Stunde entfernt iſt. Dies iſt gegenwärtig das gröſste Dorf auf Cypern und zählt 550 bis 600 Häuſer. Seine Einwohner ſind meiſt Chriſten. Dicht vor dem Dorfe liegt ein groſses griechiſches Kloſter, in deſſen Hofe ich eine Anzahl ſehr ſchöner corinthiſcher Marmorcapitäle auf hölzernen Säulenſchäften bemerkte, welche ein Lehmdach tragen. Mit dieſem Kloſter iſt eine Knabenſchule verbunden, die von etwa 200 Zöglingen im Alter von ſechs bis zwölf Jahren beſucht wird. Das Kloſter hat eine gothiſche Kirche und einige Mauern, welche zu einem mittelalterlichen Baue, vermuthlich einem in der Zeit der Luſignan errichteten lateiniſchen Kloſter gehören.

Von Morfu brach ich nach Lapethus (Λάπηθος) auf, welches in der Entfernung eines fünfſtündigen Rittes zwiſchen den Bergen durch liegt. Auf halbem Wege von Morfu aus befindet ſich eine Hochebene.

und darauf ein groſses griechiſches Kloſter mit einer Gruppe von Häuſern, genannt Agios Pantelemoni (Ἅγιος Παντελεήμων). Hier wohnt der Biſchof von Cerynia, ein würdiger, alter Herr, der, ſo oft ich des Weges kam, die Güte ſelbſt gegen mich war. Da er in Venedig erzogen iſt, ſo hat er eine beſondere Zuneigung für Italiener; und wenn er zufällig wuſste, daſs ich kommen würde, dann pflegte er die Glocken läuten zu laſſen, und die ganze Schaar ſeiner Prieſter zu entſenden, um mich zu empfangen und zu ſeinem Wohnſitze zu geleiten, wo meiner jedenfalls ein warmes Willkommen und ein patriarchaliſches Mahl, mehr reichlich als ausgeſucht, warteten. Wegen ſeines hohen Alters verläſst er ſelten ſeine Gemächer, aber bei dieſen Gelegenheiten wollte er durchaus die Treppe herunter getragen werden und mich an der Thür ſeines Kloſters empfangen, was als ein hohes Zeichen der Achtung galt. Meine Begleiter liebten es, bei Agios Pantelemoni Halt zu machen, da ſie ſicher waren, hier für eine Woche hinreichende Lebensmittel zu bekommen. Ich beſuchte den Biſchof 1876 zum letzten Male in Begleitung zweier amerikaniſcher Freunde. Die Geſchenke waren bei dieſer Gelegenheit reichlicher als ſonſt; ſie beſtanden aus ſieben Dutzend Eiern, zwei Lämmern, ſechs Hühnern, vier Töpfen Honig, zwanzig Laib friſchen Brodes und ſechzig kleinen Käſen nebſt einem groſsen Beutel mit Tabaksblättern.

Von zwei berittenen Prieſtern begleitet, brachen wir nach einer kleinen Gruppe von Steinhäuſern hoch oben auf den Bergen, genannt Larnaka von Lapethus, auf. Der Ort führt dieſen Namen nach der groſsen Menge der Felſengräber, von welchen er umgeben iſt. Die alte Stadt Lapethus lag gerade an der andern Seite des Gebirgszuges am Fuſse des nördlichen Abhangs, und ohne Zweifel haben dieſe Felſengräber zu ihr gehört. Auf dem Abhange eines kegelförmigen Felſens, welcher aus der Ferne künſtlich zu ſein ſcheint und in 10 oder 15 Minuten von dieſem Larnaka aus erreicht werden kann, befindet ſich eine bilingue Inſchrift in griechiſcher und phöniciſcher Sprache aus der Zeit der Ptolemäer, die von einem Reiſenden, der ſie vor einigen Jahren abſchrieb, erheblich beſchädigt worden iſt. In ihrer Nähe entdeckte ich die Trümmer eines kleinen oblongen Tempels, und auf dem Boden lagen viele Bruchſtücke von Terracotta-Statuetten und Steinſtatuen zerſtreut umher, die letztern meiſt in Lebensgröſse und von cypriſcher Arbeit. Ich grub hier 1872 fünf Tage lang und legte mehrere groſse Fuſsgeſtelle in Granit bloſs, auf denen griechiſche Inſchriften eingegraben waren. (S. den Anhang No. 15. 16).

Die neuere Stadt Lapethus und ihre alten Ruinen liegen, wie geſagt, auf der entgegengeſetzten Seite der Berge; um aber dahin zu gelangen, muſsten wir unſern Weg durch mehrere Senkungen und Schluchten nehmen, was uns anderthalb Stunden unſerer Zeit koſtete. Lapethus war eins der alten cypriſchen Königreiche und ſcheint von einem oder dem andern aus den beiden Zügen doriſcher Coloniſten unter Praxander und Cepheus gegründet worden zu ſein. Das neuere Dorf Lapethus wird von einem Strome dieſes Namens bewäſſert; derſelbe geht mitten durch die Stadt und hat Waſſerreichthum genug, um eine Mühle das ganze Jahr hindurch in Bewegung zu ſetzen. Die Einwohner ſind meiſt Türken, die ihren Unterhalt durch die Anpflanzung des Maulbeerbaums und die Pflege des Seidenwurms verdienen. Das Dorf iſt etwas zerſtreut und erſcheint gröſser als es in Wirklichkeit iſt; es iſt ein wenig ſüdlich von den Ruinen der alten Stadt erbaut. An der Meeresküſte liegt ein griechiſches Kloſter, genannt Acheropiti, [Ἀχειροποίητος] nebſt zwei verfallenen lateiniſchen Kirchen, die in mittelalterlichen Zeiten erbaut worden ſind. In der Kirche zu Acheropiti ſah ich einen marmornen Leichenſtein, auf dem ein Kreuzſahrer ſculptiert iſt. Es befinden ſich dort auch Ueberreſte eines ſchönen Moſaik-Pflaſters. Der Kloſterhof liegt voll von Säulenſchäften, ſchönen corinthiſchen Capitälen in weiſsem Marmor und vielen andern Bruchſtücken von Bildwerken, die aus den Ruinen von Lapethus ausgegraben ſind. Ein groſses Fuſsgeſtell in weiſsem Marmor trägt eine lange griechiſche Inſchrift aus der Zeit des Tiberius, deſſen Name mehrfach darin erwähnt wird (Anhang No. 15). Ein wenig ſüdlich von dieſem Kloſter ſteht ein merkwürdiger, augenſcheinlich ſehr alter Bau, deſſen Dach jetzt verſchwunden iſt. Er ward aus mächtigen Steinblöcken erbaut und hat das Ausſehen eines Mauſoleums, obwohl der Prieſter aus Acheropiti ſagt, daſs es bekanntermaſsen der Palaſt eines Königs ſei, und zum Beweiſe, wie er meinte, zeigte er mir im Innern einige Löcher, in denen eiſerne Riegel und Ringe befeſtigt geweſen waren, um Gefangene daran zu ketten. Es iſt nicht unwahrſcheinlich, daſs es in ſpäterer Zeit als Gefängniſs gedient hat.

Von Acheropiti brachen wir nach Kerynia oder Cerynia auf, welches die zweitſtärkſte Feſtung auf der Inſel iſt. Die urſprüngliche Anlage von Cerynia [Κηρύνεια, Κερυνία] wird wie die von Lapethus auf die doriſchen Coloniſten unter Praxander und Cepheus zurückgeführt.[3] Es gehörte zu den königlichen Städten der Inſel. Ich war an dieſer Stadt bei meinen nördlichen Ausflügen mehrfach vorbei gekommen, hatte aber nie die Neugierde gehabt ſie zu betreten. Das Dorf ſelbſt mit Ausnahme der Burg iſt ein kleiner ſchmutziger Ort und faſt ausſchlieſslich von Muslimen bewohnt, die ſich mitſammt der Beſatzung eines ſehr übeln Rufes erfreuen und in dieſer Hinſicht nur ihren Glaubensgenoſſen in Neu-Paphos nachſtehen. Einige dieſer Soldaten drangen 1875 in das Haus eines griechifchen Bauern und thaten in feiner Abwefenheit feinem Weibe und feiner Tochter Gewalt an. Während fie noch das Haus plünderten, langte der Eigenthümer an und ward auf feiner eigenen Schwelle graufam ermordet. Sehr ernftliche Vorftellungen der gefammten Körperfchaft der Confuln veranlafsten den Pafcha, die Sache zu unterfuchen, worauf drei Verbrecher verhaftet und in Ketten zur Hinrichtung nach Nicofia gefchickt wurden. Als ich 1876 in den Flecken kam, fuchte mich die Frau des Ermordeten auf, und ich erfuhr von ihr, dafs die Soldaten noch nicht gerichtet feien, dafs man vielmehr grofse Luft habe, diefelben in Freiheit zu fetzen.

Ich würde in Cerynia nicht Halt gemacht haben, wenn ich allein gewefen wäre; da aber General Crawford bei mir war, fo dachte ich, es würde ihm Vergnügen machen, jene alten Befeftigungen zu befichtigen. Da er lieber feinen Weg mit dem Gepäckzuge fortfetzen als in Acheropiti anhalten wollte, fo wies ich Muftafa an, mit ihm nach Cerynia zu gehen und einen angemeffenen Platz vor der Stadt zu unferm Lager auszufuchen, während ich mit Profeffor Hall einen etwa einftündigen Umweg machte, um die oben erwähnten Ruinen und das Klofter zu befuchen.

Als wir in die Nähe von Cerynia kamen, trafen wir einen unferer Maulthiertreiber, der in grofser Erregung berichtete, dafs zwifchen meinen Leuten und einigen Türken aus dem Dorfe ein Gefecht ftattgefunden, und dafs der amerikanifche „Milordo" nach der türkifchen Polizei gefchickt hätte. Ich eilte zu dem Lagerplatze und fand die Maulthiere noch bepackt, die Zelte noch nicht aufgefchlagen und General Crawford mit zwei Poliziften auf meine Ankunft wartend. Auf meine Frage, was vorgefallen fei, erfuhr ich bald, dafs das von dem General zu unferm Lager auserfehene Wäldchen einem Türken in einem benachbarten Haufe gehörte, und dafs diefer nicht wünfchte, dafs meine Leute dort das Lager auffchlügen. Einige heftige Worte waren zwifchen Muftafa und dem Eigenthümer des Grundftücks gewechfelt worden, und Muftafa, in Zorn gerathen, hatte feinen Säbel gezogen und ihm mit der flachen Klinge eine etwas derbe Züchtigung verabreicht. Als die türkifchen Weiber von ihren vergitterten Fenftern aus ihre Herren Gemale fo behandelt gefehen hätten, wären fie zur Vertheidigung derfelben herbeigekommen und hätten wie wahre Mannweiber fowohl mit ihren Zungen als mit Steinwürfen gegen meine Leute zu kämpfen begonnen, zum Ergötzen des Generals Crawford, der, auf einem Steine fitzend, wie ein Schiedsrichter zugefehen hätte. Die Maulthiertreiber, fo tapfer wie ihre Vorfahren, wären bald fortgelaufen, während Muftafa allein den Platz behauptet hätte. Ich ftieg nicht ab, fondern ritt fogleich zu dem Wohnfitze des Gouverneurs von Cerynia und liefs den Eigenthümer des Grundftückes und feine verfchiedenen Frauen verhaften und in das Fort einfchliefsen. Dann veranlafste ich den Gouverneur, den Kadhi und die andern türkifchen Beamten in unfer Lager zu kommen, um den amerikanifchen „Milordo“ für das Vorgefallene um Entfchuldigung zu bitten, was fie auch fehr fanft und ohne alle Widerrede thaten. Da ich aber den Character der Türken von Cerynia kannte, fo erfuchte ich den Gouverneur, unfer Lager durch eine ftarke Abtheilung Soldaten und Poliziften bewachen zu laffen; und fo verbrachten wir unfere Nacht in Cerynia in unfern Zelten, von den Soldaten des Halbmonds umgeben, und verfetzten uns in die alten Zeiten zurück, als wir, am Potomac-Fluffe gelagert, auf einen nächtlichen Angriff der Verbündeten gefafst waren.

Früh Morgens hatte ich wieder einen Befuch des Kadhi von Cerynia, dem eine Menge Früchte, Honig, Käfe u. dergl. als Gefchenk vorhergieng; er kam um fich zu erkundigen, wie wir die Nacht zugebracht hätten, und ob er oder der Kaimakam etwas für uns thun könnten. Der Kadhi dafelbft ift ein junger Mann, aber fo fanatifch, hörte ich, wie nur irgend einer feines Standes; bei diefer Gelegenheit betrug er fich indefs fehr angemeffen.

Nach dem Frühftück brachen wir auf, um die alte Stätte von Cerynia zu befuchen, welche ein wenig weftlich von der gegenwärtigen Stadt und mehr nach dem Innern zu liegt. Eine beträchtliche Strecke fieht man an der weftlichen Küfte von Cerynia hier und dort grofse Höhlen in den Felfen; einige derfelben fcheinen Gräber gewefen zu fein.

Südöftlich von der Stadt, etwa einen einftündigen Ritt von ihr entfernt und auf halber Höhe des Gebirges, fteht ein ftattlicher, mittelalterlicher Bau, genannt Lapaïs.[4] Es war eine vom König Hugo III. († 1284) erbaute Abtei, die zur lateinifchen Kirche gehörte und von den Türken bei der Einnahme Cerynias zerftört wurde. Es ift eine bemerkenswerthe Thatfache, dafs alle den Lateinern gehörige Kirchen von den Türken zerftört wurden, als fie die Infel in Befitz nahmen. Hierin wurden fie ohne Zweifel von den Griechen, welche die Franken noch mehr als felbft die Türken verabfcheuten, freudig unterftützt oder wenigftens dazu angetrieben. Diefe Abtei nahm eine der malerifchften und lieblichften Stellen der ganzen Infel ein; es fteht noch eine grofse Halle, 100 Fufs lang, 32 Fufs weit und etwa 40 Fufs hoch; diefelbe war vermuthlich das Refectorium der Mönche; darunter liegt eine andere in zwei Zimmer getheilte Oertlichkeit von gleichen Mafsen, deren Wölbung durch maffive Säulen getragen wird. Im Hofe liegen auf einander zwei grofse Marmorfarcophage von fpäterer römifcher Arbeit, von denen der eine Darftellungen von Blumengewinden, nackten Figuren und grofsen Stierköpfen in kühnem Relief zeigt. Beide haben augenſcheinlich lange Zeit als Tröge gedient. Auf der Schwelle über der Thür der groſsen Halle ſind drei Schilde eingegraben; eines ſtellt das Kreuz von Jeruſalem dar, ein anderes das königliche Wappen der Luſignan, und das dritte eine Löwentute. Die gothiſche Kapelle der Abtei iſt theilweiſe mit ungebrannten Ziegeln und Mörtel ausgebeſſert, und wird jetzt von den in der Nachbarſchaft lebenden Griechen als Andachtsſtätte benutzt; Theile des Hofes dienen ihnen als Friedhof.

Auf zwei hohen Gipfeln in dieſem Gebirgszuge ſtanden zwei feudale oder königliche Schlöſſer, das eine St. Hilarion, das andere Buffavento; ſie dienten einigen der lateiniſchen Könige von Cypern als Staatsgefängniſſe und Zuſluchtsſtätten. Auf Befehl des venetianiſchen Admirals Priuli wurden ſie beide zerſtört.

Nachdem wir von der Abtei in die Ebene hinabgeſtiegen waren, zogen wir in nordöſtlicher Richtung fortwährend unter fruchtbaren und wohlbebauten Abhängen weiter bis zu einem Dorfe genannt Akatu; ehe wir dieſes jedoch erreichten, ſtieſsen wir in der Nähe der Meeresküſte auf die Ueberreſte einer alten Stadt, genannt Mulaſcha [Μοῦλος, das alte Μυλός]; es finden ſich daſelbſt einige wenige zerbrochene Säulenſchäfte und groſse ſteinerne Sarcophage, welche zertrümmert am Boden liegen. Dieſe Ruinen ſind eben nicht ausgedehnt, aber ſehr ſchwierig zu erforſchen, da das ſie bedeckende Unterholz hoch und ſehr dicht iſt. Auſserdem trafen wir gleich beim Beginne unſerer Arbeiten auf eine Kuſi [κουφιί] oder Natter, welche unter einer Steintafel verſchwand; ihr Anblick genügte, meine Arbeiter von weiteren Nachgrabungen abzuſchrecken.[5]

Das durch ſeine Käſe berühmte Akatu [Ἀκαρθοῦς] iſt auf dem Abhange eines kegelförmigen Gipſels etwa zwanzig Minuten von der Küſte gelegen; der Kalkſelſen iſt durch die gegenwärtigen Einwohner zu kleinen Höhlen ausgehauen, die ſie als Milchkammern benutzen. Die Felder in der Nähe des Dorfes werden durch mehrere Bäche bewäſſert, und die Abhänge der umliegenden Hügel ſind mit Karuben und Olivenbäumen wohl bepflanzt. Die Hauptbeſchäftigung der Einwohner iſt die Käſefabrication. Sie haben groſse Heerden von Schafen und Ziegen, welche in den Bergen viel Futter finden; die Käſe, obſchon meinem Gaumen unſchmackhaft, werden von den Eingeborenen ſehr geſchätzt und von ihnen in ungeheuern Maſſen vertilgt; auſserdem werden ſie nach Port Saïd, Alexandrien und Smyrna ausgeführt. Der Prieſter des Dorfes verſicherte mich, daſs die Zahl der jährlich fabricierten Käſe im Durchſchnitt zwei Millionen betrüge; allerdings ſind ſie ſehr klein und wiegen nicht über ein halbes Pfund das Stück.

Indem ich meine Reiſe von Akatu nach Oſten fortſetzte, bemerkte ich Spuren mehrerer alter Städte. die alle an der Küſte gelegen waren. zuerſt bei einem Orte namens Makaria [Μακαρία]; hier in der Nähe befindet ſich eine alte griechiſche Kirche, die mit Steinen aus den umliegenden Trümmern erbaut iſt. Bei einem frühern Beſuche im Jahre 1869 zeigte mir der Prieſter von Akatu, der meinen Führer machte, eine Granittafel mit einer griechiſchen Inſchrift, die verkehrt in die Mauer eingelaſſen war. Als ich 1876 wieder kam und einen Papierabdruck davon zu nehmen wünſchte. war ſie entfernt; aber wann, oder durch wen, wuſste der Prieſter nicht zu ſagen. Die nächſten Ruinen heiſsen Gaſtria [Καστριά]: nach dieſen kommen die Ueberreſte von Pergamos bei einem Dorfe Flamudi [Φλαμοῦδι].

Zwanzig Minuten weiter öſtlich iſt ein Vorgebirge namens Daulos [Δαυλός], wohin ein neuerer Geograph die Stätte des alten Aphrodisium [Ἀφροδίσιον] verlegt hat; da aber dieſe Ruinen ſo wenige und von ſo geringer Ausdehnung ſind, ſo können ſie meines Erachtens nicht die der königlichen Stadt dieſes Namens ſein, welche Strabo erwähnt. Es iſt mehr als wahrſcheinlich, daſs dieſe Stadt weiter öſtlich lag, etwa fünfundzwanzig Minuten zu reiten von Daulos, woſelbſt noch Spuren eines verſchloſſenen Hafens und eines Hafendammes erhalten ſind. Weiter findet ſich einige hundert Schritte von der Küſte ein Plateau mit den Trümmern einer ausgedehnten Stadt, mit corinthiſchen Capitälen und cannelierten Säulen in Marmor und blauem Granit, die halb im Boden begraben liegen. Dies iſt die einzige Stelle, die ich mit Aphrodiſium identificieren kann; dieſe Annahme ſtimmt auch beſſer zu Strabos Angabe, „daſs die Reiſe von Aphrodiſium, wo die Inſel ſchmal iſt, nach Salamis 70 Stadien beträgt.“ Vor und nicht weit von dieſen Ruinen liegt ein kleines Dorf, genannt St. Nicolaus.

Von dieſem Punkte aus öſtlich erheben ſich die Klippen ſteil über dem Meere, deshalb kann die Küſtenreiſe nicht auf Maulthieren zurückgelegt werden. Wir erſtiegen den hohen Gipfel, auf dem einſt die Feſtung Kantara (Καρτάρα) ſtand, jetzt von den Eingeborenen *Caſtello delle Cento Camere* genannt. Sie wurde von den Venetianern zerſtört, als ſie von der Inſel Beſitz nahmen. Einige der Trümmer ſind noch überdacht und wohl erhalten. Welche Arbeit muſs es gekoſtet haben, alle zum Bau einer ſo mächtigen Burg erforderlichen Steine auf dieſe Höhe zu fördern!

Auf einem niedrigern Hügel weſtlich von Kantara ſtand ein kleines vereinzeltes Fort, einem Vorpoſten ähnlich, der als Wache gegen den anrückenden Feind dient. An dieſer Stelle befindet ſich eine kleine, der Panagia geweihte Kapelle, die noch gut erhalten iſt. Im letzten Jahrhundert lebten hier einige Griechen; als aber die Mauern ihrer Zellen zu fallen anfiengen, verlieſsen ſie den Platz und das Gebiet. Ein Eremit namens Simeon bewohnt jetzt die Ruinen, und zwar, wie er mir ſagte, ſeit fünfundvierzig Jahren. Er iſt über achtzig Jahr alt und gänzlich einſam, da er weder Hund noch Schaf noch Ziege zur Geſellſchaft hat. Als ich den Ort 1869 beſuchte, erzählte er mir ſeine Geſchichte in wenigen Worten; es iſt eine traurige. Er wurde in einem Dorfe bei Conſtantinopel geboren. Ehe er fünfundzwanzig Jahre alt war, ſtarb ſein Vater und hinterließs ihm ein blühendes Geſchäft. Mit dreiſsig Jahren heiratete er ein junges Mädchen aus ſeinem Dorfe, und alles ſchien ihm wohl von Statten zu gehen, als eines Tages zu ſeinem Unglück das jugendliche und hübſche Geſicht ſeiner Frau von einem vornehmen, in der Nachbarſchaft wohnenden Türken bemerkt wurde. Man machte ihm unehrenhafte Vorſchläge, die er entrüſtet zurückwies. Bald darauf ward er auf Befehl dieſes Türken in Folge einer falſchen Anklage verhaftet; ſeine Frau verſchwand und wurde in den Harem ſeines Feindes aufgenommen; das Haus Simeons wurde verbrannt und ſeine geſammte Habe vernichtet. Nachdem er drei Jahre lang ohne Verhör oder Urtheilsſpruch im Gefängniſs geſeſſen hatte, wurde er zuletzt unter der Bedingung entlaſſen, daſs er Conſtantinopel für immer den Rücken kehren ſollte. Er wurde an Bord eines in den Archipel gehenden Fahrzeuges geſetzt und landete auf Cypern, ohne einen Heller zu beſitzen und für's Leben elend gemacht. Dann ſagte er ſich von allem menſchlichen Verkehre los und ſtreifte wie ein Wild in den Bergen umher, indem er von Kräutern, Oliven und wilden Früchten lebte, bis er bei Kantara ein altes Felſengrab fand, das eine Zeit lang ſeine Wohnung wurde. Einige Zeit darauf nahm er dieſe Kapelle in Beſitz, wo er ſchläft und ſeine Vorräthe birgt, welche er in der Nähe ſeiner Wohnung erntet, ein wenig Weizen und Oliven.

Einmal im Jahre erſteigen einige griechiſche Fromme

den Berg, um die Kapelle der Panagia zu beſuchen; und ſo kommt er ein paar Stunden lang mit einigen Menſchen in Berührung, die ihm Tabak, Streichhölzer und alte Kleider als Geſchenke bringen. Eines Tages wird der arme Achtziger ſeinen letzten Athemzug thun, von keinem menſchlichen Weſen gepflegt, wie ein wildes Thier, und die Pilger werden den Körper des armen Simeon finden. Das iſt ſein Leben geweſen! Ich beſuchte die Kapelle und ſah ungefähr ein Dutzend Porzellanſchüſſeln, die in die Wand eingefügt worden waren, als der Mörtel friſch war, und demgemäſs mehrere Jahrhunderte alt ſind; ein Sammler ſolcher Dinge würde ſie gewiſs gern beſitzen. Ehe ich in die Ebene hinabſtieg, fragte ich den Eremiten, was ich ihm geben könnte, ob er Geld, Kaffee, Zucker oder Tabak gern haben wollte? Er zog Streichhölzer allem andern vor, was ich ihm gab.

Nachdem ich während der Nacht vor dem Dorfe Trikomo (Τρίκωμον), wo ich keine Ruinen ſah, gelagert hatte, war ich am nächſten Morgen früh im Sattel und langte, nachdem ich den ganzen Tag nach Weſten zu geritten war, in Kythrea (Κυθραία) an, gerade als die Sonne hinter den Bergen verſchwand. Kythrea iſt ein blühendes kleines Dorf, mit Obſtgärten umgeben und ſeiner Länge nach vom Fluſſe Pediaeus durchſchnitten, der in ſeinem Laufe dort mehrere Mühlen in Bewegung ſetzt, welche für die halbe Inſel den Weizen mahlen.

Die Ruinen des alten Cythrea (oder Chytri, Χυτροί)[6] liegen etwa eine halbe Stunde öſtlich vom Dorfe; ſie nehmen den Rand und den Abhang eines flachen Hügels ein, und nach einigen von mir bloſsgelegten Grundmauern von Wohnungen zu urtheilen, muſs die Stadt ſich bis in die durch zwei kleine Flüſſe eingeſchloſſene Ebene erſtreckt haben; dieſelben hatten ſich früher vereinigt und in den Pediaeus ergoſſen, jetzt aber find fie ganz ausgetrocknet. Der Platz ift mit zerbrochenen Thongefäfsen beftreut. meift von der glänzenden, rothen Farbe wie die in Soli gefundenen. mit vielen kleinen Bruchftücken von fteinernen Bildwerken und auch mit einigen Stücken Irisglas. Hier entdeckte ich die Lage zweier oblonger Tempel. deren einen ich theilweife durchforfchte. Die Grundmauern beider beftehen aus fehr grofsen Kalkfteinblöcken. In dem Peribolos des einen von mir unterfuchten fand fich ein runder Altar in blauem Granit. zwei Köpfe in Marmor und mehrere Stein- und Terracotta-Fragmente mit eingegrabenen cyprifchen Characteren. (S. den Anhang. Nr. 44—54. 57.) Auf dem Tempelgebiete felbft fand ich einige cannelierte Säulen und mehrere Fufsgeftelle aus Marmor und Granit mit griechifchen Infchriften (f. den Anhang, Nr. 9—11); ihrer Gröfse nach müffen die letzteren zu lebensgrofsen Statuen gehört haben.

Alle das Dorf umgebenden Felder werden bewäffert und befinden fich in einem guten Zuftande der Beftellung, aus welchem Grunde ich dort ohne vorherigen Ankauf der Grundftücke keine gröfsern Ausgrabungen veranftalten konnte. Ich zweifele jedoch kaum, dafs umfangreiche Ausgrabungen hier gute Erfolge erzielen würden. Die befchriebenen Marmorblöcke waren zu fchwer. um fie wegfchaffen zu können; nachdem ich die Infchriften abgefchrieben hatte. veranlafste ich die Ausgräber fie in ihr Dorf, Nuni. einen Ritt von einigen Minuten füdlich von diefer Stelle. zu fchaffen und bis auf weiteres für mich zu verwahren.

Von Cythrea gieng ich nach Nicosia. der gegenwärtigen Hauptftadt der Infel. Die erften Sonnenftrahlen fielen auf die hohen Minarete der Sta. Sophia, als wir das nach Famagofta führende Thor erreichten. Die Zugbrücke war noch nicht niedergelaffen, und die wenigen Minuten. welche wir warten mufsten. wanderte ich umher, um den Festungsgraben und die Mauern der Stadt zu prüfen, welche Jahrhunderte lang die Residenz der Lusignan war, und auf deren Wällen bei der Vertheidigung gegen die Angriffe der gegenwärtigen Besitzer das edelste Blut Italiens vergossen wurde. Nicosia scheint im Alterthume, als es LEUCOSIA (Λευκωσία, jetzt Levkoscha gesprochen) hiess, keine Stadt von grosser Bedeutung gewesen zu sein.

Am Wege bettelten mehrere Aussätzige laut um Almosen. Die Lage dieser armen Verstossenen verdient hier erwähnt zu werden. Sie leben ungefähr eine englische Meile von Nicosia entfernt und zählen an 200 Personen, unter denen 40 Türken sind. Sie haben keine Häuser, sondern leben in alten ausgehöhlten Grüften und in einigen wenigen Hütten, die sie sich selbst erbaut haben. Sie sollen von der türkischen Regierung täglich jeder ein Brod empfangen, aber ohne den Erzbischof von Cypern, der ihnen Nahrung schickt, würden sie sicher längst umgekommen sein; denn die Ortsbehörde thut nichts für sie. An jedem Markt- oder Festtage auf der Insel kann man sie abgesondert am Wege lagern sehen, wo sie denn die Mildthätigkeit der Vorübergehenden in Anspruch nehmen. Das durchschnittliche Alter dieser unglücklichen Geschöpfe beträgt vierzig bis sechzig Jahre; doch habe ich unter ihnen auch junge Knaben und niedliche Mädchen bemerkt. Wenn jemand in den Argwohn dieser Krankheit kommt, dann wird er unter beständige Aufsicht gestellt und täglich von seinen Nachbarn untersucht. Zeigen sich nur die schwächsten Symptome des Aussatzes, so ist es mit aller Verwandtschaft und Freundschaft zu Ende; jeder weitere Verkehr mit einem solchen Unglücklichen hört auf, und, mit einer wollenen Decke und einiger Nahrung versehen, wird er aus seiner Heimat vertrieben, um seinen Weg nach dem Dorfe der Aussätzigen zu nehmen, meist ohne dass ihm ein Wort des Mitleids, des Troftes oder der Hoffnung gefchenkt würde.

So weit ich in Erfahrung bringen konnte, fucht der Ausfatz auf Cypern nur die niedrigfte Bevölkerungsfchicht heim: und ich beobachtete auch, dafs die Zahl der Ausfätzigen in den Jahren zunahm, in welchen wegen der Dürre eine gröfsere Theuerung der Nahrungsmittel beftand als gewöhnlich.

Zwei Fälle kamen zu meiner Kenntnifs, dafs Perfonen wegen irrthümlich angenommener Symptome des Ausfatzes aus ihren Dörfern verftofsen wurden. Nachdem diefelben mehrere Monate unter den Ausfätzigen zugebracht hatten, wünfchten fie natürlich zurückzukehren, ftiefsen aber bei den Dörflern, unter denen ihre Familien lebten, auf fo heftigen Widerftand, dafs fie genöthigt waren die Infel zu verlaffen, um fich eine neue Heimat zu fuchen.

Ich habe ein Beifpiel gefehen, dafs drei Ausfätzige in derfelben Familie waren: ein neunzehn Jahre alter Knabe, feine Mutter von etwa fünfundvierzig Jahren und ein kleines Mädchen. Der Entftelltefte von den dreien war der Knabe, wie denn die Krankheit bei Jungen fich rafcher zu entwickeln pflegt; feine Nafe war gänzlich verfchwunden, desgleichen Theile feines Kinnes, fodafs die unteren Zähne blofslagen; feine beiden Augen waren gefchloffen, um nie mehr das Licht zu erblicken, und von feinen Fingern waren nur noch kleine Stumpfe übrig; feine Mutter dagegen, welche acht Jahre lang unter den Ausfätzigen geweilt hatte, war durch die Krankheit nicht halb fo übel zugerichtet, obwohl auch fie ihre Hände in fchmierige Lumpen gehüllt hatte, ein Zeichen, dafs fie für den Anblick zu garftig waren; das kleine Mädchen, fchön aber blafs ausfehend, hatte fich erft vor wenigen Wochen zu ihrer Mutter gefellt: fie zeigte mir ihre dünnen Finger, die nur erft ein wenig gebogen und fteif geworden waren.

Unter diefen Ausfätzigen haben fich Dinge ereignet. die felbft den Hartherzigften fchaudern machen würden. Keinen Glaubensunterfchied giebt es unter ihnen. kein Troft der Religion wird ihnen gefpendet und keine Leichenfeier für fie begangen.

Pococke giebt an. dafs Nicofia auf der Stätte einer alten Stadt namens Tremithus (Τρεμιθοῦς) erbaut ift; diefelbe lag jedoch weiter füdlich und näher an Golgi. wo jetzt ein Dorf Tremithuffa fteht. An diefer Stelle find unverkennbare Spuren einer alten Stadt. auch exiftiert dafelbft eine ausgedehnte Necropole, aus der ich Glasgefäfse. Flachreliefe und Thonwaaren der römifchen Periode entnahm.

Als Cypern am Ende des vierten Jahrhunderts eine Provinz des öftlichen Reiches wurde und das Chriftenthum fich überall rafch zu verbreiten begann, hatte die Infel dreizehn Bifchöfe. unter denen der von Tremithus und der von Nicofia erwähnt werden. woraus bündig hervorgeht. dafs diefe Städte damals exiftierten.[7]

Gleichwohl fcheint Nicofia auf den Ruinen einer fehr alten Stadt erbaut zu fein. da in feiner unmittelbaren Nähe. bei einem Orte namens Agios Paraskeva. viele Gräber find. in denen ich kleine Thonfiguren der affyrifchen Mylitta. Cylinder in Serpentin. Scarabäen und Gefäfse in der Form von Thieren fand; aufserdem einen grofsen Crater. auf dem zwei Bigae und andere Figuren gemalt waren (Taf. XLII. 3), ähnlich den in Amathus und Maroni, dem alten Marium (Μάριον). gefundenen Gefäfsen. In diefen Gräbern fanden fich keine Gegenftände aus einer fpätern Zeit als 500 vor Chr., auch keine Anzeichen. dafs an diefer Stelle eine griechifche Niederlaffung gewefen fein könnte. Nicofia ift von hohen maffiven Mauern eingefchloffen. die von den Venetianern erbaut worden find und. gleich denen von Famagofta, von den Türken in leidlich gutem Zuſtande erhalten werden. Nach Sonnenuntergang darf niemand die Stadt ohne beſondere Erlaubniſs vom Generalgouverneur weder betreten noch verlaſſen. Trifft ein ſolcher Fall ein, dann werden die Soldaten unter die Waffen gerufen und die Zugbrücke mit einer Vorſicht und Förmlichkeit niedergelaſſen, als wären wir noch in mittelalterlichen Zeitläuften.

Mit Ausnahme der in eine Moſchee verwandelten Kirche von Sta. Sophia, eines halben Dutzend Paläſten und einiger weniger verfallener Kirchen giebt es in Nicoſia nichts, was die Aufmerkſamkeit eines Archäologen anziehen könnte. Ich geſtehe, daſs, ſo oft ich dieſe Stadt beſuchte, ich immer ein unbehagliches Gefühl perſönlicher Beſchränkung fühlte, wie der es empfinden mag, der in ein Gefängniſs eingeſchloſſen wird. Und nicht ohne Grund kann man Nicoſia ein ſehr groſses Gefängniſs nennen, da die ottomaniſche Regierung aus allen Theilen der Türkei ihre ſchlimmſten Verbrecher und ſchuldigſten politiſchen Uebelthäter hierher ſendet.

Die Bevölkerung von Nicoſia wird auf 16000 Seelen geſchätzt, von denen zwei Drittel Chriſten ſind. Die Stadt beſitzt einen groſsen und wohlverſehenen Bazar und mehrere Seidenmanufacturen, aber die Straſsen ſind eng, ſchlecht gepflaſtert und äuſserſt ſchmutzig. Der Serail, in dem der Paſcha reſidiert, iſt ein groſses viereckiges Gebäude, zwei Stock hoch, aber der Ausbeſſerung dringend bedürftig, mit einem groſsen, von einer fünfundzwanzig Fuſs hohen Mauer eingeſchloſſenen Hofe: dies war der Palaſt der venetianiſchen Gouverneure von Cypern, und diente in früheren Zeiten wahrſcheinlich auch den Luſignan als Königsſitz. Das Erdgeſchoſs wird als Gefängniſs benutzt und faſst, eng zuſammengepfercht, an tauſend Verbrecher, die von einer ſtarken Abtheilung Poliziſten bewacht werden.

In der Mitte dieses Platzes steht ein verlassen aussehender Baum, an dessen Zweigen auf Befehl des Generalgouverneurs von Cypern schon viele Missethäter aufgehängt worden sind. Heutiges Tages kann der Gouverneur niemanden ohne besondere Befehle aus Constantinopel hinrichten lassen; wenn dieser Befehl eintrifft, dann ruft er einen Polizeidiener herbei, dem es obliegt, dem Opfer einen Strick um den Hals zu legen und es ohne weitere Umstände zu dem verhängnisvollen Baume zu ziehen, an dem man es noch mehrere Stunden nach eingetretenem Tode baumeln läfst.

Wie man Gräber aufdeckt und mit welchen Werkzeugen.

ZEHNTES CAPITEL.

Auf der Südküfte, etwa einen zwölfftündigen Ritt von Larnaka und einen zweiftündigen von Limaffol [Λεμησός], lag die Stadt Amathus, welche wie Paphos und Citium bekanntlich urfprünglich eine phönicifche Anfiedlung war und deutlichere Spuren diefes Urfprungs bewahrte als die andern beiden Städte, wie Beifpiels halber die Verehrung des tyrifchen Hercules unter dem Namen Malika oder Melicertes, wie die Griechen ihn nennen. Eine Darftellung diefes Melicertes wird man auf dem von mir in Amathus aufgefundenen Sarcophage bemerken. Eine colossale Statue derselben Gottheit wurde hier während meiner Abwesenheit von Cypern gefunden; dieselbe befindet sich jetzt im ottomanischen Museum der Sta. Irene in Constantinopel (Taf. XLVIII. 1). In alten Zeiten sollten auch die Amathusier die Sitte beobachtet haben, dem Kronos Menschenopfer darzubringen; dieser Umstand ist offenbar auf den phönicischen Ursprung zurückzuführen: denn die Phönicier brachten bekanntermaßen Menschenopfer dar. Ferner scheint das Wort Amathus (Ἀμαθοῦς) mit Amathe, dem Namen einer Stadt in Syrien, die von Amath, einem Sohne Kanaans, gegründet sein soll, identisch zu sein; und Engel hat die Vermuthung ausgesprochen, daß einige der ursprünglichen Ansiedler von Amathus in Cypern aus Amathe in Syrien gekommen sein möchten. Auch lag am Jordan ein befestigter Ort namens Amathus; und wie der Name der Stadt aus verschiedenen Gründen auf einen phönicischen Ursprung hinweist, so auch die Legende, die besagt, daß Amathus ein Sohn des Hercules, ohne Zweifel des tyrischen Hercules, es war, der die Stadt gründete. Eine andere Legende leitet sie von Amathusa, der Mutter des Cinyras her; und auch diese würde für den phönicischen Ursprung sprechen. Die rein griechische Ableitung ist jedoch die von ἀμαθόεις „sandig" oder von Amathus, einem Sohne des cyprischen Königs Aërias.[1]

Für das sehr hohe Alter der Stadt spricht der Umstand, daß Tacitus sie *vetustissima* nennt, und daß die Einwohner ihre Urahnen für Autochthonen hielten. Aus der Art, wie die Priesterfamilie der Cinyraden, der die Einführung des Dienstes der Aphrodite aus Syrien nach Cypern zugeschrieben wird, mit dieser Stadt in Verbindung gesetzt wird, scheint zu folgen, daß sie sich zuerst in Amathus niedergelassen und später den Mittelpunkt ihrer Macht nach Paphos verlegt hatte. Aus Amathus und nicht aus Paphos vertrieb Agamemnon den Cinyras wegen feines Treubruchs, und daraus läfst fich fchliefsen, dafs Amathus der Herrfcherfitz des Cinyras war. Agamemnon foll in Amathus einen Theil feiner aus Troja heimkehrenden Krieger als Anfiedler zurückgelaffen haben. Mit der Zeit ward Amathus von Paphos überholt, wofelbft die priefterlichen Cinyraden fowohl über weltliche als geiftliche Dinge geboten. Aber ein Zweig diefer Familie verblieb in Amathus; und obwohl fie hier keine weltliche Macht befafsen, fo ftanden fie im Range doch wahrfcheinlich nur unter dem Könige, während fie in religiöfen Dingen der Priefterfchaft von Paphos nicht, wie die übrige Infel, unterthan gewefen zu fein fcheinen.

In hiftorifchen Zeiten legte Amathus feinen phönicifchen oder orientalifchen Geift mehrfach entfchieden an den Tag; zuerft als Onefilus an der Spitze der ftarken Partei, welche dem Drucke der Perfer fich widerfetzen wollte, anftatt feines Bruders zum Könige von Salamis erklärt wurde und die andern Städte der Infel auffordertc, fich ihm anzufchliefsen. Amathus weigerte fich und hatte von ihm und feinen Anhängern 500 vor Chr. eine Belagerung auszuhalten. Als Darius hiervon benachrichtigt wurde, fandte er ein Heer, um Onefilus, der inzwifchen von den kleinafiatifchen Ioniern und deren athenifchen Verbündeten grofse Verftärkungen erhielt, zu überwältigen. In der auf der Ebene von Salamis erfolgenden Schlacht waren die Perfer fiegreich. und Onefilus felbft fiel.

Als ferner Evagoras, der König von Salamis. mit athenifcher Hülfe feinen anfcheinend hoffnungslofen Widerftand gegen die Perfer unterhielt. da gieng Amathus fammt Citium und Soli Artaxerxes um Beiftand gegen denfelben an. (391 vor Chr.). Dafs Streitkräfte aus Amathus an den folgenden furchtbaren Kämpfen mit Evagoras theilnahmen. fcheint aufser Zweifel zu ftehen.

Diefer Geift fcheint jedoch 332 vor Chr. gefchwunden zu fein: denn in diefem Jahre finden wir Androcles, den König von Amathus, bei der cyprifchen Flotte, welche Alexander den Grofsen bei der Belagerung von Tyrus unterftützte. Unter den Ptolemäern und in der fpätern Gefchichte Cyperns fcheint Amathus die alte Bedeutung, deren es fich erfreute, als es von feinen eigenen Königen beherrfcht wurde und feine natürlichen Bundesgenoffen, die Perfer, allmächtig waren, verloren zu haben.

Auf dem Hügel, auf welchem die Stadt lag, ift jetzt nichts weiter fichtbar als eine grofse Menge von Steinen, Mörtel und zerbrochenem Thongefäfsen. Selbft der Hügel verliert nachgerade feine Form, da der Felfen, woraus er befteht, ausgehauen wird, um nach Port-Saïd verfchifft zu werden, wofelbft die Kaufleute von Limassol gute Gefchäfte damit machen. Aus der grofsen Menge des Schuttes, der die umliegenden, gröfstentheils unbeftellten Felder bedeckt, gewinnt es den Anfchein, dafs Amathus, obwohl nur ein kleines Gebiet einnehmend, dennoch eine dicht bevölkerte Stadt war. Urfprünglich war der obere Theil des Hügels von einer Mauer eingefchloffen, deren Ueberrefte jetzt nur kaum noch bemerkbar find; dagegen laffen fich Theile einer andern Mauer aus fpäterer Zeit, befonders auf der füdlichen, nach dem Meere zu liegenden Seite, wo fie den gefchlängelten Windungen des Hügels folgen, wahrnehmen. In diefer Mauer fand ich Stücke von Terracotta-Krügen und Fragmente von Granit-Säulen eingefügt, welche als Baumaterial gedient hatten. Es ift wahrfcheinlich, dafs die viereckige Ruine am füdlichen Ende des Hügels einen Thorweg bildete, weil zwifchen der Stadt und der Küfte die Heerftrafse nach Paphos lag und noch liegt. Auf dem Kamme diefes Hügels grub ich an mehreren Stellen, bis ich auf den feften Felfen ftiefs, aber ich entdeckte keine Ueberbleibfel von bedeutenden Bildwerken. Ich fand jedoch Anzeichen genug, um mich zu überzeugen, dafs das meifte Baumaterial der phönicifchen Stadt, wie ich fie nenne, zur Herftellung der fpäteren griechifchen Gebäude verwandt worden ift.

Als Amathus dann von einer griechifchen Bevölkerung bewohnt war, breitete es fich mehr in füdöftlicher Richtung und in der Nähe der Meeresküfte aus, indem es durch die zweite Mauer, von der ich gefprochen habe, befchützt wurde. Obwohl es zur Zeit feiner Zerftörung durch König Richard von England noch der Sitz des letzten Herzogs von Cypern, Ifaac Commenus, war, fo hatte es doch bereits feinen meiften Glanz und feine Bedeutung verloren.

Die folgende in einen Felfen auf der öftlichen Hügelfeite eingegrabene Infchrift gedenkt eines Bogens, den hier ein gewiffer Lucius Vitellius Callinicus auf eigene Koften errichtet hatte, doch laffen fich gegenwärtig keine Spuren deffelben mehr auffinden. (Vergl. Corpus infcript. graec., No. 2644. Engel I. 115).

ΛΟΥΚΙΟϹΟΥΙΤΕΛ
ΛΙΟϹΚΑΛΛΙΝΙΚΟϹ
ΤΗΝΑΝΑΒΑϹΙΝΤΑΥ
ΤΗΝϹΥΝΤΗΑΨΙΔΙ
ΕΚΤΟΥΙΔΙΟΥΚΑΤΕϹΚΕΥ
ΑϹΕΝ

Auf dem Gipfel diefes Hügels fah noch M. de Vogüé die grofse fteinerne Vafe, die jetzt im Mufeum des Louvre aufbewahrt wird. Bei derfelben Stelle liegen Fragmente, wie es fcheint, einer ähnlichen Vafe.[2] In unmittelbarer Nähe des Fundortes diefer Vafen grub ich bei einem früheren Ausfluge drei grofse Säulenfchäfte aus, aus hartem, blauem, granitähnlichem Steine. Ich liefs fie halb in den Boden vergraben, um fie bei einer fpätern Gelegenheit zu unterfuchen, als ich aber dann wieder hinkam, waren fie verfchwunden, vermuthlich weil ſie zu Bauzwecken verwandt worden ſind. Tauſende von Steinen auf dem Gipfel und an den Abhängen dieſes Hügels würden dem Zwecke dieſer Bauleute eben ſo dienlich geweſen ſein, aber es ſcheint, daſs ſie gewiſſermaſsen verblendet oder beſeſſen ſind und alles zerſtören müſſen, was Spuren menſchlicher Kunſtfertigkeit an ſich trägt. Es iſt dies um ſo mehr zu bedauern, als unter den Trümmern nur noch ſehr wenige Ueberreſte von Bauten oder Bildwerken zu finden ſind.

Am Abhange eines felſigen Hügels, weſtlich von Amathus und davon nur durch das Bett eines Winterſturzbaches getrennt, bemerkte ich Hunderte von Felſengräbern; ſie waren meiſt längſt geöffnet und geplündert. Obwohl ſich Gräber an verſchiedenen Oertlichkeiten in Amathus vorfinden, ſo ſind ſie doch in dem Gebiete an der Küſte am zahlreichſten. Hier ſind ſie ofenförmig wie die in Idalium und in dem ſandigen Boden in einer Tiefe von drei bis fünf Fuſs ausgehöhlt. Die meiſten derſelben enthalten nur einen Leichnam. Die darin gefundenen Gegenſtände waren Glas, immer zerbrochen, aber ſchön iridescierend (wie es in den Gräbern an der Küſte in der Regel der Fall iſt); Lampen in Terracotta aus dem erſten und zweiten Jahrhundert unſerer Zeitrechnung; groſse Amphorae, welche in der Form den in Pompeji gefundenen ähnlich ſehen; einiger weniger Goldſchmuck und dieſer nicht werthvoll, und dann und wann eine Leichenſtele mit einem griechiſchen Namen, dem die gewöhnliche Formel χρηστὲ χαῖρε folgt, der Form nach den in Larnaka entdeckten ähnlich. Anderer Art ſind die Felſengräber in den anliegenden Gefilden öſtlich und weſtlich von Amathus. Dieſelben ſind oblong und wagerecht in unregelmäſsigen Reihen ausgehauen; ſie ſind niemals über ſieben Fuſs lang, meiſtens kaum ſechs. Sie ſcheinen alle ſchon, wahrſcheinlich vor Jahrhunderten geöffnet zu ſein und verſchwinden jetzt, wie ich vorhin ſagte, immer mehr.

Eine dritte Gruppe von Gräbern iſt nordöſtlich von Amathus in einem Felde gelegen, welches von niedrigen, ein natürliches Amphitheater bildenden Hügeln eingeſchloſſen iſt. Sie enthalten Sarcophage entweder in weiſsem Marmor, der wahrſcheinlich aus Griechenland eingeführt wurde, oder in Kalkſtein aus den cypriſchen Brüchen.

Ich unterſuchte faſt hundert dieſer Grüfte und fand ſie aus ſchön behauenen Steinen erbaut, ſo daſs ſie hübſcher ausſahen, als irgend welche andere Gräber, die ich auf der Inſel geſehen habe. Sie liegen in einer Tiefe von 40 bis 55 Fuſs unter der Oberfläche des Bodens, und es iſt ſchwer zu ihnen zu gelangen, weil die Eingänge nach verſchiedenen Richtungen liegen; trotz dieſer Schwierigkeit war nicht ein einziges Grab darunter, welches nicht ſchon früher geöffnet und geplündert geweſen wäre. Einige haben nur eine Kammer, andere zwei, und noch andere vier. Zum Bau dieſer Kammern verwandte man mächtige Steine, von denen

einige 20 Fuſs in der Länge, 9 Fuſs in der Breite und 3 in der Dicke meſſen; aber die durchſchnittliche Gröſse beträgt nur 14 Fuſs Länge, 7½ Fuſs Breite und 2 Fuſs Dicke. So bewunderungswürdig

ſind die Fugen in der Maurerei. daſs es manchmal ſchwer hält. ihre Spuren zu finden. Die Gräber haben zwei verſchiedene Formen: eine mit flachem Dache und viereckigen Wänden. und die andere mit einem Dache wie dem eines amerikaniſchen „Wandzeltes“ eines im Felde ſtehenden Offiziers.

Dieſe Grüſte. deren Bau ſehr mühſam und koſtſpielig geweſen ſein muſs. haben vielleicht den königlichen und vornehmen Familien der Stadt angehört. Die nur einkammerigen bergen in der Regel einen. doch oft auch zwei und bisweilen drei Sarcophage. Wenn ſie nur einen enthalten. dann findet ſich derſelbe beſtändig in der Mitte des Gemachs; wenn zwei. ſo ſind dieſelben rechts und links vom Eingange aufgeſtellt. mit dem Kopfende nach der Wand zu. Enthalten die Kammern drei Sarcophage. dann ſtehen zwei rechts und links. wie eben bemerkt. und der dritte an der Wand der Thür gegenüber. Die Aufſtellung der Sarcophage iſt immer die nämliche. mögen die Gräber aus einem. aus zwei oder aus vier Kammern beſtehen. In einem aus zwei Gemächern gebildeten Grabe zählte ich nicht weniger als zehn Sarcophage. Das Eingangszimmer hatte ein flaches. das innere ein ſpitzes Dach. Im erſten ſtanden vier Sarcophage. im zweiten ſechs. und ihre bezüglichen Stellungen waren die eben beſchriebenen. Die fünf überzähligen Sarcophage waren über die fünf andern geſtellt. Alle waren aus dem cypriſchen Kalkſteine gemacht und ohne Flachreliefe. Gräber mit mehr als vier Kammern wurden nicht entdeckt. und von ſolchen mit vier Kammern fand ich nur zwei. Eins derſelben enthielt den Marmorſarcophag mit den ſchönen Bildwerken auf Tafel XLIV. XLV XLVIII. 4.

Dieſes Grab beſtand aus einem als Vorzimmer dienendem Gemache und drei Seitengemächern. zur Rechten und zur Linken und der Eingangsthür gegenüber. Der ſculptierte Sarcophag hatte in der Mitte des innern Gemaches vor dem Eingange geſtanden, aber es war nur ein Trümmerhaufen von ihm übrig geblieben. Die Vandalen, welche vor Jahrhunderten dies Grab geöffnet hatten, lieſsen, vielleicht enttäuſcht, als ſie den geſuchten Schatz nicht fanden, ihren Zorn an dieſer ſeltenen Perle der Kunſt aus.

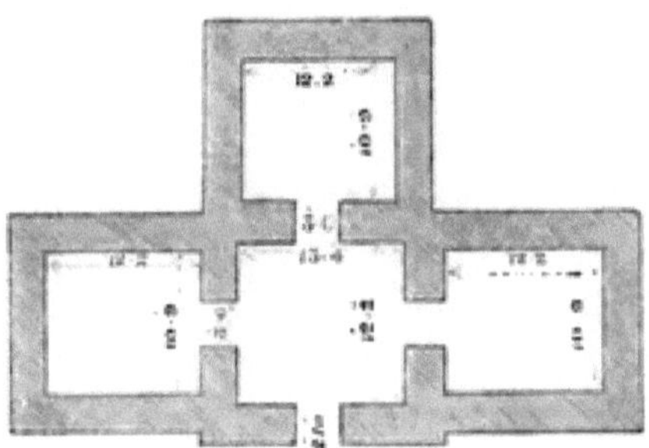

Es beſteht eine auffallende Aehnlichkeit zwiſchen den Bildwerken dieſes Sarcophags und einem auf Tafel XLVI. abgebildeten Frieſe, welcher in Xanthus in Lycien von Sir Charles Fellows aufgefunden wurde und ſich jetzt im Britiſchen Muſeum befindet. Aus den regelmäſsig wiederkehrenden viereckigen Löchern für die vorſtoſsenden Zahnſchnitte iſt erſichtlich, daſs der lyciſche Fries die äuſsere Verzierung eines jener in Lycien gewöhnlichen Gräber gebildet hat, und dies wird durch die beiden Thorwege mit Sphinxen beſtätigt, welche zu demſelben Gebäude wie der Fries gehören und zu ſeinen beiden Enden aufgerichtet geweſen ſind. Viele ähnlich gebildete Thorwege wurden von mir in Amathus gefunden. Sie haben das Ausſehen, welches die Abbildung auf Seite 228 zeigt.

Auf dem lyciſchen Frieſe iſt ein nach der Rechten vorſchreitender Feſtzug dargeſtellt, an deſſen Spitze ſich ein Zweigeſpann befindet. Dem folgt ein Reiter, der abgeſtiegen iſt und an der linken Seite ſeines

Pferdes fteht. Dann kommt ein von einem jugendlichen Roffelenker gefahrenes Zweigefpann, auf dem ein bärtiger alter Mann eingehüllt fitzt. Diefem Zweigefpann folgt ein Reiter zu Pferde, hinter diefem ein Zug zu Fufse, der zunächft aus einer Gruppe von drei Jünglingen befteht, die mit dem Chiton und Himation

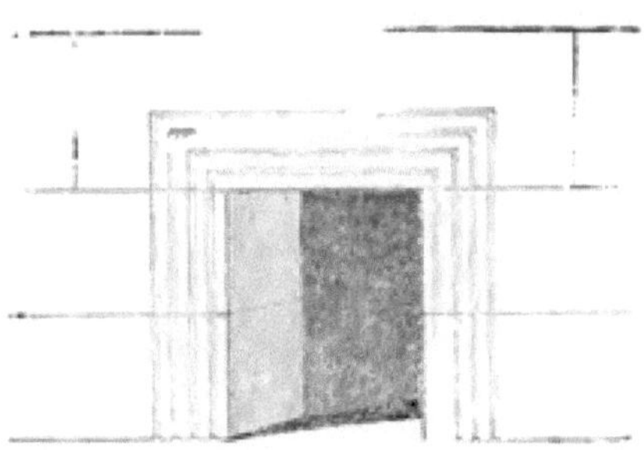

bekleidet find und einen langen Speer über der linken Schulter tragen. Diefen folgen zwei ähnlich bekleidete Jünglinge, die mit Schild und Speer bewaffnet find. Augenfcheinlich beftand auch diefe Gruppe aus drei Figuren, aber von der dritten ift nur ein Theil übrig, da der Fries an diefer Stelle ausgebrochen ift. Wie viel vom Original fehlt, läfst fich nicht beftimmen. Hinter diefem Bruche fteht ein in ein Gewand gehüllter Jüngling an der Seite eines Lagers oder einer Bahre, von der nur das Ende erhalten ift; von der Perfon, welche darauf lag, ift nur ein Fufs fichtbar: zur äufserften Linken fteht ein Jüngling, anfcheinend ein Sclave, der einen aufgefchürzten Chiton trägt und in feiner Hand eine Art Tuch hält. Zu feinen Füfsen fteht, wie es fcheint, ein Keffel oder vielleicht ein Stuhl. Die beiden Tafeln, welche die Enden des Grabes gefchmückt zu haben fcheinen, find oben dreieckig. Zu jeder Seite jeder Thür befindet fich eine fitzende Sphinx (Tafel XLVII). An der dreieckigen der beffer erhaltenen find zwei einander zugewandte

Löwen dargeftellt. Diefe einander gegenüberftehenden Sphinxe laffen fich mit denen auf den in Golgi gefundenen Stelen (Tafel XVII. 3) vergleichen. Die Figuren in dem Friefe find grofs und dünn in ihren Verhältniffen und von rein griechifchem Typus; ihre Kleidung, ein Unterchiton aus geripptem Stoff und darüber ein bis auf die Schulter eng um die Geftalt gefchlungenes Himation, ift auch rein griechifch, doch in etwas archaifchem Stile gehalten, ähnlich den Gewandungen der Geftalten des Harpyiengrabes; die Leiber der Pferde find lang, die Beine dünn und fehr forgfältig geformt; ihre Mähnen find kurz gefchnitten, aber auf der Spitze des Kopfes befindet fich ein halbmondförmiger Knoten, durchaus dem ähnlich, welchen man an den Pferden in den affyrifchen Friefen bemerkt. Diefen Umftand abgerechnet, ift der lycifche Fries rein griechifch und von fehr fchöner Arbeit.

Auf dem Sarcophage (Taf. XLIV.) haben die Pferde denfelben Knoten auf dem Kopfe, aber viel gröfser und mehr in Form eines offenen Fächers; ferner ift die Gruppe einer Geftalt, welche einen Sonnenfchirm über den Kopf einer andern fitzenden hält, eine wefentlich orientalifche. Allerdings kommt dasfelbe Motiv in den lycifchen Bildwerken auf dem Nereidendenkmale vor, doch hält man die dafelbft dargeftellte morgenländifche Geftalt für den perfifchen Satrapen von Lycien. Vielleicht ift auch der auf dem Sarcophage aus Amathus dargeftellte Mann ein perfifcher Satrap. Die andern Figuren, ihre Kleidung, ihre Rüftung und ihre Pferde find eben fo rein griechifch wie in den lycifchen Bildwerken. Beide Feftzüge könnte man für Theile eines Leichenzuges halten; auf den beiden Endfeiten des Sarcophags (Taf. XLV.) treten uns indeffen Darftellungen entgegen, zu denen wir in der ganzen griechifchen oder affyrifchen Kunft keine Analogie zu finden vermögen. An einem Ende ift eine nackte Figur der Venus, wie sie in vielen, jetzt im Museum zu New-York aufbewahrten Thonfiguren dargestellt ist, stehend und nach vorn gewandt viermal neben einander wiederholt. Am andern Ende befinden sich vier ähnlich wiederholte Figuren, in denen man Melicertes, den phönicischen Hercules, vermuthet hat. Mr. King dagegen vermuthet, dafs es der phönicische Pataikos sein möchte, dessen Gestalt Herodot (3. 37) als pygmäenhaft beschreibt. Ich fand dieselbe Figur in Terracotta als aufrecht stehenden Griff an einer Lampe, die mit einer cyprischen Inschrift versehen ist. Was die vier Figuren der Venus anbetrifft, so könnte man sie als künstlerische Composition mit den gewöhnlichen Gruppen der drei Grazien in Berührung bringen. Freilich sind die Grazien, so wie wir sie kennen, drei verschiedene Personen; aber ihre Zahl schwankt, wie ihrer denn in Athen nur zwei waren, während der Umstand, dafs sie als Schwestern aufgefafst wurden, auf eine Einheit in der ursprünglichen Idee hinweist. Wie die Sache nun auch zu erklären sein mag, jedenfalls ist die vierfache Darstellung der Venus und des Melicertes auf dem Sarcophage zur Zeit höchst merkwürdig. Der gleichfalls in viele Stücke zerbrochene Deckel (Taf. XLVIII. 4) zeigt an jedem Ende zwei sich einander gegenüberstehende Sphinxe, ähnlich denen auf dem lycischen Friese.

Die Aehnlichkeit dieses Sarcophags mit dem letzteren ist erklärlich, wenn man bedenkt, eine wie geringe Entfernung die lycische und cyprische Küste von einander trennte; die Uebung der Kunst in dem einen Lande mufste der im andern um so eher in einigen Punkten ähnlich sein, als sowohl Lycien wie Cypern eine gemischte Bevölkerung hatte, von der ein erheblicher Theil griechisch war. In der noch unentzifferten Schrift Lyciens sind mehrere Buchstaben mit denen des cyprischen Alphabets identisch, während andere nur wenig abweichen.

Das Randornament an beiden Enden des Sarcophags hat einen ausgeprägt affyrifchen Character. ebenfo der obere Rand von Lotusblumen. In Bezug auf den affyrifchen Einflufs auf die lycifche Kunft erinnere ich an das von Layard (Nineveh 2, 291) Gefagte: „Die Perfer brachten nach Kleinafien die Künfte und die Religion, welche fie von den Affyrern empfangen hatten. So zeigen das Harpyiengrab und das gewöhnlich dem Harpagus in Xanthus zugefchriebene Grab und noch andere ältere Denkmäler alle Eigenthümlichkeiten der Sculpturen von Perfepolis und zu gleicher Zeit den allmählichen Fortfchritt in der Art der Behandlung — die Einführung der Handlung und Empfindung und Kenntnifs der Anatomie, Dinge, welche den Unterfchied zwifchen griechifcher und afiatifcher Kunft bezeichnen. . . . Ein Denkmal aus Xanthus indeffen verdient wegen feiner Verbindung mit perfifcher und affyrifcher Kunft und feiner religiöfen Embleme befondere Beachtung. Ich meine das Bruchftück eines Grabes im Britifchen Mufeum, auf dem eine mit einem fpringenden Löwen ringende und ihn durchbohrende Geftalt dargeftellt ift. Die Sculptur ift hier fo abfonderlich affyrifch in ihrer Behandlung (da man auf den Denkmälern und Cylindern Affyriens ähnliche Darftellungen antrifft), dafs hinfichtlich ihres Urfprungs kein Zweifel obwalten kann." Es giebt noch zwei andere, in Golgi entdeckte Denkmäler, welche eine auffallende Aehnlichkeit mit der lycifchen Kunft zeigen. Es find zwei oblonge Tritte oder Stühle, von denen der eine ein Flachrelief der lycifchen Chimaere, der andere die Gruppe eines Löwen, der einen Stier verfchlingt, darftellt; die letztere kann man einer ähnlichen Gruppe auf einem der archaifchen Friefe aus Xanthus, in der der Stier durch einen Hirfch erfetzt wird, an die Seite ftellen. Diefe Bänke find auf Tafel XXXIII. abgebildet und waren fchon früher mit dem grofsen Sarcophage veröffentlicht in den „Atti della reale accademia di Torino“ XI. Taf. 4—5.

In den Kammern neben der mit dem grofsen Sarcophage fanden fich zwei einfache Sarcophage vor, der eine in weifsem Marmor und der andere in Kalkftein, beide fehr befchädigt. Die frühere Entdeckung diefes Grabes fcheint eine blos zufällige gewefen zu fein, da fich durch die Decke ein Loch gebohrt fand, durch welches man herabgeftiegen war. Nachdem man einmal den Eingang bewerkftelligt hatte, konnte man leicht die Thür bemerken und fie als Ausgang benutzen. Wann dies ftattgefunden hatte, ift fchwer zu beftimmen; doch fcheinen einige rohe, anfcheinend mit Lampenrauch an die Wände gezeichnete Figuren, von bräunlicher Farbe und in einem Falle etwas wie einen Ritter darftellend, anzudeuten, dafs Krieger aus dem Heere der Kreuzfahrer in dem Grabe waren. Wie dem auch fein mag, jedenfalls ift man bemüht gewefen, die fchlechte Luft der Grabkammern durch Anzünden von Feuern zu vertreiben, deren Afche nebft Stücken verkohlten Holzes auf dem Fufsboden lag. Der Umftand, dafs diefe Stücke ungebrannten Holzes unter dem leifeften Drucke meiner Finger zu Pulver wurden, fcheint auch dafür zu zeugen, dafs der frühere Befuch des Grabes vor geraumer Zeit ftattgefunden hat.

Die Dächer der vier Zimmer find flach, und jedes ift aus drei grofsen Steinen zufammengefetzt. Das Eintrittszimmer hat 9 Fufs 7 Zoll in der Höhe, 13 Fufs 4 Zoll in der Länge und 12 Fufs 3 Zoll in der Breite. Diefes Grab wurde in einer Tiefe von $39\frac{1}{2}$ Fufs unter der Erdoberfläche entdeckt. Die drei Kammern find jede 12 Fufs 9 Zoll lang, 7 Fufs 10 Zoll hoch und 12 Fufs 9 Zoll breit. Der Fufsboden befteht aus oblongen, drei bis vier Zoll dicken Steinen, deren Länge wenigftens anderthalb Fufs beträgt; fie find fo forgfältig zufammengefügt. wie es das befte Pflafter der neuern Zeit auf Cypern nur fein kann.

Die Sarcophage ftanden alle auf dem Fufsboden bis auf die in einem Grabe, in welchem ich zwei Sarcophage vorfand; auf einem derfelben aus fchönem weifsem Marmor war ein weiblicher Kopf von coloffalen Mafsen, in altem oder archaifchem griechifchem Stile. fculptiert (Taf. LIII. 2). während der andere aus Kalkftein fchlicht war. Beide waren 10 Zoll über dem Boden erhoben und wurden durch fechs flache Steine. drei an jedem Ende, getragen. In der Mauer am Kopfende des fteinernen Sarcophags befand fich eine Nifche. 5 Zoll lang, ebenfo breit und 7 Zoll tief: das Innere derfelben war durch den Rauch einer irdenen Lampe gefchwärzt. die fie noch enthielt.

Die gewöhnliche Höhe des Thorweges diefer Gräber beträgt 4 Fufs 10 Zoll. und die Breite 3 Fufs 9 Zoll; der Thorweg, welcher den Eingang des Grabes bildet. wird von aufsen durch einen maffiven Stein verfchloffen. In einem Falle fand ich den betreffenden Stein ungewöhnlich grofs. nämlich 4 Fufs 10 Zoll breit und 5 Fufs 10 Zoll hoch. Meine Leute arbeiteten neun Tage an diefer Gruft, da fie an drei verfchiedenen Stellen bis auf eine Tiefe von 49 Fufs graben mufsten. ehe die richtige Lage des Einganges fich beftimmen liefs. Als eine Ecke des grofsen Steines zum Vorfchein kam und feine Lage fie verficherte, dafs er niemals von der Stelle bewegt war. da konnte nichts ihre Freude übertreffen. Die Gröfse des mächtigen Steines und fein anfcheinend unberührter Zuftand fteigerte ihre Hoffnungen auf's Höchfte. und durch ein Verfprechen auf eine gute Belohnung ermuntert. arbeiteten fie eine Zeit lang mit grofser Begeifterung. als ob es gälte den Schatz des alten Cinyras zu heben. Doch ach! das war nur ein Traum! Sie kamen plötzlich auf ein Loch in dem maffiven Steine. welches vollkommen erklärte, warum er an feiner Stelle verblieben war. Das Loch war für den Körper eines Menfchen grofs genug und hatte denen, welche die Entfernung des coloffalen Steines unmöglich gefunden hatten, früher als Eingang gedient.

Diefe Entdeckung reichte hin, um alle frohen Hoffnungen meiner Arbeiter in plötzliche Niedergefchlagenheit zu verwandeln; denn das ift die Eigenthümlichkeit des veränderlichen cyprifchen Temperaments. Gleichwohl arbeiteten acht Mann mit Hacke und Brecheifen an der Entfernung des Steines weiter; aber alle Bemühungen waren vergeblich, weshalb fie ebenfo wie ihre Vorgänger hineinkriechen mufsten.

Theocharis, einer meiner Hauptgräber, warf eilig feine überflüffigen Kleider ab und gieng nach feiner Gewohnheit zuerft hinein, nachdem er das Zeichen des Kreuzes gemacht hatte. Ich fragte ihn, warum er diefe fromme Handlung vornehme, und er entgegnete, dafs er das zu thun pflege, wenn er in ein tiefes Grab hinabfteige, um fich gegen den böfen Blick zu feien und damit ihm kein Leid widerfahre. Das kurze Gebet, welches er hinzufügte, war indeffen wohl angebracht: denn nicht felten ift die Erde über Leuten zu ihrer gröfsten Gefahr eingeftürzt, und der Auffeher felbft blieb einft Stunden lang begraben, ehe er befreit werden konnte. Dr. Juftus Siegismund, ein junger hoffnungsvoller deutfcher Philologe, der zur Entzifferung der cyprifchen Schrift erheblich beigetragen hat, befuchte diefe Gräber 1876 während meiner zeitweiligen Abwefenheit von Amathus: als er aus einem herauskam, fiel er in dasfelbe zurück und fand augenblicklich feinen Tod.

Die Verwirrung in dem Grabe, von dem ich jetzt rede, übertraf jede Befchreibung. Ich blickte hinein und fah Theocharis, der als Knabe feinen rechten Arm verloren hatte, mit feiner einzigen Hand feinen Kopf bedecken, wodurch er Verwunderung und grofse Enttäufchung auszudrücken pflegte, indem er auf einem Haufen von Menfchenknochen und wüft durch einander liegenden Sarcophagftücken ftand. Ich geftehe, dafs nach fo vielen Tagen vergeblicher Arbeit unter einer glühenden Sonne in einer Wüfte, wo man jeder gewöhnlichen Erquickung entbehren mufs, meine eigene Enttäufchung der meiner Leute faft gleichkam. Dies Grab beftand aus zwei Kammern und enthielt funfzehn fchlichte Sarcophage, die alle in Stücke zerbrochen waren. (Vergl. ihre Form Tafel LIII. 1.) Glücklicherweife war keiner mit Bildwerken verfehen gewefen. Sie hatten urfprünglich zu dreien aufgefchichtet geftanden; aber die, welche das Grab geöffnet, hatten die oberen herabgeworfen und entzwei gefchmiffen, um zu den mittleren zu gelangen, während fie fich begnügt hatten, in die auf dem Boden ftehenden grofse Löcher zu fchneiden, ohne fie von der Stelle zu bewegen. In diefem Grabe fchienen fie eine gute Ernte gemacht zu haben, denn die grofsen Stücke von den Gebeinen und Schädeln lagen aufgehäuft da und waren von den pulverifierten Theilen gefondert, welche man durchgefiebt zu haben fchien.

Nachdem funfzehn Männer zwei Tage lang befchäftigt gewefen waren, die Bruchftücke der Sarcophage, die menfchlichen Ueberrefte und den Schutt zu befeitigen, fand ich in einem Winkel der innern Kammer rechts von der Thür die Fragmente von fechzig Terracotta-Vafen aufgehäuft, welche diefelben Eigenthümlichkeiten hatten wie die in Paphos, Idalium, Golgi und anderswo auf der Infel gefundenen; aufserdem fechzehn Alabaftervafen, meift durch den Moder und durch die Zeit befchädigt; mehrere Stücke undurchfichtigen Glafes; einige ägyptifche grünglafierte Amulette in Terracotta (Taf. L. 4—7); zwei Figuren der Aftarte in Terracotta (Taf. L. 3); einige dreifsig Gegenftände in Kupfer, wie

Spiegel, Scheiben, Paterae, Schalen und Vafen, fehr oxydiert und feft an einander klebend; fie fchienen abfichtlich in einen grofsen Kupferkeffel geworfen und zufammengeftampft zu fein, da der letztere feine urfprüngliche Geftalt vollftändig verloren hatte. Diefe Maffe wog über 70 Pfund. Unter den Vafenfragmenten fanden fich Stücke eines hölzernen Kaftens, der fchön mit Bronze eingelegt war. Diefer Kaften war ohne Zweifel einft in einer Oeffnung in der Decke der erften Kammer verborgen gewefen, welche, wie wir fanden, nach Ent-

Das Innere des Grabes.

fernung einer am Boden liegenden Steintafel aufgedeckt fein mufs: fie pafste nämlich in den Rand der Oeffnung, die 2 Fufs 3 Zoll lang, 14 Zoll hoch und 10 Zoll breit war. Die Sauberkeit, mit der der Stein in die Decke eingefügt gewefen ift, hätte eine Entdeckung verhüten follen; aber die Räuber, welche das Grab vormals geplündert hatten, fcheinen ihre Arbeit gewerbsmäfsig betrieben zu haben, da man ihn augenfcheinlich mit Sorgfalt und unter Anwendung kleiner Werkzeuge entfernt hat.

Als ich den Inhalt des kupfernen Keffels unterfuchte, fand ich einen eifernen Dolch, die Bruchftücke eines mit einer eingegrabenen Reihe von Thieren verzierten Schildes (Taf. LII.) und einen Theil einer filbernen Schale, welche die Räuber wegen ihrer Oxydation für ein anderes Metall gehalten und als werthlos in den Keffel geworfen haben müffen (Taf. LI.).

Diefe beiden wichtigen Bruchftücke find in der Revue archéologique 1875 abgebildet und von Ceccaldi trefflich befchrieben worden; doch kann ich meinem gelehrten Freunde in feiner Erklärung der Darftellungen auf der Silberfchale nicht überall beipflichten; denn leicht bemerkt man eine grofse Aehnlichkeit zwifchen diefen Darftellungen und jenen auf dem Sarcophage. Der myftifche oder heilige Baum ift auf der Schale faft derfelbe wie der an den Rändern des Sarcophags; die Kleidung einiger der Krieger, ihre Kopfbedeckung, die Ausftattung der Pferde, die Form der Wagen und der Stil der Ausführung beweifen, dafs beide derfelben Epoche angehören. Ich bin der Anficht, dafs diefe wie überhaupt die meiften Denkmäler, welche ich auf Cypern entdeckte, auf der Infel gemacht wurden, da fich diefe Mifchung griechifcher, ägyptifcher und affyrifcher Kunft, welche ich „cyprifche" nenne, fo viel ich weifs, nirgends weiter findet. In Betreff des Sarcophags kann hierüber kein Zweifel herrfchen, da er aus einem rauhen, harten Sandfteine gehauen ift, der Amathus und einem andern Orte auf der öftlichen Küfte Cyperns eigenthümlich ift.

Die Zahl der in diefen Gräbern gefundenen Gegenftände in Kupfer und Bronze, die allerdings meift durch Oxydation zerftört find, ift viel erheblicher als die der in der ausgedehnten Necropole von Idalium gefundenen. Ich habe beobachtet, dafs die alten Gräber in jenen Gegenden, wo es bekanntermafsen Kupferminen gegeben hat, wie in Amathus und Curium, verhältnifsmäfsig weit mehr Arbeiten in diefem Metall enthalten, als anderswo. Dasfelbe läfst fich von den wenigen Gräbern behaupten, welche ich in Tamaffus öffnete. Der Umftand, dafs faft alle diefe Bronzen einfach und roh gearbeitet waren, ift für mich ein weiterer Beweis, dafs fie in Cypern verfertigt wurden. In diefen Gräbern fand ich unter den Gegenftänden, welche frühere Ausgräber zurückgelaffen oder überfehen hatten, merkwürdige kleine Ringe, einige in Bronze und andere in Silber, deren Verwendung fich nicht leicht beftimmen läfst; einige ägyptifche und babylonifche Cylinder aus weichem, glafiertem Thon,

Das Grab mit der Skelettpflanze an der Wand.

auch mehrere Ringe aus gediegenem Golde, aber roh gearbeitet, und ohne künftlerifchen Werth; eine grofse Menge zerbrochener, irdener Krüge und Bronze-Schalen und Paterae, alle fchlicht und fo oxydiert, dafs fie bei der erften Berührung in ein feines, grünes Pulver zerfielen; auch einige kupferne Aexte und eiferne Pfeilfpitzen fanden fich, aber keine Infchriften, kein Glas, keine Lampen oder Münzen.

In einem diefer Gräber bemerkte ich etwas, das ich in keinem andern gefehen hatte, nämlich eine Skelettpflanze [Dendriten?], welche die Wand und die Decke mit ihren netzartigen, zarten Zweigen von faſt ſchwarzer Farbe verzierte. Hier ſcheint die Natur aus Mitleid über die geſchehene Plünderung dem Grabe mit ſympathiſcher Hand ihren eignen, angemeſſenen Zierrath verliehen zu haben.

Weſtlich von dieſen Gräbern, aber nach Oſten zugewandt, entdeckte ich neun ofenförmige Höhlen, die eine ſolche Menge von Gebeinen enthielten, daſs ich äuſserſt begierig war, eine derſelben gründlich zu unterſuchen. Demgemäſs wurde die Erde beſeitigt, und ich zählte nicht weniger als 64 Schädel. Es lag auch eine vermengte Maſſe von Knochen da, unter denen ich Kinnbacken und Zähne von Kamelen, Pferden und Schafen oder Ziegen bemerkte. Ich ſollte hier anführen, daſs ich oftmals in den älteſten Gräbern, in Dali, Agios Photios, Paphos, Amathus, Zähne von Thieren, beſonders Kamelen, gefunden habe; und ſelbſt in den reicheren, die Sarcophage enthaltenden Gräbern, ſind Knochen und Zähne von Vierfüſslern ausgegraben worden. Dieſe neun Höhlen würden für die angedeutete Menge der Leichname viel zu klein geweſen ſein, und deshalb meine ich, daſs ſie nur zur Beſtattung von Knochen dienten, welche aus den Felſengräbern beſeitigt wurden, um andern Leichnamen Platz zu machen. Der Umſtand, daſs darin weder Vaſen noch ſonſtige Gegenſtände gefunden wurden, beſtärkt mich in dieſer Annahme. In den Gräbern an der Küſte entlang, von denen noch viele uneröffnet ſind, wurden keine thieriſchen Ueberreſte bei den Todten gefunden, mit Ausnahme von einigen Tauben- und Hühnerknochen oder Eierſchalen in irdenen Schüſſeln, wahrſcheinlich den Ueberbleibſeln des Leichenſchmauſes.

Zwanzig Minuten öſtlich von dieſen Gräbern liegt auf dem weſtlichen Abhange eines niedrigen Hügels ein kleines Dorf namens Agios Tykhona [Ἅγιος Τύχων], welches aus etwa fünfundzwanzig Häusern besteht. Die Einwohner sind meist Christen griechischen Glaubens, nur einige wenige sind Muslimen. Die letzteren haben einen sehr schlechten Ruf und gehören zur niedrigsten Volksklasse, indem Mord und Viehdiebstahl ihre Hauptbeschäftigung ausmachen. Das Dorf ist gröfstentheils aus Steinen von Amathus erbaut, unter denen sich einige wenige Capitäle, Säulen und andere Baustücke befinden. Es enthält eine dem heiligen Nicolaus geweihte Kirche, bei der ein fast hundert Jahre alter Priester angestellt ist. In dem geräumigen Hofe der Kirche, der zugleich als Friedhof dient, fand ich in die Umfassungsmauer ein Flachrelief in Kalkstein eingelassen; es ist 3 Fufs 2 Zoll hoch und 22 Zoll breit, und stellt einen Jüngling dar, der in der linken Hand eine Taube hält. Es soll vor vielen Jahren vom Gipfel des Hügels von Amathus hierher gebracht worden sein. Es ist ein rohes, anscheinend sehr altes Bildwerk, aber in einem mangelhaften Zustande der Erhaltung. Ich bemerkte auch mehrere griechische Inschriften und Grabstelen, welche in Gräbern an der Küste gefunden worden waren und nicht weiter als bis in's erste Jahrhundert der christlichen Aera zurückgehen. Die Einwohner des Dorfes erhalten sich hauptsächlich durch die Steinhauerei und die Viehzucht; dahin ist es mit dem alten Königreiche von Amathus gekommen, welches vormals eines der reichsten auf Cypern war!

Ich forschte vielfach auf den umliegenden Hügeln und Bergen nach, um die alten Kupferbergwerke von Amathus aufzufinden, die für die reichhaltigsten und umfänglichsten auf Cypern galten. Ich erwartete einige Schlacken oder andere Anzeichen in der Nähe der alten Stadt zu finden, die mich in den Stand setzen könnten sie wiederzuerkennen; doch obgleich ich zu diesem Behufe mehrere Ausflüge machte und die Bergkette in der Ebene Mesaoria überschritt, wo die königliche Stadt Tamassus (Ταμασσός) geſtanden haben ſoll, ſo gelang es mir doch nicht, irgend welche Spuren derſelben zu entdecken. In der Nachbarſchaft von Agios Heraclidion (Ἅγιος Ἡρακλείτης) und Petra (Πέτρα?) befinden ſich viele alte Gräber, einige in den Felſen gehauen und andere, wie in Dali, nur in der Erde ausgehöhlt. Dieſe gehörten wahrſcheinlich den Einwohnern von Tamaſſus an. Ein verſtändiger Bauer aus Petra erzählte mir, daſs er mit ſeinem Vater beim Holzſchlagen einen groſsen Kupferhügel (vermuthlich Schlacken) auf dem nördlichen Abhange dieſer Berge gefunden habe: als ich ihn aber aufforderte mich dahin zu führen, erklärte er die genaue Oertlichkeit vergeſſen zu haben. Es iſt mehr als wahrſcheinlich, daſs die Kupferminen von Amathus und Tamaſſus ſich in dieſem Gebirgszuge befanden, da ich unter den loſen Felsſtücken, die am Boden lagen, einige auflas, welche eine gewiſſe Kupfermaſſe enthielten. Ein Mineralog würde vielleicht noch andere Spuren entdeckt haben, die ſich meinem ungeübten Auge entzogen.

Während meines langen Aufenthaltes in Amathus beſuchte ich auch eine andere Reihe von Hügeln: auf dem Gipfel eines derſelben, der ſehr mühſam zu erſteigen iſt, zwiſchen den beiden kleinen Dörfern Agios Dimitri und Fafuli, fand ich die Ruinen eines elliptiſchen Baues, welcher 27 Fuſs zu 16 maſs. Sein Gebiet war mit Stücken zerbrochener Statuen beſtreut; auf zweien von ihnen war ein Adler eingegraben. Ich entdeckte auch auf den Sockeln zweier lebensgroſser Statuen, an denen noch die Füſse hafteten, griechiſche Charactere, die roh, aber tief in den Kalkſtein eingeſchnitten waren. Gern hätte ich dieſen Platz gründlich unterſucht, da dieſe Ruinen muthmaſslich von einem dem Jupiter geweihten Tempel herrührten, aber ich hatte weder ein Zelt noch Lebensmittel mitgenommen.

und mufste mich deshalb damit begnügen, die Steine am Boden nach Infchriften zu durchfuchen.

Während ich mit einem halben Dutzend Leuten hiermit befchäftigt war, fanden wir uns plötzlich in einen dichten Rauch eingehüllt. Die Abhänge des Hügels ftanden in Flammen: das dichte Bufchwerk, welches fie bedeckte, brannte: der ftarke Wind, welcher auf diefen Hügeln beftändig weht, verbreitete das Feuer fo rafch, dafs wir in Gefahr waren, lebendig geröftet zu werden. Wir liefen den Hügel in fo grofser Eile hinab, dafs wir die Sattelranzen mitzunehmen vergafsen. Dafs die Feuersbrunft keine zufällige war, war augenfcheinlich, aber der Beweggrund des Brandftifters unerklärlich: denn auf meinen Reifen auf der Infel war man mir überall mit der gröfsten Freundlichkeit und Achtung entgegengekommen. Die Reitthiere, welche man hatte grafen laffen, waren, durch die Flammen erfchreckt, davongelaufen, und es erforderte einige Zeit fie einzufangen. Während die Leute fie verfolgten, liefs ich aus beiden Dörfern die angefehenften Männer, welche die Ortsbehörde darftellten, holen, da ich mich vergewiffern wollte, ob etwa das Benehmen eines meiner Leute den Unwillen eines Bauern erregt hatte.

Als fie ankamen, erklärten fie, dafs keinem von meinen Gräbern ein Leid zugefügt fei, aber dafs ein gewiffer Türke aus Agios Tykhona, namens Kara Ahmed, der ein gewerbsmäfsiger Viehdieb war und vor einigen Jahren an der Ermordung eines englifchen Unterthanen in Limaffol Theil genommen hatte und eben aus dem Gefängnifs entlaffen war, um den Hügel ftreifend bemerkt worden fei, und dafs er ohne Zweifel den Unfug veranlafst habe. Es ergab fich, dafs er fich vergebens an meinen Auffeher wegen Befchäftigung gewandt hatte, und da er fich einbildete, dafs die abfchlägige Antwort von mir herrührte, fo befchlofs er fich zu rächen.

Durch Anzündung einiger Streichhölzer hatte er den Hügel auf allen Seiten in Brand gesteckt und war dann mit meinen Sattelsäcken, die auf diese Weise gerettet wurden, fortgelaufen; er dachte in ihnen Geld und andere Werthsachen zu finden, sie enthielten indeſs nur einige Orangen und etwas Brod. Er war von dem rothhaarigen Priester von Agios Dimitri und mehreren andern Bauern gesehen und erkannt worden. Ich war entsch.ossen ihn fangen und streng bestrafen zu lassen: doch da er als ein Wagehals bekannt war, so muſste ich einige Vorsicht anwenden. Ich sandte deshalb meinen Kawassen Mustafa an den Kaimakam von Limassol mit der Bitte um zwei Polizeidiener. indem ich ihm mittheilte. zu welchem Zwecke ich dieselben wünschte.

Dann entsandte ich meinen Aufseher auf dem schnellsten Maulthiere. welches ich bei mir hatte, nach Agios Tykhona, wo dieser Ahmed lebte. um seine Ankunft und seine Bewegungen zu überwachen. Da der letztere. wie ich annahm. alle Richtewege durch die Berge kannte. so traf er zur selben Zeit ein. wie meine Boten und zwar. wie er meinte, sicher und unbemerkt. Die Sattelranzen trug er mit sich.

Mustafa betrat mit den Polizisten kurz darauf sein Haus, und so wurde er gebunden und zur Vernehmung vor mich nach Amathus gebracht. wohin ich zurückgekehrt war; aber er weigerte sich auf meine Fragen zu antworten. Ich schickte ihn geraden Weges an den Generalgouverneur nach Nicosia. der ihn mehrere Monate lang gefangen hielt. Zwei Brüder des Gefangenen. welche in Agios Tykhona lebten. deuteten ihre Absicht an. es meinen Kawassen Mustafa entgelten zu lassen. der sich deshalb einige Zeit nicht sehr behaglich fühlte. obwohl ich ihn versicherte. daſs er nichts zu befürchten hätte. Allerdings wurden in Rücksicht auf den schlechten Ruf, in dem diese Männer im Dorfe standen, in unserm kleinen Lager, welches sehr nahe an jenem Dorfe lag, einige Vorsichtsmafsregeln getroffen.

Als ich in einer Nacht eben einschlief, meinte ich zu bemerken, dafs sich mein Zelt bewegte, und da das Mosquito-Netz an die Querstange befestigt war, so ward ich bald gewahr, dafs ich nicht träumte. Jemand war offenbar bemüht, sich von unten Eingang zu verschaffen. Auf meinen Reisen auf Cypern habe ich das Zeltleben immer dem dürftigen Unterkommen vorgezogen, welches die Dörfer gewähren, obwohl ich meine Zelte immer nahe genug bei ihnen aufschlug, um Vorräthe und Futter leicht beschaffen zu können. Bei diesen Gelegenheiten schlief ich beständig mit einem Revolver unter meinem Kissen, obschon ich, wie gesagt, mit Ausnahme dieser Nacht, niemals in die Nothwendigkeit versetzt wurde, ihn zu gebrauchen. In diesem Falle langte ich behutsam meine Waffe hervor und wartete mit gespanntem Hahne den weiteren Verlauf ab. Deutlich konnte ich das Geräusch unterscheiden, wie man sich einen der Zeltpflöcke zu lockern bemühte, und kurz darauf erschien ein Zottelkopf schwarzen Haares unter meinem Zelte, während ich deutlich sah, wie eine dunkle Gestalt sich am Boden duckte: ich zögerte nicht länger, sondern drückte ab und schickte ihr eine Kugel durch's Gehirn: auf das Geheul, welches erfolgte, und den Knall der Waffe, eilten meine Leute in wenigen Augenblicken verwirrt und erschreckt herbei: aber ihre Bestürzung verwandelte sich bald in Heiterkeit, als in dem Räuber ein grofser, schwarzer Hund erkannt wurde, der, durch den lieblichen Geruch eines vom Abendessen übrig gebliebenen Rebhuhns angelockt, ungeladen gekommen war, um seinen Hunger zu stillen.

Die Berge, welche Amathus umgeben, gewähren einen öden Anblick, und eine Todtenstille herrscht dort den ganzen Tag lang. Die Vegetation ist sehr dürftig. und der Heufchreckenbaum ift der einzige. deffen dichtes und glänzendes Laub dem Reifenden dann und wann einen freundlichen Schatten fpendet. In der Ferne fieht man wohl Schaf- und Ziegenheerden, welche auf dem dürren Grafe und den Stoppeln der vorjährigen Gerftenernte grafen.

Ehe ich mich nach dem Weften begab. um Curium zu erforfchen. nahm die Fortfchaffung des Marmorfarcophags mit dem auf feinem Deckel in hohem Relief fculptierten weiblichen Kopfe (Taf. LIII. 2). deffen Entdeckung ich vorhin erwähnt habe, vielfach meine Zeit und mein Nachdenken in Anfpruch. Es war mit den mir zu Gebote ftehenden Mitteln ein fchwieriges Unternehmen. Wir hatten weder Flafchenzüge noch andere Mafchinen zur Hebung von Laften und waren lediglich auf Stricke und Kräfte der Hände angewiefen. Es erforderte neun Stunden fchwerfter Arbeit, um den Sarcophag an die Oberfläche zu bringen. Dann wurde er auf einen eigenft dazu gemachten niedrigen Karren gelegt und fo langfam über die unebenen. mit Steinen beftreuten Felder gefchleift. von acht Ochfen und funfzig Mann. die beide mit gleicher Anftrengung arbeiteten.

Wir verliefsen das Feld um Mittag. und obwohl man von dort bis an die Küfte in zwanzig Minuten gehen kann, fo legten wir den Weg doch nicht vor fechs Uhr Abends zurück. da wir den Karren. der unter der Laft ächzte, über zwanzig Mal ausbeffern mufsten. Gleichwohl hatte ich das Vergnügen. ihn vor Einbruch der Nacht ficher an Bord der „Mahona“ gebracht zu fehen. die auf ihn wartete und mit ihm bald unterwegs nach Larnaka war.

Der Gouverneur von Limaffol war früh am Tage mit der gewohnten, orientalifchen Uebertreibung davon unterrichtet worden, dafs der amerikanifche Conful etwas Aufserordentliches aus den Ruinen von Amathus fortfchaffte; demgemäfs kamen während unferes

„Marfches zum Meere“ zwei Zabtiyeh oder berittene türkifche Poliziften an, die mit dem üblichen Putze von Piftolen und Hirfchfängern, die der Roft des Alters vollkommen harmlos gemacht hat, bewaffnet waren. Sie fchienen Befehl empfangen zu haben, nur die Vorgänge zu überwachen, und ftiegen deshalb nicht ab, fondern hielten fich in ehrerbietiger Ferne. Einmal allerdings, als der Karren gerade ausgebeffert wurde, übermannte den einen die Neugier, und er kam etwas näher heran: als ich aber meinem Confulargardiften ein Zeichen gab, ihn zurückzuweifen, verbeugte er fich höflich und zog fich fofort zurück.

Als der Sarcophag die Küfte faft erreicht hatte und die Poliziften ein Boot mit den amerikanifchen Farben, welches ihn in Empfang nehmen follte, in Bereitfchaft liegen fahen, galoppierten fie in voller Eile nach Limaffol, und zwei Stunden fpäter, als der Sarcophag gerade an Bord gefetzt werden follte, kam ein Polizeibeamter aus Limaffol mit der Nachricht angefprengt, dafs der Gouverneur unterwegs wäre, um „das Wunder“ zu fehen, und bat mich, es nicht einzufchiffen, bis er eine Gelegenheit gehabt hätte, es anzufehen: welche Bitte ich, wie fich leicht denken läfst, fehr wenig beachtete. Der Sarcophag kam ohne unnöthigen Verzug ficher an Bord, die weifsen Segel füllten fich, und die Mahona entfernte fich mit regelmäfsiger Bewegung von der Küfte, gerade als der Gouverneur von Limaffol und fein zahlreiches Gefolge auf der Stelle eintrafen.

Zur Zeit, von der ich fpreche, war der Gouverneur von Limaffol ein fanatifcher Türke der alten Schule und ein grimmiger Haffer aller Chriften. Verfchmitzt wie alle halbgebildeten Türken von Natur find, änderte er, als er fah, dafs er gerade einen Augenblick zu fpät eingetroffen war, um meine Einfchiffung zu hindern, feine Tactik, und nachdem er in einer gewiffen Entfernung von dem Platze, wo ich ftand, abgeftiegen war (ein orientalifches Zeichen der Ehrerbietung), kam er mit aller äufserlichen Freundlichkeit und erkünftelten Demuth auf mich zu. Nachdem Cigaretten gereicht und die gewöhnlichen trivialen Complimente ausgetaufcht waren, begann er fich wegen der fpäten Stunde feines Befuches zu entfchuldigen. Er habe, fagte er, fein Pferd fatteln laffen, fobald er von meiner Anwefenheit in der Gegend gehört habe, und fei gekommen, um mir für meine perfönliche Sicherheit, fo lange ich in Agios Tykhona weilte, eine Wache von Poliziften anzubieten, da ich, wie er vernommen habe, von einigen Einwohnern des Dorfes Unannehmlichkeiten gehabt hätte; und wenn noch fonft etwas in feiner Macht läge, fo follte ich ihm nur befehlen. Natürlich glaubte ich nicht ein Wort von dem, was er fagte; doch dankte ich ihm für feine höfliche Sorge für mein Wohlergehen, aber erwiderte, dafs ich keines andern Schutzes als desjenigen meiner eigenen Leute bedürfe, und dafs ich auf allen meinen langen Wanderungen auf der Infel niemals auf eine Gefahr geftofsen fei. Er machte nicht die geringfte Andeutung hinfichtlich des nun verfchwundenen Sarcophags, und nach einigen noch gefchmackloferen Complimenten ftand er auf und bat um Erlaubnifs fich verabfchieden zu dürfen, die ihm gerne gewährt wurde.

Auf dem füdlichen Abhange eines Hügels nicht weit von Agios Tykhona, wo Hammer irrthümlich die Stätte des Venustempels hinverlegte, find noch Spuren genug von einer Mauer vorhanden, die die Vermuthung berechtigen, dafs dafelbft einft irgend ein Gebäude geftanden hat; und daher befchlofs ich die Stelle genauer zu unterfuchen, wenn ich vor meiner Abreife von Amathus noch Mufse genug haben follte. Als ich eines Morgens früher als gewöhnlich durch die zudringlichen Mosquito aufgeweckt worden war, ftand ich auf, nahm mein Gewehr und brach allein nach dem Orte auf, indem ich meine Arbeiter in ihre Decken gehüllt auf dem harten Boden noch den ungeſtörten Schlaf ſchlafen lieſs, den ſelbſt ein Daunenbett nicht immer bringt. Trotzdem ich in der Jagd nach Rebhühnern mehrere Umwege machte, ſo erreichte ich doch den Platz vor Sonnenaufgang. Als ich mich hier der Einſamkeit erfreute, in der ich mich wähnte, und einen vorſpringenden Felſen erklomm, um den gröſsten Theil der noch ſtehenden Mauer zu erreichen, wurde ich durch die Stimme eines Mannes aufgeſchreckt, der in einem näſelnden und ſcharfen Tone laut las. Ich huſtete, und die Stimme verſtummte, fuhr aber alsbald in bisheriger Weiſe fort. Als ich die Mauer erreichte, fand ich einen griechiſchen Prieſter, der aus einem Buche etwa neun oder zehn Steinhauern vorlas. Ich gab dem Prieſter, der bei meinem Erſcheinen inne gehalten hatte, ein Zeichen fortzufahren, und indem ich meinen Kopf entblöſste, wartete ich in einiger Entfernung, bis das Gebet vorüber war. Nach ſeiner Beendigung zerſtreuten ſich die Männer, und ich näherte mich dem Prieſter, um einiges zu erfragen und vernahm aus dem Munde des alten Mannes die folgende Geſchichte. „Vormals ſtand hier, wo jetzt dieſe wenigen Ruinen ſind, eine Kirche — vor ſehr langer Zeit, vor mehr als 200 Jahren!“ Der alte Prieſter ſah mich bei dieſen Worten fragend an, als ob er fürchtete, daſs meine archäologiſchen Kenntniſſe ein ſo hohes Alterthum in Zweifel ziehen könnten; aber das Gebäude war ſogar noch älter, als er dachte, da es aus früher byzantiniſcher Zeit herrührte. „Die Kirche“, fuhr er fort, „war dem heiligen Tychon geweiht, der hier getödtet wurde, und dieſem Altar wurde die wunderbare Kraft, Fallſüchtige zu heilen, beigelegt. Vor vielen Jahren befahl einer unſerer Biſchöfe — ein ſchlechter Mann, Gott möge ihm vergeben! — daſs die Kirche“ (vermuthlich dem Einſturze nahe) ..niedergerissen und eine neue mit denselben Steinen in einer kleinen Entfernung aufgebaut würde, aber der Heilige wollte solche Entweihung nicht zugeben und erschien allen Dörflern der Nachbarschaft in derselben Nacht in einem Traume und forderte sie auf, sich einer so verruchten Zerstörung gewaltsam zu widersetzen; und das würden sie sicherlich gethan haben, hätte nicht der Bischof sein Vorhaben aufgegeben. Zur Strafe ward derselbe von der Fallsucht heimgesucht, wurde verrückt und brachte sich in einem Anfalle um."

Was jedoch dem bösen Bischof nicht zu thun erlaubt war, das haben die Zeit und die Vernachlässigung vollbracht. Eine Masse Schutt und Steine und hin und wieder ein einige Fuss hohes Stück einer Mauer ist alles, was übrig geblieben ist, um die Stätte des heiligen Märtyrers zu bezeichnen; aber ein griechischer Priester kommt jeden Montag im Jahre bei Tagesanbruch, um mitten unter den Steinen zu beten. Ehe er den Hügel hinansteigt, läutet er eine Handglocke, worauf die Bauern, welche sich erbauen wollen, sich daselbst zum Gebete versammeln. Ich fragte den Priester, warum die Kirche in dem nahen Dorfe, namens Agios Tykhona, dem heiligen Nicolaus statt dem heiligen Tychon geweiht wäre. Einen Augenblick schien er verlegen zu sein, dann sagte er in ernstem Tone, dass der Heilige es verboten hätte.

Die Feierlichkeit der frühen Stunde, wo die Erde noch in Thau gebadet war und die Sonne gerade aufstieg, indem sie ihre Herrlichkeit über Meer und Land goss, die tiefe Stille, welche ringsum herrschte, und die Einsamkeit, in der nichts das Auge traf, das an Menschen erinnert hätte, stimmten so vollkommen zu der Gebetsscene und zu der Legende, die ich eben angehört hatte, dass diese einfachen Ruinen in dem Augenblicke ein melancholischer Reiz umfieng, den grossartigere zu einer andern Zeit nicht entfaltet haben würden. Ich fetzte mich an dem Fufse einer zerbrochenen Säule nieder, um über die grofse, fo oft wiederholte Lehre nachzufinnen, dafs dem Menfchen Schranken gefetzt find, während die unendliche Natur dahinrollt, diefelbe geftern und heute und in Ewigkeit.

Curium.

ELFTES CAPITEL.

Indem wir von den Trümmern von Amathus oder Alt-Limaſſol, wie die Stätte jetzt heiſst, in weſtlicher Richtung weiterreiſen, erreichen wir nach einem fünfſtündigen Ritte, meiſt durch eine fruchtbare und wohl bewäſſerte Ebene, die von Karuben und Oliven beſchattet iſt, und in welcher die groſse Stadt Limaſſol und die kleinen, aber maleriſchen Dörfer Koloſſi (Κολόσι) und Episkopi (Ἐπισκοπή) belegen ſind, die weſtliche Küſte Cyperns, wo einſt die königliche Stadt CURIUM (Κούριον) beſtand.

Wie ein Adlerhorſt auf dem Gipfel einer felſigen Anhöhe etwa 300 Fuſs über dem Meeresſpiegel gelegen und auf drei Seiten faſt unnahbar, muſs die Stadt in früheren Tagen allen Feinden getrotzt haben, ob ſie mit Bogen und Pfeil oder mit Schild und Speer bewaffnet waren; und wie müſſen ſich ihre Einwohner aus jener Höhe an dem herrlichen Anblick erfreut haben, wenn ſie auf die ſchöne Bucht am Fuſse ihres Berges herabſahen!

In einiger Entfernung könnte man dieſen Felſen für die Mauern eines mächtigen, in Trümmern liegenden mittelalterlichen Schloſſes halten; doch wenn der Reiſende von Episkopi aus ſich ihm nähert, dann muſs er ſtaunen über die Geduld, die Arbeit und das Genie des Volkes, welches ſich dieſen herrlichen Fleck zur Wohnung auserkor und den gigantiſchen Felſen zwang, die gewünſchten Formen anzunehmen und ſeinem Bedürfniſſe zu dienen, und das noch dazu mit den armſeligen Werkzeugen, über die es verfügte und von denen noch einige erhalten ſind. Der Felſen beſteht aus dem gewöhnlichen kalkigen Sandſtein und iſt auf der Oſt- und Weſtſeite zu einer ganz ſenkrechten Fläche behauen.

Vierzig Fuſs über dem Boden iſt ein groſses Plateau auf dem Abhange ausgehauen, etwa 100 Fuſs weit und dann 25 Fuſs tief ausgehöhlt, wodurch es einem neuern Feſtungsgraben ähnlich ſieht. Dies iſt alles, was das Auge des Reiſenden gewahrt, wenn er ſich dem Felſen bis auf wenige Ellen genähert hat; doch wenn er den kleinen Abhang erſteigt und von dem Plateau aus in den Graben hinabſieht, dann wird er über den Anblick, der ſich ihm zeigt, erſtaunen. Der Gedanke, daſs dieſer Graben lediglich zu Vertheidigungszwecken, um einen plötzlichen Ueberfall der Stadt zu vereiteln, ausgehöhlt ist, wird verſcheucht, und ein Gefühl der Bewunderung ſteigt auf, wenn man bemerkt, mit welcher Sorgfalt jeder Zoll nutzbaren Raumes, ſowohl am Fuſse des Felſens als in der entgegengefetzten Wand, zur Anlage einer andern Stadt verwandt ift – der Stadt ihrer Todten. Taufende und aber Taufende von Felfengräbern nahmen einft diefen Raum ein. Die am Fufse der Felfen glichen an Form und Gröfse vollkommen den Gräbern in Alt-Limaffol. In der Wand vor dem Graben lagen fie in drei regelmäfsigen Reihen von Grüften, von denen die meiften jetzt freilich zerftört find. Die erfte beftand aus ofenförmigen Gräbern, die gleichfam einen Bogenbau zur Stütze der oberen bildeten; die letzteren waren rechtwinkelig, viel gröfser und mit grofser Sorgfalt ausgeführt. Sie waren nicht, wie die in der erften Reihe, blofse Höhlen zur Aufnahme der Leichname, fondern in Wirklichkeit kleine Felfengrabkammern. In der Mitte einer jeden ftand ein Sarcophag, der einen Theil der Kammer felbft bildete und fich in einigen Beifpielen 22 Zoll über den Boden erhob, während er in andern unter die Oberfläche herabfank, indem nur die Kante oder der Rand zum Vorfchein kam. Es erforderte genaue Unterfuchung, ehe ich zur Ueberzeugung kam, dafs der Steinfarg und die Grabkammer aus einem Stücke beftänden.

Ich fah mich indeffen getäufcht, als ich fand, dafs, während die Baumeifter dem allgemeinen Plane diefer Gräber fo viele Aufmerkfamkeit gewidmet hatten, die Gröfsenverhältniffe der einzelnen durchaus unregelmäfsige waren. Ich mafs nämlich viele von ihnen aus, aber fand nicht zwei von denfelben Mafsen. Alle wichen in diefer Hinficht um einige Zoll bis zu einem Fufs von einander ab. Ihre durchfchnittliche Gröfse beträgt 6 Fufs 10 Zoll in der Höhe, 8 Fufs in der Länge und 4 Fufs 2 Zoll in der Breite.

Nicht nur hatte man die Bafis des Felfens, den Graben und die innere Seite der Mauer wie einen Bienenkorb zu Gräbern ausgehauen, fondern auch ferner noch gröfsere, aus zwei oder drei Kammern bestehende Gräber an den Abhängen der umliegenden Hügel. überall wo man festen Felsen fand, angelegt. Selbst die Ebene unten. dem südlichen Eingange gegenüber. die sich nach Westen bis zur Küste hinzieht, ist nicht verschont geblieben; und diese Gräber waren die einzigen. welche nicht längst zuvor geöffnet waren.

In späterer Zeit ist ein christliches Dorf, dessen dem Agios Ermogeni geweihte Kirche noch erhalten ist. auf einem Theile dieser Ebene. fast unter Curium. erbaut worden. In seiner unmittelbaren Nähe fand ich kleine, viereckige Hausgrundmauern und einige alte christliche Gräber; als ich aber 27 Fuss tiefer grub. entdeckte ich, dass der ganze Boden darunter voll von Gräbern war. die den alten Einwohnern von Curium angehörten und sich wenigstens über eine halbe englische Meile ausdehnten. In einem 200 Ellen östlich von dieser Kirche gelegenen Thale und in einer Tiefe von 23 Fuss unter der Oberfläche stiess ich auf eine Mauer aus mächtigen Kalksteinblöcken von 4 Fuss 7 Zoll Dicke. die mit Mörtel verkittet waren und 11 Fuss 9 Zoll tief giengen; ihre Länge konnte ich nicht feststellen. da sie sich auf der einen Seite unter einem Baumwollenfelde. welches einem Türken gehörte. hin erstreckte und auf der andern Seite an den Felsen von Curium reichte. bis sie plötzlich abbrach. Die Strecke. welche ich untersuchen konnte. mass 32 Fuss. An einer andern Stelle, etwa 1000 Ellen südlich von diesem Thale. fand ich eine ähnliche Mauer. aber sie lief in entgegengesetzter Richtung und erstreckte sich gleichfalls unter bebauten Feldern hin. deren Eigenthümer. Türken aus Episkopi. sich meinen weitern Forschungen an dieser Stelle widersetzten.

Die Tiefe, in welcher man die Gräber in dieser Ebene antrifft. richtet sich nach der der Felsen, welche unter ihnen liegen. indem sich einige an 40 Fuss. andere nur 7 oder 10 Fuss unter der Oberfläche befinden. Keins derfelben war zuvor angerührt und ihre Thüren waren fo dicht verfchloffen, als zur Zeit, da man den letzten Leichnam hineingelegt hatte. Unglücklicherweife waren die Decken der meiften eingefallen und das Innere mit Fels- und Erdftücken angefüllt; aus diefem Grunde bekam man aus ihnen auch nur wenige Gegenftände unverfehrt. In den Gräbern. deren Decken dicker und nicht eingefallen waren, war die Erde bis zu einer Höhe von mehreren Fufs durchgefickert. doch nicht fehr fchwer zu befeitigen. Die in ihnen enthaltenen Gegenftände lagen noch genau fo. wie fie urfprünglich hineingelegt waren. In keinem Falle fanden fich weniger als zwei Leichname. Nachdem die fteinerne Tafel vom Eingange eines der Gräber entfernt worden war, ftiefs man zuerft auf zwei in der Thür liegende, irdene Lampen, roh und merkwürdig geformt. Inwendig ftanden vier Amphoren einer eigenthümlichen Form, auf deren einer fich Spuren phönicifcher Buchftaben. mit fchwarzer Farbe aufgefchrieben. fanden; zwei derfelben ftanden zu jeder Seite der Thür und alle waren aufrecht geftellt. Weiter zur Linken. wo einige Knochen noch den Platz bezeichneten. auf dem der Leichnam gelegen hatte, lag ein einfacher goldener Ring in der Form unferer Trauringe und zwei filberne Armbänder. deren Enden in Schlangenköpfe ausgiengen; auch zwei filberne Ohrringe. ftark oxydiert, und ein Bronzefpiegel mit einem kurzen Griffe. An der rechten Seite fanden fich eine Taffe in Bronze. die durch die Oxydation faft zerftört war. und einige irdene Vafen mit derfelben Art der Ornamentik wie die in Idalium gefundenen. nämlich mit concentrifchen Kreifen. Zickzacklinien und Schachbrettern. aber auf rothgefärbtem Grunde.

Aus den in diefem Grabe gefundenen Gegenftänden ift erfichtlich. dafs dasfelbe zwei Leichname enthielt, einen Mann rechts und eine Frau. wahrfcheinlich feine

Gattin. links. Ich beobachtete hier. wie auch in einigen Gräbern in Idalium und Ormidia. die Eigenthümlichkeit. dafs der rechte Arm des Skelettes quer über die Bruft gelegt war. indem die Hand in einer neben dem Kopfe ftehenden Schüffel ruhte. Ich lenke die Aufmerkfamkeit der Archäologen auf diefe Thatfache. die mir unerklärlich ift. Erwähnen will ich jedoch, dafs fich unter den von Layard entdeckten und jetzt im Britifchen Mufeum ausgeftellten Alterthümern mehrere runde Bronzefchalen befinden. welche die Knochen einer Hand enthalten. Ob er fie aber in Gräbern fand. oder unter welchen Umftänden. konnte ich nicht erfahren.

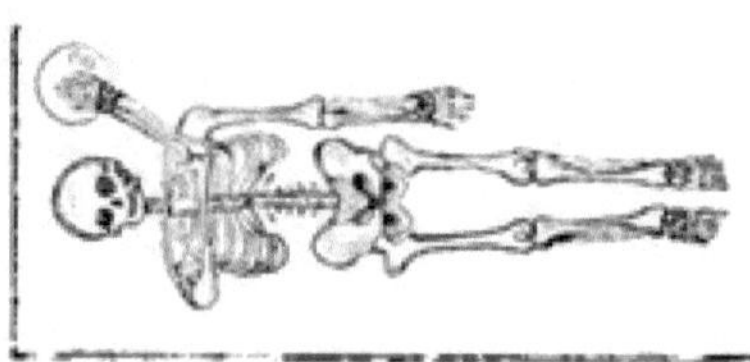

Der Felfen von Curium zeigt den Zahn der Zeit in zahlreichen Riffen. indem er an einigen Stellen das Ausfehen eines riefigen Schwammes hat. Ungeheuere Stücke. welche von oben bis unten abgefplittert find. drohen jeden Augenblick herabzufallen. Viele Tonnen fchwere Blöcke. die zu Gräbern ausgehöhlt waren. find bereits gefallen. niemand weifs wann; fie haben den Graben an mehreren Stellen angefüllt und in ihrem Falle die unteren Gräber zertrümmert. Die Einwohner von Episkopi. einem Dorfe. welches unter der Regierung der Lufignan. etwa 1200 nach Chr. entftand und fpäter das Lehen eines Bruders der Caterina Cornaro war, haben in diefen Blöcken von je ein reichliches Material zum Bau und zur Ausbefferung ihrer Wohnhäufer gefunden.

Curium war urfprünglich, wie wir aus Herodot (5. 113) und Strabo (XIV. 683) entnehmen. die Niederlaffung einer argivifchen Colonie gewefen. doch wird

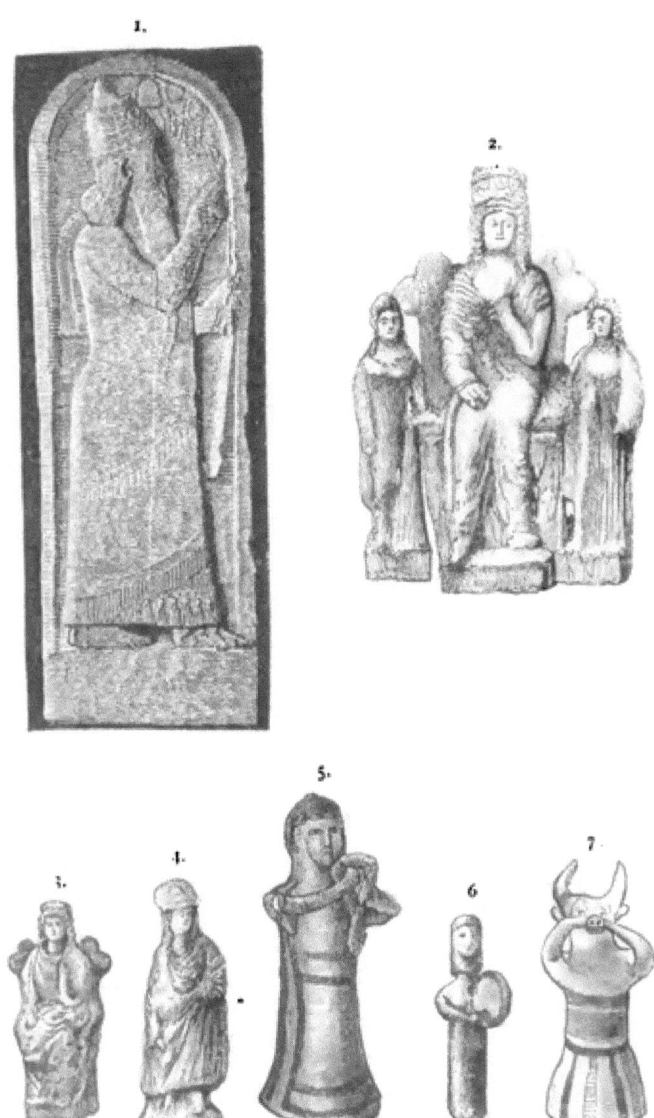

CITIUM (Larnaka).

1.

2.

3.

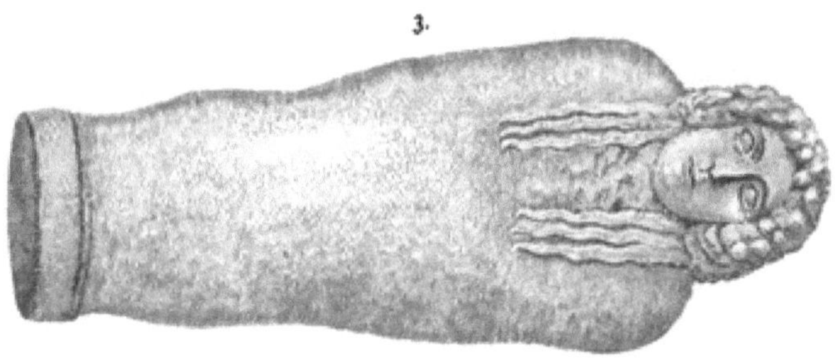

4.

1.

2.

3.

4.

CITIUM (Larnaka).

1.

2.

3.

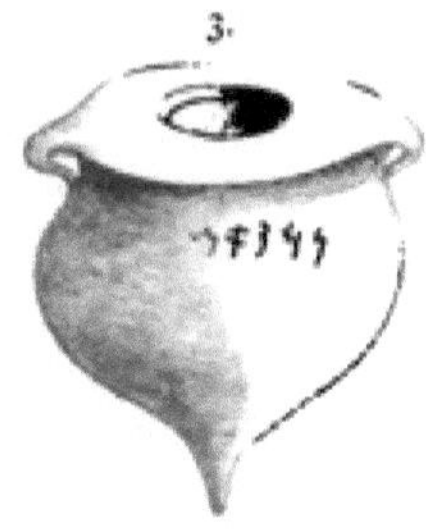

IDALIUM (Dali).

IDALIUM (Dali).

IDALIUM (Dali).

IDALIUM (Dali).

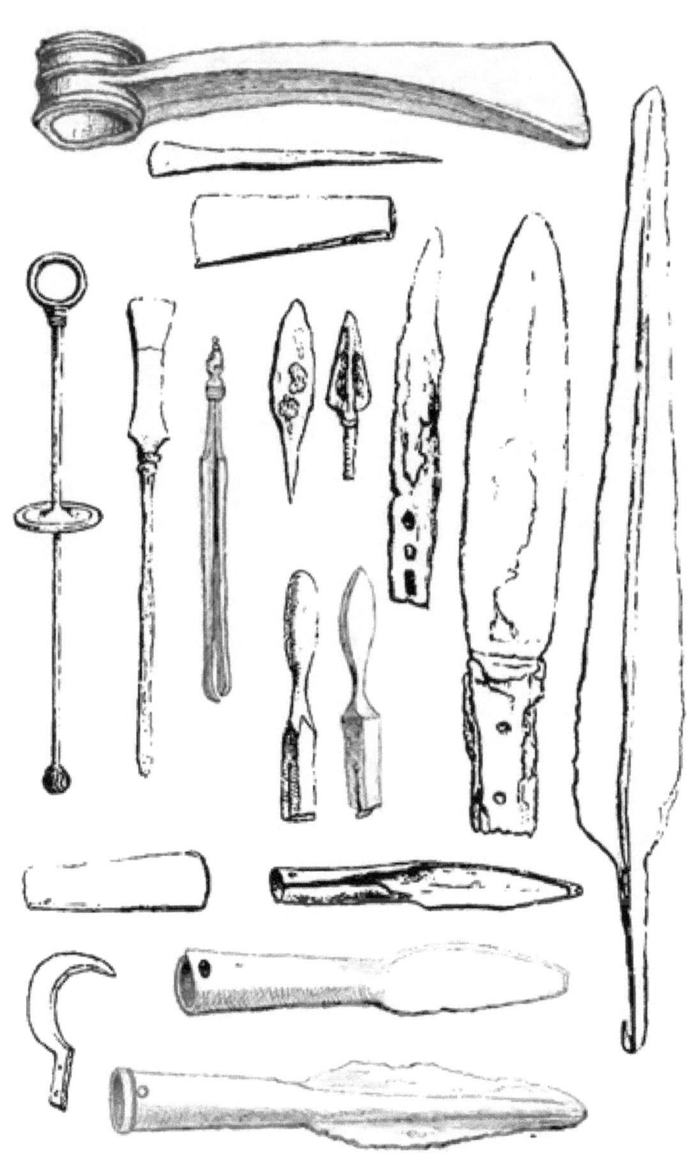

IDALIUM (Alambra).

IDALIUM (Alambra).

IDALIUM (Alambra)

IDALIUM (Alambra - Dali).

IDALIUM (Dali).

IDALIUM (Dali).

GOLGI (Agios Jorgos).

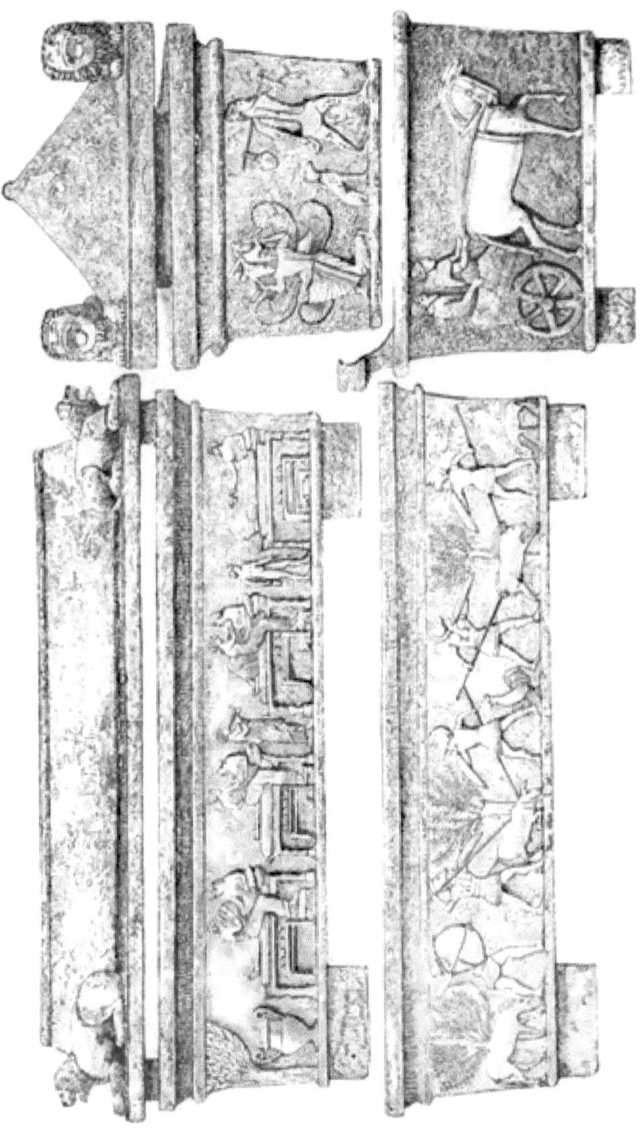

GOLGI (Agios Jorgos).

GOLGI (Agios Jorgos).

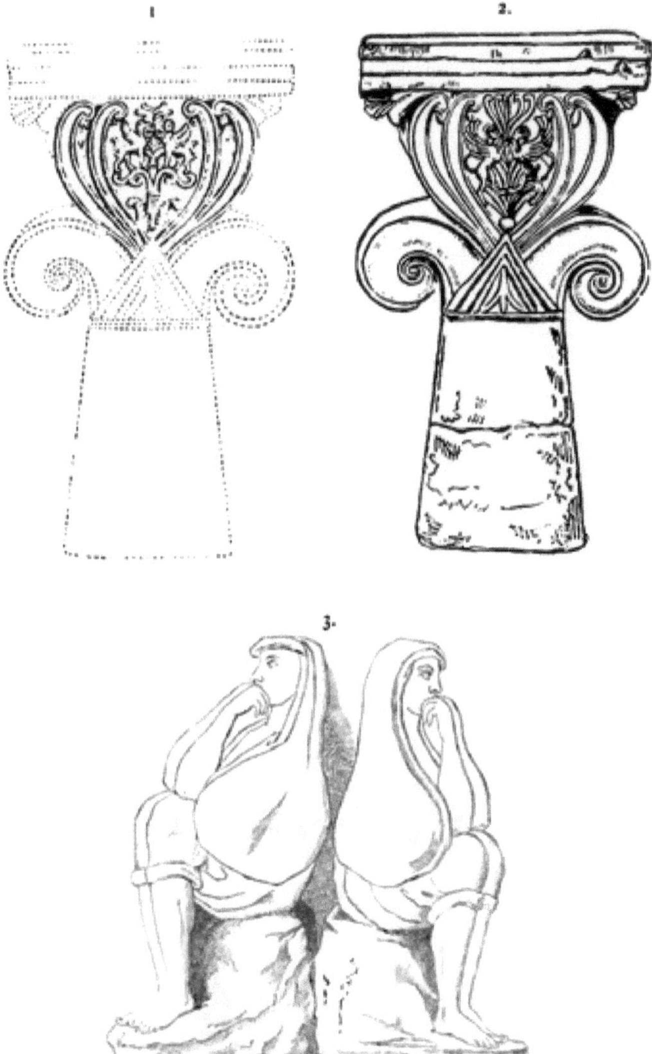

GOLGI (Agios Jorgos).

GOLGI (Agios Photios).

GOLGI (Agios Photios).

GOLGI (Agios Photios).

GOLGI (Agios Photios).

1.

2.

3.

GOLGI (Agios Photios).

1.

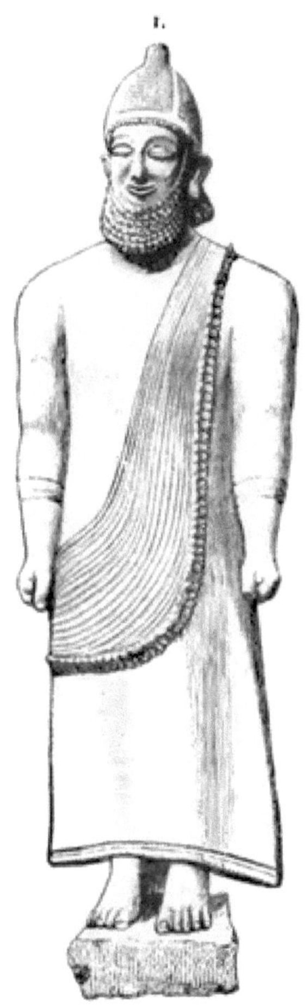

2.

GOLGI (Agios Photios).

GOLGI (Agios Photios).

GOLGI (Agios Photios).

1.
2.
3.
4.
5.
6.
7.
8.
9.

GOLGI (Agios Photios).

GOLGI (Agios Photios).

1.

2.

3.

GOLGI (Agios Photios).

1.

2.

3.

GOLGI (Agios Photios).

1

2.

3.

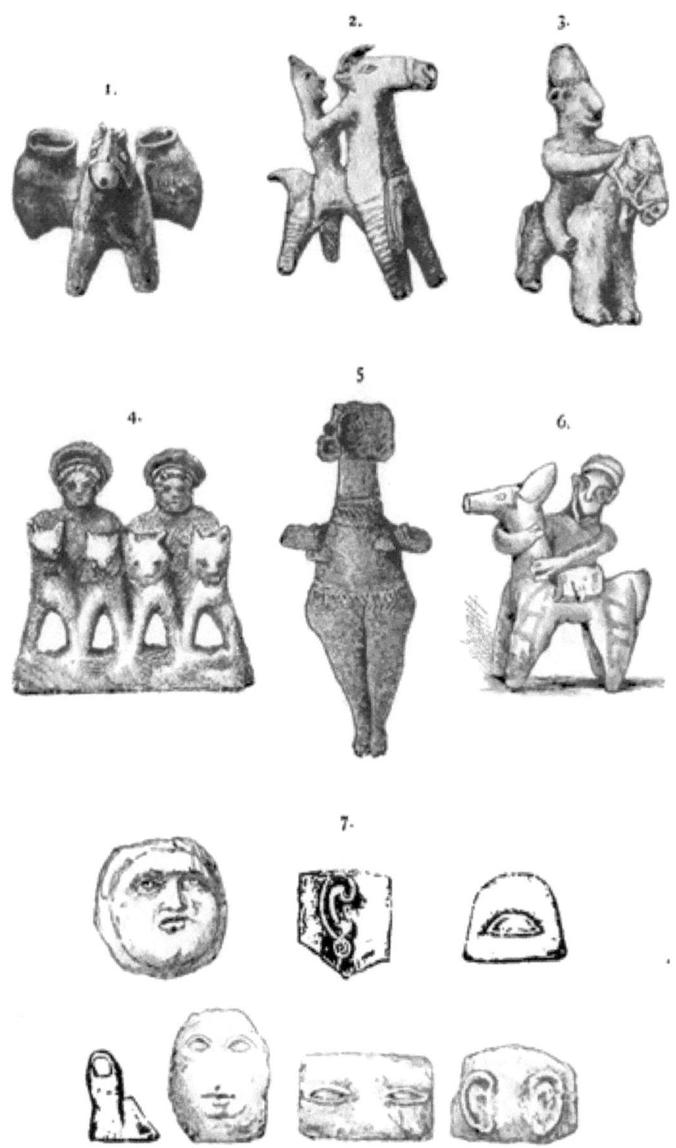

GOLGI (Agios Photios).

THRONI — LEUCOLLA.

LEUCOLLA.

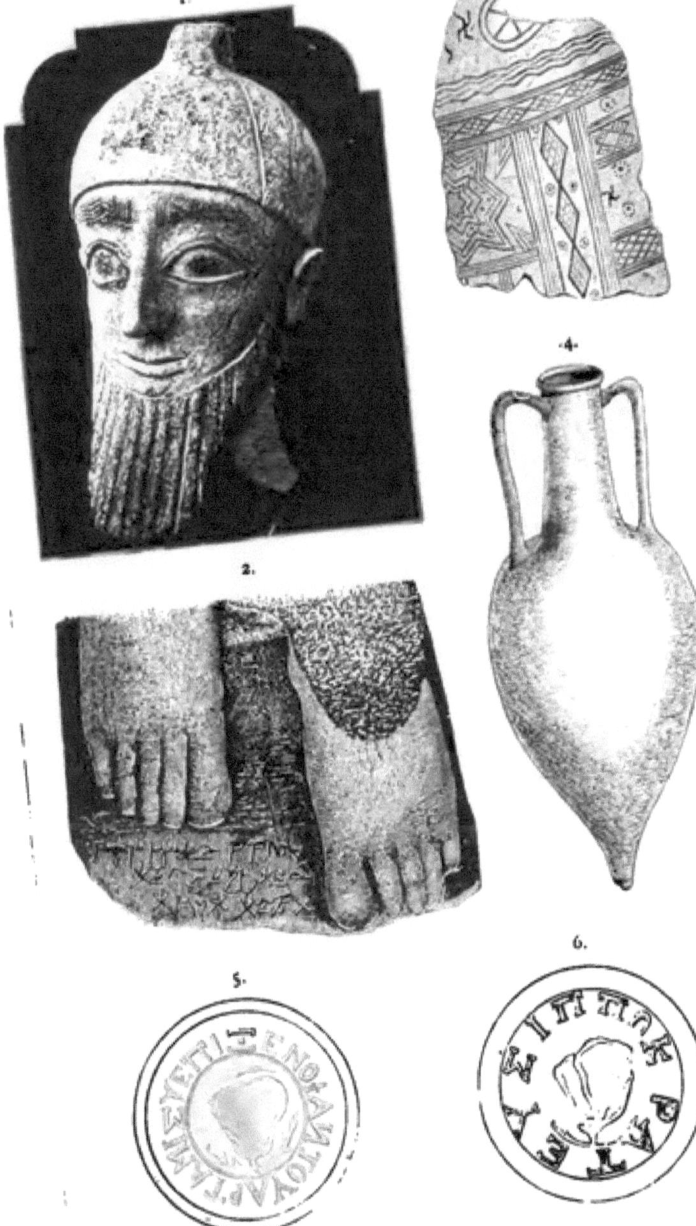
1.
2.
3.
4.
5.
6.

SOLI.

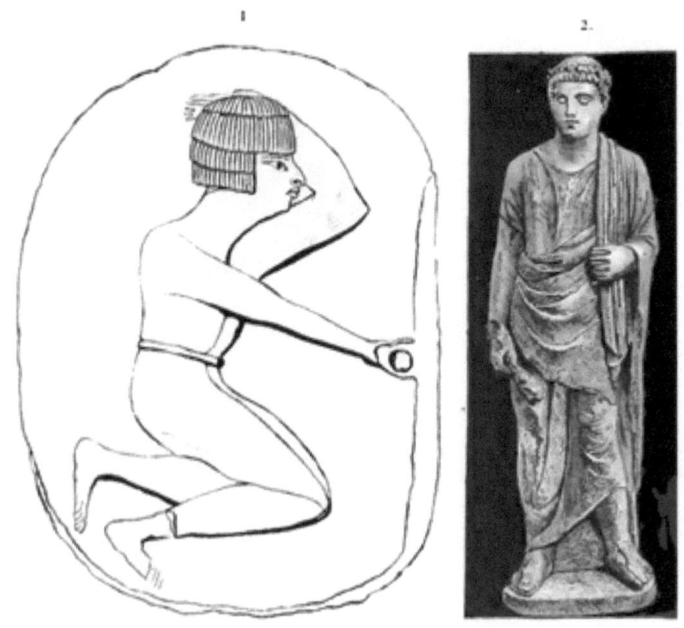

LAPETHUS-LEUCOSIA.

1.

2.

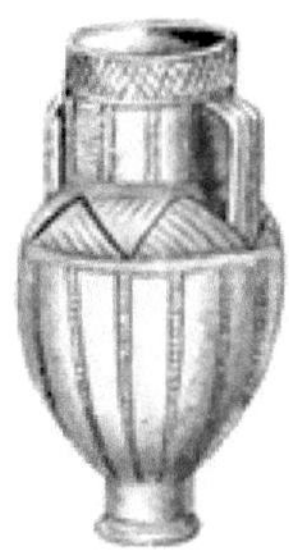

3.

AMATHUS.

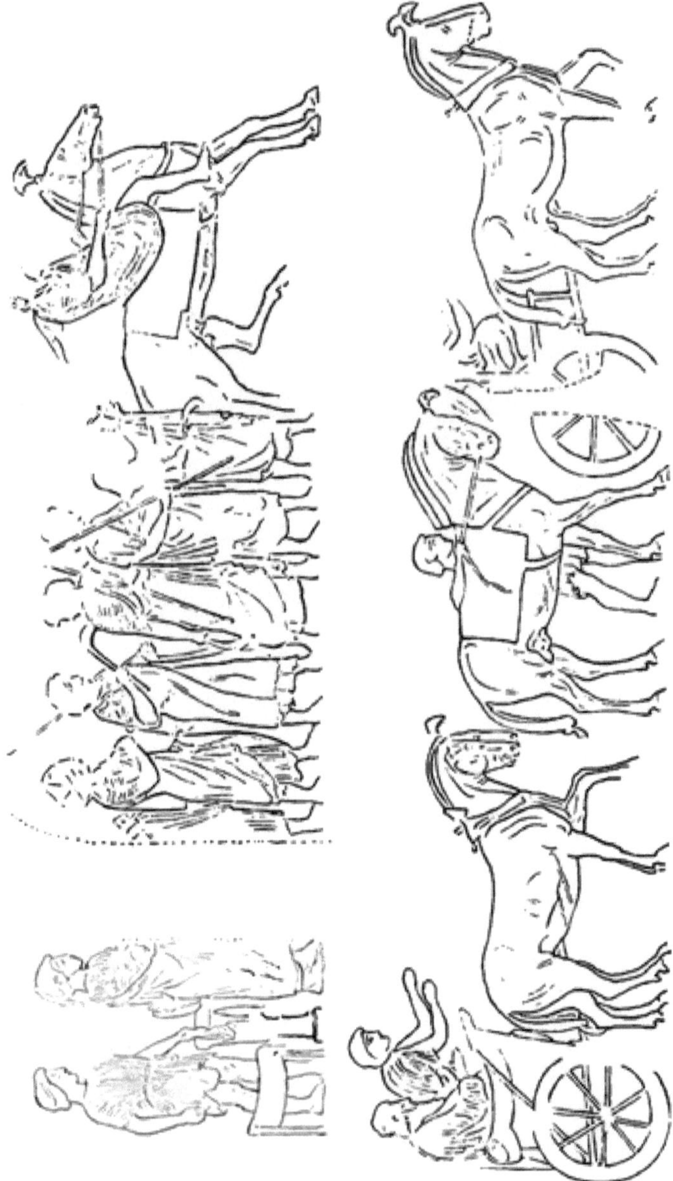

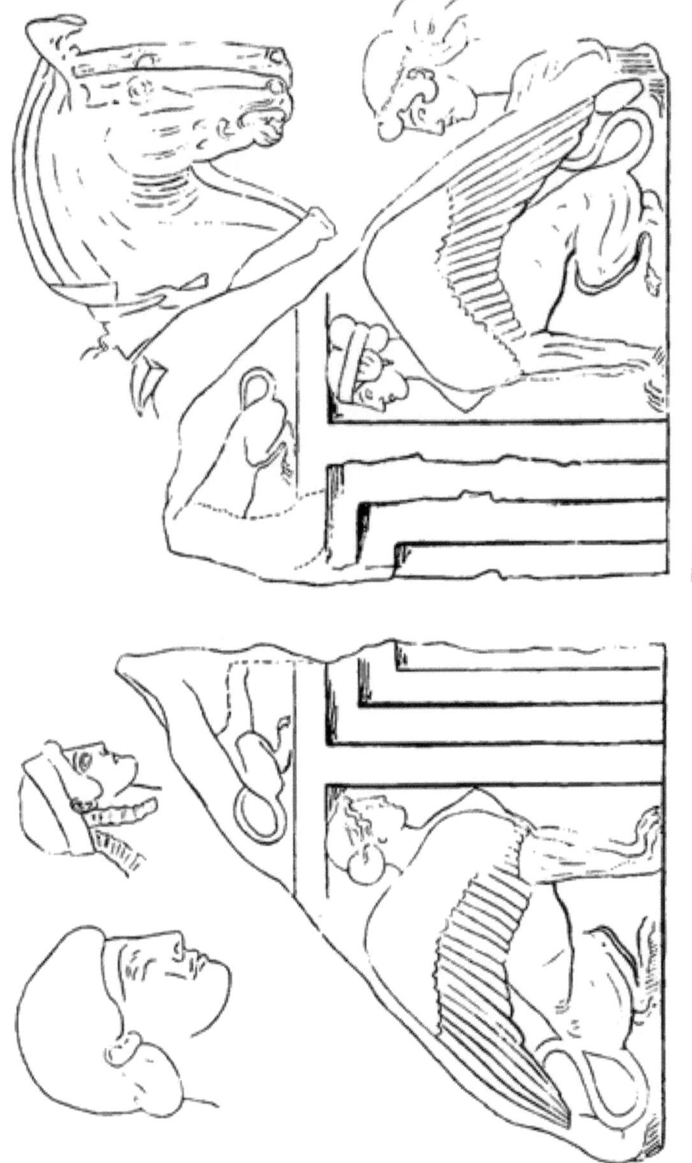

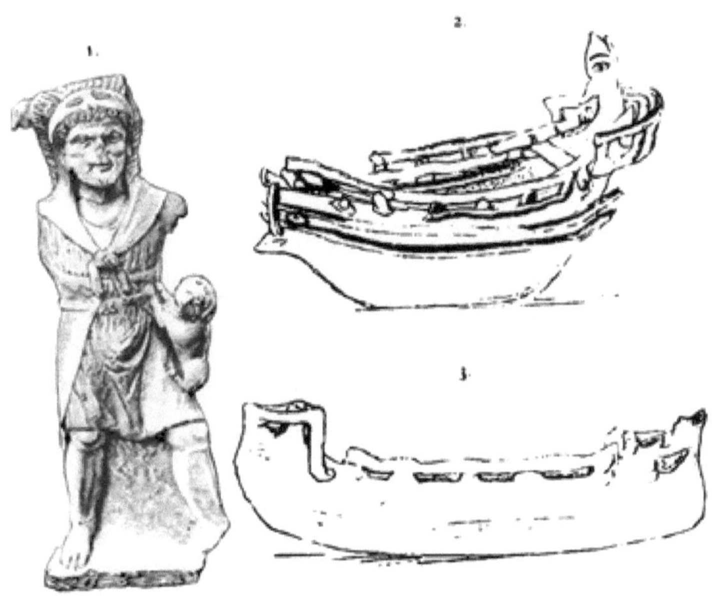

AMATHUS.

INHALT.

9136
21/11/90
5

VERZEICHNISS

DER IN DEN TEXT GEDRUCKTEN ABBILDUNGEN

ein befonderer Anführer derfelben nicht erwähnt. da die Angabe des Stephanus von Byzanz, dafs es von Cureus, dem Sohne des Cinyras, gegründet fei. nicht glaubwürdig erfcheint. Diefer argivifche Urfprung wird weiter durch die Wichtigkeit beftätigt, welche Curium dem Dienfte des Apollo beilegte, und durch die Thatfache, dafs fich unter den benachbarten Dörfern oder kleinen Städten, welche mit Curium verbündet gewefen zu fein fcheinen, ein Ort namens Argos befand. Möglicherweife hat Engel (1, 237) Recht, wenn er vermuthet. dafs Dmetor der Jafide, den Odyffeus König von Cypern nennt (Od. 17, 442), aus der argivifchen Familie des Jafos ftamme und ftreng genommen nur König von Curium gewefen fei. Bei diefem anfcheinend griechifchen Urfprunge ift es auffallend, dafs in dem von Onefilus. dem Könige von Salamis, veranlafsten Aufftande gegen die Perfer der König von Curium, Stafanor, zu den Perfern übergegangen fein follte (498 vor Chr.). In einer frühern Periode finden wir unter den cyprifchen Monarchen, welche an Asarhaddon Tribut entrichteten. einen König Eteander; denfelben wies der Affyrer auch an, ihm Baumaterial für feinen Palaft in Niniveh zu fchicken. In der Zeit Alexanders des Grofsen finden wir, dafs König Pafìcrates Schiffe fendet, um ihm bei der Belagerung von Tyrus beizuftehen. Aber im ganzen fcheint Curium an den öffentlichen Angelegenheiten der Infel wenig Theil genommen zu haben.

Die Stadt Curium hatte drei Eingänge, einen auf der füdlichen, einen auf der weftlichen und einen dritten auf der nördlichen Seite bei der heutigen Strafse nach Paphos; der erfte und der zweite find noch fichtbar. Der füdliche Eingang, eine viereckige, in den Felfen gehauene Oeffnung, ift 56 Fufs weit. Eine Flucht von Stufen führt zu dem Thore, der Brücke oder was fonft noch diefen Eingang fchlofs, hinan; derfelbe wird durch das Bruchftück einer Säule bezeichnet, welche noch jetzt auf ihrer urſprünglichen Baſis ſteht. Der weſtliche Eingang liegt vor der Bucht und ſcheint der hauptſächlichſte geweſen zu ſein; doch ſind Spuren von Stufen oder einem Wege, der zu ihm geführt hat, nicht mehr ſichtbar. Zu beiden Seiten hatte ein kleines Gebäude, wahrſcheinlich ein Wachtturm, geſtanden; jetzt wird der Platz desſelben durch zwei formloſe Schutthügel bezeichnet. Ich unterſuchte einen derſelben und fand ihn genau 25 Fuſs im Geviert; beide waren mit der Mauer, welche den Kamm des Hügels eingeſchloſſen hatte, verbunden. Wenn man die Stadt von dem ſüdlichen Thorwege aus betritt und einige Minuten in nordöſtlicher Richtung weitergeht, ſo kommt man an die Ruinen eines halbkreisförmigen Baues, wahrſcheinlich eines Theaters, deſſen Umfang 720 Fuſs beträgt. In unmittelbarer Nähe liegt eine Maſſe von Steinen, zerbrochene Thongefäſse und anderer Schutt, und darunter kleine viereckige Grundmauern, die das Geſchäftsviertel der Stadt andeuten.

Das Stadtgebiet von Curium war viel gröſser als das von Amathus, und obgleich ſeine Mauern auf der Nordſeite nur eine halbe Stunde Weges vom ſüdlichen Eingange entfernt liegen, ſo ſind doch noch über ſie hinaus Spuren von menſchlichen Wohnungen zu ſehen. Mit Ausnahme von Neu-Paphos giebt es keine Oertlichkeit auf Cypern, welche auf der Oberfläche des Bodens eine ſo groſse Maſſe von Schutt zeigte. Pococke, der Cypern einige Wochen lang beſuchte, ſpricht von Mauerüberreſten, die er in Curium geſehen hätte; wahrſcheinlich waren es die des Hippodroms, die auf ſeiner Route von Paphos liegen. Es iſt ſonderbar, daſs der hervorragende franzöſiſche Archäologe, Graf de Vogüé, der Cypern 1862 beſuchte und, wie er ſagt, gründlich durchforſchte (Revue archéologique, October 1862), die Trümmer von Curium unerwähnt läſst. Ich zählte ſieben Stellen, wo Säulenſchäfte in Marmor oder in Granit halb begraben in der Erde ruhten, wahrſcheinlich in derſelben Lage, in welche ſie vor Jahrhunderten fielen. An einer Stelle finden ſich ganz ausgetretene ſteinerne Stufen, welche zu einer nahen Ciſterne führten, vermuthlich einem öffentlichen Brunnen, bei dem die Rebecca von Curium Abends zuſammentrafen, um ihre Krüge zu füllen und über die Neuigkeiten des Tages zu plaudern. An einer andern Stelle liegt eine groſse zweihenkelige Kanne unter einem rechtwinkeligen Steine zerbrochen, noch ſo unberührt, als ob der Sturz erſt geſtern vorgefallen wäre. Zerbrochene Lampen, Griffe einer beſchriebenen Kanne, ein groſser Mühlenſtein mit eingenietetem Kupferringe und Maſſen zerbrochener Thongefäſse bedecken überall den Boden. Hier und dort ſind noch Theile des Straſsenpflaſters mit den Spuren der Wagenräder ſichtbar; überhaupt regt die Stätte die Einbildungskraft mächtig an, die alten Tage der Stadt heraufzubeſchwören.

Hunderte von kleinen Erdhügeln bezeichnen die Stellen, wo gewöhnliche Wohnhäuſer geſtanden haben. Die gröſseren darunter mögen die Trümmer öffentlicher Bauten oder Paläſte ſein. Einige der gröſsern Hügel, bei welchen Säulen lagen, unterſuchte ich, und aus der Form ihrer Grundmauern und aus den Fragmenten von Statuen, die ich fand, ſchlieſse ich, daſs ſie Tempel geweſen ſind.

Einer dieſer Plätze, auf dem acht Säulenſchäfte in bräunlichem Granit im Boden eingebettet lagen, zog mich beſonders an, und da ich einige von ihnen zu meſſen wünſchte, ſo lieſs ich zwei wegſchaffen und fand, daſs ihr Durchmeſſer 22½ Zoll und ihre Länge 18 Fuſs betrug. Unter dieſen Schäften kam ein Moſaikpflaſter zum Vorſchein, welches aus kleinen Teſſellae von Marmor und anderm Stein in vier verſchiedenen Farben, roth, weiſs, braun und blau, zu verſchiedenen

Muftern zufammengefetzt war und grofse Lotusblumen darftellte (Taf. LIV. 1). Die Säulen hatten das Pflafter im Falle erheblich befchädigt, doch läfst fich die Zeichnung des Ganzen leicht verfolgen. Nach ihrer Entfernung fand fich, dafs die Mofaik an verfchiedenen Stellen losgebrochen war, nicht durch die Gewalt der ftürzenden Säulen, fondern durch einen Schatzgräber, der, nachdem er wahrfcheinlich fechs oder fieben Fufs tiefer gegraben hatte und auf die öftlichen Grundmauern des Gebäudes geftofsen war, fie abgedeckt und, als er nichts darunter fand, fein Unternehmen als unvortheilhaft aufgegeben hatte. Diefe Mofaik war auf ein Holzkohlenlager von etwa zwei Fufs Dicke gelegt, und unter diefem befand fich ein etwa acht Zoll tiefes Sandbett.

Nachdem ich den Platz forgfältig überblickt hatte, befchlofs ich die Ausgrabungen unter jenem Theile der Mofaik fortzufetzen, wo fie ganz hohl fchallte. Nachdem ich einige zwanzig Fufs tiefer als der Schatzgräber gegraben hatte, entdeckte ich wirklich eine in dem Felfen ausgehauene Gallerie, 11 Fufs 4 Zoll lang, 4 Fufs 10 Zoll breit und kaum 4 Fufs hoch. Das eine Ende derfelben ftand augenfcheinlich mit dem Gebäude oben in Verbindung, obwohl jetzt nur noch zwei, gleichfalls in dem Felfen ausgehauene, Stufen übrig geblieben find. Am andern Ende fand ich eine Thür, die mit einer Steintafel forglos verfchloffen war. Sobald diefer Stein befeitigt war, zeigte fich eine ofenförmige Höhlung bis auf einige Zoll ganz mit feiner Erde angefüllt, die wie gewöhnlich von oben durchgefickert war. Nachdem etwa 3000 Körbe diefer Erde entfernt waren, zeigte fich in der nördlichen Mauer eine andere Oeffnung, welche in ein inneres, eben fo angefülltes Gemach führte. Ich ftieg in die erfte Kammer hinab, um fie zu unterfuchen, und als ich in der zurückgebliebenen Erde mit meinem Fufsmasse scharrte, traf ich auf etwas Hartes; es war ein Armband, das, wie sich zeigte, mit mehreren andern goldenen Gegenständen in einem kleinen Haufen zusammenlag. Dies war ungewöhnlich, da, wenn sich in Gräbern Goldschmuck findet, derselbe regelmäfsig bei den Gebeinen liegt, zum Beweise, dafs er von der bestatteten Person getragen worden ist. Ich konnte selbst nicht argwöhnen, dafs meine Gräber diese Gegenstände dort zeitweilig verborgen hätten, um sie bei günstiger Gelegenheit fortzunehmen, weil sie bei der Wegschaffung der filtrierten Erde aus einem Grabe innen kein Licht haben noch auch bedürfen; auch hätte, wenn jemand diese Dinge durch einen seltenen Zufall gefunden hätte, er sie ohne Entdeckung zu befürchten in die Tasche stecken können, da ich niemals meine Arbeiter untersuchte, selbst wenn gegründeter Verdacht gegen einen derselben vorlag.

Nach dieser Entdeckung befahl ich alle Erde aus den beiden Kammern zu entfernen; das thut man selten, wenn das Grab nur aus einer oder aus zwei Kammern besteht, weil, wenn es gänzlich mit Erde angefüllt ist (und das ist leider sehr oft der Fall), diese so zähe an der Decke hängt, dafs die Arbeiter das langwierige und mühsame Verfahren der Fortschaffung aller Erde in Körben lieber umgehen. Sie ziehen dann vor, dieselbe theilweise rechts und links von der Thür durch Tunnelierung zu beseitigen, um so mehr weil sie wissen, dafs, wenn Alterthümer da sind, dieselben auf diese Weise gefunden werden müssen.

Als das zweite Zimmer halb geleert war, wurde ein drittes entdeckt, und eine Woche darauf zeigte sich die Thür eines vierten. Ein ganzer Monat gieng darauf, blos um die Erde aus diesen vier Zimmern zu entfernen; doch liefs man in jedem wie gewöhnlich ein etwa anderthalb Fufs tiefes Lager zurück. Zwischen diesem Lager und dem Fufsboden findet sich immer der Inhalt des Grabes. Meine Arbeiter nennen dies Verfahren „die Zurichtung des Grabes“. Als dies vollendet war, wurde die Abtheilung an eine andere Arbeit gewieſen. Ich ſtieg zuletzt hinab und, von dem Auſſeher und einem Laternenträger begleitet, fieng ich an jedes Zimmer genau zu unterſuchen. Dieſe Gemächer waren roh in den Kalkſteinfelſen gehauen vermittelſt eines kupfernen oder eiſernen Werkzeuges, deſſen Spuren noch überall deutlich ſichtbar ſind. Drei der Zimmer ſind ziemlich von derſelben Gröſse, das vierte iſt ein wenig kleiner.

Der begleitende Plan wird die Form und bezügliche Lage der vier Kammern zeigen, welche unter den öſtlichen und nördlichen Grundlagen des Moſaikpflaſters liegen.

Maſsſtab 32 Fuſs : 1 Zoll.

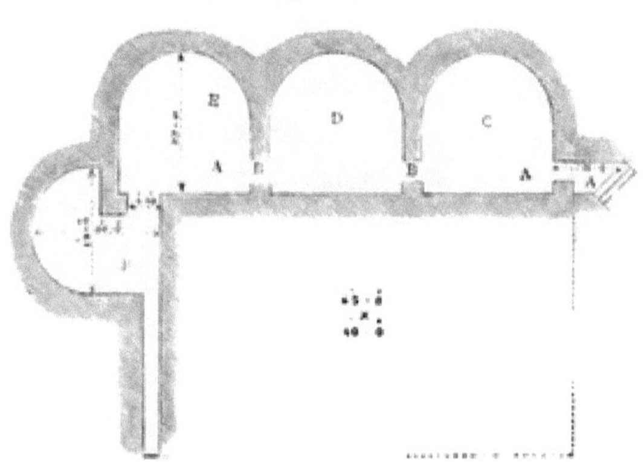

A: Durchgang nach Süden und zu den Gemächern führend, 11 Fuſs 4 Zoll lang, 3 Fuſs 11 Zoll hoch und 4 Fuſs 10 Zoll weit.

AA: Durchgang nach Weſten, 2½ Fuſs hoch, 2 Fuſs weit; die Länge über 30 Fuſs iſt ununterſucht.

B: Thüren, welche die einzelnen Zimmer mit einander verbinden; ſie ſind alle von derſelben Gröſse, 2 Fuſs 7 Zoll hoch, 3 Fuſs weit und 1 Fuſs 4 Zoll tief.

C, *D*, *E* find die Gemächer, 14 Fufs 6 Zoll in der Höhe, 21 Fufs in der Breite und 23 Fufs in der Länge.

F ift eine Kammer an der nordweftlichen Ecke des Mofaikpflafters, 14 Fufs hoch. 19 Fufs breit und 20 Fufs lang.

G: zwei in den Felfen gehauene Stufen, welche in den Durchgang *A* führen.

Nachdem ich jedes Zimmer ausgemeffen und nach Infchriften an den Wänden vergeblich durchfucht hatte, gieng ich in das Gemach *C* zurück, in dem ich vor wenigen Wochen die goldenen Schmuckgegenftände entdeckt hatte. Das Erdlager wurde von meinem Auffeher forgfältig und mit der Spitze feines Meffers behutfam unterfucht; dann liefs er die Erde zweimal durch die Finger gleiten. worauf fie der Laternenträger nahm. um nochmals zu prüfen, ob auch nichts unbeachtet durchgegangen war. Das zu dem vor einem Monate gefundenen gehörige zweite Armband fand fich bald in der Nähe mit zwei goldenen Siegelringen zufammen, in welche Agatscarabäen mit eingegrabenen ägyptifchen Darftellungen gefafst waren; auch vier Paar Ohrringe und viele Goldkugeln. von denen einige noch mit Bergkryftallperlen abwechfelnd auf einen goldenen Draht gereiht waren und als Gehänge eine kleine fchön gefchnittene Vafe in Bergkryftall hatten. Ich bemerkte jetzt zum erften Male das gänzliche Fehlen von menfchlichen Ueberreften und Grabvafen und fchlofs, dafs diefe Gewölbe zu dem oberen Gebäude gehört haben müfsten.

Obwohl fich über diefen vier Gemächern keine Bruchftücke von Statuen oder baulichen Anlagen vorfanden, mit Ausnahme der bereits erwähnten Granitfäulen, fo bin ich doch überzeugt, dafs dafelbft ein Tempel geftanden hat, zu dem diefe Gewölbe als Schatzkammern gehörten. Wir wiffen aus Strabo

(p. 421). dafs die Schätze in Delphi unter dem Tempel bewahrt wurden und dafs Onomarchus während des heiligen Krieges Männer danach fuchen liefs, die aber. durch ein Erdbeben erfchreckt, davon abftanden und die Flucht ergriffen. In dem von der Oberfläche der Mofaik entfernten Schutte fanden fich mehrere Scarabäen und Cylinder in Serpentin mit rohen Gravierungen darauf: auch wurden ein filberner Ring und drei Cylinder unter dem Mosaikpflaster entdeckt, in der Richtung der beiden fteinernen Stufen bei einem Stücke Holz. welches feiner Form nach zu einer Leiter gehört haben könnte.

Das Pflafter in jedem Zimmer war mit blauen Kiefeln auf einem Sand- und Mörtelbette eingelegt. wie es noch bis auf den heutigen Tag in Cypern üblich ist: aber felbft bei diefer Vorfichtsmafsregel müffen die Gewölbe ftets feucht und zur beftändigen Aufbewahrung fo werthvoller Gegenftände untauglich gewefen fein. Aus der Art und Weife. in der die fteinerne Tafel forglos oder in Eile wieder vor den Eingang geftellt war. erkannte ich mit Vergnügen, dafs, wenn fich in diefen Gewölben Gegenftände vorfinden follten. diefelben darin unter irgend welchen unerklärten Umftänden zurückgelaffen fein müfsten. In diefen Gedanken ward ich durch einen Ausruf meines Auffehers angenehm unterbrochen. der zwei goldene Armbänder aufgehoben hatte und mir einhändigte (Tafel LIV. 2). Sie wogen über zwei Pfund; was fie in meinen Augen aber noch werthvoller machte, war die Infchrift in cyprifchen Charakteren, die fich in beiden auf der innern Seite fchön eingegraben zeigte. Die bis dahin in dem weftlichen Theile der Infel gefundenen cyprifchen Infchriften find von links nach rechts zu lefen. Die auf den goldenen Armbändern befteht aus den folgenden dreizehn Silben, welche durch einen fenkrechten Strich in zwei Gruppen getheilt werden; die erfte derfelben bildet den Namen eines Königs von Paphos, der diese Armbänder vermuthlich einer Gottheit in jenem Tempel darbot. Sie lautet wie folgt[1]:

e - te - va - do - ro to pa - po ba - si - le - vo - s

Ἐτεϝά(ν)δρου τοῦ Πάφου βασίλεϝος.

Die Auslassung des ν sowie die Genitivendung ο für ου, die auch in alten griechischen Inschriften vorkommt, sind Eigenthümlichkeiten des cyprischen Dialektes, welche von Philologen bereits hervorgehoben sind. „Etеandros der König von Paphos“ ist vielleicht derselbe, dessen Name unter der Form Ituander (irrthümlich Itudagon gelesen) in der Liste der cyprischen Könige vorkommt, welche an den assyrischen König Asarhaddon (672 vor Chr.) Tribut entrichteten. Diese Liste ist auf einen assyrischen Cylinder im Britischen Museum eingegraben und von George Smith übersetzt worden, in seiner „History of Assyria“, p. 129 f. und in den „Records of the Past“ 3, 108. Die Namen weichen in den beiden Uebertragungen theilweise von einander ab: wir stellen die verschiedenen Aussprachen hier neben einander und fügen die neueren Lesungen Eb. Schrader's hinzu. Nachdem George Smith die Namen der zwölf Könige von Palästina gegeben hat, die sich in jener Zeit den Assyrern unterwarfen, fährt er mit der Reihe der cyprischen Könige fort wie folgt: ...Aegisthos (*Ekistuz*, Schrader: *Ikistusu*), König von Idalium (*Edihal*); Pythagoras (*Pisuagurâ*), König von Citium (*Kittic* oder *Kidrusi*), nach Schrader: von *Kitrusi* oder Chytros); Kin .... König von Soli (Schrader: Sillûa oder Salamis?); Ituander (*Itudagon*, Dagon ist mit ihm). König von Paphos (*Pappa*); Erisu (*Erili*, Schrader: *Iri'isu*), König von Soli (*Sillu*); Damastes (Damasus), König von Curium (*Kuri*); Karmes (*Rumitzu*, Schrader: *Admisu*?), König von Tamissus (Tamassos,

Taméſi; Damos (Damuſi). König von Ammochoſta (*Amtichadaſta*); Unaſagus (*Unaſſagura*, Anaxagoras?) König von Lidini; Puzus (*Butzu*, *Puſsuzu*), König von Aphrodiſium (*Upridiſcha*) — zehn Könige der Inſel Cypern, welche mitten im Meere liegt. Zuſammen zweiundzwanzig Könige von Syrien und den Seeküſten und den Inſeln, ſie alle, ich liefs ſie vor mir erſcheinen." Alle dieſe Könige ſandten Geſchenke, und Aſarhaddon wies ſie an, ihm Baumaterial zu dem Palaſte zu ſenden, den er in Niniveh errichtete. Der Name Cyperns iſt in den Keilſchriften *Atnan*, woraus vielleicht der griechiſche Name der Inſel *Akamantis* entſtanden iſt.[2]

Während der verſchiedenen Tage, an denen das Zimmer *C* unterſucht wurde, blieb ich ununterbrochen darin und jeder Gegenſtand ward in meiner Gegenwart entdeckt. Kaum gieng ein Augenblick vorüber, ohne dafs ein Goldornament an's Licht gefördert wurde. Unter dieſen Schmuckgegenſtänden befinden ſich zahlreiche Fingerringe, die ſtatt eines Steines einen an einem Drehringe befeſtigten Scarabaeus haben. Dieſe Scarabäen ſind aus Agat, Onyx, Carneol, Jaspis, Sarder, Chalcedon und anderen Steinen; ſie ſind mit Intaillezeichnungen verſehen und haben als Siegel gedient. Diese Siegelringe ſind theils von reinem gediegenem Golde, theils von maſſivem Silber; in einigen Fällen iſt der Scarabaeus in Gold gefaſst, aber der Ring ſilbern und ſtark oxydiert. In vielen anderen Beiſpielen iſt der Kaſten des Ringes aus Gold und mit einer Intaille verſehen. Man wird in einem Anhange eine genaue Beſchreibung aller wichtigen Ringe nebſt Abbildung finden. (Taf. LXXVIII. — LXXXIII. LXXIV.) Als Proben der archaiſchen griechiſchen Gemmengravierung übertreffen einige der in dieſem Zimmer gefundenen Intaillen an Schönheit und Stil der Ausführung alles bis dahin Bekannte der Art. Als allgemeine Regel wird man erkennen, dafs, wenn die Faſſung in gediegenem Golde iſt, die

Gravierung auf dem Steine von mittelmäſsiger Arbeit iſt, und daſs der künſtleriſche Werth des Ringes in der That im umgekehrten Verhältniſs zu ſeinem inneren Werthe ſteigt. Es befinden ſich auch viele mit ungravierten Steinen beſetzte Ringe darunter, einſchlieſslich eines groſsen und ſehr ſchönen mit einem Amethyſt und zwei nackten Statuetten von ſchöner, gekörnter Arbeit in Gold (Taf. LV. 2. 3); ferner eine Anzahl Ringe aus gediegenem Golde und ohne jede Arbeit darauf, endlich ein Scepter oder eine Keule in Agat (Taf. LIV. 3).

Es ward noch eine andere Art ſeltſam geformter Ringe gefunden, welche die Archäologen in Hinſicht ihrer Anwendung in Verlegenheit geſetzt haben und noch ſetzen. Sie haben die Form einer aufgewickelten Schlange in verſchiedener Gröſse, ſo daſs ſie nicht wohl am Finger getragen werden konnten; einige haben an einem Ende den Kopf eines Löwen, einer Ziege, eines Greifs oder einer Chimäre und gehen am andern Ende ähnlich wie ein Schlangenſchwanz aus (Taf. LIV. 5). Viele ſind aus gediegenem Golde, andere ſind golden, aber inwendig hohl, einige ſind aus vergoldetem Silber und wieder andere aus Kupfer, das mit einem dünnen Goldblatte bedeckt iſt. Signor Aleſſandro Caſtellani glaubt, daſs ſie als Ohrringe getragen wurden, und weiſt darauf hin, daſs dieſe Form des Ohrrings bei einigen der in Golgi gefundenen Statuen und auch auf Münzen aus Tarentum vorkommt. Einige dieſer Ringe ſind im ſogenannten etruskiſchen Stile ſchön ausgeführt, und ein ſo zuverläſſiger Gewährsmann wie Mr. C. F. Newton ſtellt ſie in der Arbeit den ſchönſten etruskiſchen Schmuckſachen an die Seite, wenn nicht über dieſelben.[3]

Es wurde eine groſse Anzahl von Ohrringen gefunden, meiſt paarweis und in verſchiedenen Muſtern, doch die, welche in einen Löwen-, Stier-, Ziegen-

oder Chimärenkopf auslaufen, find die zahlreichften. Unter den vielen aufgefundenen Goldamuletten haben einige die Form eines Löwen-, Stier- oder Kalbskopfes, und eins mufs befonders erwähnt werden. Es ftellt eine Sphinx dar und kann mit den Figuren diefes Gefchöpfes verglichen werden, welche als Ornamente auf den hohen Kronen einiger der in Citium gefundenen Terracotta-Köpfe vorkommen (Taf. LVIII. 3).

Aufser den bereits erwähnten goldenen Armbändern fanden fich noch zehn oder zwölf Armfpangen. Von diefen find einige von einfachem, gediegenem Golde, je 200 bis 300 Gramm fchwer; andere haben an jedem Ende einen fchönen Löwenkopf (Tafel LV. 4). Zwei von ihnen beftehen aus goldenen, über einen Zoll breiten Bändern und find mit Rofetten, Blumen und andern Zeichnungen in hohem Relief verziert, auf dem noch vereinzelte Spuren von Emaille fichtbar find (Tafel LV. 5). Die bemerkenswerthefte Armfpange ift jedoch eine mit einem grofsen Medaillon in der Mitte. In diefem Medaillon befindet fich ein Onyx, der urfprünglich in einen Silberkreis gefafst war; aber das Silber war fo oxydiert, dafs es in Staub zerfiel, als ich die Erde von der Spange zu entfernen verfuchte. An diefem Medaillon hiengen vier goldene Ketten, und an deren Ende befindet fich ein goldenes Amulett, auf welchem fich ein Ornament ähnlich jenem auf dem grofsen, in Amathus entdeckten Sarcophag befindet; das Band der Spange wird durch eine beträchtliche Menge von grofsen, gerippten Goldperlen gebildet, die zu drei und drei zufammen verbunden find (Tafel LVI. 2). Aehnliche Spangen tragen Könige auf den Flachreliefen aus Niniveh im Britifchen Mufeum. Ein anderes grofses goldenes Medaillon, welches aufgefunden wurde, zeigte fchöne granulierte Arbeit und war gleichfalls in der Mitte mit einem Onyx befetzt, der der Pupille eines menfchlichen Auges nicht unähnlich sah. Auch dieses Medaillon hatte wahrscheinlich die Mitte einer Armspange gebildet; es hatte drei Oesen an jeder Seite, doch fanden sich keine Goldkugeln daneben, wie es bei der andern Armspange der Fall war.

Von den in diesem Zimmer gefundenen goldenen Halsbändern (es sind etwa zwanzig an der Zahl) will ich hier einige erwähnen. Eins ist aus siebzig schön gearbeiteten Goldperlen und einigen zwanzig hängenden goldenen Eicheln zusammengesetzt und hat ein Medusenhaupt als Mittelstück (Tafel LIX). Ein anderes wird von Perlen gebildet und hat Granatäpfel und Fruchtausschnitte als Gehänge und ein goldenes Fläschchen als Mittelstück. Diese Flasche liefs sich öffnen und sie enthielt wahrscheinlich für die Cyprerin, welche das Geschmeide trug, irgend einen köstlichen Wohlgeruch (Tafel LXI). Ein drittes Halsband besteht aus einer Anzahl mit einander abwechselnder Lotusblumen und Goldknospen mit einem ägyptischen Kopfe als Mittelstück (Tafel LX). Ein viertes hat eine Anzahl kleiner Carneol- und Onyxcorallen, die mit sehr schönen granulierten Goldperlen und mehreren goldenen Amuletten als Gehängen abwechseln. Ein fünftes ist aus abwechselnden Carneol- und Goldperlen zusammengesetzt und hat einen Carneolkegel (das Symbol der Venus?) in der Mitte. Ein sechstes ist aus Gold- und Bergkrystallperlen gemacht und hat eine schöne kleine Krystallvase als Gehänge; es war auf einen goldenen Draht gezogen und beinahe vollständig in seiner ursprünglichen Reihenfolge erhalten. Aber das schönste Halsband ist ein aus einem dicken Faden von gediegenem Golde gefertigtes, welches an beiden Enden mit Löwenköpfen in sehr schöner gekörnter Arbeit und mit einem merkwürdig gearbeiteten goldenen Knoten, der die Schnalle bildet, versehen ist (Taf. LVIII. 4).

Unter den Diademen bestehen einige aus dicken

goldenen Bändern mit aufgetieften concentrischen Kreisen oder Lotusblumen, während andere aus dünnen Goldblättern mit aufgedrückten Thiergestalten und Blumen gefertigt sind. Unter den in diesem Zimmer gefundenen Gefäfsen ist das hauptsächlichste eine goldene Schale mit getriebener Arbeit, welche zwei Reihen Palmbäume, Antilopen und Wasservögel darstellt (Taf. LVI. 4). In der Zeichnung wird man jene Mischung ägyptischen und assyrischen Einflusses bemerken, die die Eigenthümlichkeit der älteren phönicischen Kunst bildet. Diese Schale ward von Ceccaldi in der „Revue archéologique" veröffentlicht. Sie scheint einer viel früheren Zeit anzugehören als die Armbänder des paphischen Königs. In diesem Zimmer wurden auch drei Alabasti in Bergkrystall gefunden — ein Material, welches anscheinend ebenso hoch, wenn nicht höher als das Gold geschätzt wurde. Der gröfste der drei hat einen Trichter und einen Deckel in Gold, der mit einer dünnen goldenen Kette an einem seiner Griffe befestigt ist (Tafel LXII. 1). Ich glaube, dafs diese Alabastos in ihrer Art ganz einzig ist. Ich fand auch einen sehr grofsen Ring in Bergkrystall, nicht graviert, und ein Siegel in dem gleichen Material mit der roh gravierten oder eingeschnittenen Zeichnung eines Mannes und eines Vierfüfslers. Es fanden sich in demselben Zimmer auch eine Anzahl babylonischer Cylinder, von denen drei assyrische Inschriften tragen (Taf. LXXV). In einer derselben liest Professor A. H. Sayce von der oxforder Universität den Namen eines alten chaldäischen Königs aus dem dritten Jahrtausend vor Chr. Geb.

Diese Gegenstände lagen alle in diesem Zimmer zerstreut umher, als hätte man sie in der Eile und Verwirrung fallen lassen; und noch aus andern Anzeichen schliefse ich, dafs diese Kammer einen Theil des Schatzes enthalten hat, den die Priester wahrſcheinlich glücklich in Sicherheit gebracht hatten, als ihr Tempel der Zerſtörung preisgegeben wurde.

Das Zimmer *D* enthielt über 300 Gegenſtände in Silber und vergoldetem Silber, nämlich Vaſen in der Form der Lecythos, der Cylix und der Oenochoë, Becher, Schalen und Schüſſeln, maſſive Armbänder und Spangen, die meiſt in Schlangenköpfe ausgehen. Einige dieſer Armſpangen wiegen über ein Pfund ſchwer. Es fanden ſich ferner viele Ohrringe, meiſt von demſelben Muſter, Fibulae, Ringe und Amulette.

Durch die Länge der Zeit, während welcher dieſe Gegenſtände in der Erde gelegen haben, ſind alle ſtark oxydiert. In dem vorhergehenden Zimmer lagen die verſchiedenen Stücke auf dem Boden zerſtreut, aber in dieſem fand man ſie an der Krümmung der öſtlichen Wand entlang auf einem Rande, der etwa acht Zoll über dem Pflaſter ringsum an der Wand in den Felſen eingehauen war. Die Vaſen ſtanden für ſich; die ſechzig Armſpangen lagen in drei Haufen und gleichfalls von den andern Gegenſtänden geſondert; die Schalen und Schüſſeln waren in neun Stapeln in einander aufgeſtellt, und die oberſte enthielt jedes Mal Ohrringe, Ringe, Amulette und Fibulae. Die Schalen und Tiſche haben am meiſten gelitten, und mehrere der letzteren waren ſo ſehr oxydiert, daſs man ſie unmöglich aus einander nehmen konnte, da das Silber bei der erſten Berührung in Staub zerfallen ſein würde. Man fand auch drei Schalen in vergoldetem Silber, ſehr ſchön graviert, eine in der andern und für ſich bei Seite geſtellt. Da die obere und untere leider mit der Erde, welche das Zimmer anfüllte, mehr in Berührung gekommen waren, ſo hatten ſie erheblich gelitten und ſind jetzt zerbrochen. Die mittlere iſt faſt unverſehrt, zeigt Spuren der Vergoldung und hat eine Zeichnung in aufgetiefter oder getriebener Arbeit (Tafel LXVI, 1); dieſelbe iſt ein Gemiſch des ägyptischen und des assyrischen Kunststils. jedoch mit einem Zusatz griechischen Einflusses, woraus man schliessen kann, dass sie von Phöniciern oder Cyprern ausgeführt worden ist. Mehrfach wird man eine eigenthümliche Form des Ornamentes wiederholt finden. die einem heiligen Baume ähnlich sieht, wie er an den vier Ecken des in Amathus entdeckten sculptierten Sarcophags vorkommt.

Es ist nunmehr eine ansehnliche Reihe von diesen Schalen in Silber oder in vergoldetem Silber bekannt geworden, die sämmtlich auf den Fährten der alten Phönicier aufgefunden worden sind und beständig ein Gemisch von Aegyptischem und Assyrischem in den Darstellungen und in der künstlerischen Behandlung erkennen lassen. Wo Hieroglyphen vorkommen. sind sie im allgemeinen falsch und sinnlos. als seien sie von Leuten gemacht, die dieselben nicht verstanden. ohne Zweifel von Phöniciern. Unter den 1875 in Palestrina gefundenen Schalen dieser Gattung befindet sich eine mit einer phönicischen Inschrift (Gazette archéologique 1877. Tafel 5). Die übrigen Alterthümer des Grabes, in dem sie gefunden wurden, trugen einen Character, der den Glanz des homerischen Zeitalters vergegenwärtigt, als die Σιδόνες πολυδαίδαλοι die Griechen mit solchen Gefäsen versahen. Achilles bietet in der Iliade 23, 741 als Preis in den Wettkämpfen bei dem Leichenbegängniss des Patroclus eine Silbervase aus, und diese Schale, fügt der Dichter hinzu. war wegen ihrer Schönheit in der ganzen Welt berühmt. Das hohe Alterthum und der homerische Glanz der in Caere in dem Grabe von Regulini-Galassi gefundenen Schalen ist ein Punkt, der in Betracht gezogen werden sollte. Diese Schalen finden sich jetzt im Vatican und sind abgebildet im Museo Etrusco Vat. I. pl. 63—66. Eine andere in Salerno in Italien gefundene ist veröffentlicht in den Mon. dell' Inst. Arch. IX. pl. 44, mit einer Abhandlung darüber von Lignana in den Annali von 1872, p. 243; dieser Gelehrte überweist sie der Zeit Psametichs (666 vor Chr.) oder Assurbanipals (680—667 vor Chr.). Zwei weitere 1851—1853 in Dali gefundene befinden sich jetzt im Louvre und sind abgebildet und besprochen von Longpérier in dem Musée Napoléon III, pl. 10—11. Ich fand auch eine in Bronze und eine in Gold. Die von Layard in Niniveh gefundenen Bronzeschalen gehören zu derselben Gattung.[4]

Eine andere silberne Patera hat inwendig ein dünnes Goldblatt, auf dem mehrere Reihen Thiere in, wie mir scheint, assyrischem Stile ausgeführt sind; das Silber ist erheblich oxydiert, aber die innere Arbeit ist ganz deutlich geblieben. Eine andere (auf Tafel LXIX. 4) gleichfalls abgebildete Patera, die für sich gefunden wurde, zeigt mehrere Goldblätter inwendig und ist von rein ägyptischer Arbeit; wenigstens sind die Darstellungen darauf ägyptische. Unter den silbernen Vasen befindet sich ein Becher mit einer Reihe von Wasservögeln um den Rand; ferner mehrere andere Paterae mit Blumen und andern Ornamenten in Relief.

Im Zimmer *E* fanden sich zwei Bronzelampen, drei Fibulae in demselben Metall, vierzehn Alabastervasen, Gruppen in Terracotta, welche verschiedene Scenen des häuslichen Lebens darstellen, Pferde und Krieger und Weiber mit Krügen auf ihren Köpfen (Tafel LXIX. 1). Bemerkenswerth ist ein kleiner Wagen in Kalkstein, der zwei bärtige Männer trägt und von zwei Pferden gezogen wird, deren Geschirr dem auf dem Sarcophage aus Amathus gleichsieht (Taf. LXVII). Es waren auch viele Terracotta-Vasen da mit Zeichnungen und mit Figuren in Relief. Eine mit einem Deckel und vier Griffen versehene ist sowohl wegen ihrer Form und Gröfse als wegen des Reichthums der sie verzierenden Zeichnungen merkwürdig (Taf. LXVIII).

Sie lag am Eingange des Zimmers *D*, der zum Zimmer *E* führt, in Stücke zerbrochen und gehört zu der ältesten Gattung griechischer Vasen. Man würde kaum bezweifeln, dass diese Vase aus Athen gekommen sei, wenn man nicht sicher wüsste, dass sie in Curium auf Cypern gefunden ist; und auch in diesem Falle ist noch die Annahme gestattet, dass sie aus Athen in alten Zeiten eingeführt worden ist; so enge ist in jeder Beziehung, mit Ausnahme vielleicht ihrer ausserordentlichen Grösse und Schönheit, ihre Verwandtschaft mit den ältesten athenischen Thongefässen. Das Eigenthümliche dieser Klasse von Thongefässen besteht darin, dass ihre ganze Oberfläche so viel wie möglich mit geometrischen Mustern bedeckt ist, die zu parallelen Reihen und viereckigen Abschnitten geordnet sind. Ausser diesen geometrischen Mustern sehen wir auf derselben Vase gelegentlich Thierfiguren, meistentheils das Pferd und den Schwan; doch aus welchem Grunde diesen beiden der Vorzug gegeben ist, lässt sich schwerlich feststellen. Beim ersten Anblicke scheint es, dass, während die geometrischen Muster mit Genauigkeit ausgeführt sind, wie es nur lange Uebung ermöglicht, die Thierformen dagegen äusserst roh gemacht sind, als seien sie die ersten Versuche Figuren zu zeichnen. Die geometrischen Figuren sind, wie man bemerken wird, derartige, wie sie sich beim Verfahren der Bearbeitung des Metalls und beim Weben am natürlichsten entwickeln. Zum Beispiel, die Reihen von Schneckenlinien, welche ein häufiges und sehr anmuthiges Element der Zeichnung auf diesen Vasen bilden, sind nichts weiter als eine einfache Anwendung der Windungen, in welche ein Stück Gold- oder Bronzedraht sich zu krümmen bestrebt ist. Das Schachbrett und andere geradlinige Muster sind nicht weniger augenscheinlich von dem Verfahren beim Weben entlehnt.

Allerdings ist eine ungeheuere Anzahl von Vasen

mit geometrischen Figuren, und auch einige mit rohen Bildern von Pferden und Schwänen. in Cypern gefunden und ohne Zweifel auch daselbst verfertigt worden. Aber in der Anwendung der Muster unterscheiden sie sich wesentlich von den Vasen der athenischen Gattung. Anstatt der anmuthigen Spirallinien zum Beispiel. wie man sie auf der Vase von Curium sieht, findet man auf den cyprischen Thongefäfsen fast unzählige Muster von reihenweis geordneten concentrischen Kreisen, die einander durchschneiden und zu mannigfachen Gruppen zusammengestellt sind. Aber die Schönheit der Spirale ist verloren gegangen, und statt derselben haben wir ein ganz mechanisches Muster, welches nicht aus irgend einem Handwerksverfahren hervorgegangen ist. wie Weberei oder Metallbearbeitung, und daher keinen Anspruch auf Ursprünglichkeit hat. Es ist vielmehr eine Verschlechterung der Spirale und kann als solche aus einer vergleichsweise jüngern Epoche in der Entwickelung der Kunst der Töpferei herrühren.

Aus der Häufigkeit. mit der dieselbe Art der Verzierung. die auf der Vase aus Curium vorkommt. sich auf alten griechischen Thongefäfsen und andererseits auf Bronzegegenständen findet. die in Italien und nördlich von den Alpen entdeckt worden sind. hat man geschlossen, dafs sie auf die italienische und griechische Halbinsel aus dem Norden Europas gebracht worden sei. Gestützt auf den aus der vergleichenden Philologie hervorgehenden Umstand. dafs die arischen Stämme vor ihrer Trennung mit dem Verfahren der Weberei und der Bearbeitung des Metalles bekannt waren. und auf die grofse Wahrscheinlichkeit, dafs die in Rede stehenden Muster aus diesen Künsten entlehnt sind. hat man geschlossen, dafs die Arier diese Art der Verzierung über die Alpen und den Balkan mit sich nach Griechenland und Italien gebracht haben; und Professor Conze hat sie demgemäfs die „indoeuropäische“ genannt.

Diefe Theorie ift neuerdings fehr forgfältig von Helbig behandelt worden, der das Ergebnifs feiner Forfchung in den „Annali dell' Instituto di Correspondenza Archeologica" 1875. p. 221 niedergelegt hat.

Das Zimmer *F* ift ein wenig kleiner als die anderen drei und hatte in feiner öftlichen Wand eine Thür, die in einen langen, engen Durchgang führte, der gleichfalls in den Felfen gehauen ift und deffen Ende ich nicht aufzufinden vermochte. Die darin verbreitete unreine Luft, feine Engigkeit, die das Stehen fowohl wie das Umdrehen verhindert, und endlich die Erde, welche durch fein poröfes Dach gefickert ift, machen eine gründliche Unterfuchung derfelben vollftändig unmöglich. Nichtsdeftoweniger war ich bereits 30 Fufs darin vorgedrungen, als die Lichter ausgiengen und nicht wieder angezündet werden konnten. Die Hitze war grofs und faft erdrückend; wie die Krebfe krochen wir zurück, glücklich, der Erftickung entgangen zu fein. In jenem Tunnel fand ich in verfchiedenen Entfernungen fieben Bronzekeffel. Vier waren zerbrochen, wie ich fürchte, durch den Mann, der mir vorangieng, obwohl er verficherte, dafs fie bereits in diefem Zuftande gewefen feien; die anderen drei brachte ich in Sicherheit. Alle tragen Spuren an fich, dafs fie auf dem Feuer geftanden haben, und find ftark oxydiert.

Die in dem Zimmer *F* entdeckten Gegenftände waren in Bronze, Kupfer oder Eifen; darunter befanden fich Candelaber von verfchiedener Form in einer Höhe von 7 Zoll bis zu 4 Fufs (Taf. LXX, 3). Einer derfelben ift mit einer nackten weiblichen Figur verziert, die einen Kegel über ihrem Kopfe hält und deshalb wahrfcheinlich eine Venus darftellt. Es fanden fich dafelbft auch Lampen, grofse Schalen mit Griffen in Form von Lotusblumen; eine grofse Schale von 17 Zoll im Durchmeffer mit aufgetiefter Arbeit ägyptifchen Stiles, die der auf der vorhin befchriebenen goldenen Schale ähnlich ſieht: ein Pferdegebiſs, eine Frauenſandale, Speerſpitzen, Vaſen, Taſſen, Knöpfe, Spiegel, Fuſs- und Armſpangen, Armbänder, ein eiſerner Dolch mit einem Theile ſeines Griffes in Elfenbein und eine Reihe von Bronzeornamenten eines eiſernen Stuhles oder Thrones, der in einen Haufen zuſammengefallen war (Tafel LXX. 1). Dieſe Ornamente beſtehen in Stierköpfen mit Augen in Schmelz, groſsen Löwenköpfen und vielen anderen Gegenſtänden, wie Antilopenbeinen und Löwenklauen. Es fand ſich auch ein kurzer Gegenſtand in Bronze, der in drei Stierköpfe mit Juwelen und Paſten in den Augen und auf den Stirnen ausgeht und ein Scepter geweſen ſein kann; ferner Vierfüſsler, Vögel, Werkzeuge, Keulen, Gewichte, Statuetten, Fibulae u. a. m.[5]

Nachdem ich mich ſorgſam überzeugt hatte, daſs in dieſen Zimmern nichts mehr zu finden war, ſuchte ich durch Bohrung an verſchiedenen Stellen die Fortſetzung des Tunnels *AA* zu entdecken, jedoch vergeblich. Bei 22 Fuſs unter der Oberfläche traf ich auf den feſten Felſen, in dem der Tunnel ausgehöhlt iſt. Weiter nördlich hatte eine groſse Anzahl oblonger Gebäude geſtanden, deren Grundmauern durch die Maſſe der darüber liegenden Steine hier und dort noch ſichtbar ſind. Im allgemeinen ſind ſie klein, da die gröſseſten nur 33 Fuſs in der Länge und 27 Fuſs in der Breite meſſen.

Die letzte Ruine nördlich von Curium, auſserhalb ſeiner Mauern, und, kann ich hinzufügen, die einzige, welche etwas von ihrer frühern Geſtalt bewahrt hat, iſt die des Hippodroms. Es ſtehen noch Theile der Mauern derſelben. Die gröſseſte Länge beträgt 1296 Fuſs bei einer Breite von 84 Fuſs. Die Höhe der übrig gebliebenen Mauern iſt an verſchiedenen Stellen ungleich, indem ſie zwiſchen 21 Fuſs und kaum 8 Fuſs ſchwankt. Es ſind keine Spuren von *Carceres* für Wagen fichtbar. und wahrfcheinlich hat es folche auch nicht gegeben. Mit dem Hippodrom in Olympia verglichen ift diefer unbedeutend. indem er kaum den vierten Theil der Länge deffelben mifst. Keine bauliche Ueberrefte oder Bruchftücke von Statuen waren unter den Ruinen. welche den Platz bedecken. zu fehen. Aufserhalb des Hippodroms ift der Boden mit Karubenbüfchen bewachfen. was uns vermuthen läfst, dafs er in alten Zeiten dicht bewaldet war.

Als ich die Ruinen von Curium befuchte. lief ich mehr als einmal Gefahr in enge, dunkle Gruben zu fallen. die durch übergewachfenes Bufchwerk faft unfichtbar gemacht find. Da ich die Tiefe derfelben zu wiffen wünfchte, fo warf ich einige Steine hinein. doch man hörte fie nicht auffchlagen; die Löcher fchienen bodenlos. Einer meiner Gräber. der kühner war als die übrigen. war in der Hoffnung auf eine Belohnung erbötig. vermittelft einer kurzen Leiter. an deren einem Ende zwei ftarke Stricke feftgebunden waren, fich in eine diefer Gruben hinabzulaffen. Die Leiter mit dem fich daran fefthaltenden Manne wurde in die Oeffnung gebracht, und vier Mann liefsen die Stricke allmählich nach. bis er den Boden erreichte. Schliefslich war es denn doch kein fo unermefslicher Abgrund. da er nur etwa 40 Fufs tief war. Einige inwendig gewachfene Büfche und die Maffe der vom Regen hineingewafchenen Erde hatten den Schall der Steine erftickt. Es erforderte, wie ich geftehen mufs. einigen Muth. um fich zum erften Male in eine diefer Gruben hinabzuwagen. dem Lieblingsaufenthalte der Natter und anderes Gewürms. an dem die Stätte von Curium fo reich ift.

Hernach ftieg ich auf diefelbe Manier in mehrere hinab und mafs eine. die zu den gröfseften zu gehören fchien. aus. Sie ergab 37 Fufs als Tiefe und 14 Fufs als gröfsefte Weite; der Boden war dem einer Amphora ähnlich gerundet und in dem festen Felsen ausgehöhlt, der darauf mit einem pechartigen Mörtel bekleidet worden war. Ich kam nach Untersuchung mehrerer zu dem Schlusse, dass es Cisternen gewesen sein möchten. Doch wenn sie das waren, woher kam das Wasser zu ihrer Füllung? Der gelegentliche Regen, der auf Cypern selten mehr als zwei oder drei Mal jährlich fällt, würde eine zu unsichere Quelle gewesen sein und auch nicht ausgereicht haben, um solche Tiefen anzufüllen. Eine andere Möglichkeit ist die, dass sie ähnlich wie die afrikanischen Silos als Getreidespeicher gedient haben.

Ich konnte keine Spuren einer Wasserleitung in der Stadt entdecken: als ich aber ausserhalb der Mauern suchte, fand ich einige Ellen westlich vom Hippodrom die Ueberreste eines alten Aquaductes, die sich kaum zwei Fuss über dem Boden zeigten. Als ich südlich in gerader Linie mit der Stadt nachgrub, traf ich auf eine Fortsetzung innerhalb der Mauern. Diese Leitung wurde auf eine sehr sparsame Weise gebaut. Wo der Felsen in gewünschter Höhe gefunden ward, wurde er 7 Zoll tief und 11 Zoll breit ausgehöhlt, so dass er ein gewisses Volumen Wasser durchlaufen lassen konnte; und wenn der Felsen mangelte, so wurden einige Steinblöcke eingefügt, ausgehöhlt und mit den andern verbunden; so ward die Leitung mit geringen Kosten meilenweit fortgeführt und entsprach vollkommen dem Zwecke, zu dem sie erbaut war. Man sieht auch, dass dies ein characteristisches Beispiel der Art und Weise ist, wie die Griechen ihr System der Wasserleitung der physischen Beschaffenheit der Gegend anpassten, indem sie lieber Tunnel und Canäle bauten als Thäler überbrückten, wie die Römer. In Folge dessen sind jetzt so wenige Ueberreste alter griechischer Aquaducte bekannt. Die Griechen scheinen hierin den Vorgang der Natur nachgeahmt zu haben, die ihnen in ihrem eignen Lande zeigte, wie das Waffer fich auf den Hügeln fammelt, meilenweit in unterirdifchen Gängen läuft und frifch und kühl an der Küfte hervorkommt. Wenn man die Leitung über den Hippodrom hinaus verfolgt, fo kann man fie, da der Boden eben ift, noch eine Strecke von 210 Ellen gerade über der Oberfläche bemerken; dann verfchwindet fie, um wieder zu erfcheinen, wo der Boden mit dem Hippodrom in gleicher Höhe liegt.*)

---

*) Mr. Murray, der Verfaffer des claffifchen Abfchnittes in dem Artikel „Aqueduct" in der 9. Ausgabe der „Encyclopaedia Britannica" befchreibt, was von den alten griechifchen Syftemen der Wafferverforgung bekannt ift. Die berühmtefte Wafferleitung war die auf Samos, welche zur Zeit des Tyrannen Polycrates von dem Baumeifter Eupalinus erbaut war; derfelbe hatte fich vorher durch feine etwa 625 vor Chr. in Megara ausgeführten Wafferwerke einen Namen gemacht. In Samos lag die Schwierigkeit in einem Hügel, der fich zwifchen der Stadt und der Wafferquelle erhob. Durch diefen Hügel bohrte Eupalinus einen Tunnel von 8 Fufs Breite, 8 Fufs Höhe und 4200 Fufs Länge, und in diefem Tunnel baute er einen 3 Fufs breiten und 11 Zoll tiefen Canal. Das Waffer war auf der ganzen Strecke der Luft zugänglich und wurde am niedrigeren Ende von einer ausgemauerten Leitung aufgenommen, die fich von da über die Stadt ausbreitete. In Athen wurde unter der Regierung des Pififtratus (560 vor Chr.) eine ähnlich ausgedehnte, aber weniger fchwierige Reihe von Arbeiten vollendet, um das Waffer von den Hügeln Hymettus, Pentelicus und Parnes herabzuleiten. Der Pentelicus fpeifte eine Leitung, welche von dem heutigen Dorfe Chalandri ab durch die mehrere Fufs über dem Boden und in einem Abftande von je funfzig oder fechzig Fufs erbauten Luftfchachte verfolgt werden kann. Der Durchmeffer diefer Schachte, von denen noch etwa funfzig erhalten find, beträgt 4 bis 5 Fufs. Einige diefer Leitungen verforgen Athen bis auf den heutigen Tag und werden als Wunder des Unternehmungsgeiftes und der Gefchicklichkeit gefchildert. (E. Curtius, „Ueber die Wafferbauten der Hellenen" in der Archäolog. Zeitung, 1847, S. 19.) In Sicilien find die Werke, durch welche Empedocles das Waffer in die Stadt Selinus gebracht haben foll, nicht mehr fichtbar, aber wahrfcheinlich beftanden fie, wie die

Indem ich die Spuren der Wafferleitung nördlich von Curium immer unter fehr dichtem Gefträuch, aus dem Schaaren von Rebhühnern und Hafelhühnern auf-flogen, verfolgte, erreichte ich die Ruinen des Tempels des Apollo Hylates. Diefe Oertlichkeit wird heutiges Tages von den Einwohnern der benachbarten Dörfer Apellon genannt. Ihr alter Name war HYLE (Ὕλη), und von dem wurde der Beiname Hylates abgeleitet. Die Stadt felbft, von der man noch einige Trümmer ein wenig öftlich von dem Tempel bemerkt, fcheint unbedeutend gewefen zu fein.

Die Maffe der Steine auf dem Boden beweift, dafs der Tempel ein grofsartiger Bau gewefen ift. Er lag wahrfcheinlich dem Meere gegenüber, von dem er nur etwa taufend Schritte entfernt war, und war ganz von einem Walde umgeben. Diefer Tempel war 79 Fufs lang und 32 Fufs breit. Seine Säulen in weifsem Marmor und bläulichem Granit liegen nach jeder Richtung zerftreut da. Diefelben find verfchieden in ihrer Gröfse. Die gröfseften meffen 3 Fufs 2 Zoll im Durchmeffer, die nächftfolgenden 2 Fufs und die kleinften 16 Zoll. Es ftehen noch Theile der letzteren auf ihren Bafen. Diefe Stelle wäre wohl werth fyftematifch erforfcht zu werden, doch könnte das nur mit bedeutenden Mitteln ausgeführt werden. Ich grub

in Syracus, hauptfächlich aus Tunneln und unter dem Boden gelegten Rohren. Das Leitungsfyftem in Syracus, welches die Athener auf der ficilifchen Expedition nach Thucydides (10, 100) theilweife zerftörten, verforgt die Stadt noch jetzt mit einem Ueberflufs von Trinkwaffer. Ein Beifpiel der anfcheinend älteften Form der Aquaducte in Griechenland ift auf der Infel Cos, neben der Quelle Burinna auf dem Berge Oromedon, entdeckt worden. Sie befteht in einer unter dem Boden am Hügel erbauten, glockenförmigen Kammer, um das Quellwaffer aufzunehmen und kühl zu halten. Ein von der Spitze der Kammer aufwärts gehender Schacht läfst die frifche Luft zu.

mehrere Wochen lang an den öftlichen Grundmauern entlang und legte einen Theil des Pflafters blofs, fand aber keine Ueberrefte von Bildwerken, mit Ausnahme einiger Krieger mit Helm und Schild in Terracotta und der Fragmente eines fehr grofsen irdenen Kruges, dem eine Widmung an Apollo Hylates in griechifchen Buchftaben eingefchrieben ift. Der letztere lag unter dem Steinpflafter des Tempels. Innerhalb des Tempelgebiets fand ich auch mehrere verftümmelte griechifche Infchriften, in deren einer die Namen des Ptolemaeus Philadelphus und der Cleopatra vorkommen. In der Nähe des Tempels befinden fich die Ruinen eines rechtwinkligen Gebäudes, welches den Prieftern des Apollo zur Wohnung gedient haben mag.

An diefer Stelle ift der Ausblick nach Weften äufserft grofsartig. Jäh erhebt fich über dem Meere das Vorgebirge, von dem, wenn ich nicht irre, Strabo fpricht; von hier aus, fagt er, wurden die, welche den Altar des Apollo mit ihren Händen berührten, in's Meer geftürzt. Was dies zu bedeuten hatte, wiffen wir nicht. Engel (2. 667) meint, dafs Menfchen zur Sühne für vergoffenes Blut von dem Felfen herunter geftürzt wurden. Er weift nach, dafs der Dienft des Apollo hier befonders dem „reinigenden" Gotte galt, und bemerkt auch, dafs Cephalus, der fich zuerft vom leucadifchen Felfen herabftürzte, um fich vom Blute der Procris zu reinigen, mit der Mythologie Cyperns in Verbindung gefetzt wurde.

In einer Schlucht füdöftlich von diefen Ruinen ftiefs ich auf eine Grube voll zerbrochener Statuen, und in der Nähe befand fich ein kleiner Erdhügel mit einer grofsen Menge von Händen, Füfsen und Beinen, die dazu gehörten; wahrfcheinlich waren diefe Statuen aus dem Tempel des Apollo gekommen. Diefe Fragmente waren alle aus Kalkftein und augenfcheinlich mit

Fleifs zerftört. Es waren darunter zwei weifse Marmorftatuetten, etwa 2 Fufs hoch (Tafel LXXIII. 2), und eine kleine in Bronze, 7½ Zoll hoch, die vermuthlich den Apollo darftellt, von fchöner griechifcher Arbeit (Tafel LXXIII. 1). Auf einigen Fufsgeftellen von Statuetten in Kalkftein, die fich in dem vorhin erwähnten Hügel fanden, ift der Name Apollos in cyprifchen Characteren eingegraben. An einer andern Stelle, immer noch in der gedachten Schlucht, doch weiter weftlich, entdeckte ich einige fünfundzwanzig Statuetten in Kalkftein; diefelben ftellen einen Jüngling dar, der nach morgenländifcher Sitte fitzt und eine Anzahl Amulette um den Hals trägt (Tafel LXXIII. 3). Auf dem Fufsgeftelle einiger derfelben ift gleichfalls der Name Apollos in cyprifchen Zeichen eingefchrieben. Ich bemerke, dafs dergleichen Statuetten überall auf der Infel gefunden worden find, in Golgi, Idalium, Amathus, Curium, Carpafia u. f. w.

Da die Jahreszeit der Ernte begonnen hatte, fo war ich genöthigt, meine Leute nach Haufe heimkehren zu laffen und die Nachgrabungen aufzugeben. Ich fchickte mich daher an nach Larnaka zurückzukehren. Anftatt aber die regelmäfsige Route über Limaffol einzufchlagen, befchlofs ich mich an der Küfte zu halten und um das Vorgebirge von Curias herumzugehen. Das Land zwifchen Curium und dem Vorgebirge ift eine offene und fehr fruchtbare Ebene; jedoch durch die Sturzbäche von den Bergen nördlich von Episkopi, die im Winter anwachfen und die Felder mit Wurzeln, Steinen und abgeftorbenen Bäumen bedecken, wird das Reiten fchwierig und langfam, und ich gebrauchte mehr als zwei Stunden, um das Cap zu erreichen. Auf dem Wege kam ich an einer dem heiligen Georg gewidmeten Kirche vorbei; diefer Heilige hat jetzt auf Cypern fo viele Altäre wie vormals Apollo Tempel. Die Kirche hatte einige Säulencapitäle, die aus Curium stammten, und einige alte christliche Grab-Cippi. Etwa einen Ritt von zehn Minuten östlich von dieser Kirche liegt ein kleines Dorf von ungefähr funfzig Häusern, ganz aus Stein erbaut und ausschliefslich von Christen bewohnt, namens Akrotiri (Ἀκρωτήρι). Weiter östlich von diesem Dorfe erheben sich die stattlichen Ruinen eines grofsen byzantinischen Klosters mit einer Kirche in leidlich gutem Zustande, die dem St. Nicolaus (Ἅγιος Νικόλαος) gewidmet ist. Dieses aus viereckigen Kalksteinblöcken errichtete Gebäude ist oblong, zwei Stockwerk hoch und steht mitten auf einem quadratförmigen Platze, der 385 Ellen lang und breit ist und früher mit einer dichten Buchsbaumhecke eingefafst war. Auf der Schwelle einer Thür in der östlichen Mauer, rechts von dem grofsen Eingange, sind fünf Schilde ausgehauen, von denen das mittlere das Wappen der königlichen Lusignan zeigt. Das zur Verzierung gebrauchte Material, wenn nicht auch das beim Bau dieses Klosters verwandte, und die vielen über den Boden zerstreuten marmornen Säulen sind alle aus Curium geraubt. Als ich mich dem Cap Curias näherte, kam ich an einigen kleinen Ruinen vorbei und bemerkte Spuren einiger weniger alter Wohnungen und mehrere Gräber, die mir von hohem Alter zu sein schienen.

Der Führer, den ich aus Akrotiri nahm, versicherte, dafs dieser Ort Kuri heifst und dafs vor wenigen Jahren ein französischer Milordo ausdrücklich aus Limassol gekommen sei, um ihn zu besuchen und mehrere seiner Landsleute aus Akrotiri beschäftigt habe, um hier zu graben; in der That zeigte der Grund und Boden noch deutliche Spuren, dafs er erst neuerdings durchforscht worden ist. Ich stieg ab und liefs einige Gräber untersuchen und aus den darin gefundenen Thongefäfsen gewann ich die Ueberzeugung, dafs sie derselben Zeit angehören wie die Gräber in Curium. (Taf. LXXIII. 4.)

Als ich an dem Cap vorüberritt, ward mein Maulthier durch etwas erfchreckt, das plötzlich aus einem Bufche entfloh und das mir eine Katze zu fein fchien; der Führer verficherte mich denn auch, dafs es fowohl am Cap als bei Akrotiri wilde Katzen gäbe, welche die dafelbft zahlreichen Nattern erjagen und vernichten. Ich entfann mich irgendwo, vielleicht bei Dapper, gelefen zu haben, dafs die „Kalojere" des Klofters von Akrotiri eine befondere aus Conftantinopel eingeführte Art von Katzen aufziehen und ernähren, um die Nattern in ihrer Nachbarfchaft zu tödten, und dafs diefe Katzen auf das Geläute einer befonderen Glocke im Klofter herbeizukommen, um zweimal täglich gefüttert zu werden, und dann an ihre Vertilgungsarbeit zurückzukehren pflegen. Vermuthlich ift das alte Vorgebirge Curias in Bezug auf diefe Katzen unter dem Namen Capo Gatto oder Delle Gatte bekannt.[6]

Nach einer Abwefenheit von nahezu fechs Monaten traf ich noch einmal wieder in Larnaka ein und war fehr froh, mich wieder an den Reizen der Häuslichkeit erfreuen zu können. Leider fand ich meine Frau fehr niedergedrückt und kränklich. Das einfame Leben, welches fie viele Jahre hindurch geführt hatte, abgerechnet einen gelegentlichen Befuch in Europa und einige Monate in Amerika, begann feine Wirkung auf ihre Gefundheit zu offenbaren, fo dafs ich es als eine Pflicht empfand, meine Forfchungen abzufchliefsen. Wenn das nicht der Fall gewefen wäre, fo hätten die Ausgrabungen, welche ich nach meiner Rückkehr aus den Vereinigten Staaten 1873 unternommen hatte, auf Anfuchen der Curatoren des Mufeums in New-York fortgeführt werden follen; aber wegen der gefchäftlichen Krifis, die in jener Stadt erfolgte, hätte ich auf meine Koften weiter vorgehen müffen; und meine Arbeit hatte bereits faft alle meine Mittel verfchlungen. Gleichwohl fchätzte ich mich fehr glücklich, mit den

Hülfsquellen, die ich befafs, meine Nachforfchungen fo erfolgreich ausgeführt haben zu können.

Der unglückliche Tod, der den Dr. Siegismund vor einigen Monaten ereilt hatte, als er eines der von mir in Amathus aufgedeckten Gräber befuchte, machte auf meine Frau einen fehr ernften Eindruck, und fie fchwebte feitdem in beftändiger Furcht, dafs mich ein ähnliches Schickfal treffen könnte. Es forderte nicht wenig Muth und Hingebung von einer in der Verfeinerung und Bequemlichkeit einer grofsen Stadt erzogenen Frau, mehr als zehn Jahre dem öden Leben eines kleinen orientalifchen Ortes zu opfern, in dem es mit Ausnahme einiger Damen der Körperfchaft der Confuln, welche beftändig wechfelte, weder Gefellfchaft noch Erholung gab. Die Theilnahme an meinen Entdeckungen war ihre einzige Zerftreuung, und wenn auch die Sorgen und Bekümmerniffe einer Mutter fie hinderten, mir in die entfernteren Scenen meiner Ausgrabungen zu folgen, fo gewährte fie mir doch in ftillerer und anfpruchsloferer Weife vielfachen, fehr werthvollen Beiftand. Ich erkannte deutlich, dafs fie fich nach ihrem Vaterlande zurückfehnte, und grofs war daher ihre Freude, als fie hörte, dafs ich Cypern bald für immer zu verlaffen und nach Amerika zurückzukehren beabfichtigte. In Uebereinftimmung mit diefem Entfchluffe packte ich alle meine zuletzt entdeckten Alterthümer zufammen und verfchiffte fie direct an das Mufeum in New-York, mit Ausnahme der in Curium gefundenen goldenen Gegenftände, die mir zu werthvoll erfchienen, um fie einer anderen als unferer unmittelbaren Obhut anzuvertrauen.

Nachdem ich von der amerikanifchen Regierung einen fechsmonatlichen Urlaub bekommen hatte, machten wir in der Umgebung von Larnaka, dort wo die Marina fich am vortheilhafteften ausnimmt, unferen letzten Spaziergang. Nachdem wir an den Salinen, der Stätte meiner erſten Ausgrabungen, und an den Ruinen der Phaneromene zur Rechten vorüber waren, befanden wir uns bald in den Feldern, welche noch in ihrer ganzen Frühlingspracht ſtanden. Rothe und weiſse Anemonen, dunkelblaue Schwertlilien, ſcharlachrother Mohn, goldene Tauſendſchönchen und zahlloſe liebliche Blumen, deren Namen ich nicht kenne, ſchmückten die Ebene mit den glänzendſten denkbaren Farben. Wir zertraten den wilden Quendel und die Reſede bei jedem Schritte, und gleichwohl ſchienen ſie uns zum Abſchied ihren Duft zu ſchenken. Eine dörrende Sonne hätte ja doch bald alles zur traurigen Wüſte verſengt. Der Berg Santa Croce ſchien uns auf unſerem Wege überall zu folgen, indem er ſein Ausſehen beſtändig wechſelte, bald kühl und braun, wenn Wolken über ihn hinſchwammen, bald dunkelroth erglühend in der untergehenden Sonne.

Die erleuchteten Minarete von Larnaka und der Marina ſchienen in der Ferne, und als wir dieſer nahe kamen, hörten wir die Stimme des *Mueddin* die Gläubigen zum Gebete rufen. Als wir unſeren geräumigen Garten betraten, der der Meeresküſte abgewonnen worden war, mit ſeinen Roſen, wie ſie nur auf Cypern ſo ſchön blühen, mit ſeinen weinbedeckten Mauern und den niedlichen Einfällen, mit denen ihn die Phantaſie meiner Gattin verſchönert hatte, da dachten wir nicht ohne Bedauern daran, wie bald Vernachläſſigung den Platz, der damals die Bewunderung der Beſucher erregte, wieder in eine unanſehnliche Wüſte verwandeln könnte.

Eine umfangreiche Terraſſe lag über dem Garten, und als wir uns auf derſelben an jenem unſerem letzten Abende im Mondenſcheine ergiengen, da ſchien über den Garten und die ſich kräuſelnden, ſchimmernden Wogen des mittelländiſchen Meeres ein magiſcher

Zauber geworfen, fo dafs wir bei der Betrachtung der Scenerie die Schattenfeite des cyprifchen Lebens faft vergafsen und ein Gefühl der Zärtlichkeit für das Land, welches wir am folgenden Morgen verlaffen wollten, unfere Herzen befchlich.

ANHÄNGE.

ANHÄNGE.

ANMERKUNGEN.

Von Ludw. Stern.

EINLEITUNG.

1. (S. 3.) Der alttestamentliche Name Cyperns *Kittim* kommt auch auf phönicischen Münzen unter der Form כתי vor, zunächst allerdings nur für die Stadt Citium. Brugsch hat in seiner Geschichte Aegyptens S. 334 die Behauptung aufgestellt, dass die in den hieroglyphischen Inschriften vorkommende Völkerschaft *Kiti* die Kittim des Alten Testaments seien; er erklärt dieselben für einen kanaanitischen Stamm, welcher „die Insel Cypern und aller Wahrscheinlichkeit nach die im Norden von Phönicien belegene Seeküste in Besitz genommen“ hatte. Diese Annahme liesse sich mit der Völkertafel der Genesis, nach der die *Kittim* Kinder Javans sind (vergl. oben S. 19), wohl vereinigen, wenn man der letzteren mit Mr. Lang auch nicht um deswillen besondere Glaubwürdigkeit zuschreibt, weil sie von dem am pharaonischen Hofe erzogenen Mose abgefasst worden sei; es ist ja vielmehr von den bewährtesten Forschern erwiesen, dass dieser Theil des Pentateuchs frühestens in die erste Königszeit zurückgeht. (Vergl. Ebers, Aegypten und die fünf Bücher Moses, 1, 36.) Unter *Kaphtor* ist übrigens nicht Cypern, sondern vermuthlich Creta zu verstehen; auch ist der hieroglyphische Name Cyperns nicht *Kefti* (S. 2),

wie man vor der Entdeckung des trilinguen Decretes von Canopus durch Lepsius allgemein annahm, sondern , was man *Nebinai, Ibinai* und *Sebinai* gelesen hat. Nun nehmen die meisten Aegyptologen an, dass das in älteren Texten vorkommende Land *Asebi* (?) mit diesem *Sebinai* der ptolemäischen Inschrift identisch sei und gleichfalls Cypern bedeute. Anders Chabas und Maspéro. (Vergl. Maspéro-Pietschmann, Geschichte, S. 206.) In der ägyptischen Volkssprache, dem Demotischen, hiess die Insel *Salamina* (Zeitschrift für ägyptische Sprache 1875, S. 13), und der Name *Salamis* findet sich selten auch bei griechischen Autoren für Cypern, namentlich in einer Stelle des Porphyrius, *De abstinentia* 2, 54. Den Namen *Salaminia* führt auch Steffano Lusignano, Chorograffia et breve historia universale dell' isola de Cipro (Bologna 1573), fol. 3, an. Die Araber nannten die Insel *Qubrus* und daraus ist in türkischer Aussprache *Qibris* entstanden.

2. (S. 3.) Unter der Cyperblume ist nach neueren Untersuchungen vielmehr die cretische Cistrose, *Cistus creticus* Linn., zu verstehen, die im Sommer ein wohlriechendes braunes Harz, das Laudanum oder Ledanum, das noch heute aus Cypern ausgeführt und sowohl zur Räucherung wie als Arznei gebraucht wird, ausscheidet. Fr. v. Löher, Cypern (Reiseberichte über Natur und Landschaft, Volk und Geschichte; Stuttgart 1878), S. 260.

3. (S. 6.) Auch ein arabischer Geograph, der zu Anfang des 14. Jahrhunderts schrieb, Dimischqi, berichtet von dem Kreuzberge; nach ihm befände sich auf demselben ein ausgehauenes Götzenbild neben einem grossen Kloster und „dem Kreuze der Kreuzigung". Uebrigens stand nach Lusignan auch auf dem Olymp ein Kloster, das des Erzengels Michael.

4. (S. 16.) Der cyprische Dialect des Griechischen, der nach mehreren Vorarbeiten von Engel, Bergk, Curtius schon 1860 von Mor. Schmidt in Kuhn's Zeitschrift (IX. 290) ausführlich beschrieben ist, scheint dem arcadischen am nächsten verwandt; seine hauptsächlichsten Eigenthümlichkeiten sind die folgenden: die Erhaltung des Digamma, α für η, ο für ᾰ, ι für ε und υ, und umgekehrt; durchgängig steht ο für ῠ, ferner ου für ω, ο für ου, ε für ει, εα für η; dann wie im Laconischen Abwerfung eines an- oder inlautenden σ; ferner σ für ζ und τ; β für μ, und umgekehrt;

Unterdrückung des μ vor den Dentalen τ, δ, θ (also τοδε für τομδε und ατι für αμτι); πτ für π, ζ und σσ für δι, κ für γ, φμ für χμ; ορ für ρο; Fehlen des ι adscriptum im Dativ; mehrsache Abweichung im Genus; κάς für καί; Apocope von κατά, ἰπό (= ὑπό); Assimilation von ἰμ (= εμ) zu ἴγ-, ἰμ-; endlich verbale Endungen in der 2. sg. -ες, im Medium -ε (βόλε), 3 plur. -θεμ; das Particip Aor. auf -ἀς, der Infinitiv Aor. auf -αῖ, und Imperative wie γρᾶ, ἴγα, im Aorist auf ὀμ, ἐλθετῶς. So nach der Zusammenfassung Deecke's in Bursian's Jahresbericht über die Fortschritte der classischen Alterthumswissenschaft 1877. III, 126. Der neuere Dialect der Insel ist am ausführlichsten im dritten Bande der *Kypriaka* von Sakellarios (Athen 1868) beschrieben, ferner von Kind (in Kuhn's Zeitschrift für vergl. Sprachforsch. XV. 179 ff.) und von Beaudouin (*Le dialecte chypriote* in dem Bullet. de corresp. d'Athènes 1879, p. 110 ff).

5. (S. 17.) Ueber den Anfang und Fortschritt in der Entzifferung der cyprischen Schrift ist noch einiges zu den Ausführungen des Verfassers nachzutragen. Ich gebe zunächst Mr. Lang das Wort, der in seinem Werke: Cyprus, its history, its present resources, and future prospects (London: Macmillan and Co. 1878), S. 333, seinen höchst wichtigen Fund also erzählt: „In Idalium war 9 Fuss unter der Erdoberfläche ein Tempel mit seinen Alterthümern entdeckt worden, den ich in systematischer Weise auszugraben beschloss. Meine Arbeit wurde weit über meine Erwartung belohnt. Einen Stein allein, der mir in die Hände fiel, würde ich nicht gegen alle Schätze der cyprischen Gräber eingetauscht haben. Er trug eine zweisprachige Inschrift in cyprischen und phönicischen Characteren, die einen vollständig genügenden Schlüssel zu der cyprischen Schrift geliefert hat. Es war ein höchst seltsamer Zufall, dass das erste Wort in dem cyprischen Texte auf jenem Steine die Gruppe von fünf Buchstaben war, welche der Herzog de Luynes als ‚Salamis' gelesen hatte. Ebenso merkwürdig war es, dass dieses Wort das einzige war, welches in dem cyprischen Texte zweimal vorkam. Auch der phönicische Text hatte nur ein Wort zweimal wiederholt, und dieses Wort war ‚König'. Dem verstorbenen George Smith gehört die Ehre der Entdeckung, dass die Gruppe der fünf cyprischen Buchstaben *basileus* auszusprechen war; durch seine andauernden Studien und durch die Gelehrsamkeit Dr. Birch's wurden in der Entzifferung

der cypriſchen Schrift bald groſse Fortſchritte gemacht.“ Die Arbeit von Joh. Brandis wurde 1873 nach dem Tode des Verfaſſers von Ernſt Curtius in den Monatsberichten der Berliner Academie herausgegeben. Inſchriften waren ſchon früher von De Luynes, De Vogüé, Roſs und anderen mitgetheilt; eine zweite bilingue von 7 Zeichen befindet ſich im Louvre (vergl. Hall in den Transact. Soc. Bibl. Archaeol. 6, 204). Die Entzifferung wurde 1874 weiter durch zwei gleichzeitige deutſche Werke gefördert; das eine (Die Inſchrift von Idalion) von Mor. Schmidt, das andere (Die wichtigſten kypriſchen Inſchriften) von W. Deecke und J. Siegismund in G. Curtius Studien VII, S. 219—264; ſodann durch J. H. Hall (im Journal of the American Oriental Society, vol. X, 1875) und H. L. Ahrens (im Philologus 1875, S. 1—102; 1876, S. 1—31). Mor. Schmidt (Sammlung kypriſcher Inſchriften in epichoriſcher Schrift; Jena 1876) gab eine Ueberſicht des bis dahin Gefundenen und Erforſchten. Auſser den genannten Gelehrten haben noch Blau, Bréal, Neubauer, Pierides, Rodet, von Sallet, Schröder, Talbot und Voigt zu der Entzifferung der cypriſchen Inſchriften Beiträge geliefert. Eine Ueberſicht gab W. Deecke in dem oben erwähnten Aufſatze.

Der Urſprung der cypriſchen Schrift iſt noch nicht aufgedeckt: ſie muſs ein ziemlich hohes Alter haben, da George Smith eine cypriſche Inſchrift im Palaſte Aſſurbanipals fand, während Inſchriften auf Terracottaſcheiben, die Schliemann in den tieferen Lagen von Hiſſarlik entdeckte, allerdings wohl irrthümlich für cypriſche gehalten worden ſind. Schon der verewigte Ewald hatte die Anſicht ausgeſprochen, daſs die Phönicier nicht die erſten Bewohner Cyperns geweſen ſeien, ſondern vielmehr ein den alten Phrygern verwandtes Volk, deſſen Alphabet gleichfalls aus Kleinaſien ſtamme. Mr. Lang machte darauf aufmerkſam, daſs ſich 13 cypriſche Charactere auch im lyciſchen Alphabet fänden, nämlich ꓥ I ⊣ V ⩡ ✱ + Λ M Ψ ⇑ T F; doch die lyciſche Schrift bleibt auch nach J. Savelsberg’s Beiträgen zur Entzifferung der lyciſchen Sprachdenkmäler (Bonn 1878) noch ganz unverſtändlich. Für eine Vermuthung Sayce’s (Transact. Soc. Bibl. Archaeol. 5, 22 ff.), daſs die cypriſche Schrift mit den noch unentzifferten ſogenannten hamathiſchen Hieroglyphen zuſammenhängen möchte, ſpricht nichts. Joh. Brandis ſetzte eine Verwandtschaft mit der Keilschrift voraus und W. Deecke (Der Ursprung der kyprischen Schrift, eine palaeographische Untersuchung; Strassburg 1877) suchte nachzuweisen, dass die cyprische Schrift sich am Ende des 8. oder zu Anfang des 7. Jahrhunderts v. Chr. aus der neuassyrischen Cursivschrift entwickelt habe, wahrscheinlich in Paphos, dessen Inschriften einen alterthümlichen Character tragen; nach diesem Gelehrten wären υ, φ, χ, ψ cyprischen Ursprungs.

Die von Di Cesnola nach Brandis wiederholte Uebersicht des Alphabets ist in mehreren Punkten berichtigt worden. Die cyprische Schrift unterscheidet nicht die Tenues, Mediae und Aspiratae, ebenso wenig die Kürze und Länge der fünf Vocale. Dagegen hat sie das Digamma und, wie es scheint, auch das *j* und *sch*. Die Zeichen sind Silbenzeichen, aus einem Consonanten und einem Vocale bestehend, nach einem Systeme also, wie es sich genau so in der habessinischen Schrift findet. Die folgende Uebersicht ist im wesentlichen nach der von Prof. Schmidt in seinem oben angezogenen Werke gegebenen aufgestellt.

	α	ε, η	ι	ο, ω	υ
Vocale	𐠀	𐠁 𐠁	𐠂	𐠃	𐠄 𐠄
β π φ	𐠞	𐠟	𐠠 𐠠	𐠡 𐠡	𐠢
γ κ χ	𐠊	𐠋	𐠌	𐠍 𐠍 𐠍	𐠎
δ τ θ	𐠭	𐠮	𐠯	𐠰 𐠰 𐠰	𐠱
ϝ	𐠲 𐠲	𐠳	𐠴 (?)	𐠵 𐠵 𐠵	
j	𐠅	[illegible] (?)			
λ	𐠏	𐠐 𐠐 𐠐	𐠑	𐠒	𐠓
μ	𐠔	𐠕	𐠖	𐠗 𐠗	𐠘
ν	𐠙	𐠚 𐠚	𐠛	𐠜 𐠜	
ρ	𐠣	𐠤 𐠤	𐠥	𐠦	𐠧
ζ	𐠼			𐠿 ?	
σ	𐠨 𐠨	𐠩 𐠩	𐠪 𐠪 𐠪 𐠪	𐠫	𐠬
ś		[illegible]			

6. (S. 24.) Unter römischer Herrschaft zerfiel Cypern in vier Bezirke: Salaminia, Amathusia, Paphia, Lapethia. Der Kaiser Constantin theilte die Insel in 14 Eparchien: Constantia (Neu-Salamis), Citium, Amathus und Nemassos oder Neapolis (Limassol), Cerynia, Paphos, Arsinoe (Arsos bei Avdimu), Soli, Lapathos, Leucosia, Cythaerea (Chytri), Tamassos, Curium (Piskopi), Trimithus und Carpasium. Unter den Franzosen und Venetianern hatte Cypern 11 Cantone. Die Türken zerlegten es in 16 Districte oder *qasabah*: Larnaka, Limassol, Piskopi, Kilani, Avdimu, Baffo, Kuklia, Khrysokhu, Levka, Morsu, Orini, Schirga (Kythraia), Kerynia, Messarga, Famagosta, Karpas. Die alte Geographie der Insel ist noch vielfach unaufgeklärt, indem es noch nicht gelungen ist, eine Anzahl der bei den Alten genannten Städte zu identificieren. Die Colonie der Dryopen Asine meint der gelehrte L. de Mas Latrie (L'ile de Chypre, sa situation présente et ses souvenirs du moyen âge; Paris 1879) in einem Kloster *Asinu* im District Morphu, Tembros in einem gleichnamigen Dorfe im District Kerynia und Panakron am Bache *Panagra* westlich von Lapithos wiedergefunden zu haben. Asine vermuthet Sakellarios (1, 190) dagegen in einem eine Meile östlich von Athieno gelegenen Ἄσια. Das cyprische Alexandria des Ptolemaeus verlegt de Mas Latrie an das Cap Alexandreta, an dem schon im Mittelalter ein Ort dieses Namens bestand. — Die arabischen Geographen haben gleichfalls mehrere cyprische Städtenamen überliefert, die wir vergebens auf den Karten suchen; Yâqût erwähnt in seinem Wörterbuche (3, 130) eine Stadt *El-Sammâr*, worunter vielleicht Salamis zu verstehen ist, und ferner *Qarqûnus*, welches sicherlich verderbt ist. Die erstere dieser Städte nennt der schon erwähnte Dimischqi (p. 142 ed. Mehren) *El-maghûsah* d. h. Famagusta, während er das heutige Limassol noch unter dem Namen *El-nemessûn* kennt.

7. (S. 25.) Nach den Nachrichten, welche uns in den hieroglyphischen Inschriften ägyptischer Tempel erhalten sind, ist die Civilisation auf Cypern, d. h. *Asebi*, um mehrere Jahrhunderte älter als die Anfänge der griechischen Geschichte zurückreichen. In den Annalen des Pharao Thutmes III. (c. 1600 v. Chr.) werden, wie es scheint, goldene und silberne Wagen erwähnt, welche auf Cypern gefertigt worden seien (Lepsius, Denkmäler III, 32, 17). Es wird zwar nicht ausdrücklich gesagt, dass dieser König einen Kriegszug

gegen die Infel unternommen hätte; indeffen fehlt unter den dem Aegypter Tribut darbringenden Fürften in diefer Zeit felten der König von Asebi mit feiner Gabe an Kupfer, Blei, Lapis lazuli und Elfenbein (Lepfius, Auswahl 12, 35). In einem Gedichte, welches die Siege Thutmes III. verherrlicht, gefchieht auch Cyperns (*Afebi*) neben Phönicien (*Kefti*) Erwähnung (Mariette-Bey, Karnak 11, 15—16). Da fpricht Gott Amon zu feinem Lieblinge:

> Ich kam und liefs dich befiegen das Land des Oftens,
> du kamft zu denen in den Gauen des heiligen Landes;
> ich liefs fie fchauen deine Majeftät wie den Canopus,
> der fein feuriges Licht ausftrahlt und feinen Thau fpendet.
> Ich kam und liefs dich befiegen das Land des Weftens,
> Kefti und Afebi find voll Ehrfurcht.
> Ich liefs fie fchauen deine Majeftät als jungen Stier,
> muthvoll und ftöfsig und unnahbar.

Noch unter König Seti I. (c. 1400) gehört Asebi zu den von Aegypten abhängigen Ländern. Endlich fteht es feft, dafs Ramfes III. (c. 1200 v. Chr.) mit Völkern, die vermuthlich am Mittelmeere ihre Sitze hatten, zu Waffer und zu Lande Krieg geführt hat; in den Liften der überwundenen Städte (Dümichen, Hiftorifche Infchriften I, 11—12) glaubt Brugfch (Gefchichte Aegyptens, S. 603) namentlich cilicifche und cyprifche Namen zu erkennen, unter den letzteren befonders: *Sarmeski* oder *Salmeski* (Salamis?), *Kathiin* (Kition), *Aimar* (Marion?), *Sari* oder *Sali* (Soli), *Ithal* (Idalion), *Kerena* (Kerynia), u. a. m. Die meiften diefer Identificierungen haben freilich wenig Wahrfcheinlichkeit, auch ift daran zu erinnern, dafs die griechifche Ueberlieferung eine mit ihnen nicht in Einklang zu bringende Erklärung diefer Namen giebt. Die fpäteren ägyptifchen Infchriften bis auf die Ptolemäerzeit gedenken der Infel Cypern nicht wieder. Dafs fie zur Zeit der XXVI. Dynaftie der Pharaonen Aegypten unterthänig gewefen ift, wird von Herodot ausdrücklich bezeugt, läfst fich aber aus den hieroglyphifchen Infchriften bis jetzt nicht nachweifen. Jedenfalls war die Herrfchaft des Amafis über die Infel von kurzer Dauer.

8. (S. 33.) Die verbürgteften Nachrichten über die arabifchen Kriegszüge nach Cypern find bei dem von De Goeje edierten Hiftoriker Beládfori erhalten. Als Mo'âwiyah 649 nach Cypern

kam, bat der Gouverneur (ἄρχωρ) der Insel um Frieden, der ihm wegen einen jährlichen Tribut von 7200 Golddinaren gewährt gurde; dieselbe Summe mussten die Cyprer an die Griechen entrichten. Als sie sich hierauf verleiten liessen, den Griechen gegen die Araber Beistand zu leisten, kam Mo'âwiyah 653 zum zweiten Male, eroberte die Insel und schickte muslimische Colonisten hin, die aber niemals festen Fuss fassen konnten, obwohl sie ihr Andenken in einigen geographischen Namen, wie *Kantara* (Brücke), *Alambra* (الحمراء die rothe), *Kebir* (das grosse Dorf) u. a. m., hinterlassen zu haben scheinen. Als die Cyprer 911 den zu Anfang des Islam hinsichtlich der zu entrichtenden Steuern geschlossenen Vertrag verletzten, unternahm der Feldherr Dimnâneh (?) einen Feldzug gegen die Insel, die er vier Monate lang verwüstete. So berichtet ein anderer berühmter Geschichtsschreiber der Araber, Mes'ûdi (8, 282).

9. (S. 40.) Die Inschrift Di Priuli's in der Cathedrale von Famagosta theilt schon der fränkische Ritter Stephan von Gumpenberg mit, der mit andern deutschen Rittern 1549 auf seiner Pilgerfahrt auch Cypern besuchte; vergl. sein Reysbuch des heil. Landes (Frankfurt 1584), S. 377; bei ihm heisst die letzte Zeile: „ao. MCCCLVIII. die XXVI. Febr." Die Datierung befolgt hier übrigens den venetianischen Gebrauch. — Die Geschichte Cyperns unter den Lusignan hat der französische Archivar L. de Mas Latrie auf's gründlichste erforscht; auf Grund seiner umfangreichen Urkundensammlungen gab Karl Herquet eine Darstellung dieser Epoche: „Charlotta von Lusignan und Caterina Cornaro, Königinnen von Cypern" (Regensburg 1870).

10. (S. 44.) Das Buch Di Cesnolas ist über ein Jahr vor der englisch-türkischen Convention vom 4. Juni 1878 geschrieben, mit der ohne Zweifel für das Eiland eine neue Aera angebrochen ist. Ueber die heutigen Verhältnisse Cyperns, über seine Hülfsquellen und Aussichten, gewähren die bereits erwähnten Werke R. Hamilton Lang's und L. de Mas Latrie's, sowie Fr. von Löher's Cypern, welches letztere von Mrs. A. Batson Joyner mangelhaft in's Englische übertragen ist, die zuverlässigste und eingehendste Belehrung.

ERSTES CAPITEL.

1. (S. 49.) Der Name Larnaka, Λάρναξ und vulgär Λάρνακα, bedeutet eigentlich eine Afchenurne oder einen Kaften, weil die halbe Stadt auf dem Friedhofe des alten Citium erbaut ift und viele dergleichen Urnen dort gefunden find. Nach weniger wahrfcheinlicher Annahme hätte die Stadt den Namen von dem kaftenähnlichen Terrain, auf dem fie fteht. (Vergl. Sakellarios, Kypriaka 1, 54. Man darf vielleicht die Vermuthung ausfprechen, dafs dies nur eine Volksetymologie ift, und dafs der Name wahrfcheinlich einen nichtgriechifchen Urfprung, z. B. einen arabifchen, hat. Uebrigens heifst die Stadt auch franzöfifch *Les Salines,* türkifch *Tuzla,* von dem füdöftlich gelegenen Salzfee, der, ebenfo wie ein anderer bei Limaffol, durch feine Verdunftung im Sommer ungeheuere Maffen Kochfalz liefert. Die Marina führt auch den Namen *La Scala.* Einen Plan von Larnaka findet man in der Revue archéol. 1870. I, 24.

2. (S. 51.) Dafs fich der Name Citiums auch unter den dem Afarhaddon tributpflichtigen Königreichen befinde, das wäre allerdings zu erwarten, ift aber nur nach der einen Ueberfetzung der betreffenden Infchrift durch George Smith, nicht nach der neueren und verbefferten durch Eberhard Schrader der Fall. Indeffen erfcheinen unter den zehn cyprifchen Städten noch unbeftimmte, deren eine vermuthlich Citium ift.

3. (S. 56.) Wenn der Verfaffer hier die im Anhange der griechifchen Infchriften unter No. 37 mitgetheilten Infchriften im Auge hat, fo hat er fich infofern geirrt, als in denfelben eine *Artemis paralia* erwähnt wird. Vielleicht gab es aber fowohl eine Demeter als eine Artemis der Meeresküfte.

4. (S. 58.) De Mas Latrie (L'île de Chypre, S. 19) erwähnt diefe Mofchee unter dem Namen *Tekké* (lies *Tekieh*) *de la sultane.* Nach Conftantinos Sinaios, den Sakellarios (1, 51) anführt, wäre fie das Grab einer Tochter Mo'âwiyahs, nach andern einer Coufine des Propheten, nach Di Cesnola's Gewährsmännern einer Milchfchwefter feiner Tochter. Ich weifs nicht, worauf fich diefe Angaben ftützen, und bezweifle ihre Richtigkeit. Die Mofchee ift über dem Grabe der Umm Harâm erbaut, von der einer der

ältesten arabischen Historiker, Belâdsori, in seiner „Eroberung der Länder" (p. 154 ed. De Goeje) Folgendes erzählt: „Als Cypern zum ersten Male bekriegt wurde, zog Umm Harâm, die Tochter Milhâns, mit ihrem Gatten 'Obâdah ibn El-Sâmis. Als sie nun in Cypern angekommen waren und sie das Schiff verlassen hatte, brachte man ihr ein Saumthier, welches sie besteigen sollte. Das stolperte mit ihr und tödtete sie. Ihr Grab auf Cypern wird aber das Grab der frommen Frau genannt." Umm Harâm war neben Fâchitah, der Gattin Mo'âwiyahs, die einzige Frau, welche an diesem ersten Feldzuge der Araber theilnahm. Als nämlich der kühne Feldherr den Chalifen um die Erlaubniss zum Zuge gegen Cypern bat, antwortete ihm derselbe, wegen der von seinen Kriegern noch unerprobten Gefahren der Seereise besorgt: „Wenn du in Begleitung deiner Frau das Meer befahren willst, so sei es dir gestattet; sonst nicht." — Uebrigens spricht diese Ueberlieferung dafür, dass die Araber bei dem heutigen Larnaka gelandet sind, also bei der byzantinischen Stadt, von der der General Di Cesnola noch Spuren gefunden hat.

5. (S. 59.) Die Geschichte dieses Münzfundes ist ausführlich von Mr. Lang, in dessen Besitz der Schatz zunächst übergieng, in seinem Cyprus S. 336 ff.) erzählt; vergl. Journal of the Numismatic Society of London 1871. Unten, in dem Anhange der griechischen Inschriften No. 37, wird der Fund nochmals mit etwas abweichender Zahlenangabe erwähnt, vermuthlich nach Herrn Pierides, der Mr. Lang die erste Kunde des Fundes überbrachte.

6. (S. 59.) Ohne Frage ist zur Vornahme von Ausgrabungen auf türkischem Gebiete die obrigkeitliche Erlaubniss erforderlich, wie die weitere Darstellung des Generals Di Cesnola selbst anerkennt. Allerdings bemühte sich ein anderer verdienter Forscher Mr. Lang, vergeblich um einen Firman und wurde nur durch seine angesehene Stellung auf der Insel vor Belästigungen geschützt. (Vergl. sein Cyprus, p. 339.)

ZWEITES CAPITEL.

1. (S. 65.) Kaifchá oder, nach der englifchen Schreibart des Verfaffers, caishà fcheint eine gräcifierte Form (καισιά) des türkifchen *qaisi* zu fein; dies Wort bezeichnet die Aprikofe, von der befonders eine damascenifche Art gefchätzt und getrocknet verfandt wird. — Alakati (ἀλακάτιρ) ift eine neugriechifche Form für ἠλακάτη, dorifch ἀλακάτα, „der Spinnrocken, die Spindel, die Winde, eine fich im Kreife bewegende Mafchine", daher auch ein Pumpwerk. Vergl. Sakellarios, Kypriaka 3, 229.

2. (S. 67.) Die Volksetymologie des Namens *Idalium*, welche den dem Griechen unverftändlichen Namen zu deuten fucht, macht es wahrfcheinlich, dafs derfelbe fremden Urfprungs ift. In den phönicifchen Infchriften lautet er אדיל *Idjal*; feine cyprifche Orthographie ift *Edalion*; es ift nicht unwahrfcheinlich, dafs eine in hieroglyphifchen Infchriften der XX. Dynaftie erfcheinende Stadt *Ithal* mit Idalium identifch ift. Idalium hat zeitweilig ein Königreich für fich gebildet, welches eine gemifchte cyprifch-phönicifche Bevölkerung gehabt haben mufs; fpäter erfcheint es mit dem mächtigern Citium vereinigt.

3. (S. 69). Nach den neueren Forfchungen enthält die Infchrift der Bronzetafel des Herzogs de Luynes einen in aller Form abgefafsten Vertrag der Stadt Idalium und ihres Königs Stafícyprus mit dem Arzte Onafilus, dem Sohne des Onafícyprus: bei einer Belagerung der Stadt durch die Perfer (Μαδοι) und Citier (Κετιεις) foll derfelbe unentgeltlich die Heilung der Verwundeten übernehmen, wogegen ihm und feiner Familie ein gewiffes Grundftück verfchrieben wird. Die Urkunde gehört nach Brandis etwa dem 5. Jahrhundert an.

DRITTES CAPITEL.

1. (S. 79.) Mr. Lang fand in dem Tempel von Idalium aufser der Stele mit der bilinguen Infchrift, welche unter der Regierung eines Königs Milkiathon von Citium und Idalium aufgeftellt ift, mehrere phönicifche, cyprifche und griechifche, ferner eine grofse Sammlung von Statuen und zwei Schätze von alten Silbermünzen. (S. Journal of the Numismatic Society of London 1871.) Die In-

schriften, die Münzen und die besterhaltenen Statuen befinden sich jetzt im Britischen Museum. (Vergl. „Narrative of excavations in a temple at Dali in Cyprus“ in den Transact. Roy. Soc. Liter. Sec. Ser. XI. Part 1.) Einen Plan der Ebene von Dali giebt Ceccaldi in der Revue archéol. 1870. I, 28.

2. (S. 81.) Dieser *Hadschi Jorgi* ist nach Mr. Lang derjenige, welcher die Bronzetafel des Herzogs de Luynes entdeckt hatte. — Der Ausdruck Hadschi oder richtiger *Hâǵǵ* ist ein arabisch-türkischer Ehrentitel in der Bedeutung „Pilger“; es trägt ihn der Muslim, der nach den heiligen Stätten des Propheten, und der Christ, der nach Jerusalem gewallfahrtet ist.

VIERTES CAPITEL.

1. (S. 91.) Das berühmte Heiligthum der cyprischen Aphrodite heisst griechisch *Golgoi*, lateinisch *Golgi*; und da die geographischen Namen in diesem Buche überall in lateinischer Form gegeben sind, so haben wir Di Cesnola's Golg*oi* durch Golg*i* ersetzt — entsprechend den Formen Soli, Chytri, Throni. Die griechische Form Golg*os* kommt nur einmal nach weniger guter Lesart in dieser Stelle Theocrit's vor:

Δέσποιν' ἃ Γόλγους [Γόλγον] τε καὶ Ἰδάλιον ἐφίλασας·

welchen Vers Catull so übersetzt:

Quaeque regis Golgos quaeque Idalium frondosum —

indem er offenbar Γόλγους gelesen hat. Eine Erklärung des Namens aus dem phönicischen גלגל ist sehr ansprechend. — Die Lage dieser Stadt war freilich schwer zu bestimmen, doch glaubte man sie in der Nähe Idaliums suchen zu müssen, wo sie denn auch Sakellarios zwischen Larnaka und Nicosia nord-östlich von Athieno unter dem Namen Gorgoi (der Ort findet sich auf unserer Karte unter der Form *Gorgús*) entdeckt zu haben meinte. Er sagt (1, 187): „Ἐρευνήσαντες δὲ πολὺ περὶ ταύτης τῆς πόλεως, εὕρομεν αὐτὴν Β Α τῆς Ἀθηένου τῆς ἐν τῷ μέσῳ τῆς ὁδοῦ Λάρνακος καὶ Λευκωσίας κειμένης, Γόργους ὑπὸ τῶν νῦν παροικούντων καλουμένην, κατ' ἐναλλαγὴν γράμματος τοῦ λ εἰς ρ, ὅπερ συχνότατα πράττομεν, λέγοντες ἁλμυρόν, ἀντὶ ἁρμυρὸν καὶ τὰ τοιαῦτα.“ Doch scheint dieser Name nicht ganz sicher zu sein, da es sich hier offenbar um dieselbe Stätte handelt, welche

Di Cesnola (S. 94) *Agios Jorgos* (Ἅγιος Γεώργιος) nennt, freilich mit der Angabe, dafs keine Kirche in der Nähe fei. De Mas Latrie (S. 199) giebt in diefem Diftricte auch eine Oertlichkeit *Haïos Geórgis* an, und Doell bemerkt, dafs die Stätte der Di Cesnola'fchen Entdeckungen von den Eingeborenen *Jorgos* genannt wird. Die Richtigftellung der fich hier widerftreitenden Angaben ift das nächfte Bedürfnifs, um zu einer ficheren geographifchen Beftimmung des alten Golgi zu gelangen. Inzwifchen verdient eine gelehrte Abhandlung R. Neubauers („Der angebliche Aphroditetempel zu Golgoi" in den *Commentationes in honorem Theod. Mommfen*, p. 673—693) alle Beachtung. Sie ficht in *Golgoi* nur eine Bezeichnung für eine Vorftadt von Paphos oder für das durch den Venusdienft bekannte Paphos felbft und beftreitet, dafs Athieno das altberühmte Heiligthum der Aphrodite fei; fie hält das von General Di Cesnola entdeckte Heiligthum vielmehr für ein Temenos des Apollon Mageirios, da die meiften Weihinfchriften an Apollo gerichtet feien. Freilich find andere auch andern Gottheiten, einige auch wohl nur kurzweg der Göttin σεᾷ oder θεᾷ, d. h. der Aphrodite, gewidmet. C. T. Newton vermuthet, dafs die Göttin von Golgi die merkwürdige cyprifche Aphrodite gewefen fein möchte, die Doell unter No. 68. 71. 73. 76. 77. 78. 79 wiedergiebt. (Vergl. Academy 1878. I, p. 59.) Chanot (Gazette archéologique 1878, S. 193) hebt hervor, dafs, nach den gefundenen Götterftatuen zu urtheilen, in Athieno eine Göttin-Mutter als oberfte Gottheit verehrt worden fei, und fpricht die Vermuthung aus, dafs hier im Alterthume der Dienft einer phönicifch-griechifchen Triade beftanden habe, nämlich der Aftarte-Aphrodite, des Melkarth-Hercules und des Refcheph-Apollon Mageirios. Ueber den alten Namen diefer Cultusftätte fehlen uns freilich alle Nachrichten.

2. (S. 109.) Die in dem Heiligthume von Golgi aufgeftellten Standbilder ftellen vielleicht eine Priefterfchaft dar, wie die Cinyraden oder die Tamisaden. Dafür fprechen die Attribute, die fie in den Händen tragen: die Patera oder die kleine runde Weihrauchbüchfe, der Luftrationszweig, der als Opfer dargebrachte Vogel und in einem Falle der Stierkopf. Andere Statuen haben mehr ein militärifches Aeufsere. Noch andere haben einen mannweiblichen Charakter. Die Kopfbedeckung ift theils ägyptifch, wie das Kopftuch (koptifch *Klaft*) und der Pschenthelm, theils

assyrisch, wie die spitze Mütze, und theils fehlt sie überhaupt oder wird durch einen Kranz ersetzt. — *Pschent* d. h. ψχεντ, im Aegyptischen eigentlich *Sechti* mit dem männlichen Artikel *p-*, ist der Name der Doppelkrone. Dieselbe ist zusammengesetzt aus *Hezet* der „weissen" oder oberägyptischen und *Deschert* der „rothen" oder unterägyptischen. Andere in diesem Werke meist vorkommende ägyptische Kopfbedeckungen der Könige sind *Chepresch* „der Königshelm", *Nemes* „die Haube", *Sesched* „die Königsbinde mit der Uraeusschlange" und *Schuti* „die Krone mit zwei hohen Federn"; die Uraeusschlange macht diese Kopfbedeckungen, die theilweise auch von niedriger Stehenden getragen werden, zu Abzeichen der Pharaonenwürde. Die Federkrone ist dagegen dem Osiris eigen und wird selten, wie auf der Gemme Taf. LXXVIII. 1, von Königen getragen.

SECHSTES CAPITEL.

(S. 138.) Nach den Entdeckungen Di Cesnola's in Golgi im Frühjahre 1870 wurde Joh. Doell im Juni desselben Jahres von der Direction der kaiserlichen Eremitage in St. Petersburg zur Untersuchung der Sammlung nach Cypern entsandt. Sein mit zahlreichen Abbildungen versehener Catalog der Sammlung, der in den Denkschriften der Academie zu St. Petersburg (7. série, tome XIX, No. 4) 1873 erschien, beschreibt 7919 Alterthümer, von denen 830 in Kalkstein, 6 in Marmor, 4532 in Terracotta, 1816 in Glas, 284 in Gold und 451 in Bronze sind. Die Fundorte sind ausser Golgi Larnaka, Dali, Alambra und Soli. — Uebrigens sind die von Di Cesnola entdeckten Alterthümer fast sämmtlich nach New-York gekommen.

SIEBENTES CAPITEL.

1. (S. 151.) Von einer Grotte mit versteinerten Menschenknochen berichtet auch der Mönch Lusignan (fol. 28), doch soll dieselbe in der Nähe Cerynias liegen, was wahrscheinlich eine irrige Angabe ist, da seine Beschreibung mit der Di Cesnolas im

übrigen übereinſtimmt. „Nella città di Cerines, over li appresso è un monte et una grotta, nella quale voi vedete dentro del sasso vivo, impastati capi d'huomini, mani, piedi, dita con le unghia et altri ossi: et li Greci li chiamano Santi et moloitades, cioè in Latino Santi confessori; et fanno miracoli. Sopra di ciò meglio è ch'io debba tacere, che ragionarne troppo."

2. (S. 160.) Arsinoe iſt der Name mehrerer Städte auf Cypern, welche Ptolemaeus Philadelphus ſeiner Schweſter zu Ehren ſo benannte. Nach dem Pater Luſignan giebt es vier Arsinoe: das erſte iſt Avdimu, das zweite Famagoſta, das dritte Levka und das vierte „il caſal Arzos" in der Gegend von Paphos landeinwärts gelegen. — Das Vorgebirge Santa Napa wurde früher *della Grea* genannt (Luſignan fol. 3. v.), d. h. γραῖα (Greiſin); die vulgäre Ausſprache dieſes Wortes ῥκά hat ohne Zweifel die europäiſche Bezeichnung Capo *Grego* oder *Greco* veranlaſst.

3. (S. 161.) Famagoſta heiſst bei ältern Schriftſtellern auch Fama Auguſta (oder Auguſti?), und das ſcheint der Urſprung nicht nur der lateiniſchen Form, ſondern auch der griechiſchen Ἀμμόχωστος zu ſein, welche zuerſt beim Ptolemaeus erſcheint. Dann wäre die letztere Form „vom Sande (ἄμμος) verſchüttet" als eine Volksetymologie des römiſchen Namens zu betrachten. In der Keilinſchrift aus der Zeit Aſarhaddons kann aber Ammochoſtos ſchwerlich ſchon vorkommen.

4. (S. 165.) Katirdſchi iſt das türkiſche Wort *qatirǵi* und bedeutet „Maulthiertreiber".

5. (S. 167.) Salamis hieſs bei den Römern *Salamina*, welcher Name ſchon unter den Ptolemäern auf die ganze Inſel ausgedehnt wurde, wie er denn auch in der jüngern ägyptiſchen Sprache vorkommt. Daſs Salamis, welches man von dem ſemitiſchen *Salâm* „Frieden" hat ableiten wollen, ſchon in den hieroglyphiſchen Urkunden der XX. Dynaſtie unter dem Namen *Sarmeski* oder *Salmeski* vorkäme, iſt ohne beſtimmte Beweiſe nicht glaubwürdig. In der mehrerwähnten Keilinſchrift ſcheint Salamis genannt zu werden, doch iſt es ungewiſs, mit welchem Namen.

ACHTES CAPITEL.

1. (S. 174.) Das Dorf Kuklia erſcheint bei den Schriftſtellern unter den verſchiedenſten Formen: Hammer ſchreibt *Kukla*, Di Cesnola *Kouklia*, Lang *Konklia*, Mariti *Konuklia* und auch Luſignan *Conuclia*, während ein alter engliſcher Reiſender, George Sandys (c. 1615) die Form *Conucha* (?) bietet (vergl. Athenaeum 1878. II, 240 ff.). Die Form Konuklia weiſt Sakellarios (1, 83) ſammt der Ableitung derſelben von einem angeblichen Namen der in der Gegend häuſigen Laudanumſtande zurück und leitet die nach ſeiner Anſicht richtige Form *Kuklia* vielmehr von *Nikoklia* (Stadt des Nicocles) ab.

Noch der Pater Steffano Luſignan entwirft ein viel heitereres Bild von der Stätte des alten Paphos und fügt bemerkenswerthe Angaben über Funde von Alterthümern, die man zu ſeiner Zeit gemacht habe, hinzu. Er ſagt (fol. 7): „Il caſale Conuclia è delli primi di Cipro et abondante de bombaci et de zucchari per le acque assai che essa have. Et si vede anchora per molti vestigi essere stata una bellissima città, et si ritrovano molte anticaglie et cose preciose nelle sepolture di essi antichi: le quali sepolture sono ſatte à modo di camere sotto terra: et non è da quattro anni, over sei, che hanno trovato un Re quasi intiero: et infra le altre coſe trovorono un carbonchio et un liocorno tutto intero et secco, con il corno: il quale per esser così rinchiuso tanto tempo, si guastò et si ruppe il corno: et io n'hebbi un pezzetto: et il villano che ritrovò queste cose, per la ignorantia sua, perdè assai, et fù ingannato. Di queste sepolture si ritrovano anchora in Amathus, in Sallamina, in Paſſo, et molti altri luoghi; et si ritrovano di belli vasi di terra, de' piatti, scudelle lavorate, anelli d'oro et argento, pendenti delle orecchie, manigli nelle mani et piedi, et altre cose. Et quando che io era à Limissò, ritrovorno in una sepoltura già aperta secretamente quello che non si scrive, et ancho un vaso bello grandetto di porfido: il piede andava à vite fatto: et quando mettevi dentro una candela, lucea si bene, che parea una lanterna, et l'hebbe Giulio Abodochataro Capitaneo de Limisso, et continuamente si ritrova qualche cosa chi vi cerca."

NEUNTES CAPITEL.

1. (S. 193.) Profeffor Hall bemerkt, dafs die Ebene von Alonia tu Episkopu bis nach Palaeo-Caftro voll von Felfengräbern fehr verfchiedener Form und Gröfse ift. Viele derfelben enthielten cyprifche Infchriften, die jedoch gänzlich unleferlich feien, obfchon fich erkennen liefse, dafs fie einen älteren Character tragen. (Vergl. Transact. Soc. Bibl. Archaeol. 6, 206.)

2. (S. 198.) Während der allgemeine Character der Städte Citium und Amathus phönicifch, der von Idalium gemifcht und der von Paphos, Golgi, Chytri und Curium eher cyprifch ift, hat Soli ebenfo wie Salamis ein entfchieden griechifches Gepräge, fowohl in feiner Gefchichte als in feiner Kunft. (E. Curtius, Griechifche Gefchichte 1, 612.) Uebrigens heifsen die Bürger des cyprifchen Soli Σόλιοι zum Unterfchiede von denen des cilicifchen, welche Σολεῖς heifsen (Sakellarios 1, 120). Die Unreinheit des Dialectes, der berühmte Soloecismus (σολοικίζειν), fcheint vielmehr jenen eigenthümlich gewefen zu fein. (Engel 1, 553.) Das Vorkommen Solis in der Keilinfchrift unter der Form *Si-il-lu-u* fcheint einem Zweifel nicht zu unterliegen; die oben angeführte hieroglyphifche Form ift weniger ficher.

3. (S. 204.) Die alten Formen des Namens Cerynia find fehr zahlreich (Engel 1, 81), im Mittelalter ift die Stadt unter dem franzöfifchen Cerines bekannt. Es war eine ftarke Feftung, die zur Zeit der türkifchen Eroberung unter dem Befehle des Alfonfius Palacius ftand, der fie ohne weiteres überlieferte.

4. (S. 207.) Die durch ihre herrliche Lage berühmte Oertlichkeit Lapaïs wird manchmal Dellapais und manchmal misbräuchlich Bellapais genannt; griechifch heifst fie Λελάπη oder Λάπαισις, und war urfprünglich ein Klofter „des Friedens" (*de la paix*). Das Klofter hiefs früher Episcopia; der König Hugo III., der es erbaute oder wiederherftellte, zog fich in dasfelbe nach feiner Abdankung zurück und ftarb dafelbft. (Loredano, Hiftorie de' rè Lufignani, Venetia 1652, p. 272.) Eine Abbildung der Abtei findet man bei Unger und Kotfchy, Die Infel Cypern, S. 515.

5. (S. 208.) Der Pater Lufignan (fol. 8) bemerkt über diefe Nattern (Cuffi): „Penso che siano aspidi sordi: li quali ad una lunatione sono sordi, ad un' altra sono ciechi: et quando sono ciechi, non sono sordi, et sono venenosi, et hanno una testa

grande et il corpo non hà ossi: et quando piglia un' agnello ò un capretto, lo manda cosi intiero nella pancia, à poco à poco: et dipoi va ad un albero, et si storze di quà et di là, insin tanto che siano fracassati gli ossi dell' animale già mangiato: et quando more, odora come muschio." Vergl. auch Lang, Cyprus, S. 317.

6. (S. 212.) Die Stadt, welche Di Cesnola Cythrea oder Kythrea nennt, findet sich auf unserer Karte unter dem Namen Khytréa; es scheint in der That, dafs unter beiden dieselbe Stadt zu verstehen ist, deren Name heute vulgär Χυρκά (Schirga) lautet. Entweder heifst sie Κυθραία, Κύθηρα, Κυθρεία oder Χύτρος, Χυτροί. Die Verschiebung der Aspiration wäre nicht so ungewöhnlich und würde an θρίξ, τριχός erinnern. Sakellarios hält übrigens beide aus einander und verlegt Chytri an die Stätte des heutigen Melusia füdlich von Athieno. Es soll nach einigen allerdings eine am Meere gelegene Stadt Cythera auf Cypern gegeben haben, und man hat gemeint, dafs unter dem bei Horaz und Virgil als Cultusftätte der Venus gefeierten Cythera eben diese Stadt auf Cypern, und nicht die Insel zu verstehen sei; indessen läfst sich diese Vermuthung nicht genügend begründen.

7. (S. 216.) Nicosia war von je der Sitz des Metropolitanbischofs, während in Famagosta, Paphos und Amathus Bischöfe residierten. Neben den griechischen und lateinischen Christen gab es auf Cypern namentlich noch Maroniten, Armenier und Kopten. Die letzteren hatten nach dem Pater Lusignan (fol. 34) daselbst ein Kloster des „Heiligen Makari", „d. h. eines Heiligen des Teufels", fügt er hinzu, „es ist nämlich jener Macarius, den das vierte Concil von Chalcedon verdammte." Ueber die Juden auf Cypern kann man einen Auffatz im Athenaeum 1878 (II, 306) vergleichen.

ZEHNTES CAPITEL.

1. (S. 220.) Die Etymologie des Namens Amathus oder, wenn man will, Amathunt, nach Gesenius von חֲמָת (die Burg), scheint entschieden für einen phönicischen Ursprung zu sprechen; gegen denselben entscheidet sich neuerdings Mr. Lang (Cyprus, S. 32.) besonders deshalb, weil Scylax, ein Schriftsteller des 6. Jahr-

hunderts, die Amathuſier Autochthonen nennt und ſich ſehr alte Münzen von Amathus mit cypriſcher Inſchrift gefunden haben. Triſtigere Gründe ſprechen indeſſen auch ſonſt für den phöniciſchen Urſprung der alten Stadt.

2. (S. 223.) Daſs urſprünglich zwei Rieſenvaſen, die aus einem Sandſteinmonolith gefertigt waren, bei Amathus ſtanden, iſt vielfach bezeugt worden; vergl. Engel 1, 114; L. de Mas Latrie, S. 21. Der Pater Luſignan ſagt (fol. 9): „Ivi si veggono molte anticaglie et in particulare una colonna, la quale è anchora in piedi; et la dimandano l'*Agucchia*; et poi dui vasi di pietra viva adimandati *pittari*, quali tengono da 80 staia die formento dentro: et dalle insegne si vede, che erano coſe Romane." Die Vaſen waren „gleich wie runde Keſſel mit Henkeln, hübſch ausgehauen aus feſtem Sandſtein, die Wände faſt einen Fuſs dick. Die vier groſsen Henkel waren an jeder Vaſe regelmäſsig an vier Seiten vertheilt und bildeten eine beſondere Zierde. Sie erhoben ſich in Halbbogen über Palmetten, und unter ihrem Halbrund waren vier ſchreitende Stiere abgebildet. Der innere Boden des eben ſo zierlichen als rieſigen Steinkeſſels hatte, wie ſich an dem noch vorhandenen Reſte des einen abmeſſen lieſs, zehn Fuſs Durchmeſſer, und wenn jemand ſich hineinſtellte, ſo konnte er oben über den oberen Rand wegblicken". (v. Löher, Cypern, S. 283.) Das erhaltene Gefäſs war theilweiſe in die Erde eingelaſſen und kam 1865 nach Paris; es miſst 3,22 Meter von einem Henkel zum andern und 1,58 Meter in der Höhe. Vergl. die Abbildung in Longpérier's Musée Napoléon. III., pl. XXXIII. 1. „Τὸμ μομόλιθομ ϖίθομ τῆς Ἀμαθοῦμτος μετὰ τῶμ τριῶμ τῆς Παλαιϖάφου ἐϖιγραφῶμ εἶδομ μετὰ δακρύωμ ἐμ τῷ μουσείῳ τοῦ Λούβρου. Τάλαιμα ϖατρίς! ἐμ μέσῳ τῷ δεκάτῳ ἐμμάτῳ αἰῶμι ϖωλοῦμται τὰ ἱερώτατά σου κειμήλια, καὶ οὐδὲμ τῶμ τέκμωμ σου οὐδὲ τὴμ ἐλαχίστημ αἴρει φωμὴμ ὑϖὲρ τῆς κολαφιζομέμης τιμῆς σου." So der wackere Myriantheus (*Peri tôn archaiôn Kypriôn*, Athen 1869, p. 74). Angeſichts dieſer wehmüthigen Worte nimmt ſich die ausführliche Beſchreibung des Steingefäſses, als annoch an Ort und Stelle befindlich, in einer deutſchen geographiſchen Zeitſchrift des Jahres 1878 höchſt ſonderbar aus.

ELFTES CAPITEL.

1. (S. 265.) Die Inschrift der Armbänder Eteanders ist neuerdings von Pierides (Transact. Soc. Bibl. Archaeol. 5, 88) und von Schröder (l. l. 6, 136) behandelt. Der letztere hat ferner eine auf einem Marmorsteine befindliche Inschrift veröffentlicht (l. l. 6, 138), die noch eines andern paphischen Königs gedenkt; dieselbe lautet nach der gelehrten Interpretation Dr. Schröders: ϝο Πάφω βασιλεὺς Νικοκλέϝης ϝο ἱερεὺς τᾶς ἀμάσσας ϝο βασιλέϝος Τιμάρχω ἶρις κατέστασε τᾶι θεῶι.

2. (S. 266.) Der assyrische Name Cyperns ist nach Schrader vielmehr *Yatnan*. Dieser Gelehrte hat eine sorgfältige Erklärung der Keilinschrift über die zehn cyprischen Könige gegeben (Keilschriften und Geschichtsforschung, S. 58 ff.). Die Identificierung aller zehn Städte ist freilich noch nicht gelungen, und kann auch wohl bei der jetzigen Lesung der keilinschriftlichen Namen nicht mit Sicherheit erreicht werden. Als sicher dürfen Idalium (*Edihal*), *Tamisi* (Tamassus), Paphos (*Pa-ap-pa*), Soli (*Si-il-lu-u*), Curium (*Kuri*), und allenfalls Aphrodisium (*Upridissa*) gelten; ob in einem anderen Namen Citium (*Kittie*) oder Chytri (*Kitrusi*) steckt, bleibt zweifelhaft; ebenso bleiben *Sillûa* (?), *Amtichadast* und *Lidini* (?) noch unbestimmt. Wir sollten Salamis, Lapethus, Cerynia und namentlich Amathus und Citium in dieser Aufzählung erwarten.

3. (S. 267.) Newton ist der Ansicht, daſs die im Zimmer C gefundenen Goldgegenstände sehr verschiedenen Kunstperioden angehören, und zwar der Zeit von etwa 700 v. Chr. oder auch früher bis zu Alexander dem Groſsen.

4. (S. 273.) Den verschiedenen Schalen mit ihren ägyptisch-assyrischen Darstellungen wird ihr Ursprung durch die Inschriften, welche einige tragen, deutlich bezeugt; eine Schale aus Palestrina, welche der cyprischen auf Taf. LI. abgebildeten ähnlich und in ihren Darstellungen von Göttern, Symbolen, Scarabäen, Booten und siegenden Königen nebst sinnlosen Hieroglyphen durchaus ägyptisch ist, trägt eine phönicische Inschrift (Gazette archéologique 1877, p. 15), ebenso eine andere von Euting veröffentlichte (Mémoires de l'académie de St. Pétersbourg, 7. série, XVII. 1872, pl. 40). In den Darstellungen der prächtigen silbernen Schale aus Citium im Louvre, ist Assyrisches und Aegyptisches unter einander gemischt und das Ganze noch ideenarm (Chabas,

L'antiquité historique, p. 447), während diese Art Iconographie in einer Schale aus Palestrina, welche Ch. Clermont-Ganneau behandelt hat (Journal asiatique 1878. I, 232—276. 444—544), zu einer gedankenvolleren Kunst vorgeschritten erscheint; dieser steht die auf Tafel XIX. abgebildete am nächsten. Man hat versucht aus den Darstellungen der ägyptischen Könige und selbst aus den Cartouchen und Hieroglyphen auf diesen Schalen chronologische Anhaltspunkte zu gewinnen; doch die den ägyptischen Denkmälern entlehnten Darstellungen sind fast sämmtlich in allen Epochen der Geschichte gewöhnliche und die Hieroglyphen stets sinnlos. Die ägyptische sowohl wie die assyrische Kunst erhalten wir auf diesen Schalen aus Cypern und Italien immer erst aus zweiter Hand; und Helbig hat nachgewiesen, daſs dieselbe ihren Weg über Phönicien und Carthago genommen hat. (Vergl. *Cenni sopra l'arte fenicia* in den Annali archeologici 1876, S. 197 ff.). Höher als bis zur XXVI. ägyptischen Dynastie wird man mit diesen Kunstwerken nicht hinaufrücken können; einige sind vermuthlich noch später anzusetzen. Dies war der allgemeine Eindruck, den ich schon vor einigen Jahren von ihnen empfieng, als mir Dr. Treu das bezügliche Material freundlichst mittheilte, welches er vor der Behandlung des Gegenstandes durch Helbig sich mit fachmännischer Gelehrsamkeit geordnet hatte.

5. (S. 277.) Newton bedauert, daſs General Di Cesnola in den unterirdischen Gängen nicht weiter vordringen konnte. Er hält die Gemächer für *favissae*, in denen die Opferspenden etwa zweier Generationen niedergelegt waren, ähnlich wie in Budram (vergl. Newton, History of discoveries II. 1, 327) und in Paestum (Bullet. dell' Instituto archeol. 1829, p. 189, und Annali 1835, p. 50).

6. (S. 285.) Der älteste Bericht über die Katzen des Capo delle Gatte findet sich beim Pater Lusignan (fol. 8). Er bemerkt, daſs Callocerus (oder Calocaerus, woraus bei Di Cesnola irrthümlich die Kalogere, d. h. καλόγηρος, oder Mönche geworden sind) die Katzen hier zur Vertilgung der Schlangen eingeführt habe, die sich während der dreiſsigjährigen Dürre der Insel unter Constantin dem Groſsen so stark vermehrt hatten.

DIE RINGE UND GEMMEN IM SCHATZE VON CURIUM.

Von C. W. King. M. A.

Nach den sehr spärlichen Nachrichten über die Geschichte der Gemmengravierung, die uns in alten Schriftstellern erhalten sind, scheinen die griechischen Inseln die Wiege dieser Kunst gewesen zu sein. Der älteste aller namentlich erwähnten Steinschneider ist der in späteren Zeiten als Vater des Pythagoras bekanntere Mnesarchus, der, von den Athenern mit seinen Landsleuten von einer der Inseln, wahrscheinlich Lemnos, vertrieben, sich etwas vor 570 vor Chr. mit ihnen in Samos niederliess (Diogenes Laertius, Leben des Pythagoras), wo er nach Apuleius' Angabe in der Florida „mehr nach Ruhm als nach Reichthum trachtete, indem er höchst geschickt Gemmen gravierte". Auf derselben Insel verewigte ein halbes Jahrhundert später Theodorus seinen Namen durch das weitberühmte Siegel der Polycrates, welches dem Eigenthümer so werth galt, dass er es als einen Ersatz für alle andern Gaben der übergütigen Fortuna betrachtete. (Herodot 3, 41). Durch ein merkwürdiges Zusammentreffen ist ferner die einzige überlieferte Nachricht über den Kaufpreis eines geschnittenen Steines in alten Zeiten mit der Insel Cypern verbunden; denn in dem Jahrhundert nach dem Zeitalter des Theodorus war nach der Erzählung des Plinius (Hist. nat. 37, 3) der berühmte Musiker Ismenias von der Beschreibung eines Smaragd mit einer gravierten Amymone, der damals in Cypern verkäuflich war, so entzückt, dass er ihn zu dem angeblich geforderten Preise von sechs Goldstücken (einer ansehnlichen Summe in jenen sparsamen Tagen Griechenlands) ankaufen lassen wollte und die Gemme für befchimpft erachtete, als fie ihm für vier zugefchlagen ward. Und in der That, wenn diefe Amymone an künftlerifchem Werthe einigen der glyptifchen Arbeiten in der hier zu befchreibenden Sammlung gleichkam, dann wird jedermann von Gefchmack den wunderlichen Einwand des alten Dilettanten billigen. Zu feiner Zeit wurden die Siegelringe der höchften Klaffe auf dem Feftlande von Griechenland (wie aus Andeutungen bei Euripides, wo er von Agamemnons und Phaedras Ringen fpricht, hervorgeht) ganz aus Gold gefertigt; und Stellen in Ariftophanes und Xenophon beweifen deutlich, dafs fie im allgemeinen aus geringem Metall und von geringfügigem Werthe waren, da fie nicht als Kunftwerke fondern als Haushaltsgeräthe angefehen wurden. Vor der Erfindung der Schlöffer wurden fie nämlich zum Verfchluffe von Vorrathsbehältern gebraucht, und man konnte fie für eine halbe Drachme kaufen. (Vergl. Thesmophoriazusae 425; Anabasis 4, 7). Ateius Capito, der bekannte Alterthümler im Zeitalter des Auguftus, macht in Bezug auf Italien diefelbe allgemeine Bemerkung, dafs die älteften Siegel in das Metall des Ringes gefchnitten wurden, mochte dasfelbe nun Gold oder Eifen fein (Macrobius, Sat. 7, 13). Und in Süd-Italien, wo die Gemmenfchneidekunft in einer fpätern Periode zur höchften Blüthe gedieh, ergeben die Friedhöfe der erften Coloniften aus Griechenland, Cumae zum Beifpiel, in diefer Beziehung den Ausgräbern nichts als armfelig ausgeführte Siegelringe in Silber. Derfelbe Schlufs kann zuverfichtlich aus dem Ausfehen der Münzen der verfchiedenen Oertlichkeiten gezogen werden; fo ungleich find Art und technifche Ausführung der Stempel aus der Hand der an die Arbeit in „harten Steinen" gewöhnten Künftler und jener, die es in ihrer ganzen Laufbahn nur mit Metall zu thun hatten. Man vergleiche nur die in Cilicien unter perfifcher Herrfchaft gefchlagenen Münzen und die gleichzeitigen Prägungen auf dem Feftlande von Griechenland.

Die Entdeckung des Schatzes von Curium ift eine wahre Offenbarung der Gefchichte der glyptifchen Kunft, wie fie von den älteften Zeiten an bis in den Anfang des fünften Jahrhunderts vor unferer Aera entftanden und fortgefchritten ift; in dem folgenden Cataloge ift daher ein Verfuch gemacht worden, die verfchiedenen Gemmen, welche er enthält, fo zu claffificieren, dafs ihre Verbindung unter einander dadurch erläutert wird und die allmähliche Entwickelung der Kunſt bis zur höchſten Vollendung ſich in ihnen verfolgen läſst. Dieſes für uns ſo günſtige Verhältniſs verdanken wir dem Umſtande, daſs dieſe angehäuften Weihgeſchenke vieler Geſchlechter in Haſt und Ueberſtürzung ihrem langen Verſtecke anvertraut wurden.

Die verschiedenen Kunststile.

DIE ASSYRISCHE KUNST.

Spuren aſſyriſcher Herrſchaft waren natürlich auf einer Inſel zu erwarten, von deren Königen erzählt wird, daſs ſie dem Aſſurbanipal auf ſeinem Zuge nach Aegypten, 620 vor Chr., gehuldigt haben. Die Votivarmſpangen eines jener ſelben Könige, des Eteander von Paphos, ſind das werthvollſte geſchichtliche Denkmal in dem Schatze, das an Denkwürdigkeit vielleicht jede frühere Entdeckung dieſer Art übertrifft. Mit ihnen zuſammen wurden drei Cylinder aufbewahrt, die wegen ihres hohen Alters und ihrer vorzüglichen Arbeit von groſser Wichtigkeit ſind; einer derſelben weiſt ſich als das Siegel „des Dieners des Narani-Sin" aus, und wahrſcheinlich iſt er die Opfergabe eines auf der Inſel angeſtellten aſſyriſchen Beamten, vielleicht eines Geſandten am Hofe eines tributpflichtigen Fürſten. Wenn das entferntere Creta den Medern in der 30. Olympiade (750 vor Chr.) unterthänig war, als nach Plinius (Hist. natur. 36, 4) Dipoenus und Scyllis von dort auswanderten und die Steinſchneidekunſt nach Sicyon brachten, ſo muſs das gerade vor der aſiatiſchen Küſte gelegene Cypern natürlicherweiſe noch viel entſchiedener in der Gewalt des groſsen aſſyriſchen Eroberes geweſen ſein.*) Auſser den drei unter den Weihgeſchenken gefundenen Cylindern wurden noch viele andere aus dem Schutt des Tempels und unter den andern Ruinen Curiums ausgegraben. Dieſe ſind ſämmtlich klein, etwa zoll-lang, und von gewöhnlichſter Arbeit aus grünem Serpentin, dem billigſten Material, gefertigt und waren augenſcheinlich Siegel von Plebejern.

---

*) Nach Plinius blühten dieſe Bildhauer vielmehr um Olymp. 50 = 580—77 vor Chr., und die Worte bei Plinius *etiam tum Medis imperantibus* ſind hinzugefügt, um eine Zeit zu bezeichnen, die vor der Unterwerfung der Meder durch Cyrus liegt. Keineswegs aber ſtehen ſie in Bezug auf eine Herrſchaft der Meder über Creta, von der nichts bekannt iſt. Vergl. Academy 1878. I, 82. L. S.

Die einzigen Ausnahmen bilden einer von höherer Vollendung in ſchwarzem Haematit und ein anderer kleinerer in ſeinem Sarder mit einem eingeſchnittenen ſtehenden Manne, der die Arme über die Bruſt gekreuzt hat und den ein vor ihm ſitzender Gryphon anblickt; hinter dieſem ſteht ein Gott und unter demſelben ruht eine Antilope. Wegen ſeines Materials iſt ein dritter aus dunkelblauem Glaſe ſehr bemerkenswerth; allein die Zeichnung, welche er urſprünglich trug, iſt jetzt durch die Zerfreſſung ſeiner Oberfläche vollſtändig verwiſcht. Es iſt möglich, daſs dieſe zerſtreuten Cylinder zur Zeit der Zerſtörung der Stadt nicht getragen wurden, ſondern als Denkmäler in die Grundmauern öffentlicher Gebäude zur Zeit ihrer Errichtung niedergelegt wurden. Das war ohne Zweifel die aſſyriſche Sitte; denn M. Place, Bottas Nachfolger in den Ausgrabungen in Niniveh, fand, um von vereinzelten Fällen zu geſchweigen, in einem Theile der Stadtmauer ein Lager von „vielen Tauſenden" von Cylindern, die daſelbſt niedergelegt waren, als ſich der Bau zuerſt bis zur Höhe der Platform erhoben hatte, gerade ſo wie wir noch heute die gültigen Münzen des Reiches bei ähnlichen Gelegenheiten deponieren.

DIE ÄGYPTISCHEN UND PHÖNICISCHEN ARBEITEN.

Wenn Homer Veranlaſſung hat einen Schmuckgegenſtand oder Zierrath zu erwähnen, ſo führt er ſeine Urheberſchaft beſtändig entweder auf einen Gott oder ſonſt auf die Sidonier zurück. Ein phöniciſcher Handelsmann bietet der Königin von Syra ein goldenes Halsband an, welches in Zwiſchenräumen mit Bernſteingehängen verziert war. Sidoniſche Frauen färben elfenbeinerne Schnitzereien zur Verzierung des Hausgeräths und des Pferdegeſchirrs purpurn; der Krater von ſechs Gallonen, den Achilles bei den Leichenſpielen als Preis ausbot, hatte nicht ſeines Gleichen in der Welt, „weil er von ſidoniſchen Künſtlern gearbeitet und von tyriſchen Seeleuten dem Könige Thoas von Lemnos gebracht war"; und der prachtvolle Harniſch des Agamemnon, der mit Gold, Zinn und Niello-Arbeit verſehen war, die Gabe des Cinyras von Paphos, konnte nur von einem phöniciſchen Waffenſchmied verfertigt geweſen ſein. (Odyss. 15, 460; Il. 22, 740; 11, 20.) Von den in ſolchen Mengen in den Palaſtkellern in Niniveh gefundenen Bronzeſchüſſeln, mit ihrer merkwürdigen Ornamentik von eingeſchnittenen Linien, iſt nunmehr bekannt, dafs fie aus Phönicien eingeführt waren; dasfelbe gilt von den prächtigen filbernen Schalen des Tempels von Curium mit ihrer gleichmäfsigen Vermifchung affyrifcher und ägyptifcher Typen. Denn die als Handwerker unübertroffenen Phönicier hatten keinen eigenen nationalen Stil; fie waren ein Stamm, dem jede Gabe der Erfindung abgieng; fie nahmen fich vielmehr die Bildwerke Affyriens oder Aegyptens zu Muftern, je nachdem diefes oder jenes Reich zufällig ihren fchmalen Küftenftreifen in feinen Grenzen einfchlofs. Aber fie haben das Verdienft, die europäifche Gemmenfchneidekunft gefchaffen zu haben; denn in ihrem Vorrath von Putzfachen führten fie überall, wo fie verkehrten, ihre Scarabäen als Handelsartikel ein, — eine Thatfache, von der die Funde von Tharros in Sardinien ebenfo wie die Weihgefchenke von Curium einen ausreichenden Beweis liefern. Die Phönicier hatten guten Grund, der Scarabaeusform vor der des Cylinders und des Kegels, wie fie bei ihren erften Lehrmeiftern in der Kunft der Gravierung in harten Steinen allgemein üblich war, den Vorzug zu geben; denn der Käfer war das befondere Symbol des Phtha, „des grofsen Künftlers", ihres eigenen Mulciber, „des mächtigen Königs" und Ahnen ihrer nationalen Schutzherren, der *Cabiri* oder „Grofsen", jener Mauermeifter, deren Dienft fie überall verbreiteten, wo fie Colonien pflanzten.

Man kann mit gutem Grunde fragen, warum fo viele unter den hier aufgeführten Gemmen, welche regelmäfsige ägyptifche Typen zeigen, eher phönicifchen als ägyptifchen Künftlern beigelegt werden follten; und woran find beide zu unterfcheiden? Die Unterfcheidung beruht hauptfächlich auf zwei Beobachtungen — hinfichlich des Materials und der Ausführung. Scarabäen, über deren einheimifchen Urfprung kein Zweifel beftehen kann, wie die an den Fingern und in den Mumienkaften verftorbener Aegypter gefundenen, find im allgemeinen mit dem Grabftichel in weichen Stein (Steaschift) gefchnitten und oft mit blauem Schmelz überzogen, oder fie find fonft durch glafierte Thonftempel hergeftellt; während die Zeichnungen der wenigen unter ähnlichen Umftänden gefundenen Scarabäen in harten Steinen in das Feld roh eingekratzt find, in einer Weife, die die urfprünglichfte Stufe der Steinfchneidekunft verräth. Es giebt ferner einen noch erheblichern Unterfchied ägyptifcher und phönicifcher Siegel, nämlich die völlige Unähnlichkeit der Ideen in der Erfindung.

Auf allen ägyptifchen Scarabäen find die Thierfiguren, felbft wenn fie in gröfserem Mafsftabe als die übrigen Einzelnheiten des Typus ausgeführt find, blofse Theile einer hieroglyphifchen Legende und find von anderen Zeichen, die zur Vervollftändigung des Sinnes erforderlich find, umgeben. Dagegen wird in der phönicifchen Arbeit, die einzelne hieratifche Figur, fei es ein Gott, ein Sperber oder eine Sphinx, der Typus des Siegels, verliert ihre hergebrachte Steifheit, wird von der Menge der Zuthaten befreit, correct gezeichnet und mit einer Genauigkeit ausgeführt, welche beweift, dafs das Handwerksmäfsige in der Gravierkunft bereits zu einem fpäter nie übertroffenen Grade der Vollkommenheit gebracht war.*) Thiere, gröfstentheils phantaftifche, Greife und Sphinxe, aber oft forgfältig nach der Natur copiert, bilden den Reichthum der phönicifchen Kunft, wie die folgende Lifte, die eine vollftändigere Ueberficht des Gegenftandes gewährt, als fie bisher zu geben möglich war, hinreichend darthun wird. An der einfach menfchlichen Figur haben fie fich nie verfucht. Augenfcheinlich dienten alle ihre Gemmen dem doppelten Zwecke von Siegeln und Talismanen, da fie fämmtlich religiöfe Ideen verkörperen; und felbft die fo oft vorkommenden wirklichen Thiere wurden der Ehre der Darftellung nur als die Attribute und, durch eine leichte Uebertragung, als die Embleme von Gottheiten, deren Gunft der Träger durch diefe äufserliche Förmlichkeit fich zu fichern hoffte, theilhaftig.

Diefe phönicifchen Arbeiten waren augenfcheinlich die Mufter, welche die Griechen urfprünglich nachahmten; die erften Verfuche derfelben in der Glyptik find die roh geglätteten und durchlochten Kiefel, welche man auf den ägäifchen Infeln gefunden hat und auf die man erft neuerdings aufmerkfam geworden ift; fie zeigen Thierfiguren, meift in gezwungenen Stellungen, derfelben Art wie die von den phönicifchen Künftlern gewählten. Die Griechen jedoch wie die gleichfalls von phönicifchen Anfängen ausgehenden italifchen Tyrrhener giengen, ihrem natür-

*) Auf den ägyptifchen Scarabäen bilden die Infchriften der meiften die Thronnamen von Königen; gröfsere enthalten mitunter religiöfe oder andere Texte. Daneben finden fich aber auch zahlreiche, welche wie die phönicifchen einfache Symbole tragen, z. B. die Uraeusfchlange, das myftifche Auge, deffen Name *uza* foviel wie „Heil" bedeutet, u. a. L. S.

lichen Genius folgend, bald zu der menschlichen Figur und den Gegenständen des gewöhnlichen Lebens über; und einige der Gemmen in dieser Sammlung, wie „die drei cyprischen Krieger“ (Taf. LXXXIII. 10) oder „die beiden Kämpfer“ (Taf. LXXIX. 8) gewähren höchst merkwürdige Proben ihrer Lehrlingsschaft in der Kunst. Sie gaben den *Scarabaeus* oder die vollständige Figur des Phthakäfers, der in ihrer Vorstellung keine religiöse Bedeutung hatte, auf und nahmen den vereinfachten *Scarabaeoid* an, eine dicke elliptische Scheibe von Sarder oder Chalcedon, deren Durchbohrung sie noch beibehielten, um sie entweder in einen Drehring zu fassen oder aber sie wie die alten assyrischen Cylinder mit einer Schnur um das Handgelenk gebunden zu tragen — eine Sitte, die noch bis auf den heutigen Tag bei einigen Bergstämmen des nördlichen Indiens beobachtet wird. In dem ganzen Schatze findet sich nur eine Gemme, die in unserm Sinne des Wortes in einen Ring gefasst ist, und selbst dieser eine scheint nur als Behelf ersonnen, um einer theilweise nothwendigen Zerstörung des Steines vorzubeugen. Es ist in der That sehr wahrscheinlich, dass einige der hier unter die phönicischen gestellten geschnittenen Steine mit mystischen Darstellungen in Wirklichkeit Arbeiten cyprischer Künstler sind; denn die Religion der Insel war bis zuletzt mit den Ideen der ältesten Colonisten stark versetzt.

DIE GRIECHISCHEN ARBEITEN.

Die unter den Votivgaben befindlichen unbestreitbar griechischen Arbeiten bilden nur einen kleinen Theil des Ganzen; aber diese wenigen sind von ausserordentlichem Werthe und schliessen glücklicherweise unvergleichliche Proben beider Arten der Glyptik in sich: der Gravierung in Metall und der in harten Steinen. Die ältesten darunter sind ohne Frage die in das Metall des Ringes selbst geschnittenen Stücke, wie „Hercules mit dem nemäischen Löwen“ (Tafel LXXIV. 3) und der sehr eigenthümliche Typus der „beiden Sirenen“ mit Kränzen und Leiern (Tafel LXXIV. 1); aber zwei der Intaillen der anderen Klasse kommen in jedem Punkte künstlerischen Werthes allen seither bekannten Gemmenarbeiten in dem archaischen Stile gleich oder übertreffen sie vielleicht noch — nämlich der „Raub der Proserpina“ (Tafel LXXXII. 1) und der „Boreas mit Orithyia“ (ibid. 2). Bemerkenswerth auch wegen der schönen Ausführung sind die archaische „Nemesis mit der Schlange" (ibid. 3), die „Victoria mit grofsen Flügeln" (ibid. 4) in dem „vollendeten" Stile, der „schlafende Hund" (Tafel LXXXIII. 15) und einige andere; nach der vollständigen Kenntnifs des Zeichnens, welche diese entfalten, können sie nicht einer viel früheren Periode überwiesen werden als die ist, in der der Schatz verborgen wurde. Eine Bemerkung mufs hier über die Art ihrer Darstellungen gemacht werden, da dieselben auf eine verhältnifsmäfsig frühe Periode des griechischen Geschmacks hinweisen: sie enthalten keine Scenen aus dem epischen Cyclus, welcher im Laufe des fünften Jahrhunderts vor unserer Aera das regelmäfsige Repertorium von Künstlern jeder Gattung wurde und dessen Scenen in den schön ausgeführten Intaillen der späteren Jahre der archaischen Periode vorherrschen. Ihre Gegenstände deuten ferner an, dafs sie die Siegel von Frauen waren, und wenn man diesen Umstand zu der Epoche ihres Stils hinzunimmt, dann ist es vielleicht verzeihlich, wenn wir der Phantasie einen Augenblick die Zügel schiefsen lassen und in diesen unschätzbaren Juwelen die letzten Opfergaben verzweifelnder Matronen an ihre Schutzgöttin erblicken, als am verhängnifsvollen Tage von Amathus die Feigheit ihres eigenen Fürsten Stasanor die Wagschale des Sieges zu Gunsten der Perser geneigt hatte und alle Hoffnung auf irdische Hülfe mit dem Tode des tapfern Onesilus dahingeschwunden war.

Ueber Schmuck- und Siegelringe.

Die Griechen sind als die Erfinder des Fingerrings, δακτύλιος, zu betrachten, in seinem Unterschiede vom wirklichen Siegel, σφραγίς, welches letztere in jedes Material, harten oder weichen Stein, geschnitten wurde und jede beliebige Form hatte, Cylinder, Kegel oder Scarabaeus, und am Halse, am Handgelenk oder am Finger getragen wurde, vermittelst einer Schnur, eines Drahtes oder eines Drehringes.

Wir müssen jetzt die Fingerringe und die Fassungen der Siegelsteine mustern und werden finden, dafs sie für den Dactyliologen sowohl Neues als Interessantes enthalten.

Die Fingerringe finden sich in verschiedenen Mustern; die ältesten unter ihnen sind die blos decorativen in ägyptischem Geschmack, welche eine aufgewickelte Schlange darstellen. In einem Beispiele ist die hübsche Idee eines geflochtenen Strickes von vielen Litzen wiedergegeben. Viele sind von der sich so gewöhnlich auf den Friedhöfen Süd-Italiens findenden Form, aber, in Uebereinstimmung mit dem geringeren Wohlstande der Inselbewohner, welche sie trugen, von weniger massigen Verhältnissen, — sie bestehen aus einem einfachen dreiseitigen Stiel, der sich zu einem breiten, elliptischen Kasten erweitert; diese Ringe sind, wie auch die campanischen, niemals graviert, aber höchst sorgfältig geglättet. Inghirami (Monumenti Etruschi, Corredo) giebt das Grabbild einer etruskischen Frau, die dergleichen Ringe auf dem Daumen und dem Ringfinger derselben Hand trägt — ein sicheres Anzeichen, daſs diese besondere Ringform zu der weiblichen Tracht gehörte. Dann kommen einige wenige rein goldene Ringe, die für den Gebrauch als Siegel graviert sind; in zweien der schönsten zeigen die Zeichnungen phönicischen Ursprung, obschon sie auch den verschönernden Einfluſs des hellenischen Geschmackes erkennen lassen; in anderen, z. B. dem „Hercules mit dem Löwen", erscheint der griechische Stil vollkommen befestigt. Man kann bei Metall- wie Steingravierungen die merkwürdige Beobachtung machen, wie viel eher die Vollkommenheit bei den Thieren erreicht wurde als bei der menschlichen Figur, die in diesen eingeschnittenen Zeichnungen noch die Steifheit der assyrischen Bildwerke beibehält.

Die Fassungen der echten σφραγίδες erscheinen wunderbar einförmig und einfach für jeden, der mit der Mannigfaltigkeit der ausgearbeiteten Muster bekannt ist, in welche die gleichzeitigen Etrusker ihre Scarabäen zu fassen gewohnt waren, jener Kasten in durchbrochener Arbeit und der in Thierköpfe ausgehenden oder zu Schlangen gebildeten Stiele. Schwere und leichte, alle folgen nämlich der kunstlosen ägyptischen Idee eines starken Gold- oder Silberdrahts, der in eine elliptische Form gebogen ist und gegen die Enden spitz zuläuft, so daſs diese die Stifte werden, an denen der den Scarabaeus oder Scarabaeoid einfassende Kasten sich drehen kann. Nur darin ist die frühere Mode verbessert, daſs man den plumpen Behelf aufgab, wodurch man die Gemme an ihrem Platze befestigte, indem man sie nämlich auf einen Draht zog, dessen Enden dann um beide Enden des Schenkels gewunden wurden. Auch in anderer Hinsicht unterscheiden sich die griechischen Siegel von den ägyptischen; ihr gröſserer Durchmesser zeigt, daſs sie nicht beſtimmt waren, am Finger getragen zu werden; und die ſchwerſten in beiden Metallen zeigen wirklich an dem äuſseren Rande zur Aufnahme der Schnur breite Oehſen, vermittelſt deren ſie um den Hals gehängt wurden. So erklären ſie einen Anſatz in der Liſte der Donaria des Parthenon: „Zwei Glasſiegel von verſchiedenen Farben, in Gold gefaſst und mit goldenen Ketten verſehen" (Chandler's Reiſen, Theil II, IV. 2). Seltſamerweiſe kommt unter ſo vielen phöniciſchen Gemmen nicht ein Beiſpiel der gewöhnlichen phöniciſchen Methode vor, die auch bei den Siegeln aus Tharros ſo allgemein vorherrſcht, daſs nämlich eine ähnliche Oehſe durch Zurückbiegung des Schenkels auf ſich ſelbſt gebildet wird. Augenſcheinlich hatte Aegypten in dieſer Hinſicht den Edlen Curiums für die Faſſung der reinſten griechiſchen Intaillen die Mode angegeben, und die älteſten ägyptiſchen Siegel in dem Schatze ſind in dieſer Beſonderheit genau nachgebildet. Dieſe alten ägyptiſchen Arbeiten müſſen auf Handelswegen auf die Inſel gekommen ſein; denn Amaſis, der ſie nach Herodot's ausdrücklicher Angabe zum erſten Male unterwarf, regierte nur wenige Jahre vor ihrer ſchlieſslichen Uebergabe an Cambyſes.

Die ſilbernen Drehringe, welche gröſstentheils die Gemmen echter griechiſcher Arbeit enthalten, ſind durch Gröſse und Gewicht bemerkenswerth; der Schenkel iſt bei einigen von der Dicke des kleinen Fingers und läuft bei den Stiften wie in einen feinen Punkt aus. Einige Gemmen haben einen goldenen Kaſten an einem ſilbernen Schenkel; in anderen iſt durch Goldplattierung eines kupfernen oder ſilbernen Kerns ein reiches Aeuſsere erkünſtelt. Alle Gemmen, graviert oder nicht graviert, ſind mit wenigen beſonders zu erwähnenden Ausnahmen ähnlich gefaſst, da die einzig loſe gefundene, ein kleiner Plasma-Scarabaeus ohne Zeichnung, wahrſcheinlich eine Perle iſt. Um unnöthige Wiederholung zu vermeiden, ſind die Faſſungen in der folgenden Liſte nur in ſolchen Fällen erwähnt, wo ſie etwas Bemerkenswerthes bieten.

Unter den Goldornamenten ſind die zahlreichſten gewiſſe ringförmige Gegenſtände, deren Gebrauch ſelbſt nur zu muthmaſsen ſchwer hält. Es ſind hohle Goldröhren, in wenigen Fällen mit kupfernem Kerne, meiſtentheils etwa von der Dicke einer Krähenfeder, kreisförmig ſo in einander gebogen, daſs ſie zweimal umlaufen. Bei einigen gehen die Enden in ornamentale Spitzen aus;

aber in der Regel bleiben die Abſchnitte der Röhre unbedeckt. Ihr Entdecker hielt ſie, weil ſie in ſolchen Mengen dalagen und auſserdem ſich keine Münzen irgend welcher Art in dem Schatze fanden, wo man doch etwas demſelben Zwecke Dienendes natürlicherweiſe erwarten ſollte, für „Ringgeld“. Dieſer Erklärung ſteht aber der Umſtand entgegen, daſs das in ägyptiſchen Gemälden dargeſtellte Ringgeld, wie auch das noch unter den Joliba-Negern gültige, beſtändig die Form einfacher paenannularer Ringe hat. Auſserdem muſs Ringgeld ſeiner Beſtimmung entſprechend maſſiv ſein. Die Hohlheit der fraglichen Gegenſtände läſst auf Schmuck ſchlieſsen, der bei geringem Aufwande des edlen Metalls einen möglichſt groſsartigen Schein haben ſollte. An einigen der Ringe ſind blattartige Ornamente in getriebener Arbeit angeheftet. Ohrringe ſind ſie nicht geweſen, denn einer Befeſtigung in die Ohrlöcher iſt nicht vorgeſehen. Ein wenig Licht ſcheinen nun auf dieſes Dunkel zwei Worte Homer's zu werfen, der bei der Beſchreibung der Spange, welche Ulyſſes' Mantel befeſtigte, ſagt, „ſie habe aus ‚doppelten Röhren‘, αὐλοῖσι διδύμοισι, beſtanden, und vorn ſei eine Figur in Relief geweſen“. (Vergl. Odyſſ. 19, 227; δαίδαλον iſt eigentlich jedes Bild in Holz oder Metall.) Nun iſt dieſer Ausdruck ſehr wohl auf eine goldene Röhre verwendbar, welche wie in dieſem Falle zweimal umläuft, und eine ſolche könnte man zur Befeſtigung eines Gewandes wie der Chlamys, indem man ihre beiden Enden durch die Oeffnung ſteckte, etwa wie man jetzt eine Schärpe befeſtigt, wohl gebrauchen. Es iſt noch eine zweite Annahme möglich: die alten Athener (und es dürfte dasſelbe auch von den Ioniern gelten) befeſtigten nach Thucydides das Haar vermittelſt goldener Figuren der Cigala über der Stirn in einem Knoten; zu dieſem Zwecke war ein Ring an dem Rücken des Inſects das nächſte Auskunftsmittel. Bei einigen griechiſchen Nymphenköpfen, die das Haar in einem kleinen Büſchel im Nacken zuſammengebunden zeigen, ſcheint zu dieſem Zwecke ein Ring gebraucht zu ſein. Bei der berühmten Turiner Iſis mit der äthiopiſchen [cypriſchen] Inſchrift iſt das in zwei lange Flechten getheilte Haar durch eine einer Maske ähnliche Befeſtigung auf der Bruſt und zweimal auch durch in Zwiſchenräumen angebrachte Ringe gezogen. Wenn die Cyprerinnen dieſe von der Urmutter gezeigte Mode nachgeahmt hätten, ſo würden die verzierten Enden dieſer Spiralen und die blattähnlichen Anhängſel, welche einige tragen, eine bedeutende Wirkung hervorgebracht haben. Uebrigens ſind von Schliemann in ſeinem „Palaſte Priams“ ähnliche Schmuckgegenſtände gefunden worden.

Um die Bemerkungen über die Goldarbeiten zuſammenzuſtellen, ſollen die auf die goldenen Ringe eingeſchnittenen Gegenſtände nun beſchrieben werden, obwohl ſie in Hinſicht der Zeit den meiſten Gemmen nachſtehen.

GOLDENE RINGE.

(Tafel LXXIV.)

1. Zwei Sirenen oder Harpyien (da beiden derſelbe Typus zukommt), Vögel mit Weiberköpfen, deren jede eine Leier und einen Kranz hält, Fuſs an Fuſs an den entgegengeſetzten Seiten eines groſsen die Mitte des Feldes einnehmenden „griechiſchen Geisblattes“, der vereinfachten Form des aſſyriſchen *Hom* oder Lebensbaumes*), geſtellt. Vorzüglich auf die goldene Fläche eines Ringes eingraviert, einem Oblongum von $^{3}/_{4}$″ zu $^{1}/_{2}$″, mit zwei ſeltſam geſtalteten Einſchnitten an jeder Seite, die ihm die Form eines cariſchen Schildes verleihen; und den ſollte der Ring mit ſeiner Blaſonierung wahrſcheinlich darſtellen; doch läſst die eigenthümliche Zeichnung wenig Zweifel über den friedlichen Charakter der Schönen, die ihn auf den Altar opferte.

2. Zwei Löwen regardant und couchant, um heraldiſch zu ſprechen, nach entgegengeſetzter Richtung gewandt mit ſehr langen, in ſymmetriſchen Curven erhobenen Schweifen. Darunter, auf einer zweiten Fläche zwei einander zugewandte Sphinxe. Eine anmuthige Zeichnung, äuſserſt zierlich auf die Fläche eines Ringes graviert, $^{5}/_{8}$″ im Geviert. Die Form des Ringes ſelbſt entfaltet gleichfalls vollendeten Geſchmack; der Kopf iſt an beiden Seiten zwiſchen den beiden Typen leicht gezähnt, ſo daſs ſeine Form ſich einigermaſsen einem Vierblatt nähert, von dem jedes Glied hinten anmuthig ausgehöhlt iſt und wahrſcheinlich einen Blumenkelch nachahmt, in den der Schenkel nach Art des Stengels eintritt. Wenn man die typiſche Bedeutung der Sphinx und des

*) Der Lebensbaum der aſſyriſchen Denkmäler führt den Namen *Gisdin*. *Hôm*, vom ſanskritiſchen *Sôma*, iſt der heilige Baum der Magier, eine Art Jasmin, welche die Araber *Marâniyah* nennen. L. S.

Löwen in der alten Symbolik in Erwägung zieht, dann kann eine Devise von solcher Würde nur von einer Dame königlichen Blutes getragen worden sein.

3. Hercules dem nemäischen Löwen entgegentretend, freilich nicht mit einer Keule wie in der späteren Kunst, sondern mit einem gewöhnlichen *Lasso*, welches er um seinen Leib befestigt, während er mit der andern Hand die Mähne erfasst. Zum Muster hat augenscheinlich der in assyrischen Bildwerken so häufige Typus des Gottes und des Löwen gedient, der indessen durch den griechischen Natursinn um einen Schritt gefördert ist. Der Löwe ist bewunderungswürdig gezeichnet, aber die menschliche Figur bleibt noch steif und archaisch, da dieser Zweig der Zeichenkunst die Vollendung zuletzt erreichte. Tief geschnitten in die ovale Fläche eines massiven goldenen Ringes des gewöhnlichen griechischen Musters.

4. Mann und Weib, einander gegenüberstehend und beide die rechte Hand wie zum Schwure erhebend. Der Mann ist nackt, die Frau mit einer langen Tunica bekleidet, während ihr Haar in einem dicken Zopfe über ihren Rücken fällt. Nach der Handbewegung zu urtheilen, ist dies ein Verlobungsring; denn ähnlich findet sich dieser Typus häufig auf Gemmen römischer Zeit, wo seine Bedeutung sicher steht. Innerhalb eines einfachen „etruskischen Randes" auf der *vesica-pisces*-förmigen Fläche eines massiven goldenen Ringes von kleinem Umfange.

5. Androsphinx in dem phönicischen Stile.

6. Aegyptische Figur, knieend und eine grosse unausgefüllte Cartouche tragend. Dies bedeutungslose Ornament, welches in der Heraldik einem leeren Schilde gleichkommt, beweist, dass dieser Typus blos nachahmend phönicisch ist. Zierlich auf die Oberfläche einer Fibula eingeschnitten. In der natürlichen Grösse gezeichnet.

7. Rechtwinkliger Raum, in acht Felder getheilt, deren obere Reihe zwei sitzende und zwei stehende Figuren enthält; in den unteren befinden sich die Figur der Sonne und undeutliche Symbole. Roh eingeschnitten und gezähnt, anscheinend in Nachahmung des assyrischen Stiles. In natürlicher Grösse gezeichnet.

Die Gemmenarten des Schatzes von Curium.

Des Juweliers Gemmenvorrath ist augenscheinlich bis zur Zeit, wo man die letzten Gaben an die Sacristei darbrachte, ein sehr beschränkter gewesen. Viele der schönsten goldenen Drehringe sind mit Sardern und gestreiften Agaten (Sardonyx quer geschnitten) besetzt, die nicht graviert, aber auf beiden Seiten sehr geglättet sind, und die wie Edelsteine vom höchsten Werthe blos zur Verzierung dienten. Aus dem letztgenannnen Material bestehen viele cylindrische, etwa zoll-lange, leicht tonnenförmige Stücke, die nicht durchbohrt, aber mit goldenen Spitzen versehen sind, um in der Mitte von Halsbändern in der Form des in dem Hause des Holconius in Pompeji gefundenen angebracht zu werden. Die Werthschätzung, in der die Steinart gehalten wurde, wird schlagend durch zwei massive, goldene Armspangen bewiesen, welche in aufgetiefter Arbeit drei Reihen Perlen darstellen, deren Mittelpunkt beziehungsweise ein runder und ein ovaler Sardonyx von ansehnlicher Gröfse, aber sehr geringer Güte bilden. (S. 268.) Der Umstand erinnert uns daran, dafs der zu Plinius' (Hist. nat. 37, 2) Zeiten als echter Ring des Polycrates gezeigte ein ungravierter Sardonyx, eine „*gemma intacta illibata*", war. Nicht einmal der, unter den cyprischen Todtenjuwelen der späteren Jahre so häufige, gemeine Granat ist unter diesen Belegen des ursprünglichen Reichthums der Insel zu entdecken, welcher in dieser Hinsicht dem der alten Einwohner Assyriens wunderbar ähnlich ist. Der Lapis lazuli mufs auf der Stufenleiter des Werthes den höchsten Platz eingenommen haben; er kommt nur in sehr kleinen Stücken als Anhängsel der feinsten Ohrringe vor. Vom Plasma (dem alten Jaspis) finden sich zwei Proben schöner, klarer Qualität als Scarabäen, von denen der eine in einen goldenen Ring gefafst, der andere weder graviert noch gefafst ist; und zwei Scarabaeoide von einer bis dahin unbekannten Abart des Edelsteins, die an ihrem Platze unter der griechischen Reihe zu beschreiben sind. In schwarzem Haematit findet sich aufser den Cylindern, in wirklich neuem Stile gehalten, ein ungefähr zoll-langer „Frosch" in vollem Relief, der geschickt gearbeitet und schön geglättet ist. Daneben fand sich ein anderer Schnitt in demselben Material, aber von weniger geschickter Arbeit, etwas wie einen Gänsekopf darstellend. Vorzüglich in Bezug auf Geschmack und Ausführung sind zwei „heilige Körbe" *en miniature*, wie man ſie gewöhnlich in den Händen der aſſyriſchen Götter ſieht; der eine iſt aus Haematit, der andere aus glänzendem Sarder geſchnitten, ſie ſind mit angefügten Deckeln und Griffen in Goldſchmiedearbeit verſehen und von einer Anmuth und Zierlichkeit, die alle Beſchreibung übertrifft. Beiſpiele der vollendeten Geſchicklichkeit in der Steinſchneidekunſt ſind die zahlreichen kleinen „Schildkröten" in vollem Relief, in Sardonyx und Agat — jenes tief bezeichnende Attribut, welches mit ſo gutem Rechte dem weiblichen Principe der Natur beigelegt wurde, überall wo es verehrt wurde, ob es nun Mylitta, Aphrodite oder Venus hieſs.

Bergkryſtall kommt auch in der Form eines dicken mit Gold eingefaſsten Fingerringes vor, der in ſo alter Zeit ein unerwartetes Beiſpiel einer Mode liefert, die man bisher als den ſpäten römiſchen Zeiten eigenthümlich betrachtet hat; es iſt auch zu einer oder zwei Intaillen verwandt worden, was beweiſt, daſs Theophraſtus Recht hat, wenn er das Kryſtall unter die Steinarten rechnet, „aus denen Siegel gemacht wurden". Aber das auſserordentlichſte Zeugniſs für ſeinen Gebrauch auf Cypern iſt ein etwa 6 Zoll hoher „Parſum-Flacon" der gewöhnlichen ägyptiſchen Form, mit zwei aus demſelben Stein gearbeiteten, auf den Schultern angebrachten kleinen Griffen (Tafel LXII. 1); der Rand iſt in Gold eingefaſst und mit einem Deckel in demſelben Metall, der durch eine kurze Kette des ſogenannten Trichinopol-Muſters befeſtigt iſt, verſehen, beide mit Zeichnungen in durchbrochener Arbeit verziert; die ganze Faſſung gewährt hinſichtlich des Geſchmacks und der Ausführung die vollkommenſte Probe antiker Metallarbeit, die man ſich denken kann, und könnte für unſere eigenen Juweliere für Zeichnung ähnlicher Toilettengegenſtände ein werthvolles Muſter abgeben. Daneben wurden zwei andere halb ſo groſse, gleichfalls in Kryſtall, gefunden; dieſe haben kürzere Verhältniſſe und ſind mit einer Faſſung nicht verſehen.

Das einzige Beiſpiel der Verwendung des Bernſteins in jener Zeit iſt eine ovale Scheibe, die auf jeder Seite eine vollgeſichtige Maske zeigt und mit einer Oehſe an einem goldenen Ohrringe hängt, indem ſie uns ſo die bereits erwähnte homeriſche Beſchreibung von dem der Königin von Syra dargebotenen Halsbande, welches „mit Bernſteinſtücken behängt" war, die ohne Zweifel ähnlich geſchnitten waren, anſchaulich vergegenwärtigt.

Kein bis dahin bekanntes Stück antiken bearbeiteten Agats kommt an Gröfse und Merkwürdigkeit der unter den Bronze- und Eifengegenftänden des Schatzes entdeckten Keule (Taf. LIV. 3) gleich. Es ift eine Kugel von etwa 6 Zoll im Durchmeffer, fchwarz und unregelmäfsig weifs geädert; von aufsen ift diefelbe mit eingefchnittenen Längslinien gekerbt, welche gleichfam die Streifen einer Melone nachahmen. Durch die Mitte geht ein grofses Loch, welches fich oben und unten in kurzen, aus befondern Stücken gemachten Röhren fortfetzt. Durch das Ganze war ein ftarker Metallftab geftеckt, der jetzt fo vollftändig oxydiert ift, dafs fich nicht mehr entfcheiden läfst, ob er aus Silber oder Eifen befteht — wahrfcheinlich aber aus letzterem, wenn man nach der Gefellfchaft urtheilen darf, in der es aufbewahrt war. Der Agat war augenfcheinlich die Spitze einer Staatskeule: diefe Idee war den Babyloniern entlehnt, deren jeder, wie Herodot (1, 195) bemerkt, „ein Scepter (einen langen Stab) trug, auf deffen Spitze ein Apfel, eine Rofe, eine Lilie, ein Adler oder etwas Aehnliches angebracht war." Die Streitkeule fieht man, ebenfo geftaltet wie diefen Agat, oft in den Händen affyrifcher Soldaten; und in den Bildwerken von Perfepolis trägt der perfifche Ceremonienmeifter, der jede Gefandtfchaft der unterworfenen Völker bei dem Könige einführt, einen Amtsftab, der mit einem kugelförmigen Kopfe, ohne Zweifel in einem edlen Metalle, verfehen ift. Die „taufend Wachen" des Xerxes trugen als Abzeichen einen goldenen Apfel oder Granatapfel auf den dicken Enden ihrer Speere, woher fie den Namen *Melophoroi* „Apfelträger" erhielten. Wenn wir bedenken, wie hohen Werth man in alten griechifchen Zeiten auf den Agat legte, als er als Ringftein fo fehr gefchätzt wurde (Plinius bemerkt darüber: *„Achates in magna fuit auctoritate, nunc in nulla est"*), fo können wir mit Sicherheit fchliefsen, dafs die Keule das Andenken eines hohen Beamten am cyprifchen Hofe war, der fie aus Dankbarkeit, vielleicht bei feinem Rücktritt vom Amte, der Schutzgöttin des Ortes opferte.

Viele der Drehringe, und zwar auch unter den an fich werthvollsten, find mit Paften befetzt, Subftituten für edle Steine; doch find fie von der falpetrigen Erde ihres Verfteckes fo zerfressen, dafs fich nicht mehr beftimmen läfst, welche Gattung fie nachahmten. Es läfst fich gleichwohl bemerken, dafs fie fämmtlich dunkel waren, und daraus können wir fchliefsen, dafs fie Nachahmungen des damals fo koftbaren Lapis lazuli waren, der „königlichen Gemme", wie er nach Epiphanius Bemerkung im Alterthum genannt wurde. In einem höchft intereffanten Beifpiele, welches an feiner Stelle befchrieben werden wird, hat die Kunft die Natur verbeffert, indem fie gerade Bänder maffiven Goldes für die unregelmäfsigen Flecke der echten Lazulite einfetzte. Diefe Paften find alle rein ornamental; es findet fich nur ein zweifelhaftes Beifpiel einer Nachahmung einer Intaille (die fpäter fo gewöhnlich wurde), ein armfeliger Abdruck der Figur eines „Hirfches". Das billige und leichte Verfahren Paftenfiegel herzuftellen, indem man Glas auf eine von einer gefchnittenen Gemme genommenen Matrize brachte, war in der fidonifchen Glasfabrik augenfcheinlich noch in feiner Kindheit. Diefe Fülle von Glasfabricaten war natürlich in einem Lande zu erwarten, von dem phönicifche Coloniften einen grofsen Theil inne hatten und welches gleichfam der Vorpoften von Tyrus felbft war. Die Sidonier find die Erfinder des Glafes gewefen, und dem Sand ihres Fluffes Belus fchrieb man lange eine geheime Kraft zu, die ihn allein befähigte zu „Kryftall" (die Griechen hatten nur ein Wort für beides) zu fchmelzen. Aufgefundene Ueberrefte und die allgemeine Ueberlieferung bezeugen gleichmäfsig, dafs man die Entdeckung zuerst nur in Anwendung brachte, um Schmuckfachen für Perfonen zu machen, und das Glasmaterial lange Zeit nur zu Perlen und Amuletten verarbeitete, ehe man darauf verfiel, es zu Gefäfsen des häuslichen Gebrauchs zu geftalten. Herodot, der ein halbes Jahrhundert nach der Zerftörung Curiums lebte, hatte augenfcheinlich aufser in der Form von Paftengemmen niemals Glas gefehen; diefes bezeichnet er bei der Befchreibung der Ohrringe der heiligen Krokodile (2, 69), durch die Umfchreibung „flüffiger Stein". Noch ein Jahrhundert nach ihm erwähnt Theophraft das Glas als „angeblich" durch Gufs aus einem befondern Steine gemacht, woraus hervorgeht, dafs das thatfächliche Verfahren der Glasfabrication in Griechenland noch völlig unbekannt war. Und von feinem Zeitgenoffen, dem Könige Seleucus von Syrien, erzählt der Hofgefchichtsfchreiber Mnefiptolemus, dafs er aus einer Schale von „gegoffener Maffe" getrunken habe, als fei der Artikel felbft damals noch eine feltene Neuigkeit gewefen, wie fie eben dem Tifche des reichften Herrfchers der Welt zukam (Athenaeus 10, 40).

Die Sidonier erfreuten ſich des Monopols der ornamentalen Paſtenfabrication bis ſpät in die römiſchen Zeiten hinab, wie aus der Gleichmäſsigkeit der Herſtellung der Glasperlen, die man in den entfernteſten Provinzen des Reiches entdeckt hat, hervorgeht. „*Sidone quondam his officiniis nobili*", ſagt Plinius, zu deſſen Zeit die Glasfabrication erſt jüngſt, „*jam vero*", in Italien eingeführt war. Alle Glasgefäſse in den cypriſchen Gräbern waren wahrſcheinlich ein Fabricat der Sidonier. Aber der Schatz von Curium vor uns enthüllt uns die merkwürdige Thatſache, daſs ſie bis auf die Zeit der Belagerung Curiums es nicht erreicht hatten, durchglänzendes, viel weniger durchſichtiges Glas zu machen; ſonſt würden ſich ihre Nachahmungen edler Steine nicht auf die dunkle Gattung beſchränkt haben; ſie hätten jedenfalls den Smaragd nachgemacht, einen Edelſtein, den ihre ägyptiſchen Nachbarn ſchon damals beſaſsen und hochſchätzten und den ſie in einer ſpäteren Periode in Paſten mit auſserordentlichem Erfolge herſtellten. Auch waren dieſe primitiven Glasarbeiten nicht ſo weit gekommen, daſs ſie ihre neue Entdeckung auf Gefäſse für die Toilette oder die Tafel angewandt hätten; denn alle dergleichen eingeführte Artikel fehlen in dem groſsen Vorrathe von Vaſen und Büchſen, welche zu dem Schatze gehören, in dem ſie nothwendigerweiſe vertreten ſein müſsten, wenn ſie vor der Verſchlieſsung der Zellen in Gebrauch geweſen wären; das darf man aus der groſsen Fülle des von demſelben Forſcher aus den cypriſchen Friedhöfen der ſpäteren Geſchlechter zu Tage geförderten Glaſes in jeder Form und Farbenmannigfaltigkeit, wie es die ſidoniſchen Factoreien nur liefern konnten, mit Sicherheit ſchlieſsen.

Die Intaillen der beschriebenen Siegel.

ASSYRISCHE.

(Tafel LXXV bis LXXVII.)

Die aſſyriſchen Intaillen ſtehen in dieſer Anordnung voran; denn obwohl ſie wahrſcheinlich weniger alt ſind als einige mit ihnen zuſammen gefundene ägyptiſche, ſo ſind ſie doch ohne alle Frage die älteſten Beiſpiele des Verfahrens in „harten Steinen" wirklich zu gravieren, während die ägyptischen Intaillen mit dem Grabstichel in viel weniger hartes Material blos eingeschnitten sind.

1. Eine Gottheit, die mit einem Fuſse auf einem liegenden Stiere steht, in der einen Hand eine Keule und in der andern eine Ruthe hält, von der zwei Strahlen im Zickzack ausgehen, das Attribut des Iva-Vul, des Donnergottes.*) Vor ihr steht ein Mann, wahrscheinlich der regierende König, und vor diesem kniet eine kleinere, ganz nackte Figur, der Eigenthümer des Siegels. Ihm gegenüber steht ein anderer Mann, in ein Gewand gekleidet, welches sich spiralförmig um seinen Körper vom Hals bis zu den Füſsen legt, eine Tracht, welche bei dieser Art Denkmäler auf ein hohes Alter hinweist. Ueber dem Kopfe befindet sich ein umgekehrter Steinbock.**) Hinter der Gottheit stehen drei Reihen sauber eingeschnittener Keilschrift, die Mr. Sayce folgendermaſsen liest: „Arba Istar — Sohn des Ilu Beled — Diener des Gottes Narani-Sin". Dieser letztgenannte Fürst ist aus Inschriften bereits als Zeitgenosse des Assyrers Sargon bekannt, somit älter als das 16. Jahrhundert vor unserer Aera. Ein Cylinder in schwarzem Haematit, einen Zoll hoch; gut graviert.

2. Eine Gottheit, stehend, mit gekreuzten Armen, aber ohne deutliche Attribute; vor ihr steht ein Anbetender mit erhobenem Augurenstab; hinter ihm befinden sich zwei Columnen wohlgeschnittener Keile, die Mr. Sayce liest: „Everbaga — Diener des Nergal (Mercur)". Cylinder in Haematit, $^3/_4$ Zoll hoch; saubere Arbeit.

3. Ein bärtiger Mann, stehend, die eine Hand zur Anbetung erhoben, in der andern eine kurze Ruthe haltend. Er ist in ein langes, einfaches, loses Gewand gekleidet, welches ihm bis auf die Knöchel reicht; seine Tracht ist dieselbe, wie die der sitzenden Figur auf dem berühmten Cylinder des Königs Urukh. Ueber seinem Kopfe sitzen zwei kleine, einander zugekehrte Greife.***) Die Gravierung der Figur hat eine bei dieser Art unge-

*) Es ist vielmehr Rimmon der Luftgott, der mit dem gabelförmigen Donnerkeile dargestellt wird. Diese Lesung des Namens steht nunmehr fest. L. S.

**) Es befinden sich drei symbolische Thiere auf dem Cylinder. L. S.

***) Sphinxe; der Cylinder läſst in seiner Anordnung und Darstellung ägyptischen Einfluſs erkennen. L. S.

wöhnliche Genauigkeit und Vollendung, was neben der auſserordentlichen Gröſse des Cylinders (dieſelbe pflegt zu dem Range des Eigenthümers in Verhältniſs zu ſtehen) dies Siegel als das einer hochſtehenden Perſönlichkeit bezeichnet. Die andere ſenkrechte Hälfte des Steines wird von acht Columnen groſser, gut geſchnittener Keilſchrift eingenommen, die jedoch wegen der Unkenntniſs des Steinſchneiders etwas verwirrt iſt. Mr. Sayce lieſt: „Sin (der Mondgott), der Wohlthäter der Menge — Richter der Welt; vollkommener Reiniger des Himmels und der Erde — Spender des Lebens der Götter — das Geſetz, welches den Diener deiner ſelbſt erhält — mein Fürſt — Turan Agin — der Sohn des Puri — der Leſer." Die Legende iſt alſo ein Gebet, welches der Eigenthümer des Siegels, Turan Agin der Sohn des Puri, an ſeinen Schutzgott, den „Deus Lunus" der ſpäteren Zeiten, richtet. Cylinder in Bergkryſtall, drei Zoll lang.

4. Eine Antilope, nach rückwärts ſchauend auf etwas, das entweder ein groſser, vierſtrahliger Stern (das Symbol des Schamas, des Sonnengottes) ſein kann oder die kleine Figur eines Mannes, der auf den Hanken des Thieres ſteht; ſo roh und unbeſtimmt iſt die Arbeit. Aber das Stück hat einen beſondern Werth, da es das einzige Beiſpiel eines aſſyriſchen Siegels in Kegelform iſt, das ſich unter den Weihgeſchenken gefunden hat; dieſe Siegelform wurde gegen das neunte Jahrhundert vor Chr. in Niniveh allgemein üblich. Es iſt etwa einen Zoll hoch und $^3/_4$ Zoll im Durchmeſſer an der Baſis: aus ſehr klarem, weiſsem Chalcedon. Etwa ein Viertel des untern Theils iſt mit Gold bedeckt, auch das Loch für die Schnur iſt ähnlich eingefaſst. Ein einzig daſtehendes Beiſpiel einer ſolchen Decoration bei dieſer Art Siegel.

Es iſt unnöthig von den übrigen aſſyriſchen Gemmen (auf Tafel LXXV bis LXXVII) eine eingehende Beſchreibung zu geben. Dieſelbe allgemeine Idee zieht ſich durch alle: rohe Figuren von Gottheiten, ihre heiligen Thiere, der Hom-Baum und der Anbetende. Barbariſch in der Ausführung wie ſie ſind, bieten ſie doch für den Kunſtforſcher das gröſste Intereſſe; denn offenbar entſtammen ſie gröſstentheils einheimiſcher Kunſtübung und beweiſen überzeugend, aus welcher Quelle die nachmals ſo berühmten cypriſchen Gravierer die Anfänge ihrer Fertigkeit entlehnten. Das Material iſt in der Regel grüner Serpentin, ein leicht zu bearbeitender und dabei für eine ſchöne Glättung empfänglicher Stein; die Zeichnungen wurden, wie die Unterſuchung zeigt, einfach vermittelſt eines Obſidianſplitters eingeſchnitten, deſſen Gebrauch zu ſolchen Zwecken Herodot (7, 69) erwähnt.

ÄGYPTISCHE.

(Tafel LXXVIII.)

1. Cartouche Thutmes III. zwiſchen einem knieenden Manne, der eine Kugel auf ſeinen Händen hält und dem königlichen Geier mit ausgebreiteten Flügeln, beide Figuren als heraldiſche Stützen für das Königsſchild angeordnet. Scarabaeus in weiſsem Steaschiſt, in einen goldenen Ringkaſten gefaſst, mit einem ſehr maſſigen Schenkel in Silber.

2. Ein Käfer, in einen Rand von vier Papyruspflanzen eingeſchloſſen, ſehr geſchmackvoll angeordnet. Der Käfer gilt hier als Typus des Ptah, des groſsen Schöpfers. Mit für ägyptiſche Arbeit auſserordentlicher Sauberkeit in einen Scarabaeus aus weiſsem Steaschiſt geſchnitten. Silberfaſſung.

3. Oſiris auf ſeinem Throne, die Krücke in der einen, die Geiſsel in der andern Hand; verſchiedene Symbole nehmen das Feld ein. [?] Groſser Scarabaeus in weichem, weiſsem Steine. Silberfaſſung.

4. Sitzende Gottheit mit kegelförmiger Mütze vor einem Altar. Davor ſteht ein Mann mit zur Anbetung erhobenen Händen, darüber ſchwebt der *Mihr* oder die geflügelte Sonnenſcheibe als Emblem der Gegenwart der Gottheit. Rohe Arbeit, aber wahrſcheinlich (wegen der Einführung des Mihr) phöniciſche Nachahmung. Kleiner Scarabaeus in Carneol.

5. Aegyptiſcher Altar, zwiſchen zwei aufgerichteten Nattern, die eine, vermuthlich canopiſche, Vaſe in Form eines verlängerten und umgedrehten Kegels mit ſehr langen Griffen unterſtützen; die Exerge iſt mit der hergebrachten Darſtellung wachſenden Graſes ausgefüllt. Mit einem Grabſtichel ſauber geſchnitten in einen Scarabaeus aus weichem Stein, mit „künſtlichem Cyanus“ nach der gewöhnlichen ägyptiſchen Manier blau glaſiert. *Cyanus*, „Blauſtein“ war die niedere Sorte des Lapis lazuli, die man zur Herſtellung des Ultramarin gebraucht. Theophraſt (55) ſagt:

„Der ägyptifche Cyanus wird künftlich bereitet, und die Schreiber der Gefchichte ihres Reiches erzählen, welcher König es war, der „fchmelzbaren Cyanus" in Nachahmung des natürlichen Steines machte; fie erwähnen ferner, dafs das Mineral als Gefchenk aus andern Ländern gefchickt zu werden pflegte" *).

6. Schalenförmige Vafe, auf ein Fufsgeftell gefetzt, auf welchem drei Vögel fitzen. Scarabaeus in weichem Stein, fchön mit Blau glafiert.

7. Antilope liegend; über ihrem Rücken verfchiedene Symbole. Roh in einen blauglafierten Scarabaeus gefchnitten.

8. Sperber mit der Geifsel auf feiner Schulter; davor die *Crux ansata*, das Emblem des Lebens; darunter eine weit ausgebreitete Lotuspflanze. Saubere Arbeit in einem kleinen Scarabaeus aus weifsem Stein. Silberfaffung.

9. Korb auf einem Ständer, auf welchem Horus mitten unter grofsen Lotusblumen fitzt. Viereckige Tafel in glafierten Thone. Silberfaffung.

10. Sitzende Gottheit, davor die *Crux ansata*. Die Gravierung faft verwifcht. Scarabaeus in weichem, weifsem Stein in einem goldenen Ringkaften mit filbernem Schenkel.

11. Zwei einander gegenüberftehende Falken; der eine trägt die Geifsel, der andere das Henkelkreuz. Ein bemerkenswerther Typus, aber wegen der Weichheit des weifsen Steinfcarabaeus, auf den er gefchnitten ift, fehr verwifcht. Goldener Ringkaften mit filbernem Schenkel.

12. Ibis, das Thier des Thot, mit ausgebreiteten Flügeln, über einem Auge, dem Symbole des Ofiris, fchwebend. Kleiner blauglafierter Scarabaeus. Silberfaffung.

13. Liegender Sphinx; davor ein Altar. Kleiner blau glafierter Scarabaeus. Silberfaffung.

14. Paviankopfiger Mann, den Thot darftellend, vor dem Discus ftehend; dahinter erhebt fich ein hoher Pfeiler. Roh gefchnitten in einen Scarabaeus aus weichem, weifsem Stein in Goldfaffung.

---

*) Ausführlich handelt hierüber Lepfius, Die Metalle in den ägyptifchen Infchriften, S. 70. Die ägyptifchen Texte unterfcheiden beftändig zwifchen *chesbed maä* „echtem Lafurftein" und *chesbed arit* „nachgemachtem". Gelegentlich werden auch Chesbedfabricanten erwähnt. L. S.

15. Aufrechtſtehende Schlange vor einer hohen Feder, dem Symbole der Göttin Neith.*) Kleiner Scarabaeus aus weiſsem Stein. Goldfaſſung.

16. Lilienartige Pflanze aus Laub hervortretend, vermuthlich einen Phallus andeutend; auf jeder Seite befindet ſich den Raum ausfüllend das Henkelkreuz, das Emblem der Fruchtbarkeit [?], in einen einfachen etruskiſchen Rand eingeſchloſſen. Dieſer merkwürdige Typus wurde wohl ohne Zweifel als Talisman zur Heilung der Unfruchtbarkeit vom Weibe getragen. Beſonders gut ausgeführte Arbeit auf einem kleinen Scarabaeus in weiſsem Stein. Silberfaſſung.

17. Sperberköpfiger Sphinx, ſitzend; auf ſeinem Kopfe befindet ſich der Discus; davor verſchiedene Symbole. Tief eingeſchnitten in einen groſsen Scarabaeus in weiſsem Stein; Silberfaſſung.

18. Typus mit Ausnahme eines Henkelkreuzes in Folge eines Bruches der Oberfläche gänzlich zerſtört; auf einem groſsen Scarabaeus aus hartem Stein in einem goldenen Ringkaſten mit ſilbernem Schenkel.

19. Ein Mann, ein Schwert ſchwingend; barbariſche Arbeit auf einem kleinen Scarabaeus aus weiſsem Stein; Silberfaſſung.

20. Königlicher Geier, über dem Käfer ſchwebend; beide mit ausgebreiteten Flügeln. Hübſch gearbeitet, auf einem kleinen Scarabaeus in weiſsem Stein; Silberfaſſung.

21. Sperber mit verſchiedenen Symbolen im Felde. Kleiner Scarabaeus in weiſsem Stein; Goldfaſſung.

22. Liegender Sphinx; verſchiedene Symbole in dem Felde. Rohe Arbeit auf einem kleinen Scarabaeus aus weiſsem Stein; goldener Ringkaſten mit ſilbernem Schenkel.

23. Lotusblume oder Gefäſs, nachläſſig auf einen kleinen Scarabaeus in weiſsem Stein gekratzt; Goldfaſſung.

24. Krieger auf ſeinem Streitwagen, an der Seite hängt ein groſser Köcher mit Pfeilen. Ein ſehr intereſſanter Typus; denn obwohl die Art und Weiſe der Gravierung durchaus ägyptiſch

---

*) Die Schlange [hieroglyph] iſt ein Symbol der Göttinen; aber eine aufrechtſtehende Feder, etwa [hieroglyph], iſt das Symbol der Göttin *Maât* „der Wahrheit". L. S.

ist, so kann er doch den Kriegswagen darstellen, in welchem nach Herodot die Stärke der Salaminier lag.

In der vorstehenden Liste wie auch in den folgenden sind die Fassungen nicht immer bemerkt, obwohl alle Scarabäen damit versehen sind. Es ist eine merkwürdige Thatsache, daſs der Werth der Intaille mit dem Werthe der Fassung nichts zu thun hat; das geht auch aus der vorstehenden Liste hervor, in der gerade die armseligsten Scarabäen in der Regel die kostbarsten goldenen Drehringe haben.

PHÖNICISCHE.

(Tafel LXXIX bis LXXXI.)

Wegen der Unterscheidungsmerkmale, welche die phönicischen Arbeiten von den ägyptischen, die sie so genau nachahmen, trennen, verweisen wir den Leser auf unsere einleitenden Bemerkungen. Sie bilden in der That in archäologischer Hinsicht den interessantesten Theil der ganzen Sammlung, da eine so groſse Anzahl und eine so groſse Mannigfaltigkeit von unverkennbar phönicischen Denkmälern dem Studierenden der alten Glyptik niemals vorgelegt worden ist. Und selbst in Bezug auf die Schönheit der Ausführung werden viele dieser Intaillen mit den besten der archaischen griechischen und etruskischen Schulen den Vergleich aushalten.

1. Der Sonnensperber, mit dem ägyptischen Helme gekrönt, wie ihn Osiris hat [?], auf seiner Schulter die Krücke und die Geisel tragend; davor die aufgerichtete königliche Schlange, im Felde ein halbkreisförmiger und ein ovaler Punkt; Anzeichen des Siegels einer königlichen Dame. Kühn in einen groſsen Scarabaeus in feinem Sarder geschnitten. Dieser Edelstein hat neben seinem Genossen die kostbarste Fassung in dem Schatze, einen mächtigen goldenen Drehring, mehr in phönicischer als ägyptischer Manier, der in eine vollkommene Ellipse gebogen ist und dem etwa in der Mitte des äuſsern Randes eine breite Oehse angelöthet ist, vermittelst welcher er aufgehängt wurde. Dieser Griff ist durch Blattausläufe an den Kasten angeklammert, der den Scarabaeus in einer ausnehmend fein erdachten und zierlichen Weise hält; dieser Geschmack weicht von dem der ägyptischen Siegelfassungen gänzlich

ab. Gegenſtand und Faſſung machen es wahrſcheinlich, daſs dies ein königliches Siegel war. Was aber ſein Intereſſe noch erhöht, iſt der Umſtand, daſs es einen Genoſſen von genau demſelben Muſter und denſelben Maſsen hat, freilich kein Siegel, ſondern ein hängendes Juwel; denn ſein Kaſten enthält jene merkwürdige Lazurpaſte mit eingefügten Goldbändern, deren bereits oben (S. 328) bei der Beſprechung ſolcher Fabricate gedacht iſt. Die Sorgfalt der Faſſung iſt ein ſicherer Beweis, daſs es der ſidoniſche Handelsmann der cypriſchen Königin als einen koſtbaren Stein von höchſtem Werthe und gröſster Seltenheit lieferte — ein Betrug, von dem ſich noch andere Beiſpiele finden; die beſten, die man kennt, ſind jene beiden wunderbar ſchönen Paſten in dem Bale-Cabinet (ein Aventurin mit Smaragdgrund und ein Breccia-Agat von den lebhafteſten Farben), die als Ringe mit den erleſenſten Arbeiten geſchmückt ſind, welche etruskiſche Goldſchmiede jemals vollendet haben.

1a. Zwei Männer in gewöhnlicher aſſyriſcher Tracht, zu beiden Seiten des Lebensbaumes ſtehend und je einen Zweig desſelben erfaſſend. Eine vortreffliche Probe der phöniciſchen Steinſchneidekunſt; denn die Urheberſchaft iſt durch die genaue Uebereinſtimmung der Gruppe mit einer auf der Patera aus Amathus (Taf. LI), nämlich der, welche ſich gerade unter dem Bilde der belagerten Stadt befindet, auſser Zweifel geſtellt.

2. Cynocephalus oder heiliger Pavian, ſitzend, mit einer Tafel in der einen und einem Griffel in der andern Hand, ſeinen Dienſt als „Schreiber der Götter“ verrichtend. Wegen ſeiner bekannten Vorliebe für Dinte und Feder war das Thier nach Horapollo dem Thot, dem Gotte der Wiſſenſchaften, als Attribut beigegeben. Im Felde ſteht eine Hieroglyphe von zwei ſenkrechten Linien und zwei Punkten dazwiſchen |:|. Ein ſtreng ägyptiſcher Typus, aber für eine andere als phöniciſche Hand zu gut graviert; auf einem Scarabaeus in Carneol.

3. Hercules (vorgreifend, wie es ſcheinen könnte) mit dem Löwenfell bekleidet, mit einer groſsen, krummen ägyptiſchen Keule bewaffnet und einem ſpringenden Löwen entgegentretend, den er bei den Vordertatzen gepackt hält, indem derſelbe ſich vergebens bemüht ſeinem Griffe zu entgehen. Dieser Gegenſtand iſt wegen des darin offenbarten ägyptiſchen Geſchmackes ſehr merkwürdig; derſelbe zeigt ſich in der Doppelfeder auf dem

Kopfe des Hercules, der kleinen gekrönten Schlange und dem Perſeablatte im Felde hinter derſelben. Ueber der Gruppe ſchwebt der Mihr (die ſichtbare Gegenwart der Gottheit), der ein deutlicher Beweis für den phöniciſchen Urſprung ſämmtlicher Arbeiten iſt, in denen er ſich findet. [?] Wohlgezeichneter, ſorgfältig gravierter und ſehr bemerkenswerther Typus, da er die Quelle zeigt, aus der die Griechen nachmals ſolche Ideen ſchöpften, um ſie in einem materialiſtiſchen Sinne auf ihren hiſtoriſchen Hercules anzuwenden, obgleich alle ſolche Kampfestypen nach ihrem aſiatiſchen Urſprunge in myſtiſcher Beziehung zu dem nie endenden Kampfe der beiden Principe ſtehen, durch welche ſich die Thätigkeit der Natur vollzieht. Kleiner Scarabaeus in Carneol.

4. Sperberköpfige Gottheit in ägyptiſcher Tracht (Phre), knieend, auf ihrem Kopfe eine groſse Kugel tragend. Die Figur iſt in einen einfachen feinen Linienrand eingeſchloſſen. Die zu No. 2 gemachte Bemerkung iſt noch mehr auf dieſe Intaille anwendbar, denn ungeachtet der Nationalität des Typus ſtempelt ſie die wunderbare Vollkommenheit ſowohl der Zeichnung als der Ausführung zu einem Meiſterwerke der phöniciſchen Nachahmerſchule. Scarabaeus, $^{5}/_{8}$ Zoll lang, in ſchönem Sarder.

5. Zwei Gottheiten von echt phöniciſchem Typus mit erhobenen Flügeln, die zwiſchen ſich einen Kranz halten und vielleicht Figuren der Siegesgöttin ſind. Hinter der einen befindet ſich das gewöhnliche Symbol der Vereinigung des Baal-hammon mit Aſtaroth, das man auf den phöniciſchen und carthagiſchen Votivtafeln ſo regelmäſsig und auch auf Münzen aus Coſſura antrifft, nämlich die Verbindung des Kreiſes mit dem Dreieck oder dem Kegel .

Dies iſt die Erklärung von Geſenius; andere ſchreiben es mit weniger Wahrſcheinlichkeit der Göttin Tanit zu. Leicht eingraviert und durch Tragen ſtark verwiſcht, auf der elliptiſchen Fläche eines kleinen maſſiven Fingerrings des einfachſten Muſters in Electrum, dem auf Cypern vielleicht einheimiſchen Golde. Daſs die Inſel dies unter ihren übrigen mineralen Schätzen beſaſs, kann man aus dem Namen „Chryſokomi“ ſchlieſsen, den noch jetzt ein in der Nähe des alten Aphrodiſium gelegenes Dorf trägt. Mit cypriſcher Inſchrift.

6. Knieende Figur, der wie bei ägyptiſchen Werken an den Schultern Flügel herauswachſen, der eine geſenkt, der andere

erhoben, und die eine Hand als Zeichen guten Vernehmens ausgeſtreckt. Dieſer Typus iſt in dieſer Reihe von beſonderm Werthe, weil er dem der phöniciſchen Münzen von Malta gleich iſt, wo er das Revers zu einem Iſiskopfe bildet. Dieſer Umſtand ſtellt den Urſprung dieſer Gemme auſser Zweifel. Die Zeichnung iſt gut, aber die Gravierung etwas ſkizzenhaft. Scarabaeoid; mit Streifen verſehener Agat.

7. Zwei knieende Männer mit zur Anbetung erhobenen Händen. Zwiſchen ihnen ſteht ein leeres Namensſchild, über dem ſich eine doppelte Schlange erhebt. Darüber ſchwebt der *Mihr*, die Gegenwart der Gottheit; hinter jedem Manne befindet ſich die *crux ansata*, die Exerge iſt mit der hergebrachten Darſtellung wachſenden Graſes ausgefüllt. Obwohl die Figuren und die allgemeine Idee der Gruppe Aegypten entlehnt ſind, ſo ſind doch verſchiedene Umſtände, wie das Fehlen von Hieroglyphen in der Cartouche, die daher nur als bedeutungsloſes Ornament anzuſehen iſt, die Einführung des Mihr und die geſchickte Ausführung der Intaille ſelbſt neben der dem Steine gegebenen Geſtalt, unbeſtreitbare Beweiſe für den phöniciſchen Urſprung. Scarabaeoid; brauner Chalcedon.

8. Ein Krieger mit kegelförmigem Helme und groſsem, rundem Schilde ohne *Umbo*, ſeinen Speer in den Hals eines löwenköpfigen (?) oder mit einer perſiſchen Haube bedeckten Mannes (die Arbeit iſt ſehr roh) mit einem runden, mit groſsem Umbo verſehenen Schilde ſtoſsend; vor dem Angreiſenden kniet der Getroffene, ſenkt ſeinen Speer und bittet um Gnade. Wenn in der zweiten Geſtalt wirklich ein Monſtrum zu erblicken iſt, dann würde der Typus wie vorhin den Kampf der beiden Principe ausdrücken. Indeſs bezeichnet die ausgeprägte Verſchiedenheit der Rüſtung augenſcheinlich eine Verſchiedenheit der Nationalität der beiden Kämpfer, und der Sieger iſt vielleicht ein Eroberer der Inſel, für welche Erklärung Stil und Figur der Gemme ſpricht. Ein Scarabaeoid in Sarder, etwas roh graviert.

9. Zwei ringende Männer mit nacktem Körper, aber mit durchnähtem Beinkleide auf den Lenden, wie man es in vielen ägyptiſchen Bildwerken und auch bei gewiſſen etruskiſchen Kriegern unter ihrer Rüſtung bemerkt. Hinter jedem Kämpen ſteht als Secundant eine hohe, geflügelte Schlange. Am Boden zwiſchen ihnen liegt ein kleiner, unbeſtimmbarer Gegenſtand, vielleicht der

Siegespreis. Dieser Typus muss, wenn er phönicisch ist, im selben mystischen Sinne erklärt werden wie die übrigen; wenn er indess, was sehr wohl möglich ist, eine alte cyprische Arbeit ist, dann hat er keine tiefere Bedeutung als die einer Erinnerung an die allen Griechen so theuere Palaestra. Eine gute Gravierung, auf einem Scarabaeoid in einer eigenthümlichen Plasmaart, durchscheinend, mit dunkelen Wolken. Diese Gemme wurde ohne Fassung aufgefunden.

10. Kegelförmiger Gegenstand (das berühmte paphische Idol), mit Netzwerk bedeckt wie der delphische Omphalos, von einer Kugel überragt, aus der zwei Schlangen vorspringen, und auf der Hieroglyphe für „Gold" stehend. Ueber die Spitze des Kegels breitet sich eine wagerechte Reihe von Gegenständen, anscheinend kleine Schlangen. Darüber schwebt der Mihr. Auf jeder Seite stehen als heraldische Stützen eine sperberköpfige Gottheit und eine menschliche Figur. Man wird bemerken, dass der allgemeine Umriss des mittleren Gegenstandes den vereinigten Kegel und Kreis wiedergiebt, jenes gewöhnliche punische Emblem der Vereinigung des Baal-hammon mit Astaroth, welches bereits unter No. 5 dieser Reihe beschrieben ist. Die Nationalität der Arbeit wird durch eine Gemme im Cabinet Stosch (veröffentlicht bei Gesenius No. LXX) bewiesen, die in allen Punkten gleich, nur in grösserem Massstabe und in den Einzelnheiten besser ausgeführt ist; dieselbe trägt den Namen des Eigenthümers „Ben-Had" in deutlichen phönicischen Buchstaben. Gut gezeichnet und deutlich graviert auf einen Scarabaeoid in Chalcedon.

11. Die Baris oder heilige Nilbarke, welche den Erdglobus [?] trägt zwischen zwei grossen Schlangen. Darüber steht der Sonnendiscus; über dem Ganzen schwebt der Mihr. Die Baris schwimmt über einer Reihe Lotusblumen, die am Ufer des Flusses wachsen; eine schöne Symbolisierung der göttlichen Regierung der Welt in ihren vier Elementen; sie ist auf die Gemme durch eine geübte Hand gebracht, und zwar in einer Weise, die der Idee nicht unwürdig ist. Scarabaeoid in Agat.

12. Die Baris wiederum mit einem Sperber auf dem Vorder- und Hintertheile. In der Mitte thront eine Gottheit, hinter der ein niederer Gott als Begleiter steht; davor steht ein dritter in Anbetung mit erhobener Hand. Alle drei tragen die Scheibe auf dem Kopfe zur Bezeichnung ihrer göttlichen Natur. Ein ein-

facher etruskifcher Rand fchliefst die Gruppe ein, welche in einem fehr fkizzenhaften Stile ausgeführt ift und ebenfo gut tyrrhenifch fein kann, denn fie fieht einigen der Scarabäen aus Tharros fehr ähnlich. Kleiner Scarabaeoid in Bergkryftall, einem für Intaillen feltenen Mineral.

13. Zwei fitzende Sphinxe, jeder mit einer gegen den *Hom* oder „Lebensbaum" erhobenen Vordertatze; über demfelben fchwebt der Mihr. Gefenius (Mon. phoen. No. LXX. *ter*) giebt einen fehr ähnlichen Typus, aber mit Hinzufügung zweier Anbetender; derfelbe ift für unfere Unterfuchung von grofser Wichtigkeit, weil er in phönicifchen Buchftaben den Namen *Losargad*, „von dem Fürften des Sieges" trägt, welcher Umftand für den Urfprung des gegenwärtigen Werkes entfcheidend ift. Leicht graviert auf ein reines, grünes Plasma, das (abgefehen von einem kleinen ungravierten Scarabaeus) einzige in dem ganzen Schatze. Auch dies ift ein vollftändiger Scarabaeus, gröfser als gewöhnlich.

14. Sphinx einem Löwen gegenüber, beide liegend; zwifchen ihnen fteht ein grofses Kreuz, ein in diefer Reihe beftändig wiederkehrendes Emblem, aber nach allem wahrfcheinlich ohne andere tiefere Bedeutung als die hergebrachte Figur eines Sternes, „des Sternes eueres Gottes Remphan", auf einen Stab erhöht. Das Emblem des Schamas auf dem königlichen Halsband ift ein gewöhnliches maltefifches Kreuz. Diefer Gegenftand kehrt oftmals auf den goldenen Ringen mit *Graffiti* wieder und ift eine echt phönicifche Zeichnung. Nachläffig auf einen kleinen Scarabaeoid in Chalcedon graviert.

15. Sperberköpfiger Greif, fitzend, mit halbgeöffneten Flügeln; auf feinem Kopfe die Sonnenfcheibe, davor das Henkelkreuz. Roh und tief eingefchnitten auf einen kleinen Scarabaeoid in Sarder.

16. Hirfch von einem Baume freffend; über feinem Rücken befinden fich zwei Buchftaben, vielleicht cyprifche, die jedoch durch einen Sprung in der Oberfläche undeutlich geworden find. Skizzenhafte Arbeit auf einem kleinen Scarabaeoid entweder in fchlechtem Lafurftein oder in einer diefen Stein nachahmenden Pafte, dem künftlichen „Cyanus" des Theophraft.

17. Sperberköpfiger Greif, den kegelförmigen Helm des Ofiris [?] tragend, auf der Hieroglyphe für „Gold" 𓋞 fitzend;

davor erhebt ſich ein hoher Lotusſtengel. Mit groſser Feinheit graviert auf einen vollformigen Scarabaeus in feinem Sarder.

18. Greif, liegend, die gehörnte Mütze des Belus tragend. Davor ein groſser Stern, die Sonne darſtellend, deren beſonderes Attribut der Greif iſt. Höchſt zart graviert, auf einen kleinen Sarderſcarabaeoid, der vom Feuer vollſtändig abgebleicht iſt.

19. Sperberköpfiger Greif, ſitzend, nach rückwärts ſchauend; davor befindet ſich ſenkrecht eine Keule. Da dies die wohlbekannte Münzmarke der tyriſchen Münzen iſt, ſo hat es in dieſer niedlich ausgeführten Intaille wahrſcheinlich dieſelbe Bedeutung. Kleiner Scarabaeus von Sarder in einem ſchweren, ſilbernen Drehringe.

20. Greif, ſchreitend, mit ausgebreiteten Flügeln; davor ein groſser Stern. Sehr ſkizzenhaftes Werk, auf einem Scarabaeoid von ſchönem Augen-Onyx.

21. Zwei Löwen, in einem tödtlichen Kampfe begriffen, in dem jeder ſeinen Rachen in den unteren Theil des Leibes ſeines Gegners eingebiſſen hat. Durch dieſe ſymmetriſche Anordnung gewinnt die Gruppe das gleiche Anſehen von jeder Seite, von der man ſie betrachtet. Die Mähnen ſind durch Kreuzſchraffierungen in ſehr oberflächlicher Manier ausgedrückt, aber im Uebrigen iſt die Figur mit groſser Naturtreue gezeichnet und ſorgfältig ausgeführt. Die Zeichnung iſt in einen einfachen etruskiſchen Rand eingeſchloſſen. Vollkommener Scarabaeus, 7/[illegible] Zoll lang, aus braunem Chalcedon.

22. Ein Thier einer unbeſtimmten Art, vielleicht eine Antilope, ſymmetriſch zwiſchen drei groſse Blätter derſelben Art, wie man ſie gemeiniglich auf phöniciſchen Votivtafeln ſieht, eingeordnet. Es können Blätter der Perſea ſein, welche wegen ihrer Aehnlichkeit mit der Zunge von den Aegyptern für heilig gehalten wurden; das Blatt ſymboliſiert eine Gottheit, wie ja auch noch die Hinduſrauen die Schaſta-devi (Aſtarte) unter der Form eines Bananenfeigenblattes verehren. Roh geſchnitten auf einen Scarabaeoid aus weichem dunklem Steine, vielleicht Serpentin, aber höchſt ſeltſam, da die Rückſeite zu einer vollgeſichtigen Maske ausgearbeitet iſt, die wahrſcheinlich zum Amulett beſtimmt iſt, aber nicht das gewöhnliche Gorgoneion darſtellt. Es kann Baal ſelbſt ſein, deſſen volles Geſicht das Revers einiger Münzen Juba II. bildet.

23. Zwei aufgerichtete wilde Ziegen, Rücken an Rücken ftehend, aber gegen einander fallend (heraldifch gefagt: *addossé* und *regardant*). Zwifchen ihnen fteht ein grofses lanzenförmiges Blatt, beiderfeits wiederholt, ohne Zweifel von derfelben myftifchen Bedeutung wie in der vorigen Nummer. Dasfelbe Blatt findet fich in der Verzierung der Patera aus Curium (Tafel LXVI. 1) wiederholt. Ein ähnlicher Gegenftand erfcheint oft auf den mithraifchen Tafeln viel fpäterer Zeit, wo er als Cypreffe, das Emblem des Feuerelementes, gedeutet wird. Was auch feine Bedeutung fein möge, die Heiligkeit der daran geknüpften Idee geht daraus hervor, dafs es auf fo vielen Siegelringen die einzige Zeichnung ift. Typus und Art der Gravierung unverkennbar phönicifch; auf einem grofsen Scarabaeoid in braunem Chalcedon.

24. Aufgerichtete Schlange vor einer Pflanze mit drei Zweigen, wie fie fich auf vielen Serapisgemmen findet. Sauber auf einen fehr kleinen Scarabaeoid in Sarder gefchnitten.

25. Geflügelte Schlange, der eine Flügel erhoben, der andere gefenkt, vor einem hohen Kreuze der fchon befchriebenen Art. Darunter ein vierftrahliger Stern, das Symbol des Schamas oder Sonnengottes; eine merkwürdige Vereinigung affyrifcher und ägyptifcher Formen, ganz im Geifte der fyncretiftifchen Religion Phöniciens. Schön graviert auf einen kleinen Scarabaeus in grünem Jafpis, dem einzigen Beifpiele diefes Steines unter den Weihgefchenken.

26. Zwei Männer, die die rechte Hand in Anbetung erheben; zwifchen ihnen befindet fich eine Pflanze, über ihnen fchwebt der Mihr; woraus hervorgeht, dafs die Darftellung eine religiöfe ift und vielleicht den Abfchlufs eines heiligen Vertrages bedeutet. Roh in flachem Relief ausgeführt auf der viereckigen Fläche eines Fingerringes in maffivem Silber, anfcheinend cyprifche Arbeit. [Nicht abgebildet oder vielleicht mit dem folgenden identifch.]

27. Zwei Männer mit erhobenen Händen, einander gegenüberftehend. Die beiden Kügelchen in der Exerge, die für Sterne ftehen, den Emblemen der Gottheit, machen es wahrfcheinlich, dafs diefe Figuren die Cabiri find. Sehr roh graviert.

28. Schreitender Kranich; in dem Felde darüber eine Eidechfe, davor eine Pflanze. Barbarifche Ausführung.

29. Greif mit ausgebreiteten Flügeln, davor das Henkelkreuz.

30. Stier, unter einem Baume ſtehend; davor eine groſse Scheibe, welche die Sonne darſtellt; der Stier iſt das Attribut des Belus.

GRIECHISCHE.

(Tafel LXXXII und LXXXIII.)

Bei der Anordnung der Gemmen unter dieſem Titel iſt mehr die Darſtellung als die Kunſt maſsgebend geweſen; denn unſere Kenntniſs der beim natürlichen Wachſen jeder Kunſt wahrzunehmenden Stufen macht es ziemlich gewiſs, daſs einige der in der vorhergehenden Reihe aufgeführte Nummern eigentlich griechiſche Nachahmungen phöniciſcher Muſter ſind — die erſten Verſuche von Künſtlern, die noch zu ſchüchtern ſind, um ſich an die anmuthigen Schöpfungen ihrer eigenen Mythologie zu wagen.

1. Ein Mann mit ausgebreiteten mächtigen Flügeln, durch die Luſt fliegend, mit einem nackten Mädchen in ſeinen Armen, die noch eine Leier in der herabhängenden Hand hält. Der Räuber ſchaut rückwärts, als biete er jeder Verfolgung Trotz; und mit aller Gewiſſenhaftigkeit der älteren Kunſt iſt dargeſtellt, wie er ſeine Beine in der Luſt ausreckt, als wenn er in einem dichtern Elemente ſchwämme. Die Darſtellung kann keine andere ſein als die des Boreas, der die Orithyia, die Tochter des Erechtheus, von den Ufern des Iliſſus entführt; die Leier, welche ſo bezeichnend zur Erklärung des Gegenſtandes eingeführt iſt, ſpielt augenſcheinlich auf die Thatſache an, daſs ſie ſich vergnügte (παίζουσα, wie Plato im Phaedrus 229, c ſagt), als der Windgott auf ſie herniederfuhr. Dieſe Sage war auf dem Kaſten des Cypſelus, einem um wenigſtens zwei Jahrhunderte älteren Werke dargeſtellt; aber Pauſanias berichtet von ſeiner Behandlung nur den Umſtand, daſs der Boreas „Schlangenſchwänze ſtatt der Füſse hat“ (V. 19, 1). Auf einer Gemme hatte man den Gegenſtand noch nicht behandelt gefunden, obwohl die gewaltſame Handlung ihn dem archaiſchen Geſchmacke ſo ſehr empfehlen muſste; doch ſei erwähnt, daſs die berühmte Intaille des Achilles, der die erſchlagene Penthesilea emporhebt, eine einigermaſsen ähnliche Compoſition darbietet. Dieſes Werk kommt wegen der kühnen Zeichnung und der geſchickten Behandlung der nackten Formen allem in dieſem Stile

Bekannten gleich. Ja, diese Eigenschaften machen neben der wunderbar sorgsamen Ausführung und der einzig dastehenden Darstellung die Gemme vielleicht zu dem werthvollsten Beispiele der aus dem archaischen Stadium hervortretenden griechischen Kunst, das man bisher zu Tage gefördert hat. Ein höchst bedeutender Bildhauer hat die Correctheit der Zeichnung gelobt und darauf hingewiesen, dass die scheinbare Verrenkung des einen Fusses des Boreas durch die Begrenzung des Feldes herbeigeführt worden ist — eine Regel, die die alten Gravierer, wie man in vielen ihrer Werke bemerkt, zu befolgen sich verbunden geachtet haben. Scarabaeoid, $\frac{3}{4}$ Zoll lang, in einem Sarder, der dieses Werkes würdig ist; in einen goldenen Drehring von beträchtlichem Gewicht gefasst.

2. Bärtiger Mann mit langem Haar, das in primitivem Stile mit einer Binde zusammengebunden ist, ein Mädchen um die Taille fassend und liebkosend; sie scheint zu widerstreben und sich losmachen zu wollen und lässt eine grosse Fackel aus der Hand fallen. Er ist in ein langes bis auf die Knöchel reichendes Gewand gekleidet, während die „Chlamys" über seinem Arme hängt; sie trägt eine lange Tunica und kurzes Obergewand und hat ihr Haar in die *Mitra* eingebunden, die nationale Kopfbekleidung der Inselgriechen, wie man sie auf den gewöhnlichen Bildnissen der Sappho sieht. Die Fackel in ihrer Hand ist in vorgreifender Weise eingeführt, um ausser Zweifel zu stellen, dass die Scene der Raub der Proserpina und das Opfer die künftige Königin der Nacht ist. Es giebt bis jetzt kein anderes Beispiel dieser Darstellung auf einer Gemme, obwohl die Geschichte von des Sporus verhängnissvoller Neujahrsgabe an Nero beweist, dass sie auch von anderen hervorragenden Künstlern gewählt worden war. Indessen stellt ein altes Vasenbild dieselbe Legende dar; und hier trägt der Gott gleichfalls (im Gegensatz zur allgemeinen Regel für die Darstellung von Gottheiten) dasselbe lange Gewand, welches sinnbildlich eine düstere und mysteriöse Macht bezeichnete und auf der attischen Bühne wahrscheinlich seinen Charakter kennzeichnete; Euripides nennt den Tod, der in sichtbarer Form in der „Alcestis" auftritt, μελάμπεπλος — und der Peplos ist das weiteste aller weiblichen Gewänder. Diese Intaille kann wegen der Vortrefflichkeit der Composition und des entschiedenen Ausdrucks ihrer Bedeutung mit einer für moderne Begriffe fast unzarten Treue, die sich auch in der wunderbaren Vollendung aller ihrer

Einzelheiten offenbart (denn felbft das kleine Juwel auf der *Mitra* des Mädchens ift deutlich zu unterfcheiden), ficherlich über alles geftellt werden, was im archaifchen Stile bekannt ift. Aus den angeführten Gründen kommt fie den weitberühmten „Fünf berathfchlagenden Helden“ im Cabinet Stofch gleich, die fie in der Zeichnung noch weit übertrifft, da fie von der grotesken Steifheit des etruskifchen Meifterwerks gänzlich frei ift. In der That beweift diefe Gravierung den Fortfchritt der älteren Griechen in der Behandlung bekleideter Figuren ebenfo treffend, wie es bei dem „Boreas und der Orithyia“ in Hinficht der nackten der Fall ift. Die Darftellung wurde wahrfcheinlich als Siegel-Devife von der Frau gewählt, welche die Gemme zuerft befafs, weil fie fich auf eine Scene in den Myfterien der Demeter bezieht (die alten Athener nannten nach Plutarch die Todten „Demetrier“). Dafs fie gleich dem Fufse des Hermes, der den Pfyche-Schmetterling zertritt, auf römifchen Gemmen, an die Kürze des menfchlichen Lebens gemahnen follte, ift eine zu tranfcendentale Idee für jene Zeiten urfprünglicher Einfalt. Der Künftler hat fich glücklicherweife ein gröfseres Feld zur Entfaltung feiner Gefchicklichkeit gewählt, als es bei archaifchen glyptifchen Werken der Fall zu fein pflegt, einen $^{3}/_{4}$ Zoll langen Scarabaeoid in Chalcedon. Diefe Gemme ift in einen fehr maffigen Drehring in Silber gefafst; was für die Armut der Hellenen in jener Epoche ihrer Gefchichte ebenfo wie für ihre Fortfchritte in der Kunft zeugt und zu den koftbaren Ausfchmückungen der barbarifchen ägyptifchen Siegel in ihrer Gefellfchaft einen auffallenden Gegenfatz bildet.

3. Göttin, mit zurückgebogenen Flügeln in der archaifchen Manier, ftehend, die rechte Hand erhoben und den Zeigefinger ausgeftreckt, gleichfam winkend oder vielleicht eine Blume haltend (?); mit der andern dicht an ihre Seite gedrückten Hand hält fie ein Gewinde; über den ausgeftreckten Arm fällt in weiten Falten ein grofser Peplos vom feinften Stoffe. Ihre Flügel entfpringen, wie bei phönicifchen Figuren, aus der Vorderfeite der Schultern, nicht aus iher Spitze, wie in der fpäteren Kunft – ein merkwürdiger Beweis für die Aufmerkfamkeit, die man auf die Möglichkeit folcher Anhängfel an die menfchliche Geftalt richtete. In dem Felde befindet fich eine aufgerichtete Schlange. Diefes von der attifchen Athene unzertrennliche Attribut könnte uns zunächft zu der Annahme führen, dafs diefe Göttin hier gemeint

sei; es fehlt jedoch der für diese Auffassung unentbehrliche Helm. Vielleicht haben wir es hier mit der Verkörperung der Idee der Nemesis zu thun und müssen die Schlange als ein Emblem der Weisheit auffassen. Aber diese änigmatische Darstellung ist augenscheinlich dem Typus einer seltenen Münze von Marium auf derselben Insel verwandt, nämlich einem geflügelten Weibe aus genau derselben Kunstperiode, deren Gesicht eine heftige Erregung zeigt, und die in einer Hand einen Kranz, in der anderen einen theilweise verwischten Gegenstand trägt. Nemesis trägt in ihren späteren Darstellungen eine Mefsruthe, oder sie hält sonst den rechten Arm in die Höhe, um den *cubitus* zu zeigen, als wollte sie den Grundsatz einprägen: μέτρον ἄριστον. Regelmäfsig ist sie geflügelt; die flügellose Nemesis ist nur Smyrna eigenthümlich. Eine Schlange findet sich wirklich vor ihr auf einem Aureus des Julius Cäsar und auf einem Denarius des Claudius. Ihre Verehrung in Rhamnus ist ein Beweis, dafs sie zu den ursprünglichen ionischen Gottheiten gehört; in der That war sie von Anfang bis zu Ende nur eine besondere Auffassung der Göttin Fortuna. Die Ausführung dieser Intaille gehört zu den schönsten, doch hat die Zeichnung etwas von der phönicischen Steifheit an sich, so dafs die Arbeit mit Sicherheit der cyprischen Schule überwiesen werden kann. Scarabaeoid in schönem Sarder, in einen goldenen Drehring gefafst, der grofs genug ist, um am Finger getragen werden zu können.

4. Siegesgöttin mit gesenkten grofsen Flügeln, in Vorderansicht stehend, aber (im Abdrucke) zur Linken schauend und den Lorbeerkranz vorhaltend. Sie ist in eine lange, faltige Tunika gekleidet, über welche ein kurzes, schlichtes Oberkleid geworfen ist. Die Figur der Göttin und die Art und Weise der Gewandung sehen demselben Typus auf den Statuen Alexander's sehr ähnlich, obwohl der Stil in jener Zeit lockerer geworden war. Nichts kann die Schönheit der Zeichnung übertreffen oder die ausgesuchte Ausführung dieses Beispiels des „vollkommenen griechischen" Stiles. Kleiner Scarabaeoid in Sarder, in einen goldenen Ringkasten gefafst, der vermittelst einer Oehse an einen goldenen Fingerreif befestigt ist, von welchem er beim Tragen herabhängt; diese Art das Siegel zu tragen steht vereinzelt da.

5. Jüngling, nackte Figur, zwischen zwei sich bäumenden Rossen stehend, die er an die Schultern fafst. Träfe man diese Gruppe in der späteren Kunst an, so würde sie für „Hercules,

der die menſchenfreſſenden Roſſe Diomedes des Thraciers bändigt", gelten; aber im vorliegenden Falle iſt es wahrſcheinlicher, daſs die Bedeutung eine aſſyriſche und myſtiſche iſt, wie denn die ſpäter erſonnene „Arbeit" des Halbgottes in der gleichen ihre wirkliche Quelle hat. Denn die Intaille iſt noch archaiſch, wie bei der menſchlichen Figur beſonders deutlich iſt, wenn auch die Pferde mit Sorgfalt und Lebendigkeit gezeichnet ſind. Kleiner Scarabaeoid in bräunlichem, undurchſichtigem Steine, verkalkt.

6. Jüngling, ganz nackt, ſich über einen groſsen, langſchwänzigen Hund neigend, der ſich erhebt, um ſeine Hand zu lecken; er trägt eine kurze Ruthe, auf deren Spitze eine Kugel ſteckt. Eine ſolche Gruppe würde in der ſpäteren Kunſt als „Ulyſſes von ſeinem treuen Argus erkannt" gedeutet werden; aber auf dieſer alten Stufe griechiſcher Cultur iſt kaum mehr gemeint als das Bild „eines Knaben und eines Hundes". Ein einfacher Linienrand ſchlieſst die Gruppe ein. Die höchſte Vollendung, zu welcher die ältere Schule je gelangte, iſt in dieſer Intaille erreicht, die ſich mit dem berühmten „Tydeus mit der Striegel" in Berlin in ſeiner ſorgſältigen Anatomie und ſorgſamen Ausführung der Einzelheiten meſſen kann. Scarabaeoid, $^5/_8$ Zoll lang, ſehr niedlich geformt und aus einem Plasma der merkwürdigen oben beſchriebenen Art geglättet, durchſichtig, mit dunklen Wolken. Dieſe Gemme hat keine Faſſung, da ſie gemäſs der älteſten Mode Siegel zu tragen vielleicht dazu beſtimmt war, auf einer um das Handgelenk gewundenen Schnur getragen zu werden.

7. Jüngling, nackte Figur, ſein langes Haar im archaiſchen Stile mit einer Kopfbinde zuſammengebunden, knieend, indem er eine Hand zum Zeichen der Unterwerfung auf ſeine Bruſt gelegt hat und mit der andern als eine Opfergabe einen rechtwinkeligen Gegenſtand hinhält, vielleicht ein Stück einer Honigſcheibe, deren Zellen allerdings nicht angedeutet ſind. Die Intaille, obwohl in einzelnen Theilen gut ausgeführt, iſt augenſcheinlich unvollendet, da der Figur beide Füſse fehlen und die Beine blos ſkizziert ſind. Groſser Scarabaeoid von der merkwürdigen Plasmaart, die bereits bei zwei anderen Proben beſchrieben iſt und die damals ohne Zweifel als ein niederer Smaragd galt. Plinius (Hist. nat. 37, 17) erwähnt, daſs die Augen eines auf das Grab des Hermias, eines cypriſchen Königs, geſetzten marmornen Löwen aus *smaragdus cyprius* gefertigt waren, und Theophraſt bezeugt, daſs

dieser edle Stein in den Kupferbergwerken der Insel allgemein gefunden wurde.

8. Mädchen, nackt, knieend und eine Vase mit kugelförmigem Bauche und langem Halse und Fuße darbietend. Sie trägt eine lange Ruthe, deren gekrümmtes Ende über ihre Schulter ragt. Skizzenhaftes Werk aus späterer Zeit als irgend eins der vorhergehenden; auf einem kleinen runden Scarabaeoid in Chalcedon.

9. Krieger, nackt, mit eng anschließender Sturmhaube (καταῖτυξ), beim Haare ein Weib ergreifend, das sich vor ihm duckt und seinen Arm erfaßt, als flehe sie den Schänder, dessen Absicht durch den Strick in seiner andern Hand erklärt wird, um Gnade an. In einem freien Stile graviert, mit geringen Versuchen der Vollendung, ziemlich in der Manier der späteren etruskischen Arbeiten. Ein Sarder, anscheinend von einer größeren Gemme abgeschnitten, da ein Theil der Darstellung jetzt aus dem Felde heraustritt. Das einzige Beispiel in dem Schatze von einer Gemme, welche in einen gewöhnlichen Fingerring, nicht in einen Drehring gefaßt ist. Der Ring ist sehr hübsch gearbeitet; der Ringkasten zeigt ein umlaufendes „Wellenmuster“ in durchbrochener Arbeit, und der Schenkel eine verwickelte und niedliche Zeichnung. Es gab kein passenderes Siegel für einen tyrrhenischen Seeräuber!

10. Drei Krieger, in der Reihe marschierend, mit Speeren und runden, mit ungewöhnlich großem *Umbo* versehenen Schilden bewehrt; ihre Bewaffnung ist genau dieselbe wie die der königlichen Garden in dem Grabe in Amathus. Herodot (7, 90) bemerkt über das cyprische Contingent in der Armee des Xerxes, daß es nach griechischer Weise bewaffnet war, aber Tuniken trug, und daß seine Könige den Kopf mit der *Mitra* bedeckten gleichwie die Frauen. Wegen der Sicherheit ihrer Herkunft eine höchst interessante Arbeit, obschon sehr roh ausgeführt, da sie mit dem Grabstichel in einen Scarabaeus von dunkelbraunem Steaschist geschnitten ist.

11. Ein Mann, auf seinen Stab gestützt und seinen aufgehobenen Fuß befühlend; mit einem gewöhnlichen etruskischen Rande. Nach langer Betrachtung dieses sonderbaren Typus komme ich zu dem Schlusse, daß der Künstler den eben von der Schlange gestochenen Philoctet im Sinne hatte, wie er mit einer natürlichen Bewegung seine Hand auf den gebissenen Theil schlägt. Er lehnt sich auf den „mächtigen Bogen“ seines vormaligen Mei-

ſters Hercules (woraus ſich ſeine, die der gewöhnlichen griechiſchen Bogen ſo viel überragende, Länge erklärt), deſſen Verſteck er den Griechen, trotz ſeines dem ſterbenden Helden abgelegten Eides, verrathen hatte, weshalb er durch die vom Himmel geſandte Natter ſeinen verdienten Lohn empfieng. Der Gegenſtand war wegen der darin enthaltenen Moral bei den Graeco-Italern dieſer ſelben Periode beliebt, obſchon der Sinn in anderen Beiſpielen durch die Hinzufügung der Schlange und der umgeworfenen Altäre, unter denen die Waffen begraben worden waren, im allgemeinen deutlicher beſtimmt zu ſein pflegt. Wenn aber dem Kunſtſtile eher ein naturaliſtiſcher Sinn entſprechen ſollte, ſo können wir hier lediglich einen Schäfer erblicken, der einen Dorn aus ſeinem Fuſse zieht — ein ſowohl bei Bildhauern als Gemmenſchneidern beliebter Gegenſtand. Die kühne, rohe Arbeit der Intaille hat wie No. 9 in dieſer Reihe ein etruskiſches Ausſehen, und die Gemme kann in dem Vorrathe eines Handelsmannes dieſes abenteuernden Volkes leicht nach Curium gebracht worden ſein. Kleiner Scarabaeus in ſeinem Sarder.

12. Frau, nackt, von hinten geſehen, wie ſie ihr langes Haar in einem groſsen auf einem Geſtelle ſtehenden Becken, ähnlich dem *labrum* der römiſchen Bäder, auswäſcht. Die Haltung iſt die des wohlbekannten „Peleus ſich reinigend“. Es iſt zweifelhaſt, ob dieſe Scene eine einfache Toilettenhandlung darſtellt, oder die tiefere Bedeutung eines Ritus zur Abwendung des durch Träume angedrohten Unglücks hat. Propertius ſagt von der liebekranken Tarpeia:

„*Saepe illa immeritae causata est omina Lunae,*
„*Et sibi tingendas dixit in amne comas.*“

Die Figur iſt von einem etruskiſchen Rande eingeſchloſſen und ſehr lebendig ausgeführt, namentlich wenn man die mikroſkopiſche Gröſse der Gemme bedenkt, eines Scarabaeoid von nur $^1/_4$ Zoll Länge; ein durch Feuer gebleichter Sarder.

13. Frau, gänzlich nackt, hockend in der Stellung der „Venus im Bade“; ihr Haar fällt frei über ihre Schultern, während ſie die langen Flechten durch ihre Finger gleiten läſst um ſie zu entwirren. Es weiſt alles in dieſem bemerkenswerthen Typus darauf hin, daſs wir hier keine mythiſche Nymphe oder Göttin ſehen, ſondern die ſchöne Beſitzerin ſelbſt, welche ihren Liebreiz durch ihr Siegel offenbart. Vollkommen griechiſche Arbeit von

allen Gemmen des Schatzes der jüngſten Periode angehörig; ihre Schönheit übertrifft alle Beſchreibung und giebt einen Begriff von der Amymone derſelben Schule, welcher völlig das bereits erwähnte unmäſsige Lob des Liebhabers Ismenias rechtfertigt. Scarabaeoid in feinem Sarder, $\frac{5}{8}$ Zoll lang.

14. Pferd mit eingezogenen Vorderfüſsen, ſich niederlegend; im obern Felde ſteht in rohen groſsen Buchſtaben ϹΤΗϹΙΚΡΑΤΗϹ (auf der Gemme umgekehrt), das Ganze in einem einfachen, feinen Linienrande, welche Zugabe eine regelrechte Unterſcheidung eines echt griechiſchen Werkes bildet im Gegenſatz zu den immer doppelten, oft kunſtvollen Einfaſſungen, welche etruskiſche Künſtler anwenden. Da Gemmenlegenden immer im Genitive ſtehen, ſo muſs dies Siegel einer Frau namens „Steſicrate" zugehört haben. Die Gravierung hat nur noch wenig von der archaiſchen Steifheit und gehört gewiſs zu den ſpäteſten unter den Donaria. Die Legende iſt in dem ioniſchen Character geſchrieben, der nothwendigerweiſe auf der aſiatiſchen Küſte und den benachbarten Inſeln längſt gebraucht wurde, ehe er in Athen angenommen ward (wodurch ſein anderswo allgemeiner Gebrauch genügend bewieſen wird); es geſchah dies nach Plutarch c. 420 vor Chr. Pferde in gezwungenen Stellungen waren ein Lieblingsſtudium bei den griechiſchen Künſtlern jeder Art. Plutarch erzählt eine Geſchichte von einem alten Maler Pauſon, welcher, beauftragt ein ſich auf ſeinem Rücken wälzendes Pferd zu malen, zum Unwillen ſeines Gönners ein galoppierendes lieferte; derſelbe war allerdings mehr als zufrieden, als ihm Pauſon erklärte, daſs er die gewünſchte Stellung hätte, wenn er das Bild auf den Kopf ſtellte. Scarabaeoid, faſt 1 Zoll lang, in mattbraunem Chalcedon; wie die meiſten der griechiſchen Gemmen in dieſem Schatze in einen ſehr maſſigen Drehring in Silber gefaſst.

15. Groſser Wolfshund, ſchlafend, mit einem kurzen Stricke an einen Baumſtamm gebunden. In vollkommen griechiſchem Stile gearbeitet mit unvergleichlicher Naturtreue und wunderbarer Ausführung der Einzelheiten. Der Hund, wie er in der griechiſchen Kunſt dargeſtellt wird, iſt immer von derſelben Race, mit langem Schwanze und langen Ohren, glatthaarig, mit groſsem Kopfe, im allgemeinen unſerm „Wachtelhund" ähnlich, der in der That noch jetzt die gewöhnlichſte Art iſt, die man in Mittel-Italien ſieht. Scarabaeoid, $\frac{5}{8}$ Zoll lang, in einem eigenthümlichen

Material wie einer ſchwarzen Paſte, aber wahrſcheinlich Trachyt oder Probierſtein (einem grobkörnigen, ſchwarzen Jaſpis); denn die Intaille iſt augenſcheinlich mit derſelben Technik ausgeführt wie die auf den andern harten Steinen der Sammlung.

16. Rabe auf einem Felſen ſitzend; über ſeinem Rücken das Henkelkreuz, vor ihm der Zweig eines Baumes, vielleicht des Lorbeerbaumes Apollo's, da der Vogel das beſondere Attribut dieſes Gottes war. Er kann möglicherweiſe mit der Verehrung des Apollo Hylates, „Apollo des Waldes", in Verbindung gebracht werden, deſſen in ſpäteren Zeiten ſo berühmter Tempel in geringer Entfernung von Curium ſtand. Mit der einfachen, feinen Linie gerändert, ein ſicherer Beweis ſeines griechiſchen Urſprungs, ungeachtet des echt ägyptiſchen Symbols in dem Felde; für den griechiſchen Urſprung ſpricht auſserdem auch die naturaliſtiſche, obſchon etwas ſkizzenhafte Bearbeitung. Kleiner Scarabaeus in Sarder.

17. Ibis, mit erhobenem Schnabel ſtehend und etwas verſchlingend. Obſchon das Symbol des Thot und ohne Zweifel hier in myſtiſcher Bedeutung, iſt doch der Vogel in gutem griechiſchem Stile gehalten. Er iſt höchſt bemerkenswerth wegen der Form der Gemme, die er einnimmt; dieſelbe iſt nämlich ein vierſeitiges Stück klaren Sardonyx, 1 Zoll lang und ³⁄₄ Zoll breit, deſſen andere drei Seiten leer ſind, der Länge nach durchbohrt und in einen goldenen Drehring gefaſst; augenſcheinlich für einen ſehr koſtbaren Stein angeſehen.

18. Hippocampus oder Seepferd, geflügelt und in raſcher Bewegung, die Wogen durchſchneidend. Obwohl dieſes anmuthige Ungethüm eine eigenthümliche Schöpfung der phöniciſchen Phantaſie iſt, welche weder in der aſſyriſchen noch in der ägyptiſchen Vorſteilung ein Vorbild hat, und, als paſſendſtes Merkmal eines ſeefahrenden Volkes, das regelmäſsige Abzeichen aller unter tyriſchem oder carthagiſchem Einfluſs ſtehenden Münzen iſt, ſo nöthigen uns doch die freie Zeichnung und die vorzügliche Ausführung, dieſe Gemme einer cypriſchen Hand beizulegen. Kleiner Scarabaeus in feinem Sarder.

19. Cartouche, ſenkrecht zwiſchen zwei aufgerichtete Schlangen geſtellt, in groſsen Buchſtaben ΕΧΙΞ enthaltend. Dies Wort kann kein anderes als ἔχις ſein, die alte Form von ἔχιδνα, und iſt vielleicht ein Eigenname nach der Analogie des in Griechen-

land nicht ungewöhnlichen *Draco* oder der *Echidna*, deren Liebe zu Hercules Herodot erzählt. Oder in feinem urfprünglichen Sinne genommen, kann das Wort ein Amulett gegen die auf Cypern noch jetzt fo häufige Schlange bilden, fo dafs die Gemme zu der Art jener von Ariftophanes (Plutus 883) berührten prophylactifchen Ringe gegen Schlangenbiffe gehörte. Noch die arabifchen Amulette des heutigen Tages tragen die Figur des Dinges, gegen welches fie ihre Kraft bewähren follen, und alle orientalifchen Gebräuche diefer Art ftammen aus unvordenklich früher Zeit. Hübfch graviert auf einen Scarabaeoid in geftreiftem Agat. —

Es ift fehr anziehend, das vorftehende Verzeichnifs mit der einige fiebzig Jahre nach der Belagerung Curiums aufgeftellten Lifte von Opfergaben derfelben Art zu vergleichen, welche in dem berühmteften Tempel Griechenlands dargebracht worden find. In einer von Boeckh's Infchriften aus der Zeit des peloponnefifchen Krieges (430—404 vor Chr.) werden aus dem Schatze des Parthenons aufgezählt: „Ein grofser Onyx mit eingravierter Antilope, 32 Drachmen im Gewicht; ein nicht gravierter Onyx, 270 Drachmen und einen halben Obol fchwer; ein Onyx in einen goldenen Ring gefafst; ein Onyx in einen filbernen Ring gefafst; ein Jafpis (Plasma)*) in einen goldenen Ring gefafst; ein Jafpisfiegel in Gold gefafst (wahrfcheinlich ein als Gehänge gefafster Scarabaeus); ein Siegel auf einem goldenen Ringe (d. h. nicht auf eine Gemme gefchnitten, fondern in das Gold felbft); ein Siegel auf einem goldenen Ringe, von Dexilla gewidmet; ein goldener Ring (nicht ein Siegel, fondern als Schmuck dienend), 1 ½ Drachme fchwer, von Axiothea der Frau des Socles dargebracht; zwei Gemmenfiegel auf einem goldenen Ringe; zwei Siegel auf filbernen Ringen (d. h. in diefelben eingefchnitten), einer derfelben mit Gold plattiert; fieben Siegel aus gefärbtem Glafe (Paftengemmen) mit Gold plattiert: acht filberne Ringe und eine Goldmünze ohne Legierung (wahrfcheinlich ein Daricus, der fo von dem niedrigerftehenden Cyzicener Stater unterschieden wurde, der einzigen damals umlaufenden Goldmünze); ein goldener Ring mit einer

---

*) Diefe drei Gemmen waren nicht graviert, fondern wurden als Edelfteine getragen; wenn die Steine graviert find, fo ift die Benennung, σφραγίς, ausdrücklich hinzugefügt.

daran gebundenen goldenen Münze (wahrſcheinlich vermittelſt einer Oehſe an dem Ringe befeſtigt, um als Schmuckjuwel zu dienen in der Art des Scarabaeoids mit der Siegesgöttin in unſerer Liſte), von Phryniscus dem Theſſalier dargebracht; ein ſchlichter goldener Ring von einer halben Drachme, von Pletho aus Aegina dargebracht (offenbar ein Wittwenſcherflein); fünf zinnerne Ohrringe von Thaumarete."

Wenn wir dieſe Liſte mit der des Tempelſchatzes von Curium vergleichen, dann muſs uns die Gleichförmigkeit der in den beiden ſo weit von einander entfernten Heiligthümern aufgeſpeicherten Opfergaben überraſchen. In beiden fehlt es augenſcheinlich an den echten Edelſteinen; ſelbſt der Onyx wird nach dem Gewicht geſchätzt, wie heutzutage Diamanten und Rubinen; das Plasma iſt noch ſeltener; beide Arten werden ungraviert getragen; man hält farbige Paſten für der nationalen Gottheit würdige Opfergaben; wir finden in beiden die Plattierung des Silbers mit Gold, um den Schein zu vergröſsern und die Koſten zu vermindern, und denſelben Unterſchied zwiſchen gravierten Siegelringen und ſolchen, die nur für den Schmuck beſtimmt ſind. Doch konnte die ungenannte Göttin von Curium vor ihrer atheniſchen Schweſter ſich gröſseren Reichthums rühmen, ſowohl in Hinſicht der Menge als des innern Werthes der auf ihren Altar gelegten Gaben, wenn nicht freilich die Inſchrift bei Boeckh nur eine begrenzte Zeit umfaſst.

Auſser dem Tempelſchatze hat dieſelbe Oertlichkeit noch eine ſehr merkwürdige Gemme geliefert (Taf. LXXXIV. 36). Es iſt ein Sarder, der in voller Vorderanſicht einen Kopf mit ſehr zottigem, in zwei groſsen Büſcheln an den Seiten geordnetem Haar und mit einem langen Barte zeigt, ſo daſs das Ganze das (nicht beabſichtigte) Anſehen einer Weintraube gewinnt. Wenn man aber die Figur mit den Köpfen in Profil oder in voller Vorderanſicht auf den Münzen der beiden Juba von Numidien vergleicht, welche den nationalen Gott Balſamus oder Baalſamen, „den Herrn des Himmels", zeigen, dann kann es kaum zweifelhaft ſein, daſs alle das Nämliche ausdrücken. Da die Numidier die geringe Kunſt, welche ſie beſaſsen, nothwendigerweiſe von den carthagiſchen Nachbarn entlehnt hatten, ſo erklärt ſich das Erſcheinen der puniſchen Gottheit auf einer Gemme von cypriſcher Arbeit leicht. Ihr Stil gehört einer zu frühen Kunſtperiode an.

als daſs man den Kopf für das Bildniſs einer ſterblichen Perſönlichkeit halten könnte, wiewohl er natürlich genug für ein gleichzeitiges Abbild Zeno's ſelbſt gehalten wurde. Es umgiebt ihn eine Legende in cypriſchen Characteren, welche bislang noch nicht erklärt worden iſt, aber ſicherlich der Regel der phöniciſchen Legenden in ſolcher Verbindung folgt und den Namen des ſiegelnden Mannes darſtellt. Dieſe Gemme wurde vor vielen Jahren aufgeleſen, und der Finder, von der Schönheit des Sarders überraſcht, ließs ſeinen eigenen Namen in arabiſchen Zügen auf die Kehrſeite einſchneiden und mit der urſprünglichen Intaille nach unten in ſeinen Siegelring faſſen.

Ein groſser durch Farbe und Glanz bemerkenswerther Amethyſt iſt in einen kunſtvoll verzierten, ſchweren goldenen Ring gefaſst, von etwas barbariſcher Bearbeitung und aus viel ſpäterer Zeit als irgend einer der obenbeſchriebenen (Taf. LV. 2. 3.). Der Ringkaſten iſt roh mit durchbrochenen Muſtern verziert, und die Schultern des Schenkels ſind zu Caryatidenfiguren geformt, von welcher Bedeutung iſt ſchwer zu entdecken — eine Mode, die erſt unter dem römiſchen Kaiſerreiche aufkam. Es finden ſich auch einige Beiſpiele leichter goldener Ringe mit jener häufigen auf die Oberfläche eingravierten Formel ΕΠ ΑΓΑΘΩ. Ihr Sinn: „Zu gutem Glücke" (nicht: „Für das gute Kind", wie ein hervorragender Dactyliologe unſerer Zeit die Worte überſetzt hat) beweiſt die Beſtimmung der Juwele, entweder zu Trauringen oder Geburtstagsgeſchenken oder Neujahrsgaben. Dieſe kamen von dem benachbarten Friedhofe.

Es würde von mir wahrhaft undankbar ſein, wollte ich meinen Aufſatz über dieſen bei weitem wichtigſten Theil des Schatzes von Curium beſchlieſsen, ohne das Andenken ſeines alten Wächters zu ſegnen, der, als er keine Hoffnung mehr ſah den barbariſchen, damals hart belagernden Iconoclaſten zu entrinnen, den ſeiner Obhut anvertrauten heiligen Schatz ſo erfinderiſch vor ihrer Nachſuchung verbarg, daſs er nun zur Belehrung und Freude eines Zeitalters dienen kann, welches von dem ſeinigen um vierundzwanzig Jahrhunderte getrennt iſt.

Cambridge, Trinity-College, den 20. November 1876.

ÜBER DIE CYPRISCHEN THON-GEFÄSSE.

Von A. S. Murray.

Unter den vielen vom General Di Cesnola auf Cypern entdeckten Vaſen, welche für die Geſchichte der alten Töpferei gänzlich neue Formen darbieten, iſt vielleicht keine Art ſo merkwürdig als die drei auf Tafel LXXXV. 1. und LXXXVI. 2. 4 und eine vierte auf Tafel IV. 1 dargeſtellte. Die letztere zeigt eine Zeichnung von zwei einander gegenüberſtehenden Ziegen mit einem Verzierungsmuſter zwiſchen denſelben. Was dieſes Muſter, von dem in dem auf Taf. LXXXVI. 2 eine Variante erſcheint, auch bedeuten möge, es iſt dasſelbe wie das auf der Schale aus Curium vorkommende (Taf. LXVI. 1), wo es gleichfalls zur Trennung von einander gegenüberſtehender Figuren dient und ſomit dieſelbe Beſtimmung hat wie der heilige Baum auf aſſyriſchen Reliefen, mit dem es in der That eine ſo groſse Aehnlichkeit hat, daſs Helbig, bei Beſprechung der Patera von Curium (Annali d'Inst. Arch. 1876, p. 6), dieſes Muſter einfach den aſſyriſchen „heiligen Baum" nennt. Es iſt jedoch zu bemerken, daſs es auf dieſer Patera fünfmal zwiſchen Gruppen ſteht, welche nach Figur, Tracht und Darſtellung offenbar ägyptiſch ſind, weshalb man zunächſt annehmen möchte, daſs es eine ägyptiſche Form des Ornamentes iſt. Doch dem iſt keineswegs ſo. Bei näherer Betrachtung der Patera ſehen wir, daſs ſie auch ſehr deutliche aſſyriſche Elemente in ihrer Zeichnung bietet, und wie die Annahme, daſs die Fertiger der Silberſchale und der Vaſen auf Tafel IV. 1. und LXXXVI. 2

den heiligen Baum aus Assyrien entlehnt hatten, durchaus begründet ist, so ist es nicht weniger klar, dass sie gleichzeitig sehr erhebliche Elemente in ihren Zeichnungen den Aegyptern entlehnt und diese verschiedenen Elemente zu einer besonderen Decorationsweise verbunden hatten. Das einzige Volk des Alterthums, welches diese Verbindung anstrebte, war nach Helbig's in den oben angezogenen Untersuchungen in den „Annali" dargelegter Meinung das phönicische, oder, wie er im Hinblick auf die in Italien und Sardinien gefundenen Gegenstände dieser Art meint, der westliche Zweig dieses Stammes, den wir als die Carthager kennen.

Es folgt daraus natürlich nicht, dass in allen Werken der Phönicier die beiden Elemente der assyrischen und ägyptischen Kunst gleichmässig vermengt sein müssen. Wenn das der Fall wäre, dann könnte die in Rede stehende Vase (Taf. IV. 1) nicht phönicisch genannt werden, da die Thiere darauf sowohl als der Baum einen entschieden assyrischen Character haben, und überhaupt befindet sich nichts darauf, das nicht auf assyrischen Einfluss zurückgeführt werden könnte. Die auf den Vorder- und Hintervierteln der Ziegen befindlichen Rosetten sind der Art, wie sie auf assyrischen Reliefen häufig vorkommen, während die jedweder in die Seite eingezeichneten oblongen Tafeln eine Inschrift zu enthalten scheinen, die der Künstler nur roh angedeutet hat. Eine durchaus ähnliche Tafel bemerkt man auf einer cyprischen Vase im Britischen Museum, auf der sie in die Seite eines der Rosse einer Wagengruppe eingefügt ist, die nach der Haltung des Pferdes, der Form des Wagens, des Wagenlenkers und des Bogenschützen, der sich umdreht und hinter jenem seinen Bogen spannt, während das Pferd läuft, sehr deutlich assyrisch ist. Unter der Annahme, dass diese Tafeln Schrift darstellen sollen, müssen wir sie für assyrische und den Hieroglyphen analoge Schriftzüge halten, denn die letzteren kommen auf der Patera aus Curium und auf anderen Schalen derselben Gattung auf ähnlichen oblongen Tafeln vor. Es sei erwähnt, dass in oblongen Räumen angeordnete Keilinschriften sich auf den Bildwerken Assyriens nicht selten finden. Oder man kann annehmen, dass diese Tafeln den Cartouchen mit Hieroglyphen entsprechen, wie sie auf den Silbervasen von phönicischer Arbeit häufig vorkommen. Demnach dürfen wir schliessen, dass die Vase Di Cesnola's (Taf. IV. 1) und wahrscheinlich auch die im Britischen Museum unter entschieden assyrischem Einflusse entstandene phönicische Erzeugnisse sind. Von den andern drei Vasen haben jedoch LXXXV. 1 und LXXXVI. 4 jede eine offenbar ägyptische Figur als Hauptornament. In beiden sind die Kleidung, das Halsband und der Typus der Figur ägyptisch, nicht so der roh geformte Kopf an der Mündung der ersteren Vase, der weder ägyptisch noch assyrisch scheint, sondern vielmehr die Arbeit eines an keinen überlieferten Stil gebundenen Töpfers.

Die Muster auf den Seiten dieser beiden Vasen sind nicht ägyptisch, auch nicht nothwendigerweise assyrisch, sondern gehören vielmehr zu jener Art Decoration, welche Conze indoeuropäisch genannt hat und die nach seiner Annahme von dem indoeuropäischen Volksstamme nach Europa gebracht worden ist. Ob er Recht hat oder ob Helbig (Annali d'Inst. Arch. 1875, p. 221) das Richtigere getroffen hat, wenn er vermuthet, daſs der indoeuropäische Stamm diese Muster nach seiner Niederlassung in Europa durch Handelsverbindungen mit dem Osten kennen gelernt hat, so scheint man doch darin einig zu sein, daſs das Muster concentrischer Kreise, wie in der Figur Taf. LXXXVI. 4, ein solches ist, welches sich aus dem Verfahren der Bearbeitung des Metalles entwickelt hat. Ein Beispiel der vielfältigen Anwendung desselben auf Bronzearbeiten sieht man in den beiden in Tarquinii gefundenen Scheiben, welche in den Monumenti dell' Inst. Arch. X. pl. 10 abgebildet sind. Das verschlungene Muster auf der Vase, Taf. LXXXV. 1, und das Bruchstück davon zwischen den Füſsen der Figur auf der Vase, Taf. LXXXVI. 4, hat seinen Ursprung in dem Verfahren des Flechtens gehabt; und es ist zu bemerken, daſs die Sitte, sonst leere Räume auf Vasen mit Musterfragmenten (Guillochis, Wellen, Mäanderlinien) auszufüllen, auf den alten Thongefäſsen aus Camirus im Britischen Museum sehr häufig ist, worüber Conze's „Anfänge der griechischen Kunst" zu vergleichen sind. Was die Muster anbetrifft, welche von einem rein handwerksmäſsigen Verfahren hergenommen sind, so kann man den Ursprung kaum von einem besonderen Volksstamme ableiten, wenn man nicht auch das betreffende Verfahren auf denselben zurückführt. Man könnte vielleicht ohne groſse Gefahr die Aegypter ausscheiden, aber von den Assyrern oder den Phöniciern könnte man unmöglich den einen eher als den andern den Vorgang zuschreiben, da beide seit dem höchsten Alterthume in der Kunstindustrie geübt waren.

Bei diesen beiden Vasen ist auch eine Eigenthümlichkeit einer beträchtlichen Klasse cyprischer Vasen zu bemerken, nämlich die Anordnung von Mustern in senkrechten Streifen über die Vase statt, wie es auf alten Thongefäsen üblich ist, in wagerechten um dieselbe hin. Dafs die Form der Vase durch diese senkrechte Anordnung beeinträchtigt wird, braucht kaum hervorgehoben zu werden, wenn man sich erinnert, mit welcher Zähigkeit die Griechen an den horizontalen Streifen festhielten und so an einem unter vielen Beispielen zeigten, wie sie gleichsam instinctiv die richtigen Grundsätze der Verzierung kennen. Dies gilt sowohl von den ältesten athenischen Vasen mit geometrischen Mustern als von den spätesten mit Zeichnungen von Figuren. Eine solche Anwendung des Ornamentes wie auf den Vasen LXXXV. 1 und LXXXVI. 4 rührt vielleicht nur von einer Sucht nach etwas Neuem her. Sie konnte in irgend einem wahrhaft lebenskräftigen Stadium der Kunst kaum gestattet sein. Möglicherweise hat es auf Cypern niemals ein solches Lebensstadium der Kunst gegeben; jedenfalls hat diese Insel noch keinerlei Proben geliefert, welche irgend welche besonderen Fortschritte der Entwickelung zeigen. Man hat vermuthet, dafs das System der Verzierung durch zahlreiche senkrechte concentrische Kreise, welches auf cyprischen Thongefäsen so häufig ist, in Nachahmung der Vasen aus Holz, in welchem die Adern sichtbar wären, angenommen sein möchte; doch ist nicht ersichtlich, warum eine hölzerne Vase ihr Geäder mehr vertical als horizontal zeigen sollte, und das Letztere würde doch zur Form der Vase passen.

Nach der gewöhnlichen Erklärung ihrer ältesten Stufen begann die Vasenmalerei mit geometrischen Mustern, die sich aus dem handwerksmäfsigen Verfahren entfaltet hatten, gieng dann unter orientalischem Einflusse zu Figuren von Thieren und Pflanzen über und langte schliefslich bei der menschlichen Figur an, wo dann die Griechen die Kunst ernstlich aufnahmen und ihre ganze Kraft entfalteten. Aber in den beiden Vasen, Taf. LXXXV. 1 und LXXXVI. 4, haben wir eine Verbindung der menschlichen Figur und des geometrischen Musters, das heifst, eine Verbindung der ersten und der dritten Stufe der Kunst. Zugleich sind die Muster sehr deutlich und sorgfältig gezeichnet, während die Figuren nahezu grotesk sind; und daraus könnte man vielleicht schliefsen, dafs der Töpfer in den ersteren viel und in den letzteren wenig erfahren war; das würde für die Anficht fprechen, dafs diefe Mufter vor, vielleicht fogar unmittelbar vor der menfchlichen Figur kamen. Jedoch dies Mufter von in Reihen angeordneten concentrifchen Kreifen dauerte für die Bronzearbeit bis auf die römifchen Zeiten und kann fchwerlich als Beweis für das Alter der Vafen, auf denen es vorkommt, gebraucht werden. Ueberhaupt fehlt es den Thongefäfsen Cyperns in eigenthümlicher Weife an Merkmalen, aus denen man ihr Zeitalter beftimmen könnte. Für fich betrachtet, bieten fie nur einige wenige auf einander folgende Stufen; auch läfst fich nicht behaupten, dafs fie unter den Einflüffen geftanden hätten, welche die verfchiedenen mehr oder weniger begrenzten Stadien der griechifchen Vafenmalerei bezeichneten.

Allerdings finden fich in der Sammlung Di Cesnola's die grofse auf Tafel LXVIII abgebildete Vafe und eine andere aus Curium mit den fchwarzen, Hercules und den nemäifchen Löwen darftellenden, Figuren und mit den griechifchen Infchriften (XCI. 5), aber diefe find fo ausgefprochener Mafsen griechifch und von den übrigen cyprifchen Thongefäfsen fo abweichend, dafs wir annehmen müffen, dafs fie zufällig eingeführt worden find. Andrerfeits giebt es eine kleine Klaffe von Vafen, welche wenn nicht den Einflufs der griechifchen Töpferei fo doch den der griechifchen Sculptur verrathen. Ich meine die drei auf Taf. LXXXVII. dargeftellten, auf deren jeder in Rundform die Büfte einer weiblichen Figur geformt ift, welche eine den Ausgufs des Gefäfses bildende Oenochoë hält. Auf einer, jetzt im Britifchen Mufeum befindlichen, Vafe diefer Art ift die Büfte in Bezug auf die Gefichtszüge, das Haar und den Chiton in einem Stile vollkommener Freiheit modelliert, wie er in Griechenland zuerft zur Zeit des Phidias erreicht worden fein foll. Auf diefen Vafen ift das gemalte Ornament fehr einfach und in feiner Verwendung correct; aber die glänzenden und gegen einander abftechenden Farben find nicht derartige, wie wir fie in der griechifchen Vafenmalerei auf irgend einer Stufe finden. Die Vafen auf Tafel LXXXV. 2., LXXXVI. 1. 3., LXXXVIII. 1. 2 mögen roher fein, brauchen aber deshalb nicht ältere Beifpiele derfelben Gattung zu fein.

Neben den Vafen, auf welchen die menfchliche Figur oder Theile derfelben modelliert find, follte jener in Thierformen gedacht werden, welche äufserlich voll und in der Regel mit auf den Thon gemalten einfachen Linienmustern verziert sind (s. Taf. XV). Es ist leicht möglich, dass sie einer älteren Periode angehören als die vorige Klasse, aber wie alt sie sind, das ist eine schwierige Frage. Am nächsten stehen ihnen und in der That den cyprischen Vasen überhaupt unter denen, welche ich gesehen habe, die in einem etruskischen Grabe in Tarquinii gefundenen Thongefässe (abgebildet in den Monumenti dell' Inst. Arch. X. pl. 10c); darunter befinden sich eine Vase in Thierform, die mit rohen Figuren von Gänsen bemalt ist, zwei Paterae mit Dreiecken und elementären Mäandermustern, die in dem Thon ausgeschnitten sind, und eine Vase mit Kreismustern, die, wenn sie auf Cypern gefunden wären, sämmtlich ohne Anstand als cyprische anerkannt werden würden, so vollständig passen sie zu Vasen in der Sammlung Di Cesnola's. Mit ihnen zusammen wurden zwei Bronzescheiben gefunden (a. a. O. pl. 10), mit Reihen von concentrischen Kreisen reich verziert, die vielen der cyprischen Vasen gleichsehen, obschon natürlich das richtig auf der flachen Oberfläche eines Discus angebrachte Muster nicht ebenso auf dem kugelförmigen Bauche einer Vase erscheinen kann. Wenn gleich diese Gegenstände in einem etruskischen Grabe gefunden worden sind, so können sie doch nach unsern gegenwärtigen Kenntnissen nicht etruskisches Fabrikat sein. Andrerseits hat die Annahme keine Schwierigkeit, vielmehr spricht vieles für dieselbe, dass sie von phönicischen Handelsleuten eingeführt worden sind; und wenn dies der Fall ist, dann bleibt noch die Frage zu beantworten, ob diese Einfuhr zur Zeit der carthagischen Berührung mit Italien stattfand oder in einer frühern Periode durch den Handelsverkehr mit den Phöniciern des Ostens. Hat Helbig Recht, wenn er die Silberpaterae und die andern Alterthümer aus Caere, Praeneste und andern Orten in Italien auf carthagische Zeiten zurückführt, dann würde man nunmehr dasselbe Zeitalter auch für die Thongefässe aus Tarquinii muthmassen dürfen; und nothwendigerweise würde dasselbe auch von den Vasen derselben Gattung aus Cypern gelten, gerade so wie die silbernen Schalen aus Caere und Praeneste das Zeitalter der silbernen Schalen aus Curium und andern cyprischen Oertlichkeiten verbürgen.

Mit Ausnahme mehrerer Vasen, welche, wie bemerkt, entweder rein griechisch sind oder den Einfluss der griechischen Sculptur verrathen, sind die übrigen Thongefässe Cyperns, obwohl in ihrer

Ornamentik nicht ohne eine gewiſſe Mannigfaltigkeit, doch in ihrem Material, in ihren Farben und Formen und in ihrer techniſchen Fertigkeit gleichartig genug, um mit Grund als die Arbeit eines Volkes betrachtet werden zu können, in deſſen Töpferkunſt kein wirklich lebendiger Fortſchritt ſtattfand. Wir haben die Ergebniſſe Helbig's angezogen, nach denen die Phönicier dieſes Volk geweſen wären; wir können hinzufügen, daſs eine Vaſe (Taf. V. 2) eine in den Thon eingebrannte phöniciſche Inſchrift trägt; ſie kann deshalb für ein phöniciſches Erzeugniſs gelten. Und wenn ſich dieſer ſchöne Typus unter ſonſtigen cypriſchen Vaſen wieder findet, ſo dürfen wir ſchlieſsen, daſs ſie gleichfalls phöniciſches Fabrikat ſind, wenn auch Inſchriften fehlen. Gewiſs iſt dieſe Vaſe für eine beträchtliche Klaſſe typiſch, und wenn wir bedenken, daſs dieſelbe ein von den, wie bemerkt, vorzugsweiſe phöniciſchen concentriſchen Kreiſen und verſchlungenen Muſtern abweichendes Syſtem der Verzierung einführt, ſo erhalten wir eine groſse Mehrzahl unter den cypriſchen Vaſen, welche phöniciſchen Urſprung für ſich in Anſpruch nehmen können. Dieſes neue Syſtem der Decoration, von dem ich ſpreche, beſteht hauptſächlich aus Rauten und Schachbrettern, die in horizontalen und verticalen Streifen angeordnet ſind. Auf den Vaſen, Taf. V. 2 und XCI. 2, und auf vielen andern iſt dies Ornament rein und unvermischt gehalten und bis auf den Thon, die angewandten Farben und die Vaſenform ſehen ſie manchen Beiſpielen alter geometriſcher, in Athen gefundener Vaſen ſehr ähnlich. Andrerſeits findet man dies Ornament nicht ſelten mit Thierfiguren vermiſcht, wie auf der Vaſe LXXXIX. 1, wo allerdings erſichtlich iſt, daſs die Hand, welche die Figur des Schwanes zeichnete, ſich nicht enthalten konnte, gewohnheitsmäſsig geometriſche Linien zu ziehen. Der Leib des Schwanes iſt faſt ein Kreis und die Flügel zwei Dreiecke. Auf den Vaſen, Tafel LXXXIX. 3. 4. 6, macht ſich dieſer geometriſche Einfluſs etwas weniger geltend, aber gleichwohl iſt er vorhanden. Die auf cypriſchen Thongefäſsen gewählten Thiere ſind in der Regel Schwäne oder doch Waſſervögel. Der Schwan mag irgend eine ſymboliſche Bedeutung gehabt haben, welche ſeine Verwendung auf den Vaſen mit Ausſchluſs anderer Thiere veranlaſste, und einem ähnlichen Grunde mag z. B. auch wohl das Fehlen der Vierfüſsler zuzuſchreiben ſein. Dieſer letzte Umſtand verdient jedoch Beachtung in Hinſicht auf die vorherrſchende Anſchauung, daſs die alten griechiſchen Vaſen, auf welchen auſser Schwänen, Sphinxen und andern Geſchöpfen auch Figuren nicht-helleniſcher Thiere vorkommen, wie Löwen und Tiger, auf aſiatiſchen Einfluſs zurückzuführen ſeien, der ſich bei den griechiſchen Töpfern durch Vermittelung der Phönicier geltend gemacht habe. Höchſt wahrſcheinlich war dies auch der Fall; doch iſt es ſehr ſonderbar, daſs die Phönicier dieſen Einfluſs, den ſie übermittelt haben ſollen, nicht in ihren eigenen Thongefäſsen wiedergeſpiegelt haben. Auch läſst ſich nicht wohl behaupten, daſs wir noch nicht alle Stadien ihrer Töpferkunſt kennen, da wir nunmehr doch eine ſo groſse Anzahl von Vaſen aus cypriſchen Städten, die ſie Jahrhunderte lang inne hatten, erhalten haben. Ich habe nur eine cypriſche Vaſe geſehen (ſie gehört zu den von Di Cesnola entdeckten und jetzt im Britiſchen Muſeum befindlichen), welche deutlich zu der ſogenannten aſiatiſchen Klaſſe gehört; dieſelbe ſteht durch ihren Thon, die Anwendung des Ornamentes und das ganze Aeuſsere unter den Vaſen aus Cypern einzig da. Daher giebt es keine andere Möglichkeit, als daſs ſie durch Zufall eingeführt wurde. Die Vaſe, Taf. LXXXVIII. 5, gehört faſt zu derſelben Klaſſe und könnte als eine Nachahmung gelten, obwohl ſie eine bäueriſche Rohheit zeigt, die ſich bei den andern nicht findet.

Die Vaſen mit Rauten, Schachbrettern und anderen geradlinigen Muſtern nähern ſich, wie bemerkt, den alten geometriſchen Vaſen aus Athen und andern griechiſchen Ortſchaften am meiſten (Vergl. Conze, Anfänge der griechiſchen Kunſt, und Hirſchfeld in den Annali dell' Inst. Arch. 1872, pl. K). Die atheniſchen Vaſen ſind jedoch häufig viel kunſtvoller und in dem Reichthum des Muſters faſt der groſsen Vaſe auf Taf. LXVIII. gleich, die allerdings aus Athen eingeführt zu ſein ſcheint. Sie ſind auch an Mäander- und Spiralmuſtern reich, die beide auf cypriſchen Thongefäſsen äuſserſt ſelten ſind, da auf dieſen Reihen von concentriſchen Kreiſen, die mit mechaniſcher Steifheit angeordnet ſind, an die Stelle der Spiralreihen treten, die mit freier, unbehinderter Hand ſo anmuthig gezeichnet ſind. Daſs concentriſche Kreiſe mit andern Ornamenten auf atheniſchen Vaſen gelegentlich vorkommen, läſst ſich nicht leugnen, doch nicht in der Art wie auf Cypern, wo ſie gleichſam Mode ſind. Daſs die ſchöneren Beiſpiele cypriſcher Vaſen mit geradlinigen Muſtern (wie auf

Taf. V. 2 und LXXXIX. 1) zu derselben Periode gehören wie die athenischen geradlinigen Vasen, kann als ziemlich gewifs gelten, und es ist gar nicht unwahrscheinlich, dafs die Athener durch Handelsverkehr mit den cyprischen Phöniciern dieses Verzierungssystem lernten und in der Folge nach ihrer Gewohnheit zu seiner höchsten künstlerischen Vollendung entwickelten. Als sie es aufgaben, um andere Systeme anzunehmen, behielten sie nur einige Elemente davon bei, wie die Mäanderlinie in untergeordneten Stellungen; doch als System ward es von ihnen gänzlich aufgegeben. Die Cyprer scheinen es andrerseits mit ihrem Systeme von concentrischen Kreisen stets bewahrt zu haben, und daher würde es nicht statthaft sein, die Zeitbestimmung ihrer Vasen lediglich auf das Vorhandensein des geometrischen Ornamentes auf ihnen zu begründen. Was die Klasse der Vasen mit in den Thon eingeschnittenen geradlinigen Mustern und concentrischen Kreisen, wie sie in Alambra mit Bronzegeräthen und rohen Terracottafiguren gefunden sind, betrifft, so müssen sie als zu einer Periode gehörig betrachtet werden, in der die dem Verfahren der Bronzebearbeitung entlehnten Muster üblich waren; doch braucht diese Periode keineswegs immer sehr entlegen gedacht zu werden, sicherlich nicht auf Cypern (vergl. Taf. XIII und XCI. 1). Genau dasselbe Ornament wird man auf den schon erwähnten Bronzescheiben aus Tarquinii eingeschnitten finden. Um für solche Vasenverzierung ein sehr hohes Alter anzunehmen, müfsten wir nothwendigerweise spätere und regelmäfsige Stufen in der Töpferkunst auf Cypern nachweisen können. Ohne Zweifel sind die bereits beschriebenen Vasen mit den menschlichen Figuren in ägyptischem Stile jünger, doch lassen sie keine regelmäfsige Entwickelung erkennen, noch läfst sich angeben, in welcher spätern Zeit sie verfertigt worden sind. Aehnlich ist auch die Vase mit dem Wagen im Britischen Museum eine Nachahmung einer assyrischen Zeichnung, während die beiden Vasen mit Wagen (Taf. XLII. 3 und L. 1) griechischen Gefäfsen der dritten Stufe ähnlich sehen, doch sind auch sie augenscheinlich vereinzelte Beispiele der Nachahmung, und alles, was man aus ihnen mit Bestimmtheit schliefsen kann, beschränkt sich darauf, dafs sie gemacht sein müssen, als diese Zeichnungen beziehungsweise in Griechenland und Assyrien in Mode waren. In Griechenland könnte das kaum später als im sechsten Jahrhundert vor Chr. gewesen sein, und vielleicht würde dieser Zeitpunkt auch für Assyrien als der späteste mögliche zutreffen. Doch fällt es dann schwer zu begreifen, was die cyprischen Töpfer, nachdem sie so früh so viel Geschicklichkeit bewiesen hatten, in den folgenden Jahrhunderten weiter gethan haben. Sie können auf ein blosses Mustersystem verfallen sein; und wenn man dies annimmt, kann man die wunderbare Genauigkeit verstehen, mit der das Ornament auf vielen der Vasen ausgeführt ist, aber namentlich auf jenen, welche mit Streifen von zahlreichen concentrischen Kreisen versehen sind, entweder vertical oder sowohl vertical als horizontal gelegt und einander mit bemerkenswerther Genauigkeit durchschneidend, obschon ein solches Ornament, wie bereits bemerkt, die Form der Vase zerstört und sich durch kein auf eine kugelige Fläche anwendbares Decorationsprincip vertheidigen läst. Für eine Vase der Form wie die auf Taf. LXXXIX. 3 sind verticale Streifen von Kreisen angemessen genug, aber diese Vasenform ist, wie ich glaube, Cypern eigenthümlich, und in Ansehung ihrer Unbeholfenheit sollte man meinen, dass sie nur aus Neuerungssucht oder um sie der Lieblingszeichnung der verticalen Kreise anzupassen, seitwärts gestreckt ist.

Zwei vom General Di Cesnola entdeckte Vasen im Britischen Museum verdienen wegen des Fortschrittes Beachtung, welchen sie in der Anwendung geometrischer Verzierung aufweisen, da ihre Eigenthümlichkeit in einer gewissen constructiven Wirkung besteht wie bei einer architectonischen Zeichnung. An einer Stelle haben wir zum Beispiel eine Gruppe von concentrischen Kreisen, die in zwei Abschnitte zerlegt und durch die Zwischenstellung zweier sich einander durchschneidender und mit Querlinien angefüllter Dreiecke getrennt sind; der Abschnitt der Kreise auf der einen Seite hält dem auf der andern das Gleichgewicht; und ebenso haben wir an andern Stellen der Vasen ähnliche Verbindungen. Die Farben, welche purpurn und schwarz auf gräulichem Grunde sind, sehen frisch aus, und der Eindruck, den diese Vasen überhaupt hinterlassen, ist der, dass sie in die den alten geometrischen Vasen gewöhnlich beigelegte Periode nicht gehören können. Dies wird durch das Vorkommen jener Kreuze (卐) auf ihnen bestätigt, welche Dr. Schliemann *suastika* nennt, welche aber in Wirklichkeit nur die einfachste Form oder das Element des Mäandermusters zu sein scheinen. Diese Kreuze werden nebst den Elementen anderer Muster auf den sogenannten asiatischen Vasen vielfach zur Raumausfüllung angewandt, und man kann sie, wie gesagt, für Reminiscenzen des älteren Decorationssystems halten. Aber hier auf den cyprischen Vasen, wo das Decorationssystem ein geometrisches ist, können sie eine solche Bestimmung nicht gehabt haben, vielmehr scheinen sie ihre Anbringung nur der Unkenntniss ihres ursprünglichen Gebrauches zu verdanken.

Zu den als besonders späte auffallenden Vasen gehört die auf Taf. XIV. 5, welche eine von einem Baume eine Frucht fressende Schlange darstellt. Ferner kann die Vase, Taf. XCI. 3, nicht wohl ebenso früh wie die meisten andern angesetzt werden. Die Schnecken und Blumenmuster auf dem Bauche sind mit vollkommen freier Hand gezeichnet, während der Ornamentalrand um die Schulter derselbe ist, welcher auf den griechischen schwarzen Figurenvasen sehr gewöhnlich ist und eines der Characteristica derselben genannt werden kann. Ohne Frage ist die Anwendung eines grossen Blumenmusters auf dem Bauche der Vase mit dem Gebrauche der griechischen Vasenmaler gänzlich unvereinbar, aber das Muster selbst ist ganz griechisch. Um den Hals läuft etwas, das zuerst als eine Art Netzwerk erscheint; bei näherer Betrachtung scheint es aber vielmehr eine breite Flechte oder ein Geschlinge darzustellen und ist somit in angemessener Weise um den Hals gelegt, wo die Idee des Zusammendrückens wiedergegeben werden musste. Eine dieser fast gleiche Vase wurde bei den Ausgrabungen Salzmanns und Beliottis in Camirus auf Rhodus gefunden und wird jetzt im Britischen Museum aufbewahrt. Die eingriffige Vase, Taf. XLII. 4, zeigt eine Ornamentform um den Hals, welche sich genau so auf mehreren Vasen aus Jalyssus auf Rhodus wiederfindet. Dieselben wurden in einem Grabe gefunden, dessen Inhalt ohne Zweifel einen alten Character trägt, obwohl wir dabei wieder auf die nämliche Schwierigkeit wie in Cypern stossen, dass es nämlich an nachweisbar spätern Kunststufen, mit denen man einen Vergleich anstellen könnte, fehlt. Der wichtigste Grund, welcher mich hindert die Denkmäler von Jalyssus vor 600 vor Chr. zu setzen, ist der Umstand, dass sich unter denselben eine kleine sitzende Figur in Elfenbein und eine kleine Ziege in Bronze befinden, welche beide in eine Zeit zu gehören scheinen, in der die griechische Rundsculptur schon eine wirkliche Kunst zu ſein anfieng, und das läſst ſich nicht wohl vor dem genannten Zeitpunkte annehmen. Es findet ſich auch eine kleine Figur einer Sphinx in Relief auf einer Art glaſierter Maſſe, wie man ſie zu Halsbändern verwendet, darunter; wenn dieſelbe allein gefunden wäre, ſo würde man ſie wegen ihrer Vorzüge kaum vor 600 vor Chr. ſetzen und eine der Gemmen, eine Intaille in Bergkryſtall, die eine Art Ziege darſtellt, würde unter denſelben Umſtänden wohl ziemlich derſelben Epoche zu überweiſen ſein. Natürlich kann eine beſondere Art von Thongefäſsen in ſo abſeits liegenden Gegenden, wie Jalyſſus oder Cypern, die von den thätigen Mittelpunkten der fortſchreitenden Kunſt in Griechenland, wo man von keinem Stillſtand weiſs, weit entfernt waren, Jahrhunderte lang in beſtändigem Gebrauch geweſen und kaum einer Veränderung unterworfen worden ſein. Und nach dieſer Theorie würde es vollkommen gerechtfertigt ſcheinen, die Thongefäſse aus Jalyſſus um zwei oder mehr Jahrhunderte früher anzuſetzen als die eben beſchriebenen Gegenſtände, da man bei der Zeitbeſtimmung einer Gattung von Thongefäſsen die Zeit verſteht, in der ſie zuerſt als ausgeſprochene Mode in Gebrauch kam. Selbſt alſo wenn das Grab in Jalyſſus nachweisbar nicht vor 600 vor Chr. gemacht worden wäre, ſo würde es dennoch ſtatthaft ſein, den Thongefäſsen derſelben im allgemeinen ein um mehrere Jahrhunderte höheres Alter beizulegen.

Es war nothwendig dieſe Theorie hier zu entwickeln, weil eine gewiſſe Anzahl der cypriſchen Vaſen von Mr. Newton in die Beweisführung gezogen iſt, auf welche geſtützt er die Zeit der von Dr. Schliemann in Mycenae gefundenen Alterthümer vor 800 vor Chr. ſetzt. Das heiſst, mit den Vaſen- und beſondern Ornamentalformen von Mycenae ſtellt er in einer Anzahl von Fällen die Vaſen- und Ornamentalformen aus dem Grabe in Jalyſſus gleich, und andrerſeits identiſiciert er andere Vaſen aus dieſem ſelben Grabe mit Vaſen aus Cypern.

GRIECHISCHE INSCHRIFTEN.

1.

ΑΦΡΟΔΙΤΗ - ΠΑΦΙΑ
ΔΗΜΟΚΡΑΤΗϹΠΤΟΛΕΜΑΙΟΥ
ΟΑΡΧΟϹΤΩΝΚΙΝΥΡΑΔΩΝ
ΚΑΙΗΓΥΝΗЄΥΝΙΚΗ
ΤΗΝЄΑΥΤΩΝΘΥΓΑΤЄΡΑ
ΑΡΙϹ . . . . ΗΝ

Ἀφροδίτῃ Παφίᾳ
Δημοκράτης Πτολεμαίου
ὁ ἄρχος τῶν Κινυραδῶν
καὶ ἡ γυνὴ Εὐνίκη
τὴν ἑαυτῶν θυγατέρα
Ἄρις . . ην

Alt-Paphos. Auf einem Fufsgeftell aus Porphyr, urfprünglich zu einer Statue gehörig, die der Aphrodite von Democrates und feiner Frau zu Ehren ihrer Tochter [Arfinoe?] gewidmet war. Democrates nennt fich hier den Oberften (ἄρχος) der Cinyraden.

2.

ΑΦΡΟΔΙΤΗ ΠΑΦΙ . . . . Є
ΟϹϹΤΑϹΙΚΡΑΤΟΥΤΟ . . . . ΟΤΟΝ
ΟЄ]ΟΥϹЄΥЄΡΓЄΤΑϹΤЄΧΝΙΤΩΝΤΑϹ
]ΗΜΟΚΡΙΤΟΝΚΑΛΛΙϹΤΙΟΝ

Ἀφροδίτῃ Παφί[ᾳ . . . ε
. . . . ος Στασικράτου το . . . . οτον
θε]οὺς Εὐεργέτας τεχνιτῶν τας
Δη]μόκριτον Καλλίστιον

ALT-PAPHOS. Auf einem urſprünglich zu einer Statue der Aphrodite gehörigen Fuſsgeſtelle aus Porphyr. In einer Inſchrift aus Paphos (Corp. inscr. graec. No. 2620) geſchieht der τεχνῖται ϖερὶ Διόνυσομ καὶ θεοὺς Εὐεργέτας Erwähnung, und ſo wird wahrſcheinlich auch in dieſer Inſchrift zu ergänzen ſein.

3.

ΟΠΑΟΜΙ
ΜΕΛΑΜΘΙΩΙ
ΚΑΤΑΓΡΑΦΟϹ
ΥΠΕΡΤΟΥΥΙΟΥ
ΚΑΤΑΓΡΑΦΟΥ
ΕΥΧΗΝ

Ὀϖάομι Με λαμθίῳ Κατάγραφος ὐϖὲρ τοῦ υἱοῦ
Καταγράφου εὔχημ

ALT-PAPHOS. Auf einem kleinen Fuſsgeſtelle aus rothem Porphyr; die Höhlungen, in denen die Statuette befeſtigt war, ſind noch ſichtbar. [Vergl. Revue archéol. 1874. I. 86.]

4.

ΑΡΙϹΤΑΓΟΡΑϹ
ϹΩϹΑΝΔΡΟΝ
ΤΟΝΕΑΥΤΟΥΥΙΟΝ
ΟΠΑΟΜΙΜΕΛΑΜΘΙΩ
ΕΥΧΗΝ

Ἀρισταγόρας Σώσαμδρομ τὸμ ἑαυτοῦ
υἱὸμ ὀϖάομι Μελαμθίῳ εὔχημ

ALT-PAPHOS. Auf einer kleinen Säule aus weiſsem Marmor, auf welchem eine Statuette geſtanden hat.

5.

(a)

ΠΟΛΕΩϹ ΚΑΙ ΠΟϹΤΟΥΜΑΝ
ΗΜΟϹ ΑΡΕΤΗϹΧΑΡΙΝ

(b)

ΑΡΧΕΤΙΜΗΙΑΠΕΛΛΕΟΥΣΘΥΓΑΤΕΡΑ
ΤΑΠΑΙΔΙΑΣΑΜΙΟΜΚΑΙΟΜΗΣΙΛΟΣ

Ἀρχετίμημ Ἀπελλέους θυγατέρα.
Τὰ παιδία Σάμιομ καὶ Ὀμήσιλος.

Alt-Paphos. Auf einem Fufsgeftelle aus blauem Granit, auf beiden Seiten befchrieben. Länge 2 Fufs 10 Zoll, Höhe 8 Zoll.

6.

ΤΟΜΜΑΝΤΙΑΡΧΟΜΚΑΙ · ΠΑΛΑΕ
ΡΟΔΙΤΗΣΚΑΙΔΙΟΣΠΟΛΙΕΟΣ . . Η . . Σ ΦΙΛΑ

Τὸμ μαντίαρχομ . . . . .
Ἀφ]ροδίτης καὶ Διὸς Πολιέος . . . . .

Alt-Paphos. In eine Kirchenmauer eingebaut.

7.

(a)

ΚΑΡΠΙΟΜΑΤΟΜΕΑΥΤ . . ΠΑΤΕΡΑ
ΗΡΟΔΟΤΟΣΚΑΡΠΙΩΜΠΤΟΛΕΜ
ΚΑΙΟΙΥΠΑΥΤΩΜΤΕΤΑΓΜΕΝΟΙ
ΚΑΤΑΤΗΜΜΗΣΟΜΑΡΧΙΤΕΚΤΟΙ

Καρπίομα τὸμ ἑαυτῶμ πατέρα
Ἡρόδοτος, Καρπίωμ. Πτολεμ[αῖος
Καὶ οἱ ὑπ' αὐτῶμ τεταγμένοι
Κατὰ τὴμ μῆσομ ἀρχιτέκτο[μες

(b)

ΠΧΡΟΝΟΣΗΜ . . . ΤΟΠ . ΕΣΑ . ΟΤΑΡΟΜΕΛΛΑΣ
ΕΚΛΕΞΕΗ
ΠΑΤΡΩΜΦΑ . . ΑΜΠ . . ΔΑΛΑΜΑΣΣΑΓΟΡΑ
. . . . . . ΠΕΛΟΣΠΡΟΓΟΝΟΙΛΟΜΟΜΑΣΤΟΙΑΠ . . Σ
ΕΚΓΟΝΟΣ ΑΠΡΕΛΛΑΠΕΛΛΑΛΟΣ ΑΓΕΜΕΠΟΠ

Ἦμ χρόνος ἡμί[κα] τόμ[δ]ε σ[οφώτατ]ομ Ἕλλας ἔκλειζεμ
πατρῷμ φα [. . . . . . .] μ π[αῖ]δα δάμασσ' ἀγορά
[Πατρὶς ἐμοὶ Τέ]μεδος πρόγομοι δ' ὁμομαστοὶ ἀπ' αὐτῆς
Ἔκγομος Ἀτρειδᾶμ Ἕλλαδος ἀγεμόμωμ

Alt-Paphos. Auf einem Fuſsgeſtelle aus blauem Granit, auf beiden Seiten beſchrieben.

8.

ΝΙΚΑΝΔ
ΡΟΣΥΠΕΡ
ΤΟΥΥΙΟΥ
ΤΙΜΑΓΟΡΑ

Νίκανδρος ὑπὲρ τοῦ υἱοῦ Τιμαγόρα

Neu-Paphos. Roh auf der Bruſt einer Statuette aus Kalkſtein eingegraben.

9.

ΑΡΣΙΝΟΗΙ ΦΙΛΑΔΕΛΦΩΙ ΝΑΙΑΔΙ
ΑΡΙΣΤΟΚΛΗΣ ΑΡΙΣΤΟΚΕΟΥΣ [sic?]
ΑΛΕΞΑΝΑΡΕΥΣ

Ἀρσινόῃ Φιλαδέλφῳ Ναϊάδι
Ἀριστοκλῆς Ἀριστοκλέους
Ἀλεξανδρεύς

Cythrea. Anſcheinend von der Baſis einer Statue, die der Arſinoe, der Tochter des Ptolemaeus Lagus, von Ariſtocles, dem Sohne des Ariſtocles aus Alexandrien, gewidmet iſt, wenn nicht dieſer Ariſtocles der Name des Bildhauers iſt. Die Form und Anordnung der Buchſtaben ſind in dem beſten Stile der macedoniſchen Periode gehalten.

10.

ΟΛΥΜΠΙΑΛΑΤΗΝΙΟΥΤΑΤΕΡΑ
ΑΡΤΕΜΙΔΩΣΤΗΣΣΕΛΕΥΚ . .
ΗΡΩΤΩΙ ΚΦΙΛΩΝΤΟΥΣΤΑ . . . . .
ΚΑΙΗΛΑΥΑΡΝΟΥΚΛΙΑΡΝΙΣ . . . . .
ΟΥΤΑΤΡΟΣΗΠΟΛΙΣ . . . . .

Ὀλυμπιάδα τὴμ θυγατέρα
Ἀρτεμῶς τῆς Σελεύκ[ου . . . .
πρώτωμ φίλωμ, τοῦ στρα[τηγοῦ
καὶ ναυάρχου καὶ ἀρχιε[ρέως
θυγατρὸς· ἡ πόλις ἡ[. . . .

Cythrea. Auf einem Fufsgeftelle aus blauem Granit. Der hier als Feldherr, Admiral und Hoherpriefter erwähnte Seleucus ift vermuthlich Seleucus der Sohn des Bithys, der zur Zeit des Ptolemaeus III. Euergetes Befehlshaber auf Cypern war und dem zu Ehren die Stadt Curium eine Infchrift ftiftete; vergl. Engel 1, 118 und Corpus inscr. graec. No. 2629. Die vorftehende Infchrift ift eine Widmung feitens einer Stadt, deren Name verloren gegangen ift, zu Ehren der Olympias einer Tochter Artemo's.

II.

ΟΥΣΙΝΤΟΛΑΣ
ΥΣΙΑΣΜΕΤΕΧΕΙΝΠΑΝΤΑΣ
ΑΝΙΕΡΩΣΑΝΤΩΝΤΗΘΕΩΘΣΤΕ
ΑΙΤΩΝΑΝΙΕΡΩΜΕΝΩΝΤΗΣΤΟΥΕΝ
ΜΟΚΡΑΤΟΥΣΤΟΥΚΑΙΜΕΝΕΣΤΡΑ
ΝΔΡΙΟΥΤΟΥΕΦΗΒΑΡΧΟΥΑΡΓΥΡΙΟ
ΣΘΗΝΑΙΤΗΘΕΩΙΠΟΤΗΡΙΑΕΦΩΝΕ
ΣΙΟΥΚΑΙΣΑΡΟΣΣΕΒΑΣΤΟΥΚΑΙ
Ο . . . ΟΥΘΙΤΟΥΣΕΡ

ουσιμ τὸ λασ
θ]υσίας μετέχειμ πάντας
ἀνιερωσάντωμ τῇ θεῷ ὅστε [?]
καὶ τῶμ ἀνιερωμένωμ τῆς τοῦ Ἐμ
]μοκράτους τοῦ καὶ Μενεστρα . . .
]νδρίου τοῦ ἐφηβάρχου ἀργύριο[μ ἄγαλμα?
ἀ]σθῆναι τῇ θεῷ Ποτηρίᾳ ἐφ' ὧμ ἐ . . .
]σιου Καίσαρος Σεβαστοῦ καὶ . . .
Κ]ουσίμτου Σερ . . .

Cythrea. Auf einem Bruchftück von blauem Granit, das in der Umfaffungsmauer eines Tempels gefunden wurde.

12.

ΑΠΟΛΛΩΝΙΛΑΚΕΙΤΗΙΑΡΙССΤΟΥС
ΜΑΝΡΤΙΑΧΟСΥΠΕΡΚΛΕΟΝΟС
ΤΟΥΥΙΟΥ
ΑΝΕΘΕΚΕΝΕΝΤΥΧΗΙ

Ἀπόλλωνι Λακείτῃ Ἀρίσστους
μαντίαρχος ὑπὲρ Κλέονος
τοῦ υἱοῦ
ἀνέθηκεν ἐν τύχῃ.

Pyla. Auf einem Kalksteinblocke. Der Titel *mantiarchos* in der zweiten Zeile kommt bei Waddington, No. 2795, vor, aber nach Ceccaldi, der diese Inschrift veröffentlichte (Rev. archéol. 1874. I. 92), unter der Form μαντιάρχης.

13.

(a) ΛΕΟΝΤΙΟΙ
ΕΠΑΡΧΙΚΟ

(b) ΕΡΜΟΛΑΟС
ΕΠΟΙΟΥΝ

(c) ΨΥΧΑΡΟΥС

a. Λεόντιοι
Ἐπαρχικο(ί)

b. Ἑρμόλαος
ἐποίουν

c. Ψυχάρους.

Salamis. Auf einem Fussgestelle aus weissem Marmor, jetzt im Louvre. Ceccaldi (Rev. archéol. 1874. I. 92) ist der Ansicht, dass der Name Psycharus der des Stifters der Statue ist, die vermuthlich auf dieser Basis gestanden hat. Vergl. Hirschfeld, Tituli statuariorum, p. 202.

14.

ΚΟΘΟΥC
ЄΥΙΟΥ
CΑΛΑΜΙΝΙΑ
ΧΑΙΡЄ

Κυθοῦς Εὐίου Σαλαμίνια χαῖρε

Salamis. Auf einer in einem Grabe gefundenen Marmortafel.

15.

ΤΙΒЄΡΙωΙΚΑΙCΑΡΙCЄΒΑCΤωΙΘЄωΙΘЄΟΥCЄΒΑCΤΟΥ
ΥΙωΙ
ΑΥΤΟΚΡΑΤΟΡΙΑΡΧΙЄΡЄΙΜЄΓΙCΤωΙΔΗΜΑΡΧΙΚΗCЄΞΟ
ΥCΙΑC
ΤΟΛΑΘΗΙΑCЄΥΚΙΟΥΑΘΑΙΟΥΝΑCωΝΟCΑΝΘΥΠΑΤΟ
ΥΚΑΙΜΑΡΚΟΥ
ЄΤΡЄΙΛΙΟΥΛΟΥΠЄΡΚΟΥΠΡЄCΒЄΥΤΟΥΚΑΙΓΑΙΟΥΦ
ΛΑΒΙΟΥΦΙΛΟΥΤΑΜΙΟΥ
ΑΔΡΑCΤΟCΑΔΡΑCΤΟΥΦΙΛΟΚΑΙCΑΡΟCЄΠΙΓЄΝΙΚΟCΙЄ [sic]
ΡЄΥCΤΟΥ
ЄΝΤωΙΓΥΜΝΑCΙωΙΚΑΤЄCΚЄΥΑCΜЄΝΟΥΥΠΟΑΥ
ΤΟΥЄΚΤΟΥΙΔΙΟΥ
ΤΙΒЄΡΙΟΥΚΑΙCΑΡΟCCЄΒΑCΤΟΥΝΑΟΥΚΑΙΑΓΑΛΜΑΤ
ΟCΟΦΙΛΟΠΑΤΡΙC
ΚΑΙΠΑΝΑΡЄΤΟCΚΑΙΔωΡЄΑΝΚΑΙΑΥΘΑΙΡЄΤΟCΓΥΜ
ΝΑCΙΑΡΧΟCΚΑΙ
ΤΟΑΓΑΛΜΑΙΔΙΟΙCΑΝΑΛωΜΑCΙΝΤωΙΑΥΤΟΥΘЄωΙЄ [sic]
ΦΗΒΑΡΧΟΥΝΤΟC
ΔΙΟΝΥCΙΟΥΤΟΥΔΙΟΝΥCΙΟΥΤΟΥΚΑΙΑΠΟΛΛΟΔΟΤ
ΟΥΦΙΛΟΚΑΙCΑΡΟC
ΑΔΡΑCΤΟCΑΔΡΑCΤΟΥΦΙΛΟΚΑΙCΑΡΚΑΘΙЄΡωCЄΝC
ΥΝΚΑΘΙЄΡΟΥΝΤΟC
ΚΑΙΤΟΥΥΙΟΥΑΥΤΟΥΑΔΡΑCΤΟΥΦΙΛΟΚΑΙCΑΡΟCΤ
ΟΥΚΑΙΑΥΤΟΥΔωΡЄΑΝ
ΚΑΙΑΥΘΑΙΡЄΤΟΥΓΥΜΝΑCΙΑΡΧΟΥΤωΙΠΑΛΑΙωΙЄΠ
ΙΓЄΝЄCΙω
ΤΙΒЄΡΙΟΥ

LΙϛ

ΑΠΟΓΟΝΙΚΟΥ ΚL

Τιβερίῳ Καίσαρι Σεβαστῷ θεῷ θεοῦ Σεβαστοῦ υἱῷ
Αὐτοκράτορι Ἀρχιερεῖ Μεγίστῳ δημαρχικῆς ἐξουσίας
τὸ ΛΛ ἐπὶ Λευκίου Αἰλίου Νάσωνος ἀνθυπάτου καὶ Μάρκου
Ἐτρειδίου (?) Λουπέρκου πρεσβευτοῦ καὶ Γαίου Φλαβίου
Φίλου ταμίου

Ἄδραστος Ἀδράστου φιλόκαισαρ ὁ ἐμγεμικὸς ἱερεὺς τοῦ
ἐμ τῷ γυμμασίῳ κατεσκευασμέμου ὑπὸ αὐτοῦ ἐκ τοῦ ἰδίου
Τιβερίου Καίσαρος Σεβαστοῦ μαοῦ καὶ ἀγάλματος ὁ φιλόπατρις
καὶ παμάρετος καὶ δωρέαμ καὶ αὐθαίρετος γυμμασίαρχος καὶ
τὸ ἄγαλμα ἰδίοις ἀμαλώμασιμ τῷ αὐτῷ θεῷ· [?] Ἐφηβαρχοῦμτος
Διομυσίου τοῦ Διομυσίου τοῦ καὶ Ἀπολλοδότου φιλοκαίσαρος·
Ἄδραστος Ἀδράστου φιλόκαισαρ καθιέρωσεμ συμκαθιεροῦμτος
καὶ τοῦ υἱοῦ αὐτοῦ Ἀδράστου φιλοκαίσαρος τοῦ καὶ αὐτοῦ δωρέαμ
καὶ αὐθαιρέτου γυμμασιάρχου τῶμ παίδωμ τῇ γεμεσίῳ
Τιβερίου

LΙς

Ἀπογομικοῦ KL

Lapethus. Auf einem Fuſsgeſtelle, welches in den Ruinen von Lapethus gefunden wurde und ſich jetzt in dem Hofe eines griechiſchen Kloſters namens Acheropiti befindet. Das Datum der Inſchrift iſt 29 nach Chr., im Jahre 16 der *tribunicia potestas* des Tiberius, als Lucius Aelius Naso Proconſul von Cypern war.

16.

ΕΠΕΙΔΗΝΟΥΜΗΝΙΟΣΝΟΥΜΗΝΙΟΥ
ΕΥΕΡΓΕΤΗΣΩΝΤΗΣΠΟΛΕΩΣΔΙΕΤΕΛΕΙΔΕ
ΤΗΝΠΑΣΑΝΕΠΙΜΕΛΕΙΑΝΠΟΙΟΥΜΕΝΟΣΤΟΥΤΕ
ΑΡΧΙΕΡΕΩΣΚΑΙΤΩΝΙΕΡΕΩΝΚΑΙΛΟΓΩΙΚΑΙΕΡΓΩΙ
ΕΛΟΞΕΝΠΡΑΞΙΑΗΜΩΙΤΩΙΑΡΧΙΕΡΕΙΚΑΙΤΟΙΣΙΕΡΕΥΣΙ
ΤΟΥΠΟΣΕΙΔΩΝΟΣΤΟΥΑ(?)ΑΡΝΑΚΙΟΥΛΟΥΝΑΙ
ΝΟΥΜΗΝΙΩΙΚΑΙΕΙΤΟΝΟΙΣΩΝΑΝΟΥΩΣΙΝ
ΑΓΕΛΕΙΑΝΤΩΝΓΕΡΩΝΕΙΣΤΟΝΑΠΑΝΤΑΧΡΟΝΟ
ΤΥΧΗΙΤΗΙΑΓΑΘΗΙ (sic)

Ἐπειδὴ Νουμήνιος Νουμηνίου . . . . . .
εὐεργέτης ὢμ τῆς πόλεως διετέλει δὲ
τὴμ πᾶσαμ ἐπιμέλειαμ ποιούμενος τοῦ τε
ἀρχιερέως καὶ τῶμ ἱερέωμ, καὶ λόγῳ καὶ ἔργῳ.

Ἔδοξεμ Πραξιδήμῳ τῷ ἀρχιερεῖ καὶ τοῖς ἱερεῦσι
τοῦ Ποσειδῶμος τοῦ .αρμακίου δοῦμαι
Νουμημίῳ καὶ ἐγγόμοις ὧμ ἂμ θύωσιμ
ἀτέλειαμ τῶμ γερῶμ εἰς τὸμ ἅπαντα χρόμομ
τύχῃ τῇ ἀγαθῇ.

Larnaka von Lapethus. Auf einem in einer kreisförmigen Ruine gefundenen Steine. Auf einem Vorfprunge des Steines ift ΝΟΥΜΗΝΙΟCΝΟΥΜΗΝΙΟΥ eingefchrieben. Der Name Numenius kommt in einer griechifch-phönicifchen Infchrift aus Athen vor, während fich der Name des hier erwähnten Hohenpriefters Praxidemus auch in einer ähnlichen bilinguen Infchrift findet, die früher in Larnaka von Lapethus gefunden und von Gefenius und De Vogüé veröffentlicht worden ift. Die vorftehende Infchrift berichtet von einer dem Numenius und feinen Nachkommen für alle Zeiten übertragenen Würde, wodurch er von der Ueberreichung der zu überreichenden Theile der Opferthiere (γέρα) an die Priefter befreit wird. Vergleiche Hermann, Griechifche Antiquitäten. Das Decret ift von dem Erzpriefter und den Prieftern erlaffen, und diefe Ehre wird dem Numenius erwiefen, weil er ein Wohlthäter der Stadt gewefen ift und weil er die ganzen Anordnungen fowohl des Hohenpriefters als der Priefter „durch Wort und That“ ausgeführt hat. Der hier dem Pofeidon gegebene Beiname ift in Bezug auf den erften Buchftaben, der ein Λ zu fein fcheint, nicht deutlich lesbar. Ift diefe Lefung richtig, fo würde das vielleicht von einer Oertlichkeit abgeleitete Epitheton *Larnakios* nicht nur neu, fondern auch höchft merkwürdig fein, da der Name Larnaka allgemein als modern gilt.

17.

ΔΗΜΗΤΡΙ ΟΛΛΩΝΙ
ΤΙΜΟΔΩΡΟC

Δημητρί—[᾿Απ]όλλωμι
Τιμόδωρος

Golgi. Auf einem Kalkfteinblocke; eine Widmung an Demeter und Apollo.

18.

ΔΡΙΜΟΚΙΑ
ΤΙΜΟΔΩΡC

Δριμοκία
Τιμόδωρο[ς

Golgi. Auf einem Kalkſteinblocke; eine Widmung an Drimocia, was vielleicht ein localer Name einer Göttin iſt. Vergl. Ceccaldi in der Revue archéol. 1874. I. 88.

19.

ΤΙΜΟΔΩΡΟΣΔΕΙ<
ΔΡΙΜΟΚΙΑΔΒΗ΄
ΕΠΡΙΑΤΟΣ

Τιμόδωρος Δει-
Δριμοκία Δεί
Ἐϖρίατος.

Golgi. Auf einem Fuſsgeſtelle in Kalkſtein, auf dem ſich auch einige cypriſche Charactere befinden; gleichfalls eine Widmung an Drimocia. Vergl. Rev. archéol. 1874. I. 89. Die cypriſche Inſchrift ſiehe bei Hall, „the cypriote inscriptions of the Di Cesnola Collection" im Journal of the American Oriental Society X. 1875, pl. 1.

20.

ΕΙCΘΕΟC
ΤΟΜΕΓΙCΤΑ
(τ) ΟΝΤΟΕΝΔΟΖΟ
(τα) ΤΟΝΟΝΟΜΑ
ΒΟΗΘΙΠΑCΙΔΕΟ
ΜΕΘΕ

Εἷς Θεός,
τὸ μεγίστα-
(τ)ον τὸ ἐνδοζό-
(τα)τον ὄνομα
βοήθι ϖᾶσι δεό-
μεθε.

Golgi. Auf einem Bruchstücke einer Kalksteinsäule. Unter der Inschrift befinden sich zwei Kränze, in deren einem ΗΛΙΟϹ geschrieben steht. Die Buchstaben weisen auf sehr späte Zeit, auch wird ι für ει gebraucht. Ceccaldi (Rev. archéol. 1874. I. 89.) glaubt, dass diese Inschrift christlich sein könne.

21.

ΣΩΓΕΝΗΣ
ΣΩΚΡΑΤΟΥ
ΙΤΕΥΣ

Golgi. Auf einem Bruchstücke einer Marmorstele. Vergl. Ceccaldi, Rev. archéol. 1874.

22.

ΜΗΛΟΥΧΕΑΤΩΝ . . . . ΟΗΚΕΝΑΓΑΘΗΙΤΥΧΗΙ.

Μηλουχεατῶμ (ἡ πόλις, ἀνέ)θηκεμ, ἀγαθῇ τύχῃ.

Melufcha. In der Mitte zerbrochen. Der Name der Stadt kann Μηλοῦχος oder Μηλούχεα gewesen sein; heute heisst er Melufcha, da die Cyprer das χ vor den Vocalen ε, η, ι, υ und vor den Diphthongen wie „sch" aussprechen. [Die neugriechische Orthographie des Namens ist indessen Μελούσια.]

23.

ΟΝΗΣΑΓΟΡΑΣΥΠΕΡΤΗΣΓΥΝΑΙΚΟΣΝΙΚΙΟΥ
ΚΑΙΤΗΣΘΥΓΑΤΡΟΣ . . . . ΥΑΦΡΟΔΙΤΗΙΜΥ
ΚΗΡΟΔΙ ΡΩΜΗΣΕΛΙΚΟΥΣΗΣ

Ὀνησαγόρας ὑπὲρ τῆς γυναικὸς Νικίου
καὶ τῆς θυγατρὸς . . . . υ Ἀφροδίτῃ Μυ
κήροδ(ι) Ῥώμης Ἑλικούσης.

Melufcha. Das hier dem Aphrodite gegebene Epitheton Μύκηρος bedeutet einen Wallnuss- oder Mandelbaum.

24.

ΕΥΧΗΑΝΕΜΙΑΣΑΠΟΛΛωΝΙ

Leucolla. Graffito auf einem Kalkstein. Vergl. Ceccaldi, Rev. archéol. 1874. I. 94.

25.

ΧΑ
ΡΙΤΩ
ΝΟϹ

Makrastika (zwifchen Tremithus und Famagofta gelegen). Auf dem Fufse einer kreisförmigen Terracotta-Vafe. Ceccaldi, Rev. archéol. 1874. I. 94.

26.

ЄΝΝΙ	ΜΝΗΙΟ
ΩΝΙΚЄΙ	ΗΟΑΓΟ
Ο Є	ΡΑϹΩ
	Ν
Ἐννίων ἐπο[ίησ]ε.	Μνη[σ]θῇ ὁ ἀγοράσων.

Auf einer Glastaffe, die Buchftaben erhaben. Eine ähnliche Mahnung (μνησθῇ ὁ ἀγοράσων) kommt auch No. 28 und auf einer Glasvafe im Mufeum zu Modena vor; vergl. Cavedoni, Annali dell' Inst. Arch. XVI. 163. Der Name des Verfertigers, Ennion, findet fich auch auf einer früher dem Herrn Soph. Nicolaïdes in Larnaka gehörigen Vafe und auf einer fehr fchönen Glas-Amphora aus Kertfch, die in den Antiquités du Bosphore Cimmérien, pl. 78 abgebildet ift. Vergl. Ceccaldi, Rev. archéol. 1875. I. Jetzt im Britifchen Mufeum.

27.

a.	*b.*
ЄΥΤЄΝ	ΜЄΛΑΝΙΟЄΥΤΥΧΙ

Idalium. Auf einem gläfernen Aryballos, die Buchftaben erhaben. Vergl. Ceccaldi, Rev. archéol. 1875. I. Jetzt im Britifchen Mufeum.

28.

a.	*b.*
ΜЄΓΗϹ	ΜΝΗϹΘΗ
ЄΠΟΗϹЄΝ	ΟΑΓΟΡΑϹΑϹ
Μέγης ἐπο[ί]ησεν	Μνήσθῃ ὁ ἀγοράσας

Marium. Auf einer Glastaſſe, die Buchſtaben erhaben. Vergl. No. 26, wo ἀγοράσωμ für ἀγοράσας ſteht. Ceccaldi, Rev. archéol. 1875. I.

29.

ΑΓΟΛΛΩΝΙΟΣ ΤΩ ΓΑΤ
ΚΑΙΤΗΜΗΤΡΙΑΡΓ
ΤΟΝΓΕΡΙΒΟΛΟΝΚΑΙΤ
ΥΜΩΝΑΥΤΩΝΕΝΤΟΛΑΣΕΑΥ
ΕΑΥΤΟΥΤΗΣΣΟΛΙΩΝΓΟΛΕΩ
ΕΥΑΡΧΗΣΑΣΓΑΝΜΑΤΕ ΑΣΛΕΑΓΙΩ
ΒΙΒΛΙΟΦΥΛΑΚΙΟΥΓΕΝΟΜΕΝΟΣ ΩΗ
ΞΟΥΣΙΟΥ ΚΕ Ι ΜΗΤΕΥΣΑΣΤΗΝΒΟΥΛΗ / ΛΗΖΑΣΤΩΝΕΓΙΓΑΥΛΟΥ
ΥΓΑΤΟΥ

Ἀπολλώνιος τῷ πατρὶ . . . .
καὶ τῇ μητρὶ Ἀρ . . . .
τὸμ περίβολομ καὶ . . . .
υμωμ αὐτῶμ ἐντολὰς ἑα . . . . .
ἑαυτοῦ τῆς Σολίωμ πόλεως . . . . . .
ἱεραρχήσας Παμματείρας . . . . .
βιβλιοφυλακίου γεμόμεμος . . . . .
ἐξουσίου ΚΕ τιμητεύσας τὴμ βουλὴμ . . . / λησας τῶμ ἐπὶ Παύλου [ἀμθ
υπάτου .

Soli. Auf einem Fuſsgeſtelle in weiſsem Marmor, welches in einem kreisförmigen Gebäude bei der kleinen Factorei von Karavostasi gefunden iſt (S. 199). Die obige Leſung iſt die des Herrn Pierides, ebenſo die folgenden Bemerkungen. — Παμματείρα iſt ein Beiname der Gaea. (ἐπιστάτης?) βιβλιοφυλακίου iſt der Cuſtos des öffentlichen Archivs. τιμητεύω bedeutet „ein Cenſor (τιμητής) ſein"; aber was für ein Amt ein „Cenſor des Senats" war, bleibt unbeſtimmt. (Δημαρχ)εξούσιος iſt einer der Monate des cypriſchen Kalenders, der dem 23. April bis 23. Mai entſpricht. — Der Proconſul Paulus kann der in der Apoſtelgeſchichte erwähnte Sergius Paulus ſein, da Beiſpiele der Unterdrückung eines von zwei Namen nicht ſelten ſind.

30.

ΔΗΜΟΧΑΡΗΣ
ΠΕΡΣΕΥΤΗΙ
ΕΥΧΗΝ

Curium. Auf einem Fufsgeftelle in Kalkftein, an dem noch der untere Theil einer Statue befeftigt ift. Welche Gottheit unter dem Titel Perfeute, der hier und in der folgenden Infchrift vorkommt, zu verftehen ift, läfst fich nicht beftimmen.

31.

ΔΗΜΟ ΓΟ
ΡΑΤΙΣ ΑΣ
ΠΕΡΣΕΥΤΗΙΕΥΧΗΝ

Curium: Auf einem Fufsgeftelle in Kalkftein.

32.

– – – – – – – – – – ΝΑΡΞΑΝΤΩΝ ΙΟΙΕΡΕΥC
– – – – – – – – – – – – ΚΑΙΑΓΟΡΑΝΟΜΟCΚΑΙ
– – – – – – – – – – – – ΓΤΟΙCΑΛΛΟΙC ΘΕΟΙC
– – – – – – – – – – ΟΛΙΝΟΥCΑCΟΥCΙΑCΕΙΙ
– – – – – – – – – – ΛΙΑΦΥΛΑCCΩΝΚΑΙΤΗΝ
– – – – – – – – – – ΕΙΚΝΥΜΕΝΟC ΤΗCΛΕ
– – – – – – – – – – ΕΝΗΝΕΚΤΑΙΦΡΟΝΤΙΛΑ
– – – – – – – – – – ΕΝ ΛΟΞΟΥCΑΝΛΡΑCΚΑΙ
– – – – – – – – – – ΤΗCΕCΤΙΑCΜΕΤΟΧΟΥC
– – – – – – – – – – ΤΗCΠΟΛΕΩCΕΟΡΤΑΙC
– – – – – – – – – ΗΜΩΝΑΡΕCΧΗΤΑΙΛΥCΙΤΕ
– – – – – – – – – – ΝΑΝΑCΤΡΑΦΕΙCΚΑΙΤΟΝ
– – – – – – – – – ΕΠΙCΚΕΥΑCΑCΤΟΝΤΕΠΡΟ
– – – – – – – – – ΟCΚΑΙΚΑΤΑΤΟΥΤΟΛΟΞΗC
– – – – – – – – – ΟΜΕΝΟΙCΤΑCΑΥΤΑCΑΡΧΑC
– – – – – – – – – – – ΠΡΕΠΟΥCΑΝ ΤΟΙCCΤΕΜ
– – – – – – – – – ΟΝΤΩCΤΥΧΕΙΝΑΥΤΟΝΚΑΙ
– – – – – – – – – – – ΧΑΡΙCΤΙΑC

— — — — — — — — — ϹЄΙΙΑΙΙΙЄϹΑΙΤЄΤΟΙΙ
— — — — — — — — — —ΝΓΥϹѠΙϹΤЄΦΑΝѠΙ
— — — — — — — — — ΟΥΤΙЄΙΙΤѠΙЄΙΙΙϹΙΙΜΟ
— — — — — — — — — ΛΥΤΟΥΟΜΟΙѠϹЄΙΙ
— — — — — — — — ΙΙΑΓΓΑΙΙΤΙΙΙЄΙΙΑϹΙΙΛ
— — — — — — — — — ΑΙΙΑΓΓΑΙΙΑΙЄΙϹϹΤΙΙΑΙΙΙ
— — — — — — — — — — ЄϹЄΙΝѠϹΙΙΤΤΙΙΙΤЄ
— — — — — — — — — — ΟΤΟΥϹΚΑΛѠϹΚΑΙЄΜ
— — — — — — — — — — — ΟΥΤΑϹΚΑΤΑΞΙΑϹ

— — — — — — — — — — κ]αὶ ἄρξάμτωμ ὁ ἱερεὺς
— — — — — — — — — — καὶ ἀγοραμόμος καὶ
— — — — — — — — — — κα]ὶ τοῖς ἄλλοις θεοῖς
— — — — — — — — — — πό]λιμ οὔσας οὐσίας ἐπι
— — — — — — — — — — διαφυλάσσωμ καὶ τὴμ
— — — — — — — — — — δεικμύμεμος τῆς δὲ
— — — — — — — — — — ἐμήμεκται φρομτίδα
— — — — — — — — — — ἐμδόξους ἄμδρας καὶ
— — — — — — — — — — τῆς ἑστίας μετόχους
— — — — — — — — — — τῆς πόλεως ἑορταῖς
— — — — — — — — δ]ήμῳ παρέσχηται λυσιτε [?]
— — — — — — — — ἀμαστραφεὶς καὶ τὸμ
— — — — — — — — ἐπισκευάσας τόμ τε πρό-
— — — — — — — — — ος καὶ κατὰ τοῦτο δόξης
— — — — ομέμοις τὰς αὐτὰς ἀρχὰς
— — — — — — πρέπουσαμ τοῖς στεμ
— — — — — — όμτως τυχεῖμ αὐτὸμ καὶ
— — — — — — — — — εὐχαριστίας.

"Ἐδοξε τῷ δήμῳ καὶ τοῖς συμέδροι]ς ἐπαιμέσαι τε τὸμ
νοῦ δεῖμος καὶ στεφαμῶσαι]χρυσῷ στεφάμῳ
ἐγεῖραι δ' αὐτοῦ ἄγαλμα χαλκ]οῦμ ἐμ τῷ ἐπισημο
τάτῳ τῆς πόλεως τόπῳ καὶ ἕτερομ] αὐτοῦ ὁμοίως ἐμ
.... ἀμαθεῖμαι δὲ εἰκό]μα γραπτὴμ ἐμ ἀσπίδι
— — — — — — τὸ δὲ ψήφισμα] ἀμαγράψαι εἰς στήλημ
λιθίμημ καὶ στῆσαι ἐμ ...... ὅπως ἂμ πάμτ]ες εἰδῶσιμ τήμ τε
— — — — — — — — — οις καλῶς καὶ ἐμ
— — — — — — — — ο υτας κατ' ἀξίαμ.

Curium; in der Kirche des Agios Hermogenes. Herr Pierides, dem ich die obige Leſung der Inſchrift verdanke, fügt die folgenden Bemerkungen hinzu. Es iſt ein Decret, durch welches bürgerliche Ehren übertragen werden; die Buchſtaben gehören dem zweiten Jahrhundert vor Chr. an. Die Inſchrift zerfällt in zwei Theile, die durch einen leeren Raum getrennt ſind. Der erſte oder einleitende Theil (προβούλευμα) zählt die von dem Empfänger bekleideten öffentlichen Aemter auf, ſowie die Dienſte, die er der Stadt erwieſen, unter Hinweis auf ſeine Frömmigkeit und Freigebigkeit bei öffentlichen Feſten, auf die auf ſeine Koſten unternommenen Wiederherſtellungen u. ſ. w.; dann folgt das eigentliche Decret, welches ihn des öffentlichen Lobes würdig erklärt und ihm eine goldene Krone, wie es ſcheint, zwei Statuen, einen Schild oder eine Tafel in Metall mit ſeinem Bildniſſe und eine Decretſtele gewährt, damit „man wiſſe, wie tugendhafte Bürger belohnt werden" u. ſ. w. ἀρξάμτωμ bezieht ſich auf die Darbringung der erſten Früchte, woraus es den Anſchein gewinnt, als hätte der Senat von Curium in dieſem Falle eine religiöſe Ceremonie beobachtet, ehe er zu den Geſchäften übergieng.

33.

ΚΟΙΝΤΟΝΚΑΙΛΙΟΝΟΜΩΡΑΤΟΝΕΠΑΡΧΟΝ
CΕΙΤΟΥΔΟCΕΩCΔΗΜΟΥΡΩΜΑΙΩΝ
ΠΡΕCΒΕΥΤΗΝCΙΚΕΛΙΑCΠΡΕCΒΕΥΤΗΝ
ΠΟΝΤΟΥΚΑΙΒΕΙΘΥΝΙΑCΑΝΘΥΠΑΤΟΝ
ΚΥΠΡΟΥΔΙΑΠΡΟΝΟΗΤΟΥΔΙΟΝΥCΙΟΥ
ΤΟΥΓΡΥΦΩΝΟCΤΟΥΚΡΑΤΗΤΟC
ΑΡΧΟΝΤΟC

(Κουριέωμ ἡ βουλὴ καὶ ὁ δῆμος)
Κόϊμτομ Καίλιομ Ὀμωράτομ Ἔπαρχομ
σείτου δόσεως Δήμου Ῥωμαίωμ
Πρεσβευτὴμ Σικελίας. Πρεσβευτὴμ
Πόμτου καὶ Βειθυμίας Ἀμθύπατομ
Κύπρου: διὰ προμομτοῦ Διομυσίου
τοῦ Γρύφωμος: τοῦ Κράτητος
ἄρχομτος.

Curium. Die Leſung iſt von Pierides. In der erſten Zeile ſind nur die untern Theile einiger der Buchſtaben erhalten.

Ἔπαρχον σίτου δόσεως ift die griechifche Ueberfetzung des *Praefectus frumenta dando.* Προνοητής = Ἐπιμελητής, der Curator oder Oberauffeher der öffentlichen Gebäude. Die Infchrift wurde vom Senate und vom Volke von Curium zu Ehren des Quintus Caelius Honoratus, des Proconfuls von Cypern unter dem Archonten Crates, gewidmet, nachdem die Ehrenftatue unter der Fürforge des Dionyfios, des Sohnes Tryphons, errichtet worden war. Diefe Infchrift fügt einen weitern Namen zu der kurzen Lifte der cyprifchen Proconfuln hinzu.

34.

ϹΤΟΡΓΗΛΑΟΔΑΜ
ΚΑΙΠΗΝΥΤΗΝΟΡ
ΗΡⲰΔΟΥϹΥΝΟ
ΚЄΙΜΑΙΠΑΡΑΙΞ
ΑΡΚЄΙΜΟΙΠΟϹ
ϹΥΝΖⲰΚΑ
ΧΑΙΡЄΚΑΙЄ

Στοργῇ Λαοδάμ . . . .
καὶ πηνυτὴν ὀρ . . . .
Ἡρῴδου σύνο . . . .
κειμαὶ παραίζ[ει . . . .
ἄρκεῖ μοι πόσ . . . .
συνζῶ κα . . . .
χαῖρε καὶ εἰ]ς Ἀίδην? . . . .
. . . .

Curium. Die Lefung ift von Pierides. Fragment einer metrifchen Grabfchrift zu Ehren der Laodameia von ihrem Gatten Heroïdes; die Buchftaben gehören dem augufteifchen Zeitalter an.

35.

Διόδωρον Γλαύκου
τὸγ (sic) γενόμενον ἱερέα
τοῦ Ἀπόλλωνος, οἱ υἱοὶ
Γλαῦκος, καὶ ὁ ἱερεὺς
Ἀριστοτέλης, καὶ Ἰάσων.

Hyle bei Curium; diese und die folgende Inschrift sind aus den Ruinen des Tempels des Apollo Hylates. Die Lesung ist von Pierides; dieser Gelehrte konnte eine Copie benutzen, die vor einigen Jahren gemacht worden ist, als der Stein noch in besserer Erhaltung war. Das Datum der Inschrift ist ungefähr der Anfang des ersten Jahrhunderts vor Chr.; sie enthält eine Widmung zu Ehren Diodor's, des Sohnes des Glaucus, eines Priesters des Apollo, von seinen Söhnen Glaucus, Aristoteles und Jason.

36.

ΦΙΛΩΜ . Α . . . .
ΦΙΛΩΤΕΡΑΝΤΗΝΦΙΛΙΠΠΟΥ
ΤΗΝΕΑΥΤΟΥΓΥΝΑΙΚ

φι . ωμ . α — — — — — — — — — —
φιλωτέραν τὴν Φιλίππου
τὴν ἑαυτοῦ γυναῖκα.

Hyle. Bereits von Sakellarios (1, 77) veröffentlicht. [Er liest: Φίλωμα . . . . Σω`κράτου(ς) Φιλωμίαν τὴν Φιλίππου (Ἀρι)στοκράτου(ς) τὴν ἑαυτοῦ γυναῖκα . . .].

37.

ΑΡΤΕΜΙΔΙΠΑ · ΑΛΙΑ · ΟΛΥΜΠΙΑ
ΝΟϹΕΥΔΑΙΜΩΝΥΠΕΡΘΥΓΑΤΡΙΔΗϹ
ΒΕΡΙΑΝΗϹ

Ἀρτέμιδι Παραλίᾳ Ὀλυμπια-
νὸς Εὐδαίμων ὑπὲρ θυγατριδῆς
Βεριανῆς.

Larnaka. Auf einem Fussgestelle aus rother und weisser Breccia. Herr Pierides hat die Lesung Παραλίᾳ in der ersten Zeile aus der folgenden in seinem Besitz befindlichen Inschrift, die eben daselbst, nämlich in den „Salinen" aufgefunden ist, ergänzen können: Ἀρτέμιδι Παραλίᾳ εὐξάμενος Αὐρήλιος Ἀρίστων ἰατρὸς ἄρξας ὑπὲρ θυγατρὸς Αὐρ· Ὀνησιμιανῆς τῆς καὶ Ὀλυμπιανῆς. Er giebt an, dass auf derselben Stelle auch ein kupfernes Gefäss gefunden wurde, welches 1200 bis 1400 Goldstatere Philipp's und Alexander's enthielt. [Vergl. S. 59.] Es kann daselbst ein Tempel der Artemis als der Küstengöttin (παραλία) gestanden haben. Vergl. Ceccaldi, Rev. archéol. 1874. I. 86.

38.

ΠΟΣΕΙΔΩΝΙΟΣ
ΗΛΙΟΔΩΡΟΥ

Ποσειδώνιος
Ἡλιοδώρου.

Larnaka. Auf einer Stele in weissem Marmor, deren Spitze die Form eines Thürgiebels hat. Vergl. Ceccaldi, Rev. archéol. 1875. I.

39.

CEMNONAEIZHCACBIOTON
MAKAPAPTEMIΔΩPE
CΩΦPOCYNHNΔIACHN
XAIPEKAIENΦΘIMENOIC

Σεμμὸμ ἀεὶ ζήσας βίοτομ,
μάκαρ Ἀρτεμίδωρε,
σωφροσύνημ διὰ σήμ.
χαῖρε καὶ ἐμ φθιμένοις.

Larnaka. Auf einem runden Cippus; ein Distichon von Hexameter und Pentameter. Vergl. Ceccaldi, Rev. archéol. 1875. I.

40.

EIKAIMOIPIΔIONTEΛOC
HΓECEΓHCYΠOKOΛΠOYC
CΩΠATPECEMNEΘANΩN
XAIPEKAIENΦΘIMENOIC

Εἰ καὶ μοιρίδιομ τέλος
ἦγέ σε γῆς ὑπὸ κόλπους,
Σώπατρε σεμμὲ θανὼμ,
χαῖρε καὶ ἐμ φθιμένοις.

Larnaka. Auf einer Tafel in weifsem Marmor; ein Diftichon von Hexameter und Pentameter. Vergl. Ceccaldi, Rev. archéol. 1875, I.

41.

IVIIA · OIVM
PI · I · DONATA
H · S · EST ·

ΙΟΥΛΙΑΟΛΥΜΠΟΥΑΠΕ
ΛΕΥΘΕΡΑΔΩΝΑΤΑ
ΧΡΙΣΤΗΧΑΙΡΕ

Ἰουλία Ὀλύμπου ἀπε
λευθέρα Δωνάτα,
χρηστὴ χαῖρε.

Larnaka. Auf einem viereckigen Steine; bilingue Infchrift der Julia Donata, einer freigelaffenen Sclavin des Olympus. In dem lateinifchen Theile ift L geſchrieben I; nach Ceccaldi, Rev. archéol. 1875, I.

42.

ΚΤΙΑC

Κτίας

43.

ΕΡΩC

Ἔρως

Larnaka. Auf zwei Flafchen in Terracotta; die Infchriften roth. Vergl. Ceccaldi, Rev. archéol. 1875, I.

44.

. . . .
ΓΓΑΟΛΟΙ ΙΙΙ ΙΑ ΛΑC
ΙΙΟΠΙΑCΓΓΙΙ ΙΑΡΜΑΠΟΛΙΚΟΝΚΑΙ
ΙΡΙΚΟΥCΑΓΩΝΑCΓΕΙΓΓΑΘΛΟΥ
ΘΛΙCΙΝΑΥΤΟΥΦΙΛΟΠΟΝΙΑC
ΑΥΤΩΤΕΚΑΙΤΗΠΑΤΡΙΔΙ
ΙΙΟΤΗΤΟC ΧΑΡΙΝ

. . . .

. . στέμ]μαθλον ἐ[πι]παίδας . . . .
. . . . ν ὁπλίτην ἅρμα πολικὸν καὶ
. . . . ἐφ]ηβικοὺς ἀγῶνας σειντάθλου
. . . . . ἄ]θλισιν αὐτοῦ φιλοπονίας
. . . . . . ἑ]αυτῷ τε καὶ τῇ πατρίδι
. . . . σε]μνότητος χάριν.

Larnaka. Auf einer weifsen Marmortafel; die Schrift gehört einer fehr fpäten Zeit an. Die Infchrift ift zu Ehren eines Athleten abgefafst, der in gewiffen öffentlichen Spielen fiegreich gewefen war und fich und feiner Heimat einen Namen gemacht hatte.

45.

. . . .
ΙΗΙ. . . . . ΦΙΛΟΗ
ΤΟΗΚΕΗΤΕΧΗΑΙΣ
ΜΑΓΕΙΡΙΚΑΙΣΑΕΙ
ΦΑΜΕΝΤΑΧΡΗΣΤΟΙ
ΤΟΜΣΕΜΝΟΝΑΝ
. . . ΑΒΑΚΧΙΗΗΛΣ
. . . . . ΑΝΟΝΤΑΓΗ

. . . .
ΙΗΙ . . . φίλομ
τὸμ ἐμ τέχναις
μαγειρικαῖς ἀεὶ
φαμέντα χρηστὸμ
τὸμ σεμνὸμ ἄμ
δρα Βάκχιμ, ἥδ'
ἔχει θαμόντα γῆ

Larnaka. In fehr kleinen Buchftaben einer fpätern Periode mit gelegentlichen Ligaturen. Die hier gegebene Lefung ift von Pierides, der durch den Umftand, dafs die Infchrift zu Ehren eines Koches abgefafst ift, daran erinnert wird, dafs Cypern ftets durch Kochkünftler berühmt gewefen ift; bis auf die heutige Zeit find cyprifche Köche bei den Gefandtfchaften und den Confulaten der Levante gefucht.

46.

ΑΦΡΟΔΗΣΙΟΥ
ΑΝΤΟΣ
ΝΔΑΣΚΑΛΥ
ΣΑΝΑΓΝΩ
ΑΡΙΝ

47.

ΚΥΡΙΛΕ
ΧΡΗΣΤΕ

48.

ΤΙΜΩΝ
ΧΡΗΣΤΕ
ΧΑΙΡΕ

49.

ΑΡΤΙ
ΝΙΑ
ΧΕΡΕ

50.

ΚΑΛΛΑΔΙΩΝ
ΕΥΨΥΧΙΟΥΔΙϹ
ΑΘΑΝΑΤΟϹ

51.

ΜΑΡΚΑΙΝΑ
ΧΡΗϹΤΗΧΕΡΕ

52.

ΚΡΑΤΗΛΑΧΡΗϹ
ΤΗΧΑΙΡΕ
.

53.

ΝΑϹΙΑ
ΗϹΤΗ
ΕΡΕ

54.

ΑΠΟ
ΕΠΟΙϹΕΝΕΥΕ

55.

ΦΙΛΟΚΥ
ΧΡΗϹ
ΧΑΙΡΕ

56.

ΔΗΜΗΤΡΙΑ
ΧΡΗϹΤΗΧΕΡΕ

57.

ΠΑϹΙΚΙΝΗΧΡΗϹΤΕ
ΧΑΙΡΕ

58.

ΑΘΗΝΕΑΡ
ΧΙΕΡΕΟΥ
ΧΡΗϹΤΕ
ΧΑΙΡΕ

59.

ΑΝΤΙ
ΠΑΤΡΕ
ΧΡΗϹΤΕ
ΧΑΙΡΕ

60.

ΕΠΑΦΡΟ
ΔΕΙΤΕ
ΧΡΗϹΤΕ
ΧΑΙΡΕ

61.

ΖΟΙΑ ΙΗΧΡΗ
ϹΤΗΧΕΡΕ
ΟΥΔΕΙϹΑΘΑ
ΝΑΤΟϹ

62.

ΑΥƷΗΤΕ
ΧΡΗϹΤΕΧΑΙΡΕ
ΘΑΡϹ(ει)ΟΥΔ(εις)
ΑΘΑΝΑΤΟϹ

63.

ΑΠΟΛΛΩ
ΝΙΑΔΗΜΗ
ΓΓ ΙΟΥΧΡΗϹ
ΤΗΧΑΙΡΕ

64.

ΑΦΡΟΔΙϹΙ
ΧΡΗϹΤΕ
ΧΑΙΡΕ

65.

ΦΙΛΟΚΥΠΡΕ
ΧΡΗϹΤΕ
ΧΑΙΡΕ

66.

ΑΡΤΕΜΕΙΔΩΡΕ
ΧΡΕϹΤΕ
ΧΕΡΕ

67.

ΤΥΧΙΚΗ
ΧΡΗϹΤΗ
ΧΑΙΡΕ

68.

ΧΡΥϹΟΓΟΝΗ
ϹΩΦΡΩΝ
ΧΑΙΡΕ

69.

ΖΩΙΛΑ
ΧΡΗϹΤΗ
ΧΑΙΡΕ

70.

ΑΝΔΡΟΝΙΚΕ
ΧΡΗϹΤΕ
ΧΕΡΕ

71.

ΑΠΟΛΟΝΙΔΗ
ΧΡΗϹΤΕ·
ΧΑΙΡΕ

72.

ΡΗΓΕΙΝΑ
ΧΡΕϹΗ
ΧΕΡΕ

73.

ΔΗΜΗΤΡΙΑΝΗ
ΧΡΗϹΤΗ
ΧΕΡΕ

74.

ΓΟΣΕΩΣ
ΧΡΗϹΤΕ
ΧΕΡΕ

75.

ΕΥΟΔΙΑ
ΧΡΗϹΤΗ
ΧΑΙΡΕ

76.

ΝΙΚΟΠΟΛΙ
ΧΡΗϹΤΕ
ΧΕΡΕ

77.

ΔΗΜΗΤΡΙΑΝΗ
ΧΡΗϹΤΗΧΑΙΡΕ

78.

ΕΥΠΡΑΓΙΑΧΡΗ
ϹΤΗΧΑΙΡΕ

79.

ΑΠΟΛΛΩΝΑ
ΧΡΗϹΤΕΧΕΡΕ

80.

ΑΡΤΕΜΙΔΩΡΕ
ΧΡΗϹΤΕΧΑΙΡΕ

81.

ΦΙΡΜΕΧΡΗΣΤΕ
ΧΑΙΡΕ

82.

ΕΠΗΚΤΗΤΕ
ΧΡΗϹΤΕ

83.

ΤΕΙΜΩΝ
ΧΡΗϹΤΕ
ΧΕΡΕ

84.

ΜΑΡΚΕΛΛΕ
ΧΡΗϹΤΕ
ΧΑΙΡΕ

85.

ΕΩϹΙΩΡ
ΕΔ+ΡΕ
ϹΤΕ+Ε

86.

ΕΠΑΦΡΟΔΕΙΤΕ
ΧΡΗϹΤΕ
ΧΑΙΡΕ

87.

ΔΗΜΗΤΡΙΩΝ
ΧΡΗϹΤΕ
ΧΕΡΑΙ

88.

ΡΟΔΩΝ
ΧΡΗϹΤΑΙ
ΧΑΙΡΕ

89.

ΦΛΩΡΕ
ΧΡΗϹΤΕ
ΧΑΙΡΕ

90.

ΟΝΗϹΙΜΕ
ΧΡΗϹΤΕ
ΧΕΡΕ

91.

ΑΡΤΕΜΙΔΩ
ΡΕΧΡΗϹΤΕ
ΧΑΙΡΕ

92.

ΜΑΡΚΕΛΕ
ΧΡΗϹΤΕ
ΧΑΙΡΕ

93.

ΚΑΡΠΕ
ΧΡΗϹΤΕ
ΧΑΙΡΕ

94.

ΑΛΙΠΕ
ΧΡΗϹΤΕ
ΧΑΙΡΕ

95.

ΕΥΤΥΧΙΑ ΚΑΙ
ΘΑΡΣΑΛΕΕ
ΧΕΡΕΤΕ

96.

ΟΛΥΜΠΙΑΝΕ
ΧΡΗϹΤΕΧΕΡΕ

97.

ΠΕΡΙΓΕΝΙΑ
ΧΡΗϹΤΗ
ΧΑΙΡΕ

98.

ΑΠΟΛΩ
ΝΙΔΗ
ΧΗϹΤΕ
ΧΑΙΡΕ

Die Nummern 46—98 sind aus Larnaka.

99.

ΡΗΙϹ
ΗΡΠΑϹΘ..
ΜΗΔΕΝΑΠΑΤΡΙΔ
ΓΛΩϹϹΗΠΙΚΡΟ
ΚΕΙΜΑΙΥΠΟΧΘΟΝΙΟ
ΤΟΥϹΠΡΙΝΑΠΟΙΧΟΜ[ένους
ΚΩΚΥΩΓΟΝΕΩΝΙ Ρ
ϹΟΙΧΑΡΙϹΕΥΞ[αμην]
ΕΥΝΑϹΟΝΗΔΗ ΥΝΟ
ΑΡΚΕΤΑΤΕ

Aus Idalium.

100.

ΑΡΤΕΜΙΔΩΡΕ
ΚΥΝΓΕΧΡΗϹΤΕ
ΧΑΙΡΕ

101.

ΕΥΨΥΧΙΕΥ
ΧΙΛΝΕΟΥ
ΔΙϹΛΘΛΝΛ
ΤΟϹ

102.

ΠΑϹΙΧΡΑΤΗΧΡΗϹΤΕ
ΧΑΙΡΕ

Die Nummern 100—102 find in einem Grabe in Idalium gefunden, welches auch Gegenftände in Glas enthielt.

103.

ΕΥΤΥΧΗΛΛΡΗ
ϹΤΕΧΕΡΕ

104.

ΟΝΗϹΙΚΡΑΤΗΧΡΗϹ
ΤΕ ΧΑΙΡΕ

No. 103 und 104 aus Idalium.

105.

ΑΡΤΕΜΙΔΟΡΕΧΡΗϹΤΕΧΑΙΡΕ

Alambra. Auf einer Todtenftele aus Kalkftein; diefelbe zeigt einen Kopf und eine Büfte in Relief[1]).

[1]) Die vorftehenden Infchriften verlangen zu ihrer Berichtigung theilweife eine nochmalige forgfältige Vergleichung der Originale. Ich habe mich darauf befchränken müffen, im wefentlichen den Text der englifchen Ausgabe wiederzugeben. L. S.

CYPRISCHE INSCHRIFTEN.

(Tafel XCVII—CIV.)

Die vom General Di Cesnola mitgetheilten cyprischen Inschriften sind fast sämmtlich schon von Isaac H. Hall im „Journal of the American Oriental Society“, Vol. X und von Moritz Schmidt, Sammlung kyprischer Inschriften, mit diplomatischer Treue veröffentlicht worden. Zu den Verweisungen des Verfassers auf diese Arbeiten fügen wir noch solche auf die Behandlung der meisten dieser Inschriften durch Richard Neubauer („Der angebliche Aphroditentempel“ in den *Commentationes in honorem Mommseni*), einiger anderer durch Pierides in den *Transact. of the Bibl. Archaeol.* V., S. 88 ff., und auf die kritische Besprechung und Erklärung von Joh. Voigt (*Quaestionum de titulis cypriis particula* in den „Leipziger Studien zur classischen Philologie“ I, S. 251—302), sowie eine Erklärung der besterhaltenen und verständlichsten unter ihnen. Gröfstentheils sind es Weihinschriften. Viele bieten nur Fragmente, was sich auf den Tafeln Di Cesnola's allerdings nicht immer erkennen läfst.

1. Golgi. Auf einem Flachrelief in Kalkstein (Taf. XCVI. 1); Höhe 1′ 1″ × 1′ 4″ × 1½″. Veröffentlicht von Hall, Pl. IV. 13; und von Schmidt, Taf. XI. 2; behandelt von Neubauer unter No. 35. Nach ihm enthält diese wichtigste Inschrift, in der schon Schmidt versificierte Sprüche erkannt hatte, eine Aufforderung sich des Lebens zu freuen und die Götter zu ehren. Die Erklärung bietet erhebliche Schwierigkeiten.

2. Golgi. Auf Kalkftein mit Flachrelief (Taf. XCVI. 6); Höhe 1' 2" × 1' × 2". Hall, I. 1; Schmidt, XI. 3; Neubauer, No. 6; Voigt, S. 278.

3. Alt-Paphos. Auf einer Kalkfteinbafis einer Statuette, an der fich noch die Füfse befinden (Taf. XL. 2); Höhe 7" × 6" × 4½". Schmidt, XVII. 1; Neubauer, No. 14: ἐικὼρ Τασῦς κατέστασέ τοι θιῷ *Tapidekisio* (?) ἰμ τύχα ἀγαθᾷ; Voigt, S. 280.

4. Golgi. Auf einem Fragmente eines Flachreliefs mit drei männlichen Figuren; Höhe 7" × 4" × 1". Hall V. 21; Schmidt. XIII. 1; Neubauer, No. 25.

5. Golgi. Auf einem Fragment eines Fufsgeftelles in Kalkftein; Höhe 6" × 10" × 4". Schmidt, XVIII. 1.

6. Golgi. Auf einer Votivtafel mit Flachrelief (Taf. XCVI. 4); Höhe 7¼" × 11¾ × 1". Hall, II. 9; Schmidt, XI, 4; Neubauer, No. 1: Διαίθεμις τῶι θεῶ τῶ Ἀπόλλωνι ὀνέθηκε ῦ τύχα. wo ῦ für σύμ fteht.

7. Golgi. Auf einer Votivtafel in Kalkftein. Hall, VII. 29; Schmidt, X. 4; Neubauer, No. 19. Hier fcheint ebenfo wie in No. 10 ἔτει τρίτῳ vorzukommen.

8. Golgi. Auf einem Flachrelief in Kalkftein (Taf. XCVI. 3); Höhe 3" × 6" × 1¾". Hall, VI. 23; Schmidt, XII. 1; Neubauer, No. 2: Widmung eines μασίωρος (d. h. μησοφύλαξ) an Apollo.

9. Golgi. Auf der Bekleidung eines Kopfes in Kalkftein; Höhe 4" × 2½". Hall, V. 20; Schmidt, XIII. 4; Neubauer, No. 29: ἀρὰ (d. h. εὐχή) Ἀμάω.

10. Golgi. Auf einem Fragmente der Bafis einer grofsen Kalkfteinftatue; Höhe 4" × 7" × 4". Schmidt, XVIII. 2; Neubauer, No. 20: Widmung einer εἰκὼρ.

11. Golgi. Auf einem Fragmente einer Kalkfteinvafe; Höhe 1¼" × 2½". Schmidt, XIX. 2.

12. Golgi. Auf einem Fragmente eines Fufsgeftelles; Höhe 6" × 1'. Schmidt, XVIII. 3; Neubauer, No 22.

13. Golgi. Auf einem Fragmente einer grofsen Kalkfteinvafe mit Schlange und Delphin in Relief (Taf. XXXIV. 2); Höhe 1' 1½" × 10" × 3¼". Hall, III. 11; Schmidt, XIV. 1; Neubauer, No. 32: Verfe, die eine Widmung an fremde Götter enthalten. Neubauer meint die Götternamen Μάρη, Μόσω, Οῦθι, Οθῶθ [?] und in der vierten Zeile φώκη und δέφας (Delphin und Schlange) zu erkennen.

14. Golgi. Auf dem Rande eines kleinen Fufsgeftelles in Kalkftein; Höhe 4½″ × 3¾″ × 3″. Hall, III. 12; Schmidt, XIII. 2; Neubauer, No. 10: Ἥρᾳ (?) μυχοίᾳ ὁ μαμμοσιάτωρ (scil. ὀνέθηκε).

15. Golgi. Auf dem Fufsgeftelle einer Statue in Kalkftein, nach Schmidt ein Steinfeffel in kubifcher Form; Höhe 9¾″ × 11″ × 10″. Schmidt, XVI. 1; Neubauer, No. 16. Nach der Vermuthung des letztgenannten Gelehrten enthält die Infchrift eine Aufforderung die Paphierin zu ehren.

16. Golgi. Auf einem Stück Kalkftein; Höhe 8″ × 1′ × 10″. Hall, I; Schmidt, XVI. 1; Neubauer, No. 33. Die griechifchen Buchftaben könnten nach Schmidt auch Ὀεμιυ fein; nach Hall find fie beftimmt Ὀεμίαυ.

17. Golgi. Auf einer runden Alabafterbüchfe; Höhe 1¼″ Durchm. 1½″. Schmidt, XIX. 1; Neubauer, No. 4: Eine Weihinfchrift in einem jambifchen Trimeter: ὀνέθηκ᾽ Ἀπωλῶνι Γαμάλακος Ὠδέα.

18. Golgi. Auf einem Votivgegenftande aus Kalkftein in Form eines menfchlichen Ohres; Höhe 2″ × 1½″. Hall, II. 6; Schmidt, XII. 2; Neubauer, No. 7.

19. Golgi. Auf dem Fufse einer fteinernen Vafe (?); Durchmeffer 6¾″ × 1″. [Schmidt, X. 3.]

20. Golgi. Auf dem Kalkfteingriffe einer Patera (?), der in einen Widderkopf ausgeht; Länge 8¾″. Hall, IV. 18; Schmidt, XII. 3; Neubauer, No. 9, lieft den Namen Ὀμμώς.

21. Golgi. Auf einer Tafel, die eine religiöfe Ceremonie darftellt (Taf. XXVI. 3); Höhe 1′ × 1′7″ × ½″. Hall, VI. 26; Schmidt XI. 1; Neubauer, No. 31.

22. Golgi. Auf einer oblongen Alabafterbüchfe oder kleinem Fufsgeftelle; Höhe 1½″ × 2¾″ × 1′.

23. Golgi. Auf einem Fragmente eines Fufsgeftelles; Länge 7″. Schmidt XIX. 5.

24. Golgi. Auf einem Bruchftücke einer oblongen Votivtafel; Höhe 4½″ × 7″ × ¾″. Schmidt, XIX. 7.

25. Golgi. Auf einem Bruchftücke eines Fufsgeftelles in Kalkftein; Höhe 8″ × 5″ × 2″. Schmidt, XX. 5; Neubauer, No. 26.

26. Golgi. Auf einem Bruchftücke eines Flachreliefs in Kalkftein; Höhe 8″ × 4″ × 1½″. Schmidt, XIX. 6; Neubauer, No. 24.

27. Golgi. Auf einem Fragmente eines Fufsgeftelles; Höhe 6″ × 4″ × 2½″. Schmidt, XX. 1.

28. Golgi. Auf einem Fragmente eines Flachreliefs in Kalkstein; Höhe 3" × 4" × 1½". Schmidt, XIX. 8; Neubauer, No. 30.

29. Golgi. Auf einem Bruchstücke eines Fußgestelles in Kalkstein; Höhe 3¼" × 7" × 4" [Schmidt, XIX. 9].

30. Golgi. Auf einem Bruchstücke eines Flachreliefs; Höhe 5" × 7" × 2". Schmidt, XX. 2; Neubauer, No. 27.

31. Golgi. Auf der Basis einer colossalen Statue; Höhe 1' 4" × 1' 7" × 7" [Schmidt, XX. 2a].

32. Golgi. Auf dem Fußgestelle einer Statue in Kalkstein, nach Schmidt auf einem Steinsessel in kubischer Form; Höhe 1' 2½" × 11" × 11½". Schmidt, XV. 2; Neubauer, No. 17: ϝέζεθι (opfere!).

33. Curium. Auf einem Ziegel aus gebrannter Erde; Höhe 1' 5" × 9½".

34. Golgi. Auf einem kleinen Fußgestelle mit Flachrelief. Schmidt, XVII. 2.

35. Pyla. Auf einem Bruchstücke einer Vase in Kalkstein. Hall, I. 2.

36. Golgi. Auf einem oblongen Stücke Kalkstein.

37. Golgi. Auf dem wagerechten Sims eines Thürgiebels mit einem Flachrelief von zwei weiblichen Figuren, die die Hände zum Kopfe erheben und zwischen zwei Löwenfiguren stehen, und von zwei männlichen Figuren mit zwei kleineren Löwen. Diese Inschrift ist als eine Zeile zu lesen. Schmidt, XXI. 1. Anfang: ἐγώ εἰμι Ἀριστοκρέτης; vergl. Voigt, S. 283.

38. Golgi. Auf einem ovalen Stücke Terracotta; Durchmesser 1½". Hall, VI. 25; Schmidt, XIII. 3; Neubauer, No. 11: Κάτας σιῶ (d. h. θεῶ).

39. Golgi. Auf einem Votivgegenstande in Form eines menschlichen Ohres; Höhe 2" × 1¾" [Schmidt, X. 2].

40. Golgi. Auf einem Fragmente eines Fußgestelles in Kalkstein; Länge 7". Schmidt, XVII. 4; Neubauer, No. 13: θιῷ ϝολμωσ[μιῷ]?

41. Golgi. Auf einem Fragmente einer Statuette; Höhe 9" × 4". Hall, VI. 28; Schmidt, XVI. 3; Neubauer, No. 8: [Ἀ]θηρᾷ?

42. Hyle. Auf der Basis einer (weiblichen) Kalksteinstatuette, die im Tempel des Apollo Hylates gefunden wurde; Höhe 1' 2". Hall, VIII. 37; Schmidt, XXI. 5.

43. Hyle. Auf einer Statuette in Kalkſtein, ebendaſelbſt gefunden. Hall, VIII. 33; Schmidt, XXI. 4.

44. Cythrea. Auf einem Fragmente einer Terracotta-Vaſe, aus den Tempelruinen in Cythrea; Höhe 3" × 5". Τᾷ Παφίᾳ (ὁ δεῖμα ὀρέθηκεμ τόδε). Es iſt bemerkenswerth, daſs die cypriſchen Inſchriften aus Cythrea faſt ſämmtlich den Namen der paphiſchen Aphrodite enthalten.

45. Cythrea. Auf einem Fragmente einer Terracotta-Vaſe, Höhe 4" × 6". Τᾶς Παφί[ας].

46. Cythrea. Auf einer Kalkſteinbüchſe; Höhe 6½" × 3" × 4". Pierides (Transact. Soc. Bibl. Archaeol. 5, 74) lieſt: Πρωτοτίμω ἠμι τᾶς Παφίας τῶ ἱερέϝως κάς μι κατέθηκε τᾶι Παφίαι Ἀφροδίτᾳ. Voigt, S. 287, lieſt den Anfang: Πρῶτα Τίμω.

47. Cythrea. Auf einer Kalkſteinbüchſe; Höhe 3" × 2" × 1½". Pierides, Transact. Soc. Bibl. Archaeol. 5, 95.

48. Gythrea. Auf einem Fragmente einer Kalkſteinbüchſe, durch Feuer geſchwärzt; Höhe 3¾" × 2½ × ¼". . . . ας Παφίας.

49. Cythrea. Auf einem Fragmente Kalkſtein, durch Feuer geſchwärzt; Höhe 2" × 1½" × ¼". Τᾶς Παφίας.

50. Cythrea. Auf einem Fragmente einer Kalkſteinbüchſe, rothgefärbt; Höhe 4½" × 2" × ½".

51. Cythrea. Auf einem Fragmente Kalkſtein; Höhe 3" × 2" × ¼". Pierides (Transact. Soc. Bibl. Archaeol. 5, 95) lieſt: Τᾶς θεῶ τᾶς Πα[φίας ἠμι] αὐτάρμι κατέ[θηκε] Ὀασίθεμις [ὁ] . . .

52. Cythrea. Auf einem Fragmente Kalkſtein; Höhe 2½" × 1" × ½".

53. Cythrea. Auf einem Fragmente Kalkſtein, vom Feuer geſchwärzt; Höhe 4" × 2" × ½". Παφίας . ϝα . . .

54. Cythrea. Auf einem Fragmente Kalkſtein; Höhe 2" × 1" × ¼".

55. Curium. Auf eine Carneol-Gemme eingeſchnitten, um einen bärtigen Kopf mit vollem Geſichte, nämlich Taf. LXXXIV. 36. Schmidt, XXI. 11. Es ſcheint gar nicht ausgemacht zu ſein, daſs dies cypriſche Charactere ſind.

56. Carpaſium. Auf einer Lampe in Terracotta mit der Figur einer phönicischen Gottheit; in einem Grabe gefunden; Höhe 11" × 3½". Hall, IV. 17; Schmidt, XXI. 3; Φιλοτίμω.

57. Cythrea. Auf einem Fragmente Kalkſtein tief eingeſchnitten.

58. Curium. Auf einem Stücke Kalkſtein tief eingeſchnitten; aus den Ruinen des Tempels, zu dem die Schatzkammern gehörten.

59. Curium. Auf einem Stücke Kalkſtein tief eingeſchnitten; zuſammen mit No. 58 gefunden.

60. Amathus. Auf einem Stücke Kalkſtein; Höhe 7" × 5" × 3".

61. Golgi [?]. Auf einem Stücke Kalkſtein; Höhe 6" × 2".

62. Golgi [?]. Auf einem Fragmente eines Flachreliefs, welches eine weibliche Figur und ein Kind darſtellt.

PHÖNICISCHE INSCHRIFTEN.

(Tafel CV—CVIII.)

Die meiften diefer Infchriften find bereits früher veröffentlicht und, foweit dies bei ihrer fragmentarifchen Erhaltung möglich war, entziffert worden; zuerft von Rödiger in den Monatsberichten der Berliner Academie der Wiffenfchaften 1870, S. 264—272 und dann vollftändiger von Schröder in denfelben 1872, S. 330—341. Es find Weihinfchriften, die nach dem Urtheile Schröder's aus dem 4. Jahrhundert vor unferer Zeitrechnung ftammen. Unter den neu hinzugekommenen befinden fich indeffen bedeutend jüngere, No. 24 ift kaum älter als unfere Zeitrechnung. Dies ift die Meinung des Herrn Profeffor Sachau, welche er mir freundlichft mittheilte.

1. Citium, aus einem Tempel. Auf einem Fragmente eines Vafenrandes aus Marmor eingefchnitten; $6^{3}/_{4}$" × $3^{1}/_{2}$". Schröder, No. 3: עבדאדני לאדני לאשמנמלק]רת „Abdadoni (?) feinem Herrn dem Efchmunmalkart".

2. Citium. Auf einem Fragmente eines weifsen Marmorblockes eingefchnitten; 9" × 5". Schröder, No. 1: מלך כתי ·(אד)יל בן [2]מלכ]יתן מ׳לך] כתי [3]. . . מנחת II (אז) א׳ש יתן [4]ן׳ישנא ·עבד אל׳ם] בן [5]עבד מלקרת בן [עבד [6] ר]שף לאדני ל „(Am Tage des Monats . . . im Jahre der Regierung des Königs Pumijathon, des Königs von Kition und Idalion, Sohnes Milkjathons des Königs von Kition fchenkte und errichtete (diefe) beiden Gefchenke Abd(elim, Sohn) Abdmelkarts Sohnes Abdrefchephs feinem Herrn dem . . . . .

3. Citium. Auf einem Fragmente einer marmornen Patera eingefchnitten; 4″ × 2½″. Schröder, No. 4: „Am 19. des Monats“ (לירח).

4. Citium. Auf einem Fragmente eines Marmorblockes; 3″ × 3″. Schröder, No. 2: undeutlich.

5. Citium. Auf einem Fragmente eines Vafenrandes in Marmor eingefchnitten; 3″. Die beiden Buchftaben חר.

6. Citium. Auf einem Marmorfragmente eingefchnitten; 4½″. Schröder, No. 10.

7. Citium; in einem Grabe gefunden. Auf einer Terracotta-Vafe, in fchwarzen Buchftaben aufgemalt; Höhe 2′ 6″.

8. Alt-Paphos; aus einem Grabe. Auf einer Terracotta-Vafe, in fchwarzen Buchftaben gemalt; Höhe 1′ 2½″.

9. Idalium; aus einem Grabe. Auf einer Terracotta-Vafe (Taf. V. 2) eingebrannt. Höhe 1′ 1″.

10. Citium. Auf einem Fragmente eines Vafenrandes aus Marmor eingefchnitten; Länge 6″.

11. Citium. Auf einem Fragmente eines Vafenrandes aus Marmor eingefchnitten; Länge 5″.

12. Citium. Auf einem Fragmente eines Vafenrandes aus Marmor eingefchnitten; Länge 3½″. Schröder, No. 6: Der Name des Königs von Kiti und Idjal Milkjathon.

13. Citium. Auf einem Bruchftücke weifsen Marmors eingefchnitten; Länge 2¾″. Schröder, No. 20: אריל ב.

14. Citium. Auf einem Fragmente eines Paterarandes aus Marmor; Länge 6½″. Schröder, No. 7: מלכיתן.

15. Citium. Auf einem Fragmente eines Schalenrandes aus Marmor; Länge 3″.

16. Citium. Auf einem Fragmente eines Vafenrandes aus Marmor; Länge 2″. Schröder, No. 17: ייב צלם (?).

17. Citium. Auf einem Fragmente eines Vafenrandes aus Marmor; Länge 1½″. Schröder, No. 18: . . . נבל . . .

18. Citium. Auf einem Griffe einer Marmorvafe (Fragment); Länge 1½″. Schröder, No. 16: בן א.

19. Citium. Auf einem Fragmente eines Vafenrandes aus Marmor eingefchnitten; Länge 3″. Schröder, No. 11: אש יתן d. h. *quod dedit*, als Anfang einer Infchrift.

20. Citium. Auf einem Fragmente eines Vafenrandes aus

Marmor eingefchnitten; Länge 2½″. Schröder, No. 13: (ס)מל אז „diefes Bildwerk“.

21. Citium. Auf einem Fragmente eines Vafenrandes aus Marmor eingefchnitten; Länge 2″. Schröder, No. 15: ... קרת יב

22. Citium. Auf einem Bruchftücke weifsen Marmors; Länge 1½″. Schröder, No. 19: ... בן ...

23. Citium. Auf einem Fragmente einer Marmorvafe; Länge 4½″. Schröder, No. 14: לא ... א.

24. Amathus, aus einem Grabe. Auf einer Terracotta-Vafe, in fchwarzen Buchftaben aufgemalt.

25. Citium, aus einem Grabe. Auf einer Alabafter-Vafe (Taf. II. 2) eingefchnitten; Höhe 11½″.

26. Citium, aus einem Grabe. Auf einer rothen Terracotta-Vafe eingefchnitten; Höhe 6½″.

27. Nicofia. Auf dem Fufse einer auf dem Bazar von Nicofia gekauften Vafe in Serpentin eingefchnitten. Vergl. die Abbildung Taf. XLIII. 2.

28. Citium, aus einem Grabe. Auf einer Terracotta-Vafe; Schröder, No. 12: ... חת

29. Citium, aus einem Grabe. Auf einer Terracotta-Vafe. Nach Profeffor Sachau: מנחם „Menachem“, ein Eigenname.

30. Citium. Auf einem Marmorfragmente eingefchnitten.

ERKLÄRENDES VERZEICHNISS

DER

TAFELN DER ABBILDUNGEN.

In dem folgenden Verzeichniſs der Abbildungen ſind zunächſt die Angaben der engliſchen Originalausgabe, ſoweit ſolche zur Erklärung der bretreffenden Denkmäler ſich überhaupt als kurze Unterſchriften finden, wiedergegeben. Bei andern iſt auf die Stelle des Textes verwieſen, an der dieſelben im allgemeinen oder beſondern beſprochen werden. Und ſchlieſslich ſind von dem Ueberſetzer einige Zuſätze oder Berichtigungen hinzugefügt.

Tafel I. Citium (Larnaka).

1. (S. 51.) Der Denkſtein Sargon's oder Sarrukin's von über Mannshöhe, unter den Ruinen Citiums gefunden. „Dieſes Denkmal wurde, wie ich gehört habe, dem Britiſchen Muſeum für nur £ 20 angeboten und ausgeſchlagen. Das Berliner Muſeum war verſtändiger und erwarb es für £ 50. Es iſt noch jetzt das werthvollſte aller cypriſchen Bildwerke, da es vortrefflich erhalten iſt und ſeine eigene Geſchichte in einer langen Inſchrift auf ſich trägt." So Mr. Lang, Cyprus, S. 328. Die Ueberſetzung der Inſchrift iſt George Smith gelungen; vergl. Zeitſchrift für ägyptiſche Sprache und Alterthumskunde 1871, S. 68 ff. Das Denkmal mit ſeiner Inſchrift iſt um deſs willen höchſt wichtig, weil es die weſtliche Grenze des groſsen aſſyriſchen Reiches bezeichnet. Ueber den Fundort herrſcht kein Zweifel; vergl. Schrader, Keilſchriften und Geſchichtsforſchung, S. 242.

2. (S. 54. Doell 989.) Aphrodite oder Demeter mit Kalathos nebſt zwei Begleiterinnen, Terracotta-Gruppe, 13 Zoll hoch.

In der Sammlung cyprischer Alterthümer, welche das Berliner Museum erworben hat, befinden sich mehrere Beispiele dieses Typus, unter denen No. 152 genau dem hier abgebildeten entspricht, während No. 151 eine Doppelfigur der thronenden Göttin zeigt. Uebrigens stammt eine dieser Figuren aus Paphos, No. 153. Eine andere Gruppe aus Golgi zeigt uns eine Göttin mit einem Kinde auf dem Schosse (κουροτρόφος), und zu beiden Seiten derselben eine weibliche Figur; im Museum zu Constantinopel befindet sich eine bärtige Aphrodite mit einem Kinde (vergl. Gazette archéologie 1879, S. 64); ähnliche auf einem Thronsessel sitzende Göttinnen aus Idalium, die sich in der Ambraser Sammlung in Wien befinden, erinnern von Löher (Cypern, S. 137) an die „Aphroditissa" oder Mutter Gottes der heutigen Cyprer. Jedenfalls hat man wohl in allen diesen Figuren eine und dieselbe Göttin zu erblicken, ob aber Demeter oder Aphrodite, das bleibt noch ungewiss. Vergl. Revue archéologique 1869, I. 341; Bulletin de correspondence d'Athènes 1879, p. 92.

3. (S. 55. Doell 991.) Statuette in Terracotta, 6 Zoll hoch.

4. (S. 55. Doell 970.) Statuette in Terracotta, 8 Zoll hoch.

5. (S. 55.) Rohe Terracotta. Figur mit einer Leyer, 9 Zoll hoch.

6. (S. 55. Doell 879.) Eine Terracotta-Figur, auf einem Tympanon spielend; 7 Zoll hoch.

7. (S. 56.) Statuette einer Göttin mit Kuhkopf, vielleicht der ägyptischen Isis. Eine ähnliche Terracotta befindet sich im Berliner Museum unter No. 185; ein Kuhkopf von Bronze ist auch in Curium gefunden worden (Taf. LXXI). Aehnliche kuhköpfige Figuren fand Dr. Schliemann über 700 in der Acropolis von Mycenae (vergl. die deutsche Ausgabe seines Buches S. 117 ff.); er nennt sie Idole der Hera βοῶπις.

Tafel II. CITIUM (Larnaka).

1. (S. 55.) Statuette in Terracotta, vielleicht einen Philosophen darstellend; 10 Zoll hoch.

2. Eine Maske in Terracotta, 11 Zoll hoch.

3. (S. 57. Doell 834.) Deckel eines phönicischen Sarcophags, 9 Fuss lang.

4. (S. 58. Doell 835.) Ein Sarcophag aus römischer Zeit, 8½ Fuss lang.

Tafel III. Citium (Larnaka).

1. (S. 57.) Eine Alabaſtervaſe mit phöniciſcher Inſchrift (No. 25), 14 Zoll hoch.

2. (S. 57.) Eine Alabaſtervaſe, 11½ Zoll hoch.

3. (Doell 787.) Ein Grabdenkmal mit griechiſcher Inſchrift ΑΠΟΛΛΩΝΙΑΝΗ ΧΡΗϹΤΕ ΧΑΙΡΕ; 2½ Fuſs hoch.

4. (Doell 785.) Ein Grabdenkmal mit Portrait einer Frau in Relief und Inſchrift ΚΡΑΤΗΙΑ ΧΡΗϹΤΗ ΧΑΙΡΕ; 2½ Fuſs hoch. Die vierſeitige Vertiefung auf der Oberfläche war zur Aufnahme eines Pinienzapfens beſtimmt wie bei No. 3. Einen ähnlichen Cippus fand Di Cesnola in Paphos (vergl. S. 184).

Tafel IV. Citium (Larnaka).

1. (S. 355 f.) Eine archaiſche Vaſe von grauer Farbe, die mit den Alabaſtervaſen zuſammen in Larnaka gefunden worden iſt und jetzt im Königlichen Muſeum zu Berlin (No. 228) aufbewahrt wird. Die beiden Ziegen vor dem „heiligen Baume" erinnern an eine ähnliche Darſtellung auf einer in Curium gefundenen Gemme (Taf. LXXXI. 23).

2. Eine Terracotta-Vaſe mit griechiſcher Inſchrift: ΚΙΤΙΑϹ, 8¾ Zoll hoch.

3. Eine Vaſe mit phöniciſcher (?) Inſchrift, ohne weitere Erklärung mitgetheilt. Eine ähnlich zugeſpitzte, aber länglichere Vaſe theilt Dr. Schröder in ſeinem Aufſatze über die phöniciſchen Inſchriften unter No. 22 mit. Dieſelbe trägt die Inſchrift מחם „von Cham", ſchwerlich „aus Aegypten" (*Kême*).

Tafel V. Idalium (Dali).

1. (S. 68.) Eine archaiſche Vaſe in Terracotta, 3 Fuſs 2 Zoll hoch.

2. (S. 71. 361.) Eine Vaſe in Terracotta mit eingebrannter phöniciſcher Inſchrift (No. 9), 1 Fuſs 1 Zoll hoch.

3. (S. 72. Römiſche Lampen in Terracotta. Dieſe bedeckten Lampen zeigen meiſtentheils ein Ornament auf dem Deckel, mitunter menſchliche oder thieriſche Figuren. Die offenen Lampen finden ſich in den Gräbern Aermerer. Vergl. Lang, Cyprus, S. 343.

4. Ohne Erklärung unter Idalium als „tail-piece" mitgetheilt. Eine Terracotta-Statuette der Aphrodite; am Sockel befindet

ſich die Darſtellung der mit einem Eber ſpielenden Eroten. Der Eber bei Aphrodite iſt jener, der ihren geliebten Adonis getödtet hat. „L'animal meurtrier d'Adonis se justifie auprès d'Aphrodite en disant qu'il n'a pas voulu tuer le héros, mais seulement, ébloui par sa beauté, déposer un baiser sur sa cuisse. Pardonné par la déesse, il se joint à son cortége et se mêle aux jeux des Amours.“ So De Chanot (Gazette archéologique 1878, S. 51). Das Stück, von dem er eine gelungenere Abbildung giebt, wäre nach ihm in Citium gefunden.

Tafel VI. Idalium (Dali).

(S. 72.) Goldornamente aus Dali, meiſt aus den ſpäteren Gräbern; einige ſcheinen aber einem höheren Alterthume anzugehören. Lang (Cyprus, S. 342) bemerkt: „Aus einigen Gräbern einer ſehr alten Periode, in welchen Lanzen gefunden wurden, gewann man auch eine beträchtliche Anzahl goldener Ohrringe. Einige derſelben ſind ſchlicht gearbeitet, andere haben als Gehänge das Skelett eines Widderkopfes. Die letzteren erinnerten mich an die nämlichen Skelette, welche man noch heute als einen Schutz gegen den böſen Blick aufhängt, und ich fragte mich, ob dieſe Ohrringe nicht als ein ähnlicher Talisman gegolten haben.“

Tafel VII. Idalium (Dali).

(S. 71.) Eine Sammlung von Thonvaſen (πιθάρια) phönicischen Kunſtſtiles, der früheren, vormacedoniſchen Zeit angehörig.

Tafel VIII. Idalium (Dali).

(S. 72.) Eine Sammlung von gläſernen Vaſen, Flaſchen u. ſ. w. (ὑαλικά), der ſpäteren, namentlich römiſchen, Epoche angehörig. Die gröſsern Gefäſse haben vermuthlich Trankopfer, die kleinern Salben oder Oele enthalten, mit welchen der Leichnam benetzt wurde, bei dem man das leere Gefäſs zurückliefs. Denn einzelne Gräber haben über hundert gröſsere oder kleinere Gefäſse enthalten, die alle die nämliche Form hatten und alle leer waren. Vergl. Lang, Cyprus, S. 344. Ein ſchön iridescierendes Glas befindet ſich im Berliner Muſeum unter No. 210.

Tafel IX. Idalium (Dali).

(S. 74.) Eine Schale in Bronze, mit der Darſtellung eines Tanzes vor einer thronenden Göttin; Muſikantinnen mit Flöte,

Leier und Tamburin; eine Priefterin mit Siftrum (?); Altäre. Vergl. Revue archéol. 1872, II. 304 ff.; 1873, I. 18 ff. Diefe fcheint die alterthümlichfte der phönicifch-ägyptifchen Schalen zu fein, die man auf Cypern gefunden hat.

Tafel X. Idalium (Dali).

Bronzegegenftände aus den Gräbern in Dali. Ich hebe unter ihnen eine ägyptifche Königsbüfte mit Kopftuch und Uraeus hervor, ferner Glocken, Schlüffel, Statuetten, eine Vafe u. f. w. Unter den Bronzen aus Dali im Berliner Mufeum befindet fich auch eine ägyptifche Ifis mit Horus dem Kinde.

Tafel XI. Idalium (Alambra).

(S. 82.) Kupferne Lanzenfpitzen, Meffer, Axt, Inftrumente u. f. w.

Tafel XII. Idalium (Alambra).

(S. 82.) Rohgearbeitete Terracotta-Figuren, befonders der cyprifchen Venus, die in der Regel durch die vollen Brüfte als nährende Muttergöttin gekennzeichnet ift. Diefe und fehr zahlreiche ähnliche Terracotten, die in den verfchiedenen Städten Cyperns gefunden wurden, bilden einen eigenen Stil, den R. S. Poole einftweilen „pelasgifch" nennen möchte, da fie an rohe Arbeiten, die man auf den griechifchen und italienifchen Infeln ausgegraben hat, erinnern. (Vergl. Chabas, L'antiquité historique, S. 300.) Uebrigens haben fich auch in Mycenae ganz ähnliche Thonfiguren gefunden.

Tafel XIII. Idalium (Alambra).

(S. 84.) Terracotta-Vafen mit eingefchnittener Ornamentik.

Tafel XIV. Idalium (Alambra, Dali).

1. (S. 84.) Eine Terracotta-Vafe aus Alambra, zum Aufhängen, 2 Fufs 4 Zoll hoch.

2. (S. 87.) Ein fteinerner Kopf mit Kranz, aus Dali.

3. (S. 88.) Vafe mit weiblicher Figur am Ausgufs. Vergl. Taf. LXXXVII.

4. (S. 88.) Dreifüfsige Vafe mit geometrifchen Muftern.

5. (S. 88.) Vafe mit geometrifchen Muftern und Darftellung einer Schlange, die vom Baume die Frucht frifst. Vergl. oben S. 365.

6. Vafen aus Dali mit Darftellungen.

Tafel XV. Idalium (Dali).

(S. 89.) Terracotta-Vafen in Form von Thieren. Dergleichen Thongefäfse finden fich auch bei den alten Aegyptern; Dr. Birch (Ancient pottery, p. 54) berichtet von kleinen Vafen in Form der Gazelle und des Stachelfchweins, die vermuthlich zur Aufbewahrung von Oel gedient haben.

Tafel XVI. Idalium (Dali).

(S. 89.) Terracotta-Vafen, Dreifüfse, doppelt gehenkelte und andere Gefäfse.

Tafel XVII. Golgi (Agios Jorgos).

1. Statue der Aphrodite, Eros auf dem linken Arme haltend; 6 Fufs hoch. Vermuthlich in Golgi gefunden und daher ein Zeugnifs für den Cult der Göttin in unferm Athieno-Golgi.

2. (S. 96.) Figur eines Hundes, 2 Fufs 7 Zoll hoch. Mit dem Sarcophage auf Tafel XVIII gefunden. Unter den Statuen aus Golgi befinden fich auch zwei hundsköpfige, die an den fchakalsköpfigen Anubis, den Gott der Gräber, erinnern. Vergl. die Photographie bei Colvin, Taf. 7, und die Abbildung bei Doell 221.

3. (S. 95. Doell 824.) Zwei geflügelte Sphinxe, Krönung einer Grabftele, 17 Zoll hoch. Vergl. Tafel XLVII. und S. 229.

4. (S. 95. Doell 826.) Zwei Löwen und die geflügelte Sonnenfcheibe, Krönung einer Grabftele, 4 Fufs lang.

Tafel XVIII. Golgi (Agios Jorgos).

(S. 95 ff.) Sarcophag mit archaifch-griechifchen Darftellungen; 6 Fufs 7½ Zoll lang, 3 Fufs 2 Zoll hoch, 2 Fufs 2½ Zoll breit. Vergl. Revue achéol. 1875, I. 25.

Tafel XIX. Golgi (Agios Jorgos).

(S. 98.) Eine filberne Schale mit Darftellungen im ägyptifchen Stile. Diefelben zeigen einen fröhlichen Feftzug auf dem Lande und auf dem Waffer zu gleicher Zeit; es wird dabei gefchmauft, getrunken und muficiert. Die Formen der Barken und der Wagen, die Wellenlinien, welche das feuchte Element bedeuten, die Lotusblumen und Papyrusftauden, das Geflügel, die Geräthe auf den Barken, endlich die Geftalten der Männer und Frauen laffen in diefem Kunftwerke mit aller Deutlichkeit den ägyptifchen Einflufs erkennen.

Tafel XX. Golgi (Agios Jorgos).

1. 2. (S. 97.) Zwei bei dem Sarcophage gefundene Stelen, 4 Fufs hoch; die erftere zerbrochen. Vergl. Ceccaldi in der Revue archéol. 1875, I. 23.

3. Sitzende Figuren, in der Originalausgabe ohne weitere Angabe als Lückenbüfser mitgetheilt.

Tafel XXI. Golgi (Agios Photios).

1. (S. 103. 109. Doell 237.) Koloffaler männlicher Kopf, 2 Fufs 10¼ Zoll hoch; die ganze Figur müfste nach Di Cesnola's Schätzung an 40 Fufs hoch gewefen fein. Der Bart ift nach Doell wie bei den meiften diefer Statuen als ein künftlicher Zeugbart aufzufaffen. Vergl. Revue archéol. 1870, II. pl. 24.

2. (S. 109. Doell 43.) Statue im ägyptifchen Stile, 4 Fufs 3½ Zoll hoch, doch nur die Kopfbedeckung, eine dem Pschent entlehnte Helmform, und der mit den Uräen gefchmückte Schurz ift ägyptifch; der Kopf ift eher affyrifch oder cyprifch. Sehr forgfältig gearbeitet. Vergl. Revue archéol. 1873, pl. I.

Tafel XXII. Golgi (Agios Photios).

(S. 110. Doell 1.) Ein Priefter der Venus mit Kylix und Taube, dem heiligen Vogel der Göttin; die Kopfbedeckung, welche an die phrygifche Mütze erinnert, geht in einen Thierkopf (einen Widderkopf?) aus; an einzelnen Theilen und an den Lippen find Spuren rother Bemalung fichtbar. G. C. Ceccaldi fetzt das Kunftwerk in das 5. Jahrhundert vor Chr. (Rev. archéol. 1870, II. 372). C. de Chanot vermuthet (Gazette archéologique 1878, p. 200), die Statue fei die des Cinyras, den Pindar den ἱερέα κτίλον Ἀφροδίτας nennt. Die Annahme anderer, dafs hier die Venus barbata dargeftellt fei, hat weniger Wahrfcheinlichkeit, obwohl auch die Göttin felbft fowohl bärtig als mit der Taube dargeftellt zu werden pflegt (Vergl. Gazette archéologique 1876, p. 133), letzteres auch in einer Kalkftein-Statue (No. 4) des Berliner Mufeums, die aus Dali ftammt.

Tafel XXIII. Golgi (Agios Photios).

(S. 111. Doell 178.) Hercules mit Löwenfell, Bogen und Keule, nicht frei von ägyptifchem Einfluffe. Die beiden Enden des an die linke Seite gedrückten Bogens fehlen; auch die Beine find ergänzt. Nach De Chanot (Gazette archéologique 1876, S. 150) wäre dies Werk nebst dem dazugehörigen Fufsgestell auf Taf. XXIV mindestens um ein halbes Jahrhundert älter als die Zeit der Evagoras, in welche es andere verlegen wollen. Dieser Hercules ist dem Baal-melek, dem Könige von Citium, auf Münzen ähnlich; derselbe war vermuthlich der erste phönicische König, den die Perser nach dem Abzuge der Griechen im Jahre 448 einsetzten.

Tafel XXIV. Golgi (Agios Photios).

(S. 112. Doell 763.) Hercules raubt dem Hirten Eurytion, der einen Palmbaum trägt, die Heerde Geryons. Ein Relief von 3 Fufs 2 Zoll Länge und 1 Fufs 11 Zoll Höhe, von dem Postamente des Hercules auf Tafel XXIII. Die Arbeit scheint unter assyrischem Einflusse zu stehen; vergl. Rev. archéol. 1872, II. 223. Mit Erstaunen finden wir dies altgriechische Kunstwerk in einem Werke wieder, in dem wir es am wenigsten erwarteten, nämlich in dem Texte von Marchandon de la Faye zu Prisse d'Avennes unübertrefflicher *Histoire de l'art égyptien*, p. 240; darnach wäre es einem Pylon des Tempels von Karnak entnommen!

Tafel XXV. Golgi (Agios Photios).

(S. 126. Doell 123.) Standbild eines Priesters mit Lustrationszweig und Büchse, griechischen Stiles; mittelmäfsig, aber schön erhalten. Die Kleidung besteht in einem Chiton mit kurzen Aermeln und einem über die linke Schulter und den linken Arm gezogenen Himation, dessen Zipfel mit Troddeln versehen sind. Eine schöne Abbildung findet sich in der Gazette archéologique 1878, pl. 36.

Tafel XXVI. Golgi (Agios Photios).

1. (S. 126. Doell 81.) Priesterstatue mit Schale und Büchse, 7 Fufs 8 Zoll hoch, sie ist mit einem Unter- und einem Obergewande bekleidet und trägt einen Blumen- und Blätterkranz. Der rechte Unterarm ist ergänzt.

2. (S. 124. Doell 80.) Standbild eines Priesters mit Taube und Büchse; eigenthümlicher Gesichtsausdruck. Die Füfse sind ergänzt. Eine schöne Abbildung giebt die Gazette archéologique 1878, pl. 34.

3. (S. 24. Doell 766.) Steinernes Flachrelief mit Darstellung eines Bankettes, eines Festzuges oder heiligen Tanzes (γέρανος) und der Anbetung eines Gottes, vielleicht des Apollo mit der Leier.

Nach Mr. Newton (Academy 1878, I. 59) wäre es wahrſcheinlich eine Darſtellung eines der θίασος genannten periodiſchen Feſte. Ein Mittelſtück iſt ausgebrochen, oberhalb des Kraters ſtehen zwei cypriſche Zeichen (unter den Inſchriften No. 21). Das Berliner Muſeum beſitzt einen wohlgelungenen Gypsabguſs dieſes Denkmals, das übrigens ziemlich ſpäter Zeit anzugehören ſcheint.

Tafel XXVII. Golgi (Agios Photios).

1. (S. 118. Doell 29.) Standbild im aſſyriſchen Stile, 6 Fuſs 3 Zoll hoch. Am Halſe und an der linken Hand beſchädigt. Vergl. Revue archéol. 1873, pl. I.

2. (Doell 2.) Ein ähnliches Standbild, doch mehr im cypriſchen Stile; wenig beſchädigt. Der Bart, wie auch bei No. 1, nach Doell als künſtlich aufzufaſſen.

Tafel XXVIII. Golgi (Agios Photios).

3. (Doell 40.) Statue im ägyptiſchen Stile, mit Spiralringen an den Armen und cypriſcher Mütze, 4 Fuſs 2 Zoll hoch. Der Untertheil des rechten Vorderarmes fehlt.

2. (Doell 38.) Statue mit Helm, Halsband und Armſpange, im ägyptiſchen Stile, 4 Fuſs 2½ Zoll hoch. Die rechte Hand lag auf der Bruſt. Doell nennt die Kopfbedeckung eine Kappe, die oben in eine breite Spitze ausgeht und das im Nacken herabfallende Haar ſackförmig umhüllt.

Tafel XXIX. Golgi (Agios Photios).

1. (Doell 61). Standbild eines Mannes mit Luſtrationszweig im ägyptiſchen Stile. Doell iſt nicht ſicher, ob es das Standbild eines Mannes oder einer Frau iſt; vermuthlich aber das erſtere. Die Kopfbedeckung iſt nicht ein Schleier, ſondern das gewöhnliche ägyptiſche Kopſtuch, die Klaſt der koptischen Mönche.

2. (Doell 62.) Standbild eines Mannes mit Armſpangen und Schurz und mit dem ägyptiſchen Kopſtuche wie No. 1. Die Abbildung iſt nicht wohl gelungen, wie die Photographie bei Colvin zeigt, welche am Schurze deutlich Uraeusſchlangen erkennen läſst.

Tafel XXX. Golgi (Agios Photios).

Eine Sammlung von cypriſchen Köpfen mit verſchiedenſter Haartracht; No. 1 (Revue archéol. 1872, pl. XXI. Doell 352) iſt 12 Zoll hoch, No. 2 (Doell 310): 14 Zoll, No. 3: 9½ Zoll,

No. 4 (Doell 358): 11 Zoll, No. 6 (Doell 344): $14^1/_2$ Zoll hoch. No. 5 (Doell 245) ift mit der cyprifchen Mütze bekleidet, die der heutigen Kopfbedeckung der cyprifchen Priefter nicht unähnlich ift; Di Cesnola vergleicht diefen Kopf mit dem des Papà Petro auf S. 148. Die altcyprifche Mütze wäre nach Doell hinten fackartig herunterhängend; man hat fie mit dem *tutulus* der Etrusker und mit der Kopfbedeckung der Tuirscha im Tempel Ramfes III. in Medinet Habu verglichen. No. 2 trägt das ägyptifche Kopftuch, No. 8 (Doell 541) zeigt mehr griechifchen Character, und No. 9 (Doell 308) fcheint der Typus einer reich gefchmückten cyprifchen Matrone zu fein.

Tafel XXXI. Golgi (Agios Photios).

1. (S. 127. Doell 39.) Ein Krieger im ägyptifchen Stile, die Kopfbedeckung ift nach Doell eine fackförmig herabhängende Kappe; der Schurz zeigt das myftifche Auge, welches bei den Aegyptern als Talisman gilt, indem fein Name *uza* foviel wie „Heil" bedeutet, und ein Gorgonenhaupt oder den häfslichen Kopf des Bes mit zwei Schlangen; darunter die rohe Form eines Doppeladlers, die auf römifche Zeit hinweift. Die rechte Schulter ift abgebrochen.

2. (S. 127. Doell 169.) Standbild einer Mufe mit der Leier, 4 Fufs 3 Zoll hoch; ziemlich gut im Stile. Eine ähnliche leierfpielende Frau aus Larnaka, die in der Archaeologifchen Zeitung 1871, S. 67 befprochen und abgebildet ift, möchte B. Stark als Sappho erklären.

3. (S. 120. Doell 807.) Eine grofse Steinvafe mit Epheublättern und zwei grofsen Palmetten verziert, am Eingange des Tempels gefunden.

4. (S. 129. Doell 805.) Eine fteinerne Lampe in Form eines Tempels.

Tafel XXXII. Golgi (Agios Photios).

1. Statue einer Frau fpäten Stiles.

2. Statue einer Venus fpäten Stiles.

3. (S. 127. Doell 172.) Statue der Diana in Stein, die Augen mit Elfenbein eingelegt; 2 Fufs 3 Zoll hoch. Nach Doell gehört der Kopf wahrfcheinlich nicht zur Statue.

4. Ein Knabe mit einer Gans, an mehrere ähnliche auf Cypern gefundene Bildwerke erinnernd. Bei Doell 136 ift ein ftehen-

der Knabe mit einer Taube dargeſtellt; eine Terracotta derſelben Art wird im Berliner Muſeum aufbewahrt. Ein ähnliches Bildwerk in Relief (bei Doell 781) beſchreibt Di Cesnola S. 240.

Tafel XXXIII. Golgi (Agios Photios).

1. (S. 127. Doell 190.) Fragment von der Statue eines knieenden Bogenſchützen, vermuthlich Teucers, des Gründers von Salamis; guter, archaiſch-griechiſcher Stil. Lebensgröſse.

2. (S. 130. 231.) Eine Fuſsbank mit Roſetten und einem Löwen, der einen Hirſch erlegt.

3. (S. 130. 231.) Eine Fuſsbank mit Roſetten und einer Chimaera.

Tafel XXXIV. Golgi (Agios Photios).

1. (S. 128. Doell 187.) Der dreigeſtaltige Geryon, 1 Fuſs 9½ Zoll hoch. Nachläſſig gearbeitet und vielfach beſchädigt. „Von den drei Paar Beinen ſtehen in der vordern Reihe, vorwärts ſchreitend, zwei rechte und ein linkes, die erſteren zur Linken des Beſchauers, das letztere zur Rechten. Die rechten Vorderarme ſind in die Höhe gehoben, die linken Arme von drei neben einander vor dem Oberkörper gehaltenen runden Schilden verdeckt.“

2. (S. 120. Doell 775.) Ein Vaſenfragment mit einer Schlange und einem Delphin in Hochrelief; die erſtere erinnert, wie Mr. Newton bemerkt, an die beiden Schlangen, welche nach Horaz einen heiligen Ort bezeichnen. Die cypriſche Inſchrift von 5 Zeilen iſt im Anhange unter No. 13 mitgetheilt.

3. Ein Votivrelief.

Tafel XXXV. Golgi (Agios Photios).

1. (S. 128.) Standbild der Venus, höchſt eigenthümlich; denn jedem erſcheint dies Bildwerk anders. Mr. Colvin, der erſte Herausgeber, hält es für eine tanzende Prieſterin der Aphrodite, welche in ein reiches Gewand gekleidet iſt, das ſie ein wenig aufhebt. Mr. Newton erkennt in ihm eine archaiſch-griechiſche Venus (Academy 1878. I, 59). G. Col. Ceccaldi hält es vielmehr für eine Aſtarte, deren Gewandung ihn an die noch heute übliche Tracht orientaliſcher Frauen erinnert. „L'ensemble de cet accoutrement est lourd et parait bizarre“ Revue archéologique 1878. I, 16). Die Caryatiden, durch welche die Göttin getragen wird, erklärt Ceccaldi als Prieſterinnen.

2. (S. 126. Doell 346.) Kopf eines Priefters (?).

3. (S. 127. Doell 546.) Kopf Zenos (?) in Lebensgröfse; das fpärliche Haupthaar bekränzt.

Tafel XXXVI. Golgi (Agios Photios).

Doell 124.) Standbild eines Priefters, der einen Stierkopf trägt. Die rechte Hand hielt einen dem Oberfchenkel anliegenden Blätterbüfchel.

Tafel XXXVII. Golgi (Agios Photios).

1. (S. 117. Doell 943.) Ein Pferd mit einem Joch von Wafferbehältern, in Terracotta. Eine ähnliche Figur gehört zu dem in Alambra (S. 84) gefundenen Zuge, den Doell 937—942 wiedergiebt; diefe fteht hier zur Veranfchaulichung der Art der Wafferbeförderung, die noch heute auf Cypern üblich ift.

2. 3. (S. 125. Doell 918. 917.) Zwei Reiter in Terracotta, der Gattung roher Terracotten angehörig, die in Idalium und anderswo fo zahlreich gefunden worden find. Vergl. Tafel XII.

4. (Doell 935.) Zwei Figuren in Terracotta auf je zwei Pferden (?).

5. Cyprifche Venus, Terracotta. Vergl. Tafel XII.

6. Ein Reiter neben feinem Pferde ftehend, Terracotta. Uebrigens nennt Di Cesnola diefe ohne weitere Erklärung mitgetheilten drei Nummern (4—6) „modern objects".

7. (S. 129. Doell 788. 796. 792. 798. 797. 789. 795.) Votivfculpturen, Gefichter, Ohren (mit Gehänge), Augen und emporgerichteter Daumen. (Vergl. XXXIV. 3.)

Tafel XXXVIII. Throni — Leucolla.

1. (S. 149.) Alterthümliche Vafe mit concentrifchen Kreifen und Schachbrettmufter; 1 Fufs 6 Zoll hoch.

2. (S. 149.) Alterthümliche Vafe, über 3 Fufs hoch.

3. (S. 159.) Terracotta-Sarg mit Blumenornament.

4. (S. 159.) Zwei fteinerne Köpfe.

Tafel XXXIX. Leucolla.

1. (S. 159.) Coloffaler Kopf der Cybele, in Leucolla gefunden; im Berliner Mufeum unter No. 8.

2—4. Terracotta-Figuren, wie auf Taf. XII und XXXVII ohne Angabe der Herkunft mitgetheilt als Schlufs zu Capitel VII.

Tafel XL. Paphos (Kuklia).

1. Ein Kopf in Terracotta.

2. Fufsgeftell mit den anhaftenden Füfsen und einer cyprifchen Infchrift (im Anhang der cyprifchen Infchriften unter No. 3), aus dem Tempel in Paphos.

3. (S 179.) Bruchftück einer Vafe in Terracotta, 47 Fufs unter dem Boden gefunden.

4. (S. 185.) Eine Amphora mit zwei kreisförmigen Stempeln auf den Griffen, über 3 Fufs hoch, vermuthlich aus Rhodus ftammend.

5. (S. 185.) Der Stempel auf dem einen Griffe der Vafe unter No. 4 mit einer Rofe und Umfchrift.

6. (S. 185. Der Stempel auf dem andern Griffe der Vafe unter No. 4 mit Rofe und der Umfchrift ΙΙΙΙΙΟΚΡΑΤΕΥΣ.

Tafel XLI. Soli.

1. (S. 199.) Statue der Cybele auf einem Löwen thronend in Marmor; 1 Fufs 11 Zoll hoch.

2. (S. 200.) Eine famifche Vafe.

3. (Doell 1052.) Ein Frauenkopf in Lebensgröfse aus Terracotta; auf dem Haare, deffen Löckchen durch eingedrückte Spirallinien angedeutet find, liegt eine Stephane, von der ein Schleier herabzufallen fcheint. Ein ganz ähnlicher Kopf ift bei Doell 1051 abgebildet.

4. Eine Frauenftatue in Terracotta.

5. Ein weiblicher Kopf in Terracotta.

Tafel XLII. Lapethus — Leucosia.

1. Ein elfenbeinernes Flachrelief, einen knieenden Mann im ägyptifchen Stile darftellend, 5 Zoll hoch.

2. Steinerne Statue eines Jünglings, 3 Fufs 10 Zoll hoch.

3 (S. 216.) Ein Krater mit Darftellung zweier Zweigefpanne; vergl. die Vafe L. 1.

4. (S. 365.) Eine archaïfche Vafe mit bemerkenswerther Verzierung am Halfe, die fich ähnlich auch auf Vafen aus Jalyffus auf Rhodus findet. Eine Abbildung zweier der mehr erwähnten Vafen aus Jalyffus, einer mit „décor végétal“, einer andern mit „décor marin“, giebt Fr. Lenormant in der Gazette des beaux arts 1879, XIX. 337.

Tafel XLIII. Chytri — Leucosia.

1. (S. 213.) Männliche Köpfe in Terracotta. Lebensgröſse.

2. Eine Vaſe in Serpentin mit der phöniciſchen Inſchrift No. 27; von Di Cesnola in Nicoſia erworben.

3. Ein Kopf ohne nähere Angabe mitgetheilt.

Tafel XLIV. Amathus.

(S. 229.) Die beiden Seiten des Marmorſarcophags aus Amathus.

Tafel XLV. Amathus.

(S. 229.) Die beiden Enden desſelben Marmorſarcophags. Die viermal wiederholte weibliche Geſtalt wird als Aſtarte oder Venus, die verkrüppelte männliche als Vulcanus Pataecus (Herodot 3, 37) zu erklären ſein. Die Venus iſt die bekannte cypriſche, welche ſo viele Terracotten darſtellen. Eine ähnliche Göttin läſst ſich auch in Aegypten nachweiſen, wo ſie allerdings nicht heimiſch zu ſein ſcheint. Ich theile hier die Abbildung einer Figur aus blauglaſiertem, gebranntem Thon mit, welche angeblich in Fayúm gefunden worden iſt und ſich jetzt im Königlichen Aegyptiſchen Muſeum zu Berlin befindet. Dieſe Darſtellung der ägyptiſchen Venus iſt ebenſo ſelten als merkwürdig; man hat ſie die Gattin des Gottes Bes genannt. Die Phtha-Pataekenterracotten ſowohl wie die Bes-Figuren der Aegypter zeigen uns ähnlich gnomenhafte Züge wie die eine pygmäenhafte Geſtalt, welche auf dem Sarcophage erhalten geblieben iſt; und es kann nicht zweifehaft ſein, daſs alle urſprünglich dieſelbe Gottheit darſtellen, in der man das ſchaffende, bildende, verſchönernde Princip verehrte. Die Art und Weiſe aber, wie dieſes cypriſche Denkmal die Göttin der Zeugung und der Schönheit mit dem Gotte der

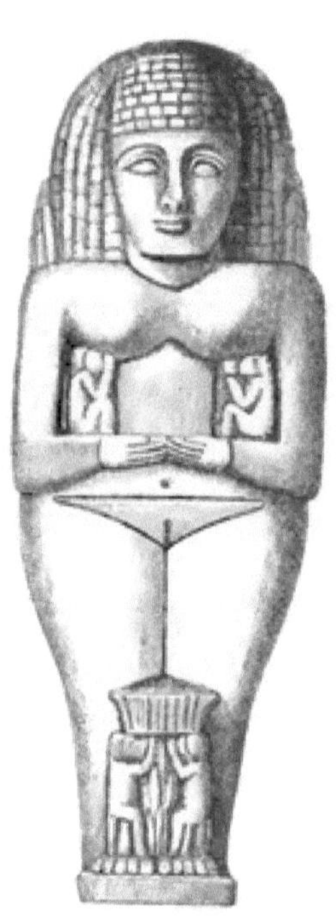

Kunſt in Verbindung bringt, die Κύπρις mit ihrem κλυτοτέχνης ἀμφιγυήεις, iſt für die Mythologie von auſserordentlicher Bedeutung.

Tafel XLVI. Xanthus.

(S. 227.) Marmorfries aus Xanthus, jetzt im Britiſchen Muſeum, zur Erläuterung der Sarcophagdarſtellung hier mitgetheilt.

Tafel XLVII. Xanthus.

(S. 228.) Thür von dem Frieſe aus Xanthus mit Sphinxdarſtellungen, ferner Köpfe von Männern und Pferden, ebendaher.

Tafel XLVIII. Amathus.

1. (S. 220.) Hercules mit einem Löwen, in Amathus gefunden, jetzt in Conſtantinopel befindlich.

2. 3. (S. 5.) Böte in Terracotta, in einem der Gräber in Amathus gefunden.

4. (S. 230.) Der zu dem Marmorſarcophag auf Taf. XLIV u. LXV. gehörige Deckel mit Sphinxen.

Tafel XLIX. Amathus.

Eine Auswahl von Alabaſtervaſen. Das unten links befindliche Gefäſs, welches als Griff eine Frauengeſtalt hat, erinnert an ähnliche ägyptiſche Kunſtwerke, von denen Priſſe d'Avennes auf einer der letzten Tafeln ſeiner herrlichen *Histoire de l'art égyptien* mehrere veröſſentlicht hat. Der hier abgebildete hölzerne Behälter befindet ſich im Aegyptiſchen Muſeum zu Berlin.

Tafel L. Amathus.

1. (S. 363.) Eine Vaſe in Terracotta aus einem Grabe in Amathus, mit Darſtellung von Zweigeſpannen wie Taf. XLII. 3.

2. Eine Oenochoë mit Filtrierer in Terracotta.

3. (S. 235.) Eine Statuette der Aſtarte in Terracotta. Eine durchaus ähnliche cypriſche Statue der Göttin in Kalkſtein, an 2 Fuſs hoch, habe ich in Cairo geſehen; ich weiſs nicht, in weſſen Beſitz ſie gekommen iſt.

4. (S. 235.) Eine Katze. ägyptifche Terracotta.

5. (S. 235.) Die Nilpferdgöttin Apet, ägyptifche Terracotta.

6. (S. 235.) Der ägyptifche Toilettengott Bes mit hoher Federkrone, in Terracotta; fcheint echt ägyptifche Arbeit zu fein. Uebrigens ift der Gott Bes urfprünglich nicht ägyptifch, fondern afiatifch; er fteht vielleicht mit dem Adonis Πυγμαίων oder mit dem Pataek in Verbindung.

7. (S. 235.) Rohgeformte ägyptifche Statuette des Thot mit einem Ringe über dem Ibiskopfe, in Terracotta. Vergl. Birch, Ancient Pottery, p. 63.

Tafel LI. Amathus.

(S. 237.) Silberne Schale mit theils ägyptifchen, theils affyrifchen Darftellungen. Die innere Reihe wird durch geflügelte Sphinxe gebildet; die mittlere zeigt ein Gemifch von ägyptifchen und affyrifchen Symbolen, unter den erfteren die Göttinnen Ifis und Nephthys und das aus dem Todtenbuche Cap. 125 bekannte Kind auf der Lotusblume. Die äufsere Reihe bringt die Belagerung einer affyrifchen oder perfifchen Feftung durch griechifche Krieger zur Anfchauung; Ceccaldi bezieht die Darftellung auf die Vertheidigung der den Perfern treu gebliebenen Stadt Amathus gegen die vereinigten Könige der Infel im Jahre 500 vor Chr. und vermuthet, dafs das Grab, in welchem diefe Schale und der auf Taf. LII abgebildete Schild gefunden worden find, einem afiatifchen Krieger zugehört habe. Vergl. Revue archéol. 1876, I. 26.

Tafel LII. Amathus.

(S. 237.) Ein kupferner Schild mit Thierdarftellungen; vergl. Ceccaldi, Revue archéol. 1876, I. 33.

Tafel LIII. Amathus.

1. (S. 235.) Form der fchlichten Sarcophage, welche in den Gräbern von Amathus gefunden wurden.

2. (S. 233.) Deckel des weifsen Marmorfarcophags mit weiblichem Kopfe, deffen Transport S. 245 befchrieben ift.

3. Kalkfteinftatue einer Frau, vergl. Revue archéol. 1869, I. 257 und pl. V. Hiernach fcheint es, als fei die Statue von Ceccaldi in Dali gefunden.

Tafel LIV. Curium.

1. (S. 259.) Mofaikpflafter, nach Newton offenbar aus römifcher Zeit.

2. (S. 364.) Eins der goldenen Armbänder Eteanders des Königs von Paphos, mit cyprifcher Infchrift.

3. (S. 267. 327.) Agatfcepter. „Wenn jenes goldene Scepter, mit welchem Odyffeus dem Therfites die verdiente Züchtigung ertheilte, diefem glich, dann kann man fich vorftellen, wie der Störenfried fich unter dem Streiche gekrümmt hat.“ Newton.

4. Ohrring, der den phönicifchen Ohrringen aus Tharros auf Sardinien gleich fieht. Durch ein Verfehen hat der Verfaffer die Abbildung auf Tafel LXIV nochmals wiederholt.

5. (S. 267.) Ringe mit Chimären und Greifenköpfen.

Tafel LV. Curium.

1. Ring mit ägyptifcher Zeichnung, einem Sperber (Horus mit Pschent-Krone nebft Scepter und Geifsel. Vergl. Taf. LXXIX. 1. (S. 335.)

2. 3. (S. 267. 354.) Doppelte Anficht eines Ringes mit Amethyst und zwei Eroten, nach Newton nicht älter als das Zeitalter Alexanders des Grofsen; nach King jünger als alle übrigen Ringe mit Gemmen aus dem Schatze von Curium.

4. (S. 268.) Armband mit Löwenköpfen.

5. (S. 268.) Armband mit Rofetten.

Tafel LVI. Curium.

1. 2. 3. (S. 268.) Armbänder von verfchiedener Arbeit.

4. (S. 270.) Goldene Schale mit ägyptifierender Darftellung: Papyrusteich mit Hirfchen, Antilopen und Waffervögeln.

Tafel LVII. Curium.

Silberne Gegenftände aus dem Tempelfchatze: Schalen, Kannen, Armbänder, Quirle oder Spinnwirtel, Dolch u. a.

Tafel LVIII. Curium.

1. 2. (S. 267.) Reich verzierte goldene Ohrringe, nach Newton kaum älter als die macedonifche Zeit.

3. (S. 268.) Schmuck mit Darftellung einer Sphinx.

4. (S. 269.) Goldenes Halsband.

Tafel LIX. Curium.

(S. 269.) Goldenes Halsband mit Medufenhaupt als Gehänge.

Tafel LX. Curium.

(S. 269.) Goldenes Halsband mit Lotusblumen. Der Lotus ift ein gewöhnliches Ornament in der cyprifchen Kunft;

auf diese Aegypten eigenthümliche Blume spielt jedenfalls Aeschylus in den Supplices 281 an, indem er von einer Verzierung in der Tracht der Danaiden sagt:

καὶ Νεῖλος ἄν θρέψειε τοιοῦτον φυτόν.

Tafel LXI. Curium.

(S. 269.) Goldenes Halsband mit Granatäpfeln und Flacon.

Tafel LXII. Curium.

1. (S. 270. 326.) Krystallvase (Unguentarium) mit goldenem Stöpsel; $6^3/_4$ Zoll hoch.

2. (S. 270.) Goldener Flaschendeckel; $^3/_4$ Zoll im Durchmesser.

Tafel LXIII. Curium.

(S. 271.) Goldene und silberne Ringe und Gehänge. Der Stein oben rechts zeigt die Darstellung eines säugenden Thieres nebst cyprischer Inschrift; der Scarabaeus unten rechts den Thronnamen Thutmes III. in Hieroglyphen (vergl. Tafel LXXVIII. 1).

Tafel LXIV. Curium.

(S. 271.) Goldene Ringe, Ohrringe und andere Schmuckgegenstände. Der zweite Ohrring unten rechts ist schon auf Tafel LIV. 4 gegeben. Der Scarabaeus in der Mitte zeigt den Kynokephalos oder Pavian mit dem Monddiscus, d. i. das Symbol des Thot.

Tafel LXV. Curium.

(S. 271.) Goldene Ornamente, namentlich Spiralringe, ἕλικες, die vielleicht im Haare befestigt wurden. Nach Newton's Urtheil ist der unten auf dieser Tafel dargestellte Ring das Vollkommenste, was an toreutischer Kunst der Schatz von Curium aufweist. Er stellt es den besten griechischen Arbeiten der Art unbedenklich an die Seite.

Tafel LXVI. Curium.

1. (S. 271.) Vergoldete Silberschale mit assyrisch-ägyptischen Darstellungen. Der sogenannte heilige Baum *Gischdin*, die Greifen, die Löwen und Löwenbändiger sind assyrisch; die Bäume (), der Sphinx, der den Feind zerschmetternde König, über dem Harmachis das Sichelschwert schützend erhebt, sowie der Siegesfalke, der die Helden umschwebt, sind ägyptische Darstellungen.

2. Bronzevase von unbestimmter Herkunst, von Di Cesnola ohne Angabe und hier als Lückenbüsser mitgetheilt.

Tafel LXVII. Curium.

(S. 273.) Doppelansicht eines Wagens in Terracotta.

Tafel LXVIII. Curium.

(S. 274. 369.) Terracotta-Vase mit reicher Verzierung, vielleicht aus Griechenland eingeführt.

Tafel LXIX. Curium.

1. (S. 273.) Weibliche Figur, eine Vase auf dem Kopfe tragend. Terracotta.

2. (S. 273.) Oenochoë in Terracotta, 14 Zoll hoch.

3. (S. 273.) Vase mit roher Zeichnung.

4. (S. 273.) Silberne Schale mit Antilopen und Papyrusstauden.

Tafel LXX. Curium.

1. (S. 277.) Dreifuss in Bronze.

2. (S. 277.) Kessel in Bronze, ohne weitere Angabe mitgetheilt.

3. (S. 276.) Candelaber in Bronze.

Tafel LXXI. Curium.

Gefässe, Idole und andere Gegenstände in Bronze.

Tafel LXXII. Hyle.

1. (S. 282.) Terracotta-Köpfe, aus dem Tempel des Apollo Hylates.

2. Aegyptische Statuette des Gottes Horus.

3. Fragment einer weiblichen Statuette.

4. Statuette eines Mannes (Fackelträgers?).

5. 6. 7. Köpfe ohne weitere Angabe mitgetheilt.

Tafel LXXIII. Hyle.

1. (S. 283.) Statuette des Apollo (?) in Bronze.

2. (S. 283.) Statuette des Apollo in Marmor.

3. (S. 283.) Drei sitzende Figuren eines Kindes mit Amuletten um den Hals. Dergleichen Terracotten sind auf Cypern überall gefunden, und eine ist von Mr. Lang bereits veröffentlicht worden; mehrere befinden sich auch im Berliner Museum. Eine

der letzteren (No. 10) trägt das Amulett um den Hals, und dieses zeigt als Gehänge etwas wie ein Gorgoneion oder einen Kopf des ägyptischen Gottes Bes. Die krüppelhafte Gestalt erinnert an den Phtha-Patack.

4. Amphora mit Darstellung zweier Reiter vor einem Baume.

Tafel LXXIV. Curium: goldene Schmucksachen mit Gravierungen.

1. (S. 323.) Zwei Sirenen oder Harpyien.
2. (S. 323.) Zwei Löwen und zwei geflügelte Sphinxe.
3. (S. 324.) Hercules und der nemäische Löwe.
4. (S. 324.) Mann und Weib.
5. (S. 324.) Androsphinx.
6. (S. 324.) Darstellung des Thot, etwas über seinem Haupte erhebend.
7. (S. 324.) Rohe Figuren und Ornamente.

Tafel LXXV — LXXVII. Curium. (S. 270.) Assyrische Cylinder mit Darstellungen und Inschriften in natürlicher Gröfse wiedergegeben. Die Cylinder wurden zunächst als Talismane betrachtet und dienten dann vielleicht auch als Siegel; Newton sagt von den cyprischen: „Die äußerste Rohheit ihrer Zeichnungen erinnert uns an die ursprünglichen linsenförmigen Gemmen, die man auf den Inseln des Archipels gefunden hat, sowie an die Darstellungen des thierischen Lebens auf den Alterthümern von Mycenae.“ Vergl. Lenormant in der Revue archéol. 1874, II. 1 ff. Die Keilinschriften, welche drei dieser Gemmen tragen, sind behandelt worden von A. H. Sayce (The babylonian cylinders found by General Di Cesnola in the treasury of the temple at Curium) in den Transact. Soc. Bibl. Archaeol. 5, 441—444; dieser Gelehrte berichtigt darin theilweise seine früheren von Mr. King gegebenen Lesungen.

1. (S. 330.) Die Inschrift lautet nach Sayce vielmehr: „Abil-Istar, Sohn des Ilu-balid, der Diener des Gottes Narani-Sin“, d. h. eines babylonischen Herrschers, eines Sohnes des Sargon von Agané, der vor dem 16. Jahrhundert blühte.

2. (S. 330.) Dieser Cylinder ist nach Sayce bedeutend älter, wie aus der Zusammensetzung des Namen *Eriv-Bagas* (sic) hervorgehen soll.

3. (S. 333.) Sayce überſetzt die Inſchrift ſpäter: „Anbetung des Mondes, des Richters der Welt, des Glücksvollenders im Himmel und auf der Erde, des Spenders des Lebens der Götter — von Tunamis dem Sohne des Pâru, dem Berichterſtatter des Jahres.“ Dieſe Inſchrift iſt accadiſch und dürſte kaum älter als das 7. oder 8. Jahrhundert vor Chr. ſein.

4. (S. 331.) Eine Darſtellung von Männern und verſchiedenen Thieren, deren Deutung einem Aſſyriologen überlaſſen bleiben muſs.

5. Eine Darſtellung aus dem Epos von dem chaldäiſchen Helden Izdhubar, dem Prototyp des Hercules, nämlich der „an den Pforten des Oceans“ gelegene Hesperidengarten mit ſeinen Bäumen voll Kryſtallfrüchten, der von groſsen Vögeln und den beiden Nymphen Sabit und Saduri bewacht wird. So nach der Erklärung Manſell's in der Gazette archéologique 1879, S. 114.

Der Leſer wird von den übrigen aſſyriſchen Cylindern ein ausführliches Verzeichniſs nicht vermiſſen; bemerkenswerth iſt, daſs dieſelben gar keinen ägyptiſchen Einfluſs zeigen. Eine Ausnahme ſcheint allerdings No. 12 zu bilden, wo einige entſtellte Hieroglyphen ſichtbar ſind, welche willkürlich aus einem Zuſammenhange genommen ſcheinen: . Doch iſt die Vermiſchung aſſyriſcher mit ägyptiſchen Figuren auf cypriſchen Cylindern keineswegs ungewöhnlich. Im Jahre 1874 wurden mir in Cairo zwei Cylinder aus Haematit als ägyptiſche zum Kaufe angeboten, die ſich gegenwärtig in dem Königlichen Aegyptiſchen Muſeum zu Berlin befinden. Ich hielt dieſelben damals für aſſyriſche, erkenne ſie aber jetzt für cypriſche. Der eine iſt in ſeinen

1.

2.

Darſtellungen ausſchlieſslich aſſyriſch, der andere aber vorwaltend ägyptiſch, indem den Mittelpunkt der Gruppe hier die Göttin Iſis bildet, welche ihre ſchützende Hand auf einen König legt.

Tafel LXXVIII. Curium. Scarabäen im ägyptischen Stile; doppelte Gröfse. Echt ägyptisch ift übrigens keine der abgebildeten Intaillen.

1. (S. 332.) Ein knieender König, der ein Trankopfer darbringt, daneben das Namensfchild Thutmes III. [hieroglyphs] und der Siegesfperber. Die Stellung des Königs ift in fpäterer Zeit häufig, fie ift unter andern die des Königs Nectanebus in einer Darftellung auf einer intercolumnären Tafel im Britifchen Mufeum. (Vergl. Tafel LXIII.)

2. (S. 332.) Scarabaeus, von Papyruspflanzen umgeben.

3. (S. 332.) Thronender König mit Scepter, Geifsel und Uraeusfchlangendiadem; vor ihm das Thronfchild Ramfes II. [hieroglyphs], wo das dritte Zeichen vielmehr [hieroglyph] fein follte: *Rá-user-má*. Die Haltung des Königs ift genau die des berühmten Turiner Sitzbildes Ramfes' II. Zur Erläuterung diefes cyprifchen Scarabaeus theile ich hier einen echt ägyptifchen des Berliner Mufeums mit; derfelbe ftellt denfelben Ramfes II. dar, vor dem fich zwei, durch einen Ceremonienmeifter eingeführte Individuen verneigen.

4. (S. 332.) Die thronende Gottheit, der Altar, der Adorierende, die geflügelte Sonnenfcheibe find ägyptifch in der Idee, in der Form und Ausführung aber völlig barbarifch.

5. (S. 332.) Aegyptifch-phönicifche Symbole mit zwei Uraeusfchlangen.

16. (S. 334.) Vermuthlich umzudrehen; dann find barbarifche Formen der geflügelten Sonnenfcheibe, des Lebenszeichens ☥ und zweier Uräen erkennbar.

17. (S. 334.) Sperberköpfiger, mit Discus gekrönter Sphinx; rechts die Hieroglyphen [hieroglyphs] „der Herr der Welt".

20. (S. 334.) Scarabaeus und Sperber, beide mit ausgebreiteten Flügeln.

22. (S. 334.) Ein Androfphinx mit der Federkrone, die Schutzgöttin in Schlangenform und ein drittes undeutliches Symbol.

23. (S. 334.) Mehrere ſymboliſche Hieroglyphen, die auf Scarabäen öfter vorkommen.

24. (S. 334.) Aegyptiſcher Streitwagen mit Roſſelenker. So wird der Pharao Thutmes II. auf einem chaton de bague im Louvre dargeſtellt; vergl. Pierret in der Gazette archéol. 1878, S. 41. Uebrigens kommen ähnliche Darſtellungen auch ſonſt auf Scarabäen vor, auch auf einem Scarabaeoid perſiſchen Stiles in der Revue archéol. 1874, I. 242. Ein ſolcher Wagen, der indeſs für den Gebrauch zu leicht gearbeitet ſcheint, befindet ſich im Aegyptiſchen Muſeum zu Florenz; ich theile hier eine Abbildung desſelben nach einer Photographie mit; eine andere findet ſich ſchon in Wilkinſon-Birch, manners and customs of the ancient Egyptians 1, 236.

Tafel LXXIX. Curium: Scarabäen im phöniciſchen Stile; in doppelter Gröſse.

1. (S. 335.) Sperber mit der Doppelkrone *Pschent* und mit den Inſignien des Herrſchers, vor ihm die Uraeusſchlange mit dem Discus. (Vergl. Tafel LV. 1.) Dieſer Intaille wäre beſſer ein Platz unter dem „ägyptiſchen Stile“ angewieſen worden.

1a. (S. 336.) Zwei aſſyriſche Männer neben dem Lebensbaume *Gischdin*; über ihnen die geflügelte Sonnenſcheibe.

2. (S. 336.) Cynocephalus mit Monddiscus auf dem Kopfe und Schreibtafel und Griffel in den Händen, Symbol des Thot, deſſen hieratiſch geſchriebener Name vielleicht die Bedeutung der Zeichen daneben iſt.

3. (S. 336.) Krieger mit einem Löwen kämpfend. Löwen bekämpfende Helden werden nicht nur auf aſſyriſchen Denkmälern dargeſtellt, ſondern auch auf ägyptiſchen. Die Kehrſeite der vor-

hin erwähnten Gemme im Louvre zeigt Thutmes II. als Löwenbändiger.

4. (S. 337.) Harmachis mit erhobenen Händen.

5. (S. 337.) Zwei geflügelte Gottheiten, die einen Kranz halten; links undeutliche cyprische Charactere, rechts der sogenannte Nilschlüssel, das Zeichen des Lebens ☥. Dafs unter dem von King besprochenen Zeichen diese Hieroglyphe zu verstehen sei, das ist auch die Ansicht des Professor Ebers. Dasselbe hat in der heidnischen und christlichen Welt die gröfste Verbreitung gefunden. Es ist nämlich das Prototyp des Kreuzes, welches die ersten Christen nach Sozomenos der Schrift der ägyptischen Hierogrammaten als ein Symbol des zukünftigen Lebens entlehnten. (Vergl. Zeitschrift für ägyptische Sprache 1878, S. 15.)

6. (S. 337.) Geflügelte Schutzgöttin; ägyptisch.

7. (S. 338.) Harmachis und ein Adorierender; hinter beiden die Hieroglyphe des Lebens ☥, über ihnen die geflügelte Sonnenscheibe.

8. (S. 338.) Zwei kämpfende Krieger; der Ueberwundene, bärtig und mit einer Art Stoffmütze bekleidet, wie sie nach Herodot (7, 62) die Perser tragen, gehört vermuthlich dieser Nationalität an; der Ueberwinder mit der cyprischen Mütze ist ohne Zweifel ein Cyprer; denn so werden cyprische Krieger zu Fufs und zu Pferde dargestellt (vergl. Tafel XXXIX. 4 und XXXVII. 3). Diese Gemme ist von Léon Fivel in der Gazette archéologique 1878, S. 107, behandelt worden. Mit wenig Berechtigung steht sie hier unter den phönicischen Intaillen.

Tafel LXXX. Curium: Phönicische Scarabäen; in doppelter Gröfse.

9. (S. 338.) Zwei ringende Männer; die zwei geflügelten Schlangen sind auf ägyptischen Denkmälern häufig und bezeichnen dann die Schutzgottheit des Nordens und Südens.

10. (S. 339.) Aegyptische Symbole in barbarischer Anordnung; über dem Discus erhebt sich die Federkrone mit zwei Uräen; rechts und links Harmachis.

11. (S. 339.) Sonne ☉ und Mond ○ in einem Nachen, der auf einem mit Lotus und Papyruspflanzen versehenen Gewässer schwimmt. Darüber die geflügelte Sonnenscheibe.

12. (S. 339.) Die Sonnenbarke, Râ mit seinen Begleitern, barbarisch.

13. (S. 340). Zwei aſſyriſche Sphinxe vor dem Lebensbaume.

14. (S. 340.) Zwei Löwen oder Sphinxe.

15. (S. 340.) Sperberköpfiger Greif.

16. (S. 340.) Hirſch vor einem Strauche.

17. (S. 340.) Sperberköpfiger Greif mit ägyptiſcher Doppelkrone.

18. (S. 341.) Desgleichen; davor ein Stern.

19. (S. 341.) Desgleichen; davor das Henkelkreuz, entſtellt.

Tafel LXXXI. Curium: Phöniciſche Scarabäen; in doppelter Gröſse.

20. (S. 341.) Schreitender Greif mit Discus zwiſchen den Hörnern; davor das Henkelkreuz.

21. (S. 341.) Zwei kämpfende Löwen. Kaum phöniciſch.

22. (S. 341.) Hirſch oder ähnliches Thier; phöniciſch? Der auf der Rückſeite dieſes Scarabaeus dargeſtellte, aber nicht abgebildete Kopf iſt vielleicht der des Gottes Bes, der auch ſonſt auf phöniciſchen Gemmen nachgewieſen iſt. Vergl. Gazette archéol. 1876, S. 149.

23. (S. 342.) Zwei Ziegen vor einem Baume; vergl. die Vaſenzeichnung, Tafel IV. 1. Ziegen von einem Baume freſſend werden übrigens ſchon in den ägyptiſchen Gräbern des Alten Reiches dargeſtellt.

24. (S. 342.) Uraeusſchlange [Zeichen] und Lotusblume auf der Vaſe [Zeichen].

25. (S. 342.) Geflügelte Uraeusſchlange.

27. (S. 342.) Zwei Männer, undeutlich. Kaum phöniciſch.

28. (S. 342.) Kranich; kaum phöniciſch; ähnlich auf einer Vaſe (Tafel XCIV. 2).

29. (S. 342.) Greif; vor ihm das Henkelkreuz.

30. (S. 343.) Stier; kaum phöniciſch

Tafel LXXXII. Curium: Griechiſche Gemmen; in doppelter Gröſse.

1. (S. 343.) Boreas und Orithyia.

2. (S. 344.) Pluto und Proſerpina. Nach Léon Fivel in der Gazette archéologique 1877, S. 210, auf „une sardoine brune encore munie de sa monture antique en bague“. Der franzöſiſche Gelehrte verweiſt auf mehrere ähnliche Darſtellungen desſelben

Gegenstandes und sagt von dieser: „C'est un travail du moment où l'art hellénique atteignit à son plus parfait développement et conservait encore quelque chose de la sévère gravité de l'ancien style."

3. (S. 345.) Nemesis, gleichsam sagend: μηδὲν ὑπὲρ μέτρον. „Quant au serpent des Érinnyes, on ne doit pas être étonné de le voir se dresser ici aux côtés d'une déesse qui a le plus souvent un rôle vengeur." Fivel (Gazette archéologique 1878, S. 105).

4. (S. 346.) Siegesgöttin. C. T. Newton will dem Enthusiasmus Mr. King's in Betreff dieser Intaille nicht beipflichten.

5. (346). Mann zwischen zwei Rossen, nach Newton offenbar Pelops, der auch auf einer von Schliemann im Heraion von Mycenae entdeckten Gemme erscheint. Fivel (Gazette archéologique 1878, S. 107) hält die Gestalt indessen für zu wenig würdevoll für einen Pelops: „A nos yeux le personnage qui se prépare à atteler les chevaux doit être Myrtile, l'infidèle aurige d'Oenomaos."

6. (S. 347.) Jüngling mit Hund.

7. (S. 347.) Jüngling mit Opfergabe.

8. (S. 348.) Mädchen mit Vase.

Tafel LXXXIII. Curium: Griechische Gemmen; in doppelter Gröſse.

9. (S. 348.) Ein Mann, einem Weibe Gewalt anthuend.

10. (S. 348.) Drei Krieger.

11. (S. 348.) Philoctet, von der Schlange gestochen.

12. (S. 349.) Frau, sich waschend.

13. (S. 349.) Frau im Bade.

14. (S. 350.) Pferd, sich niederlegend.

15. (S. 350.) Schlafender Hund, angebunden.

16. (S. 351.) Rabe, vor ihm ein Zweig, hinter ihm das ägyptische Henkelkreuz.

17. (S. 351.) Reiher; kein Ibis. Der letztere hat einen sehr langen Schnabel.

18. (S. 351.) Hippocampus oder Seepferd.

19. (S. 351.) Zwei Uraeusschlangen mit griechischer Inschrift: ἔχι (o Natter!); vielleicht ein Amulett gegen den Schlangenbiſs. (Gazette archéologique 1878, S. 40.) Die Uraeusschlangen, welche ägyptische Scarabäen äuſserst häufig darstellen, gelten zu-

nächst als Thiere von dämonischer Kraft und Majestät, weshalb sie das Abzeichen der Pharaonen sind. In der Hieroglyphik drückt die Uraeusschlange das Wort *netert* Göttin) aus, und geflügelt ist sie beständig als Schutzgöttin aufzufassen.

Tafel LXXXIV.

Diese Tafel enthält eine Auswahl der Gemmen, welche in verschiedenen Oertlichkeiten auf Cypern gefunden sind. Di Cesnola hat eine vollständige Liste derselben gegeben, die wir der Uebersichtlichkeit wegen an dieser Stelle mittheilen, obwohl sich von 38 Nummern auf der betreffenden Tafel nur 10 abgebildet finden.

1. Mars, sich auf seinen Speer stützend und den Schild auf den Boden setzend, τιθέμενος τὰ ὅπλα; rohe, spät-griechische Arbeit. Auf einem Carneol in einem goldenen Ringe, in einem Grabe in Tremitissa, dem alten Tremithus, gefunden.

2. Bacchus gegen einen Cippus gelehnt und seinen Panther liebkosend; schöne griechische Arbeit. Carneol in einem goldenen Ringe, in einem Grabe mit Glasvasen in Aphrodisium gefunden.

3. Weiblicher Kopf, mit zu einem kleinen *Chignon* aufgebundenem Haare, augenscheinlich Paste einer schönen griechischen Intaille. Nicht gefasster Sarder aus einem Grabe in Golgi.

4. Aesculap und Hygieia, kühne Arbeit der römischen Zeit Nicht gefasster Carneol aus einem Grabe in Throni.

5. Stehende Göttin mit Füllhorn, in barbarischem Stile. Carfunkel in einem schönen goldenen Ringe aus einem Grabe in Golgi.

6. [Auf der Tafel irrthümlich mit 66 bezeichnet.] Nemesis im spätern griechischen Stile. Sarder in einem goldenen Ringe, aus einem Grabe mit Glasvasen in Idalium.

7. Stehende Figur, eben eingekratzt. Carneol eines goldenen Ringes aus Idalium.

8. Rabe vor einem Lorbeerbaume stehend, dahinter ein Reis eines andern Baumes; kühne und gute griechische Arbeit. Nicht gefasstes Bergkrystall aus Amathus.

9. Weiblicher Centaur, mit ausgestreckter Hand vorschreitend, einen Baumzweig über der Schulter tragend; skizzenhafte, spätgriechische Arbeit. Auf dem Carneol eines Bronzeringes aus Amathus.

10. „Grundplan des Tempels von Paphos", wie Archäologen diese merkwürdige Darstellung benennen, vielleicht ein priesterliches Gewand. Massiver goldener Ring.

11. Hohe Amphora von eleganter Form, nach einer schönen griechischen Intaille abgegossen. Auf einer grünen, iridescierenden Paste eines massiven goldenen Ringes.

12. Cupido, zu harter Arbeit verurtheilt, sich auf seine Hacke stützend; hübsche Arbeit im spät griechischen Stile. Auf dem Carneol eines goldenen Ringes.

13. Venus, auf einen Cippus gestützt und ein Alabastron haltend; kühne, unvollendete griechische Arbeit. Carneol von ungewöhnlichem Aussehen, vielleicht ein Carfunkel.

14. Stehende Göttin von gewöhnlicher barbarischer Arbeit, wie sie Leichenringen eigen ist. Carneol in einem goldenen Ringe.

15. Apollo, auf einen Cippus gestützt, seinen Bogen vorhaltend; skizzenhafte, spätgriechische Arbeit. Carneol in einem goldenen Ringe.

16. Eine Venus Victrix nach einem Original in sehr grossartigem Stile. Massiver goldener Ring mit Paste. Das Relief ist weiss auf blauem Grunde, wie bei der Portland-Vase, und schön ausgeführt.

17. Stehende Fortuna mit Füllhorn und Ruder; spätgriechisch. Carneol in einem goldenen Ringe.

18. „Grundplan des Tempels von Paphos", wie No. 10, aber sehr skizzenhaft. Massiver goldener Ring mit eingeschnittener Zeichnung.

19. Fortuna mit ihren gewöhnlichen Attributen; guter Stil. Auf dem Sarder eines goldenen Ringes.

20. Fliegende Taube (?) in sehr rohen Umrissen. Massiver goldener Ring.

21. Stehende Göttin in dem gewöhnlichen skizzenhaften Stile. Nicht gefasster Carneol.

22. Heiliges Blatt (oder ein Baum) auf den beiden Kästen eines doppelten goldenen Ringes.

23. Der Discus von der doppelten Schlange getragen; ägyptische Zeichnung von sehr kühner und alter Arbeit, in Relief auf einem massiven goldenen Ringe.

24. Ein Scorpion. Carneol in einem Bronzeringe, einem Amulette gegen den Scorpionenstich.

25. Komifche Maske in Profil; fehr flüchtige Arbeit. Carneol in einem goldenen Ringe.

26. Das heilige Blatt auf beiden Käften eines doppelten, goldenen Ringes; ähnlich wie No. 22, aber gröfser und viel roher gearbeitet.

27. Weibliche Figur, ftehend, die Rechte zur Anbetung erhoben, in der Linken eine Ruthe; fkizzenhafte rohe Arbeit. Goldener Ring mit einem Granat, welcher letztere in diefem Falle beffer gefchnitten ift als gewöhnlich.

28. Hund, ein Rehkalb jagend, die Zeichnung auf dem Schmucke des Odyffeus; faubere, fpätgriechifche Arbeit. Onyx in einem filbernen Ringe.

29. Hercules der Bogenfchütz; fchöne altgriechifche Arbeit von hohem Werthe. Die Handlung der Figur ift fehr bemerkenswerth; der Umftand, dafs der Pfeil als von der Hand eben losgelaffen und von der Sehne gerade abfchnellend dargeftellt ift, erklärt fich nur aus der Annahme, dafs wir hier eine Nachbildung einer Bronzeftatue vor uns haben, die zu der Zeit ohne Zweifel hochberühmt war. Scarabaeoid in Carneol, nicht gefafst.

30. „Tempel von Paphos", wie No. 10. 18; auf einem goldenen Ringe.

31. (S. 354.) Goldener Ring mit der Infchrift ЄΠΑΓΑΘΩ, die fich noch fechs oder fieben Mal in der Sammlung findet. Nach der Form der Buchftaben zu urtheilen, aus römifcher Zeit.

32. Maffiver goldener Ring mit, wie es fcheint, abfichtlich gänzlich verwifchter Zeichnung.

33. Die beiden heiligen Blätter, wie No. 22. 26, auf maffivem goldenem Ringe.

34. Cartouche mit unleferlichen Hieroglyphen, auf einem Siegelringe aus blauem Glasfluffe mit goldener Faffung; die Rückfeite ftellt einen liegenden Löwen in Hochrelief dar.

35. Cupido auf einem Delphin reitend, kleine Intaille der römifchen Zeit, auf einem Bronzeringe mit Onyx.

---

36. Der Kopf des Baal mit räthfelhafter Infchrift, in Curium gefunden. S. 353 ausführlich befprochen. Léon Fivel dagegen, der diefe „Intaille gravée sur cornaline" in der Gazette archéologique 1877, S. 211, behandelt, erkennt in dem Kopfe eine Darftellung der perfonificierten Traube, des *Staphylos* des Sohnes des Dionyfos. Dafs die Darftellung einer Traube beabfichtigt ift,

kann nicht zweifelhaft ſein, da über derſelben noch eine Rebe ſichtbar wird. Die Inſchrift, in welcher King eher numidiſche [?] als cypriſche Charactere erkennen möchte, bleibt ſo räthſelhaft wie die von Schliemann in Troja (S. LII.) gefundene. Mir ſcheint dieſe Schrift die nämliche zu ſein wie die, welche ein Kryſtallcylinder des Aegyptiſchen Muſeums in Berlin trägt, den ich bei dieſer Gelegenheit den Epigraphikern zur Prüfung vorlege. Die Darſtellungen desſelben ſind barbariſch und könnten wohl in Kleinaſien ihre Heimat haben.

37. Minerva, ihre Waffen an den Boden ſetzend; das groſse Kreuz hinter ihr ſoll vielleicht eine Trophäe darſtellen. Flüchtige Arbeit der römiſchen Zeit. (King.)

38. Nemeſis, geflügelt, mit Helm, ihre Hand auf einem Joche ruhen laſſend, welches die nämliche Bedeutung hat wie der Zügel, den man oft in ihrer Hand bemerkt. Flüchtige Arbeit aus römiſcher Zeit. (King.)

Tafel LXXXV und folg. Cypriſche Thongefäſse zur Erläuterung der Abhandlung Mr. Murray's. Die meiſten ſtammen von den Friedhöfen Idaliums.

1. Vaſe mit Frauenkopf von rothbrauner Farbe; jetzt im Berliner Muſeum (No. 255).

2. Vaſe mit Frauenkopf, gehenkelt und mit Ausguſs verſehen; vergl. S. 359.

Tafel LXXXVI. Cyprische Thongefäfse.

1. Vafe mit Frauenkopf; vergl S. 359.

2. Vafe mit dem affyrifchen heiligen Baume, ähnlich wie auf Tafel IV. 1. Vergl. oben S. 355.

3. (Doell 404) Vafe mit Kuhkopf, hellgrau. Vergl. S. 359.

4. Vafe mit Darftellung, ähnlich wie auf Tafel LXXXV. 1. Schwerlich ägyptifch, wie Mr. Murray meint (S. 357).

Tafel LXXXVII. Cyprifche Thongefäfse.

1—3. (S. 359.) Vafen mit eine Hydria als Ausgufs haltenden Frauengeftalten. Von einer ähnlichen Vafe berichtet Pottier im Bulletin de correspondence d'Athènes 1879, S. 94. Vergl. M. Fränkel in der Archäol. Zeitung 1877, S. 81.

Tafel LXXXVIII. Cyprifche Thongefäfse.

1. (Doell 4061.) Vafe mit Frauenkopf, ähnlich wie auf Tafel LXXXV. 2, mit doppeltem Ausgufs; hellgrau. Vergl. S. 359.

2. Vafe mit Frauenkopf, ähnlich wie die auf Taf. LXXXVI. 1. Vergl. S. 359.

3. Vafe mit Andeutung einer Maske, hellgrau (Doell 4060). Vergleiche eine „Vase cypriote de très-ancien style, décoré d'un masque humain" in der Gazette archéologique 1877, S. 155. Aehnliche Vafen hat Schliemann viele in Troja gefunden; vergl. Revue archéologique 1873, pl. XXIV.

4. (Doell 4063). Vafe mit Maske; mit mattröthlichem Firnifs überzogen.

5. Vafe mit Thierdarftellungen; vergl. oben S. 362.

Tafel LXXXIX. Cyprifche Thongefäfse.

1. (Doell 3977.) Vafe mit Vogeldarftellung und geometrifchen Muftern; hellgrau. Vergl. oben S. 361.

2. Mit Fufs verfehene Vafe mit geometrifchen Muftern.

3. Längliche Vafe mit Vogeldarftellung und Längsftreifen; vergl. S. 361. 364.

4. (Doell 4007.) Mit Fufs verfehene Vafe von hellgrauer Farbe mit Vogeldarftellung; vergl. S. 361.

5. Vafe mit geometrifchen Muftern.

6. Mit Fufs verfehene Vafe mit Darftellung eines fliegenden Vogels; vergl. S. 361.

7. Henkelvafe mit Darftellung von Bäumen.

Tafel XC. Cyprifche Thongefäfse.

1. Gereifte Vafe mit Vögeln am Rande.

2. (Doell 2977.) Vafe mit länglichem Doppelhalfe, zum Aufhängen; hellgrau.

3. (Doell 2172.) Vafe zum Aufhängen; hellgrau.

4. (Doell 1843.) Dreifaches Gefäfs zum Aufhängen; hellgrau.

5. Gefäfs mit länglichem Halfe und Henkel.

6. (Doell 1811.) Dreifache kugelförmige Vafe mit Henkel; hellgrau, ohne Verzierung.

Tafel XCI. Cyprifche Thongefäfse.

1. (Doell 2392.) Vafe mit eingeritzten geometrifchen Muftern und Eulenkopf am Bauche. Der letztere erinnert Schliemann, der in Troja ähnliche Vafen fand, an die γλαυκῶπις Ἀθήνη. (Vergl. Transact. Roy. Soc. Lit. XI. p. 64.)

2. Hohe Vafe mit Längs- und Querftreifen; vergl. S. 361; eine gleiche Vafe im Berliner Mufeum unter No. 317c.

3. (Doell 3611.) Doppelt gehenkelte Vafe mit mannigfachen Spirallinien; die Vafen diefer Gattung aus hellgrauem Thon mit bräunlichen oder fchwarzen Verzierungen zählen nach Hunderten.

4. Flache Schale mit Fufs und Henkeln.

5. Doppelt gehenkelte Vafe mit Darftellung von Löwen und Löwenkampfe des Hercules, nebft griechifchen Infchriften. Vergl. oben S. 359.

Tafel XCII. Zeichnungen von einzelnen Vafen. Das Ornament 卍 findet fich häufig auf trojanifchen Gefäfsen und ift von Schliemann (Troja S. 49) als ein weitverbreitetes Symbol mit dem Sanskrit-Namen *Su-asti* (εὖ ἐστι) bezeichnet worden; vergl. Murray oben S. 364.

Tafel XCIII. Darftellungen von Barken auf Vafen; die Form derfelben in No. 3 ift fehr bemerkenswerth.

Tafel XCIV. Vafenzeichnungen.

1. Darftellung eines Reihers und eines Fifches auf einer Vafe.

2. Vafenzeichnung eines Reihers, der an die Gemme auf Tafel LXXXI. 28 erinnert.

Tafel XCV. Vafenzeichnungen.

1. Ein geometrifches Mufter als Vafenzeichnung.

2. Reiher und Spirallinien als Vafenzeichnung.

Tafel XCVI. Flachreliefe mit cyprifchen Infchriften.

1. (Doell 764.) Ein fitzender, zwei ftehende Männer, mit der cyprifchen Infchrift No. 1.

2. Ein Mann zwifchen zwei Löwen.

3. Ein auf einem Lager ruhender Mann, neben ihm ein Diener und ein Hund; mit der Infchrift No. 8.

4. (Doell 767.) Zwei Männer, die fich die Hände geben, mit Infchrift No. 6.

5. Zwei Thiere und zwei Menfchengeftalten.

6. (Doell 765.) Vier Anbetende vor einer thronenden Göttin.

Tafel XCVII — Tafel CIV.

Cyprifche Infchriften. Vergl. S. 392 ff.

Tafel CV — Tafel CVIII.

Phönicifche Infchriften. Vergl. S. 398 ff.

REGISTER.

Druck von Hundertstund & Pries in Leipzig.

Appun, Carl Ferdinand, Unter den Tropen. Wanderungen durch Venezuela, am Orinoco, durch Britisch-Guyana und am Amazonenstrom in den Jahren 1849—1868. 2 Bde. Mit 12 vom Verfasser nach der Natur aufgenommenen Illustr. in Holzschn. und 2 Tafeln indianischer Bilderschriften. Lex.-8°. Eleg. broch. à Band 15 Mk., eleg. geb. à Band 17 Mk. 25 Pf.

Bastian, Dr. Adolf, Geographische und Ethnologische Bilder. gr. 8. broch. 13 Mk.

Bastian, Dr. Adolf, Die deutsche Expedition an der Loango-Küste Afrika's, nebst älteren Nachrichten über die zu erforschenden Länder. Nach persönlichen Erlebnissen. Mit 3 lithograph. Tafeln und 1 Karte. 2 Bde. 8°. broch. 19 Mk., in 2 eleg. Leinwandbänden 23 Mk.

Inhalt: I. Band. Persönliche Erlebnisse. — Das Küstenland. — Sitten und Gebräuche. — Politische Verhältnisse. — Angoy. — Kakongo. — Loango. — Der Mussorongho. — Die Völker des Innern. — Anhang. 10 Mk. In eleg. Lwbd. 12 Mk. II. Band. Bomma am Zaire. — Kongo. — Der Fetischdienst. — Das Sprachliche. — Anhang. 9 Mk. In eleg. Lwbd. 11 Mk.

Bastian, Dr. Adolf, Die Völker des östlichen Asien. Studien und Reisen. III.—VI. Band. gr. 8°. III. Band: **Reisen in Siam im Jahre 1863.** Mit einer Karte Hinterindiens von Professor Dr. Kiepert. broch. 11 Mk. IV. Band: **Reise durch Kambodja nach Cochinchina.** broch. 9 Mk. V. Band: **Reisen im Indischen Archipel,** Singapore, Batavia, Manilla und Japan. broch. 10 Mk. VI. Band: **Reisen in China von Peking zur mongolischen Grenze** und Rückkehr nach Europa. broch. 15 Mk. (Band I. und II. erschienen im Verlage von Otto Wigand in Leipzig.)

Bastian, Dr. Adolf, Ethnologische Forschungen. I. und II. Band: **Ethnologische Forschungen nebst Sammlung von Material für dieselben.** gr. 8°. broch. 21 Mk.

Berlepsch, H. A., Die Alpen in Natur- und Lebensbildern. Mit 22 Illustr. und einem Titelbilde in Tondruck nach Originalzeichnungen von Emil Rittmeyer. **Vierte, sehr vermehrte und verbesserte Auflage. Prachtausgabe.** Lex.-8°. broch. 9 Mk., eleg. geb. 11 Mk. 25 Pf. **Taschenausgabe für den Reisegebrauch.** 3. Aufl. Mit 6 Illustr. Eleg. geb. 3 Mk.

Cooper, T. T., Agent der Handelskammer zu Calcutta, **Reise zur Auffindung eines Ueberlandweges von China nach Indien.** Autorisirte Ausgabe für Deutschland. Aus dem Englischen. Mit einem Anhang, die beiden englischen Expeditionen von 1868 und 1875 unter Sladen und Browne, und Margary's Reise betreffend, von Dr. H. L. v. Klenze. gr. 8°. Mit 1 Karte und 13 Illustrat. broch. 12 Mk., eleg. geb. 14 Mk.

Livingstone, David und Charles, Neue Missionsreisen in Südafrika, unternommen im Auftrage der englischen Regierung. Forschungen am Zambesi und seinen Nebenflüssen nebst Entdeckung der Seen Schirwa und Nyassa in den Jahren 1858—1864. Autor. Ausg. Aus dem Engl. von J. E. A. Martin. Mit 40 Illustr. und 1 Karte. 2 Bde. 17 Mk. 35 Pf. **2. Aufl. Wohlfeile Ausgabe.** (Bibliothek geogr. Reisen und Entdeckungen. VIII. Bd.) gr. 8°. Eleg. broch. 8 Mk., eleg. geb. in Lwd. 10 Mk.

AMATHUS.

AMATHUS.

AMATHUS.

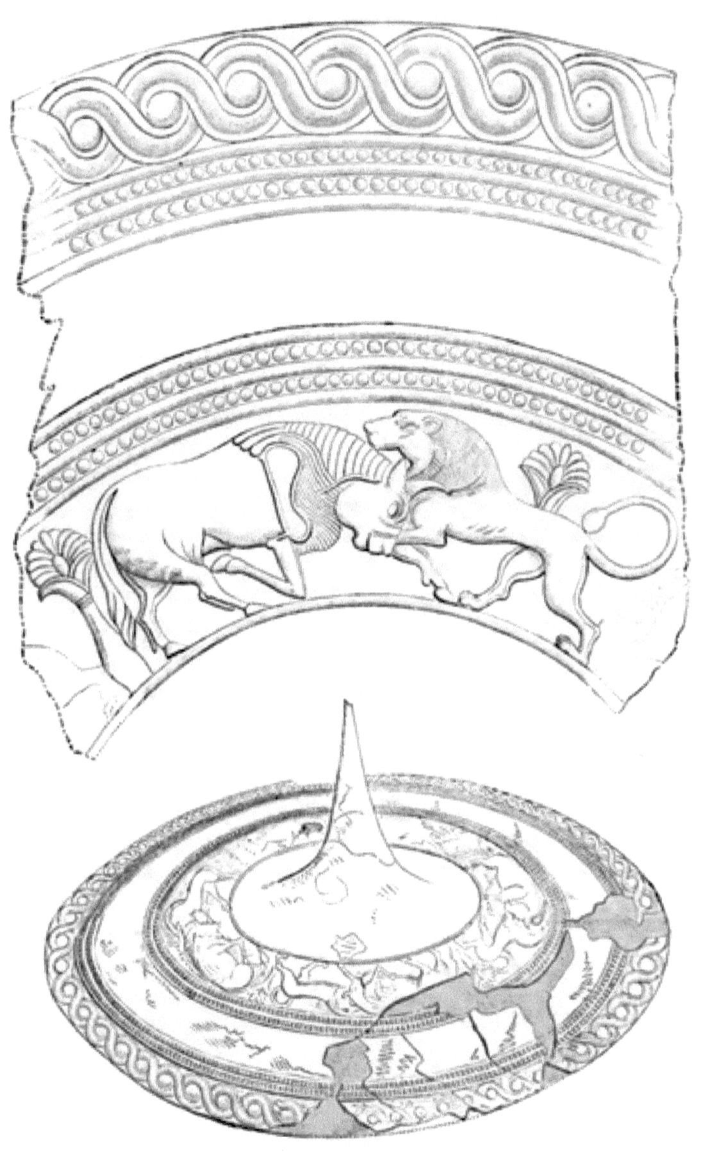

AMATHUS.

1.

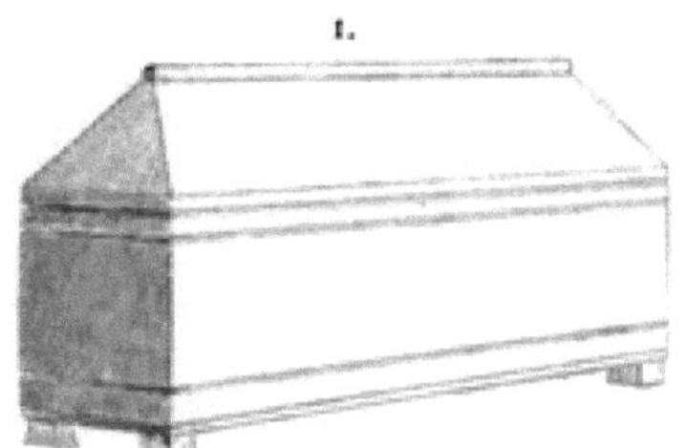

2.

3.

AMATHUS.

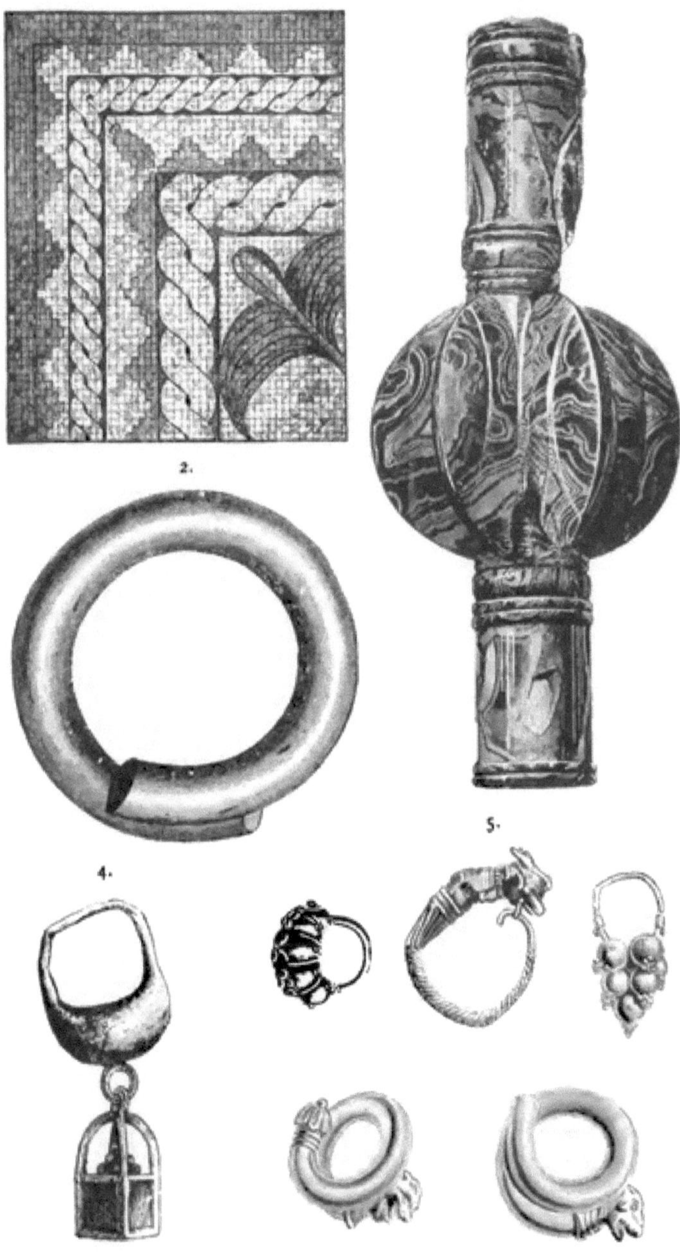

CURIUM.

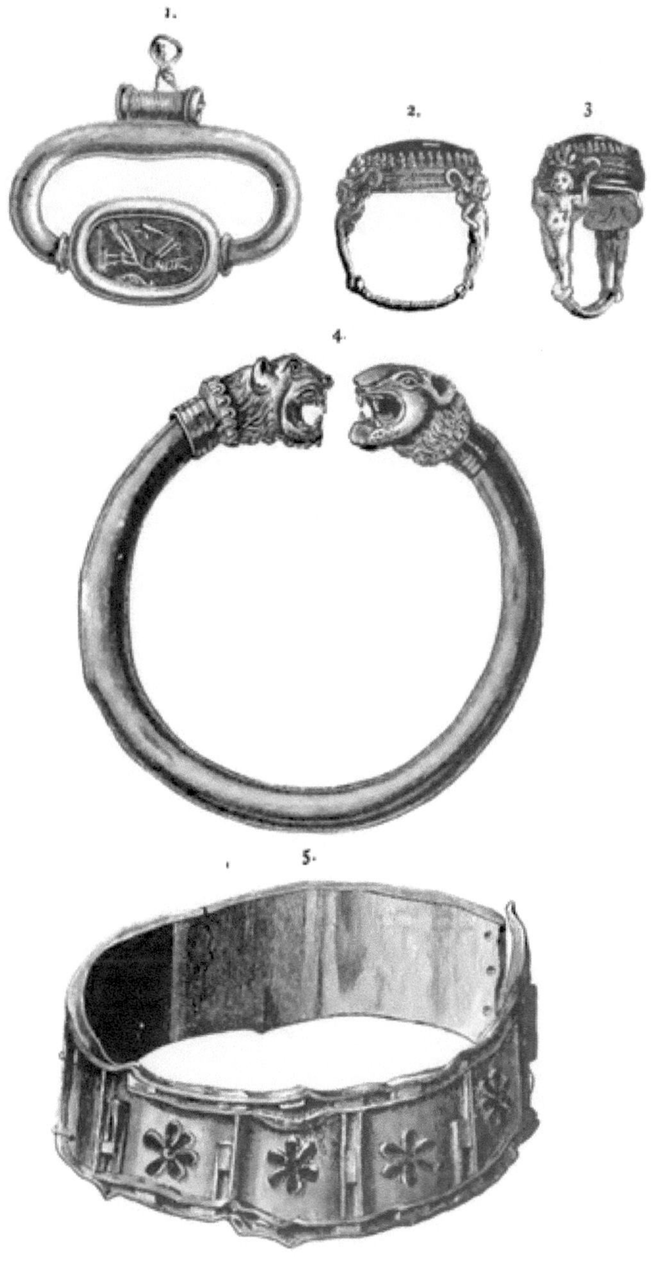

CURIUM.

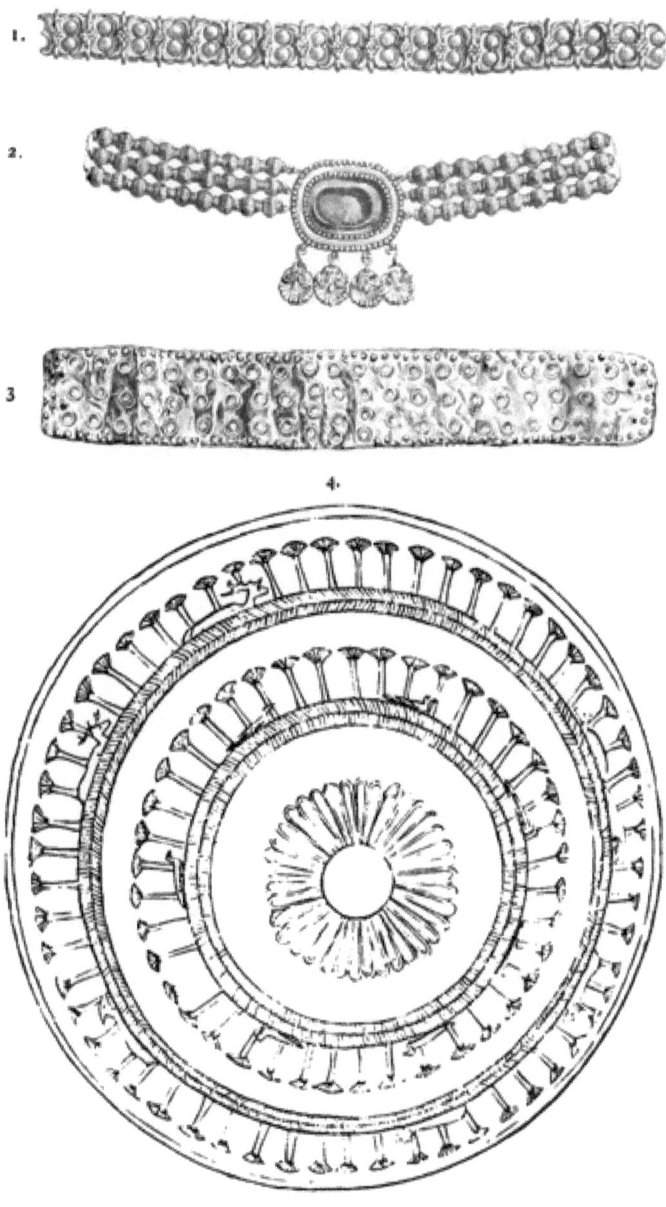

CURIUM.

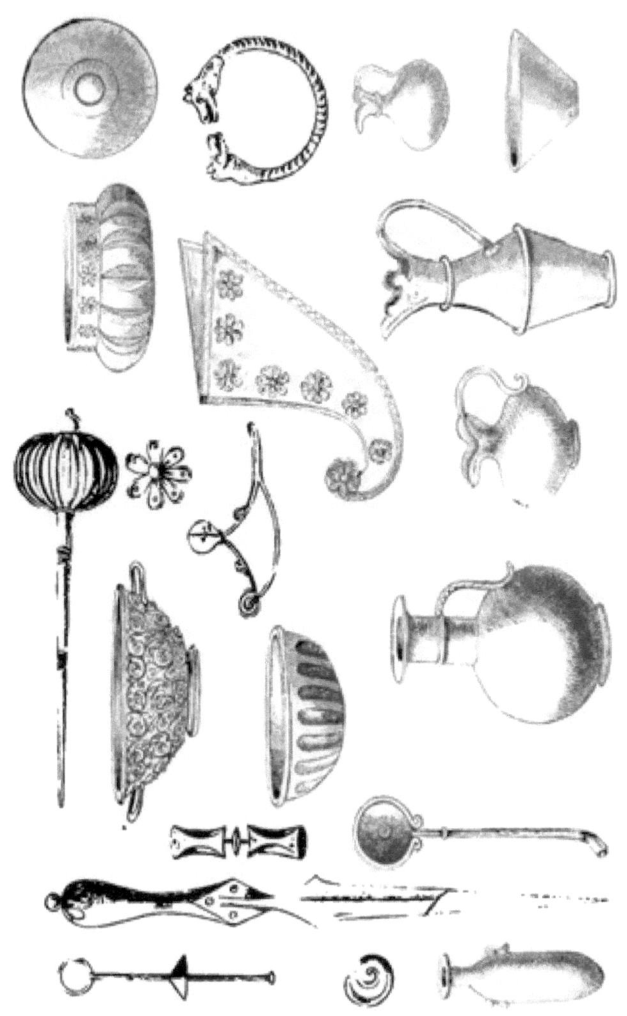

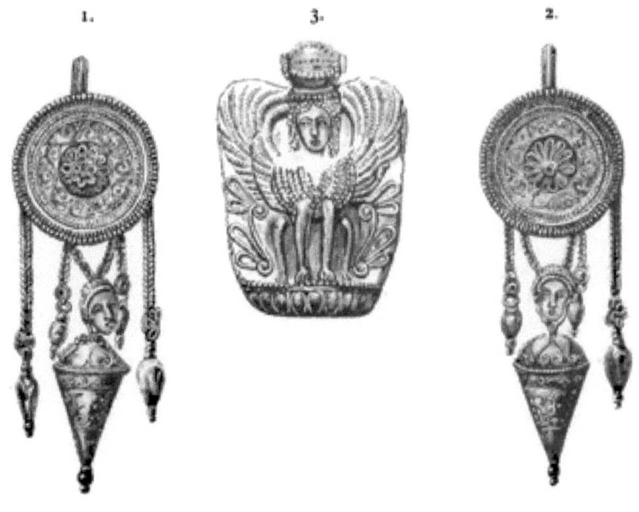

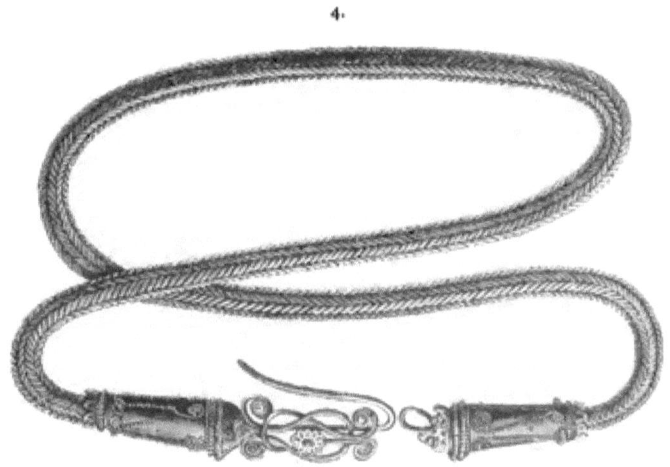

CURIUM.

CURIUM.

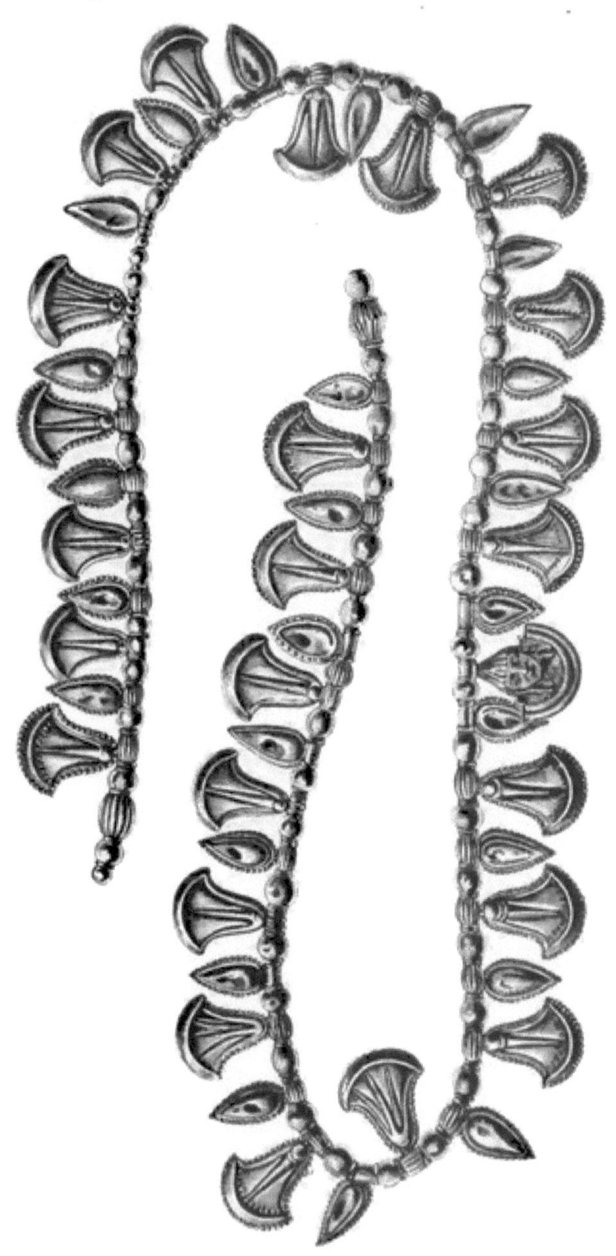

CURIUM.

CURIUM.

1.

2.

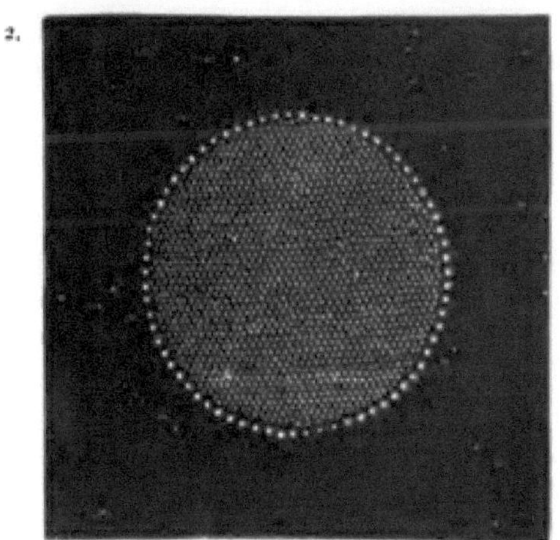

CURIUM.

CURIUM.

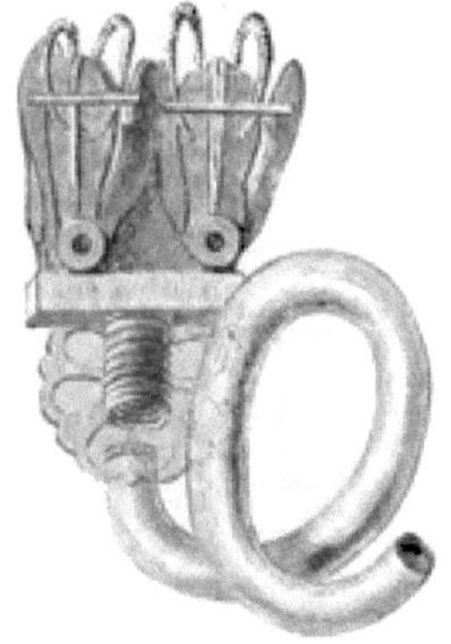

Rückseite.

Vorderseite.

2.

CURIUM.

CURIUM.

CURIUM.

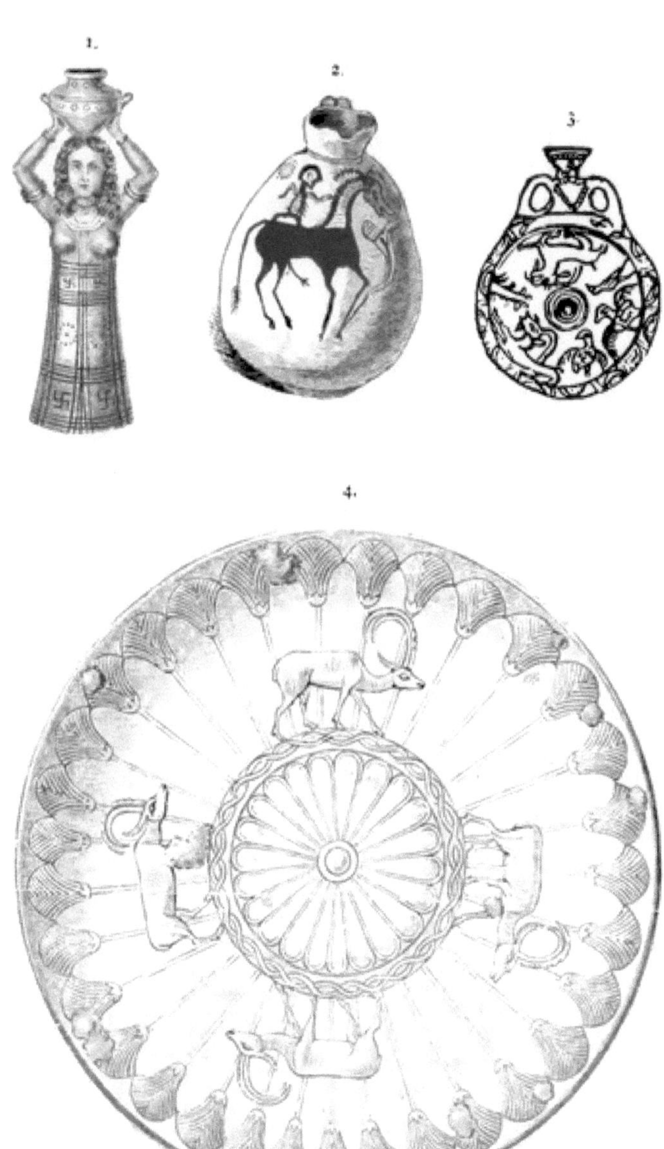

CURIUM.

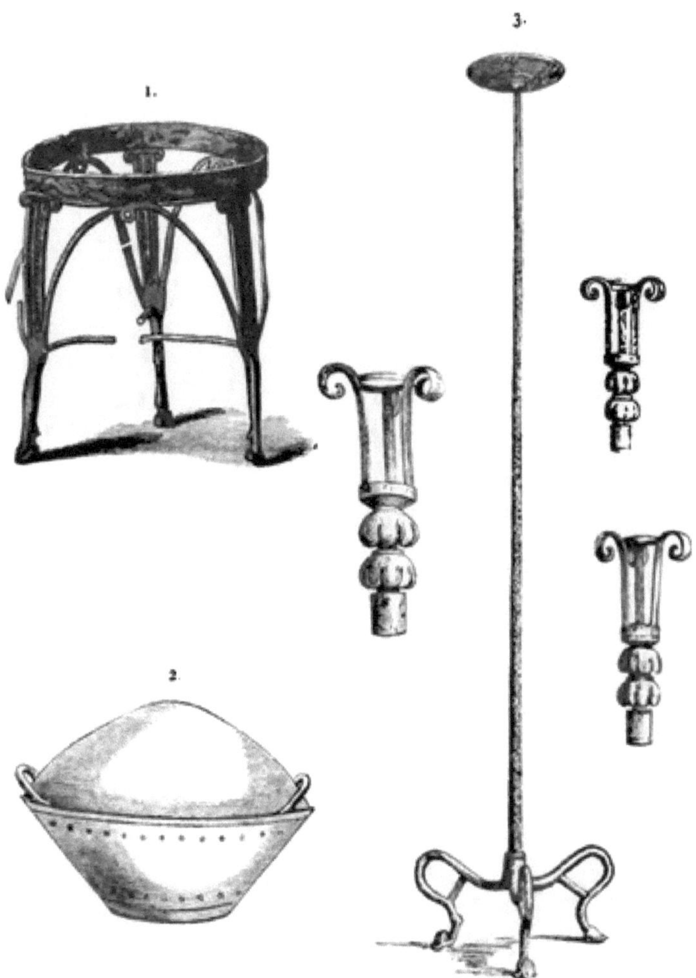
1.
2.
3.

1.

2. 3. 4.

5. 6. 7.

HYLE.

1.

2.

3.

4.

HYLE.

SCHATZ VON CURIUM: Goldene Gegenstände.

SCHATZ VON CURIUM: Assyrischer Stil.

12

13  14

15 16

17  18

19  20

21 22

SCHATZ VON CURIUM: Assyrischer Stil.

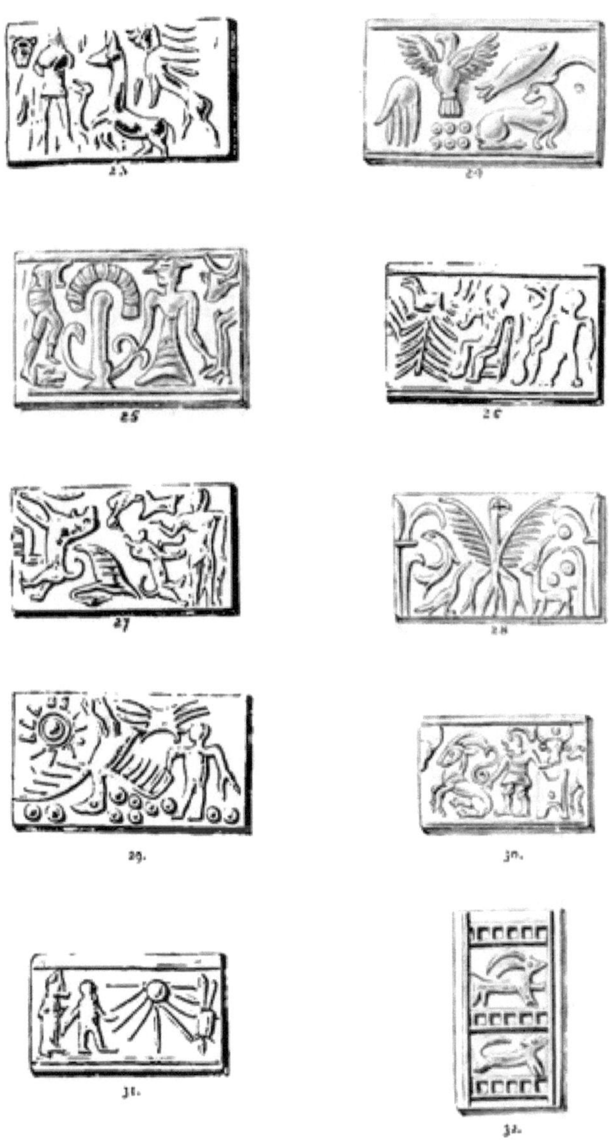

SCHATZ VON CURIUM: Assyrischer Stil.

SCHATZ VON CURIUM: Aegyptischer Stil.

1 a
3.
4.
1.
8.
6.
7.
2.
5.

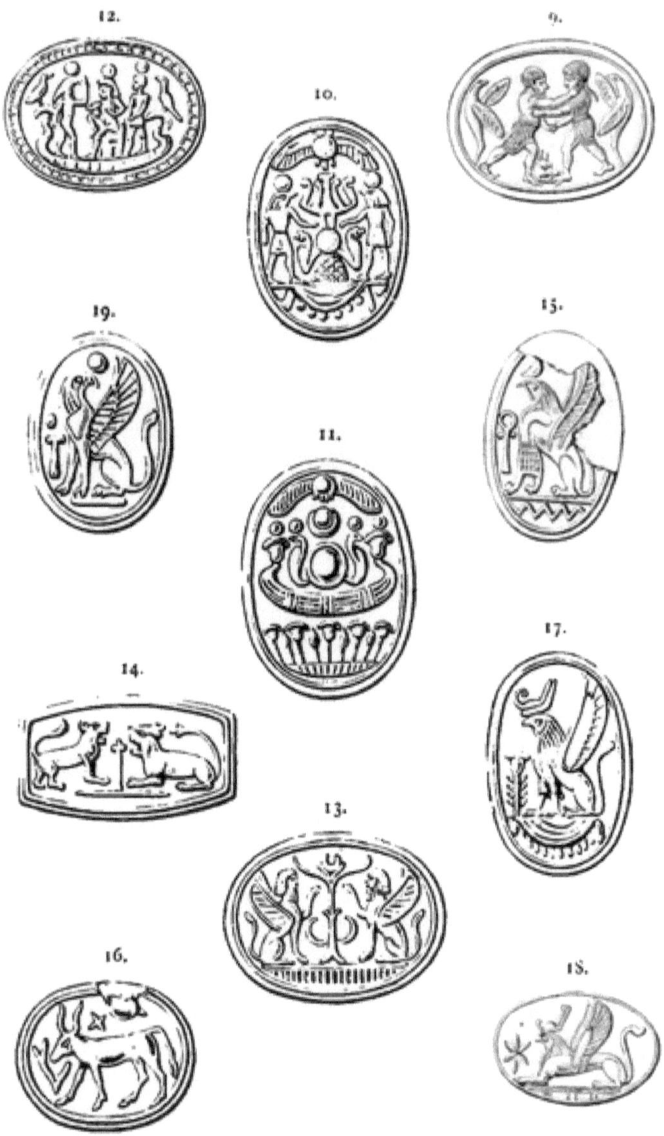

SCHATZ VON CURIUM: Phönicischer Stil.

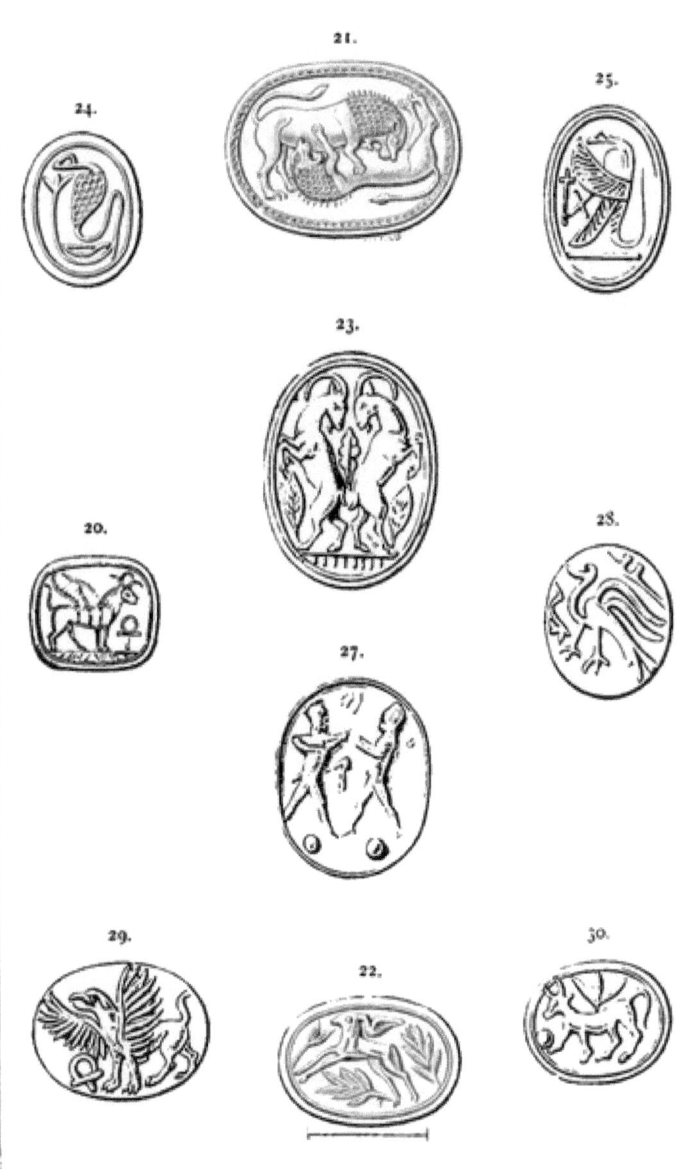

SCHATZ VON CURIUM: Phönicischer Stil.

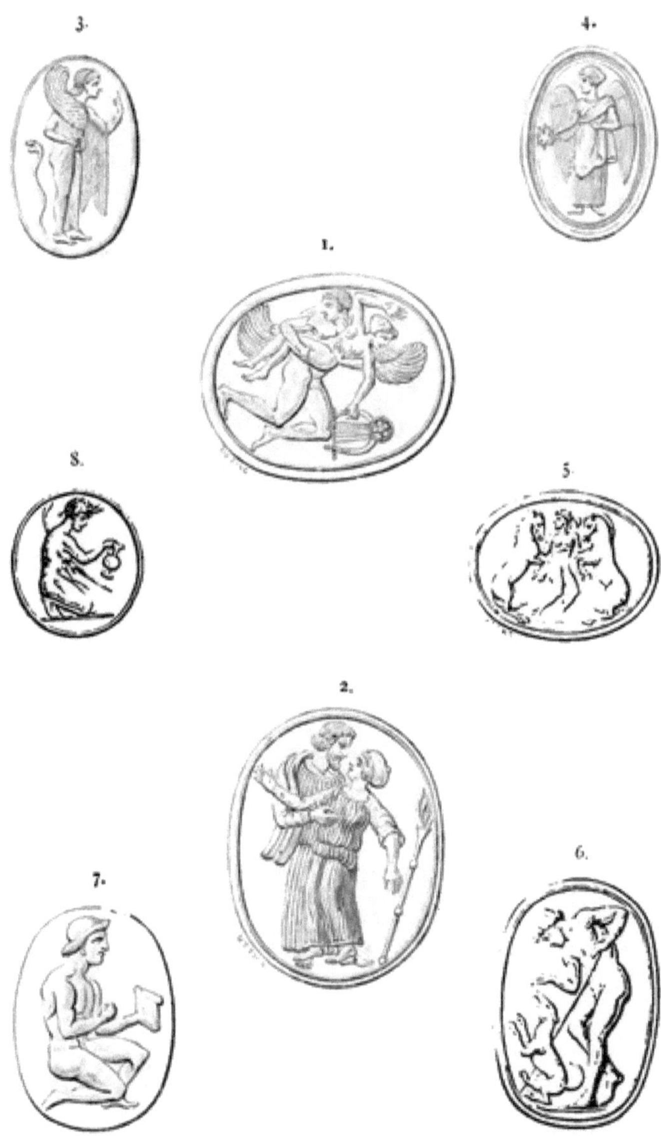

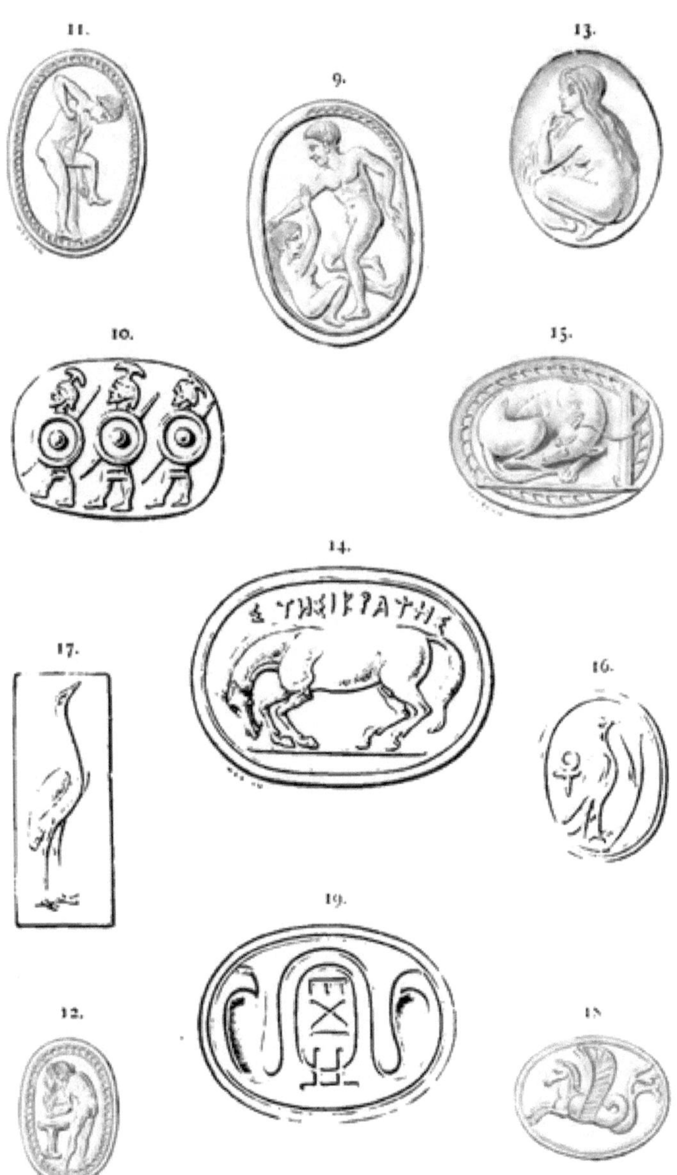

SCHATZ VON CURIUM: Griechischer Stil.

CYPRISCHE GEMMEN.

1.

2.

CYPRISCHE THONGEFÄSSE.

CYPRISCHE THONGEFÄSSE.

CYPRISCHE THONGEFÄSSE.

CYPRISCHE THONGEFÄSSE.

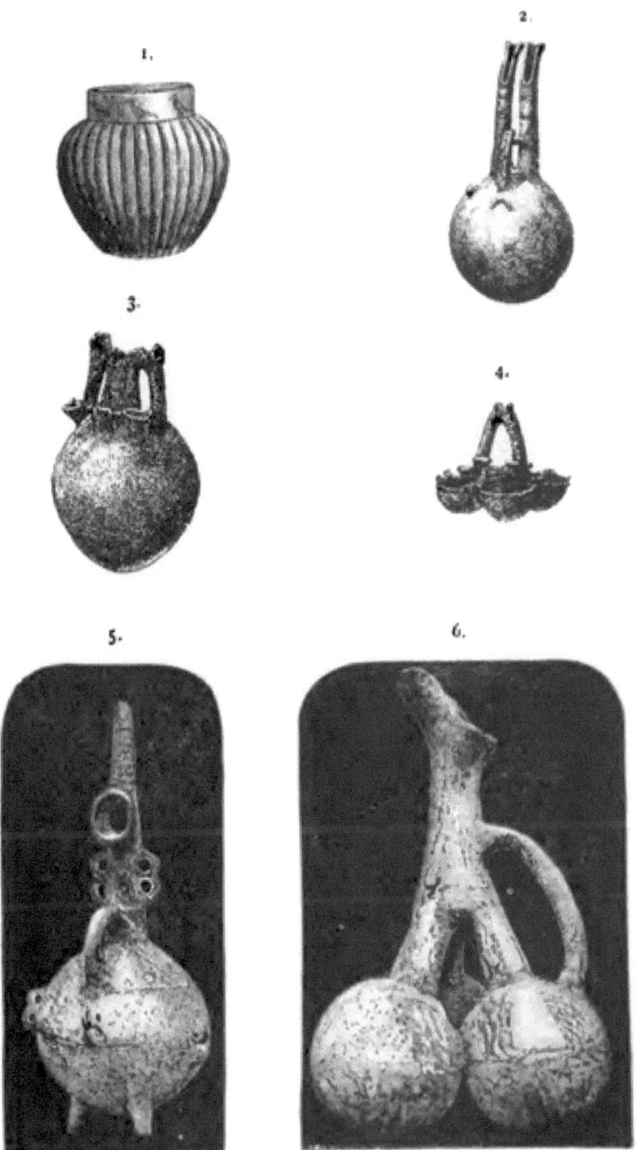

CYPRISCHE THONGEFÄSSE.

CYPRISCHE THONGEFÄSSE.

1.

2.

3.

VASENZEICHNUNGEN.

1.
2.
3.

1.

2.

VASENZEICHNUNGEN.

1.

2.

VASENZEICHNUNGEN.

CYPRISCHE INSCHRIFTEN AUF FLACHRELIEFEN.

N° 3

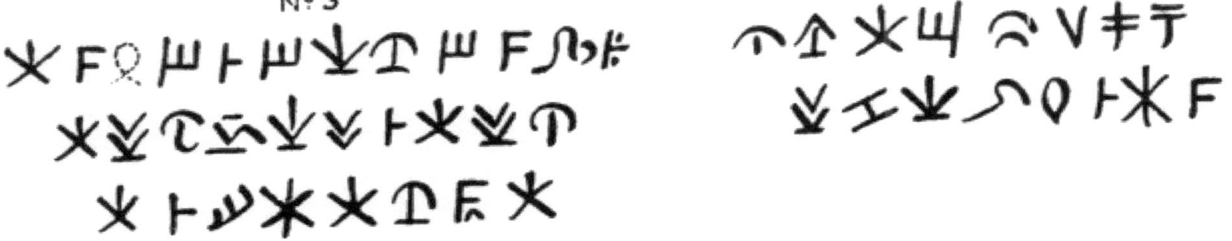

N° 2

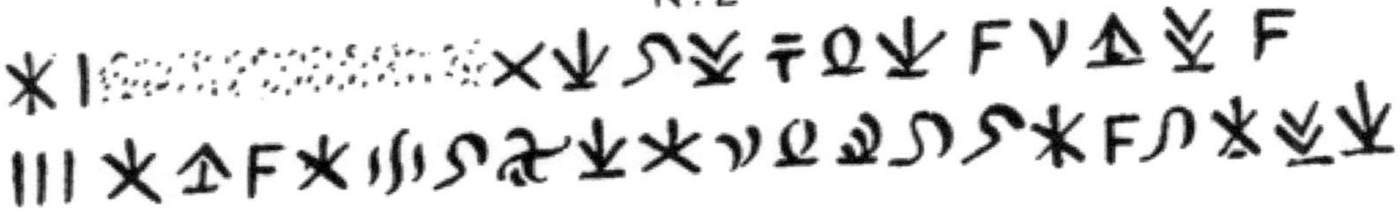

N° 1

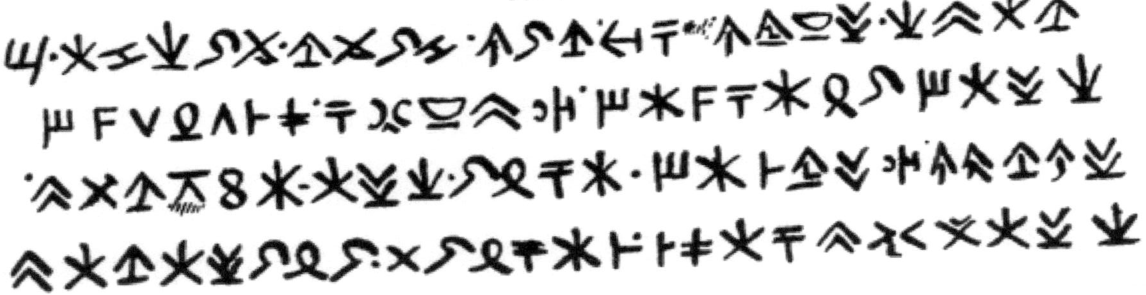

Tafel XCVIII.

Nº 5

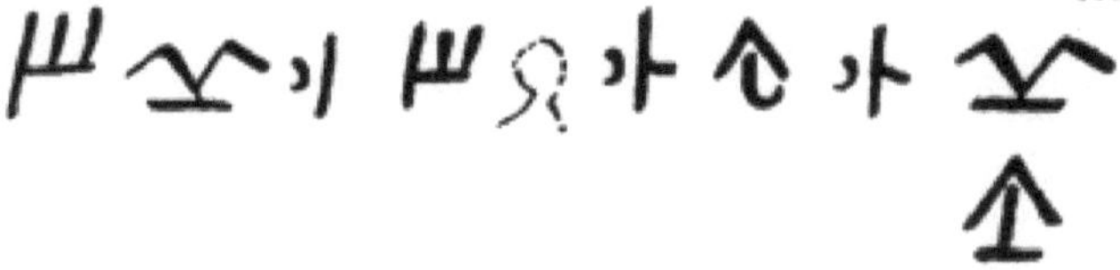

Nº 6

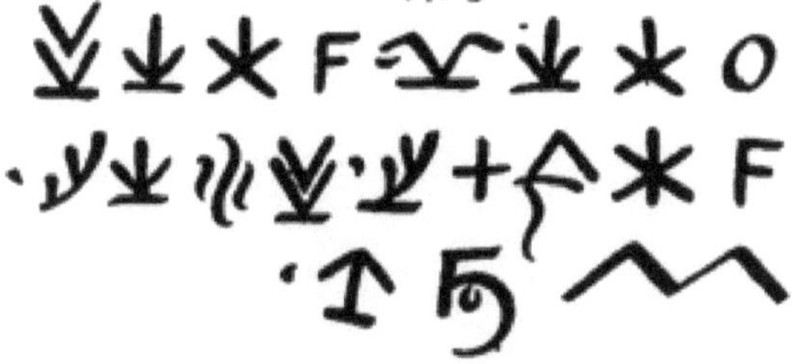

Nº 7

Nº 8

Nº 9

Nº 10

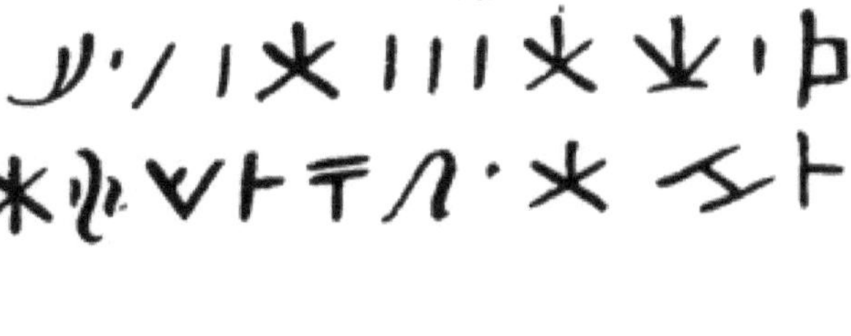

Nº 11

Nº 12

Nº 13

Nº 14

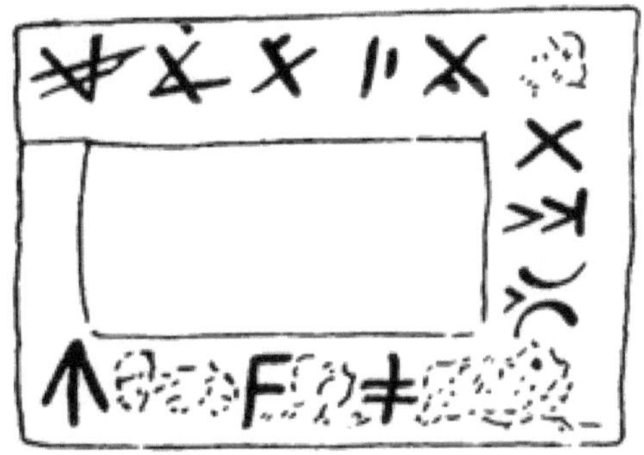

Nº 18

Nº 19

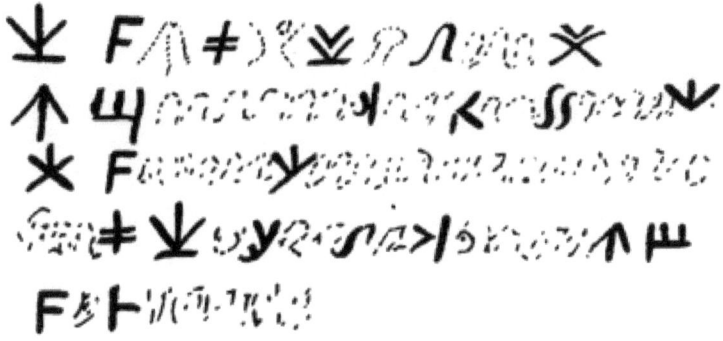

Tafel C.

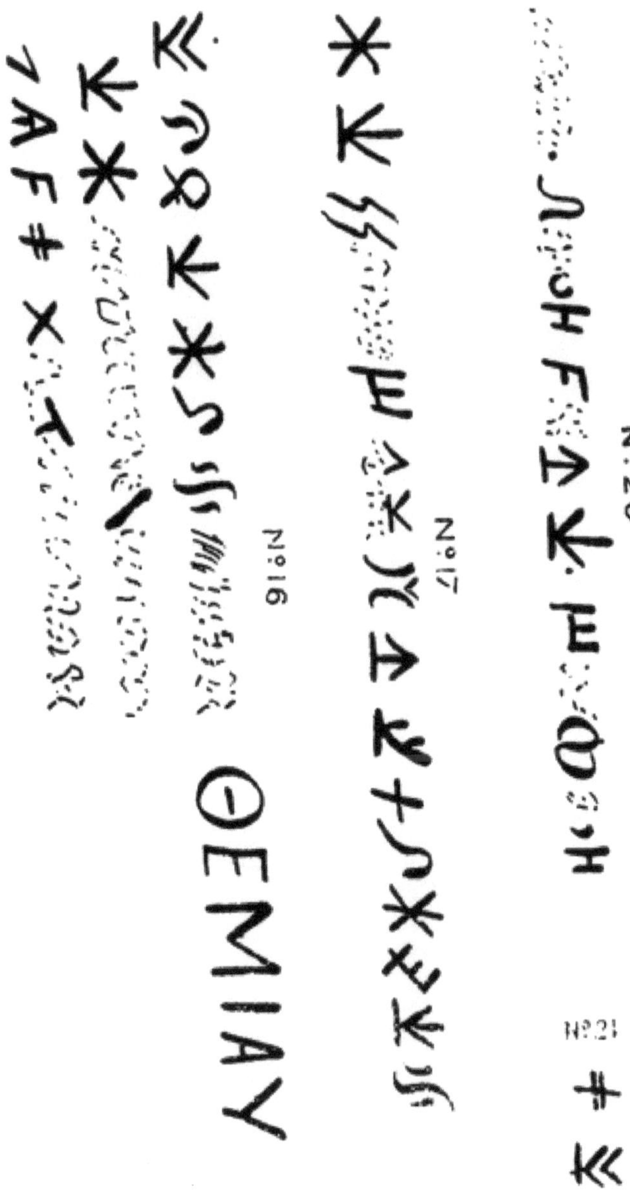

No. 20

No. 21

No. 17

No. 16

ΘΕΜΙΑΥ

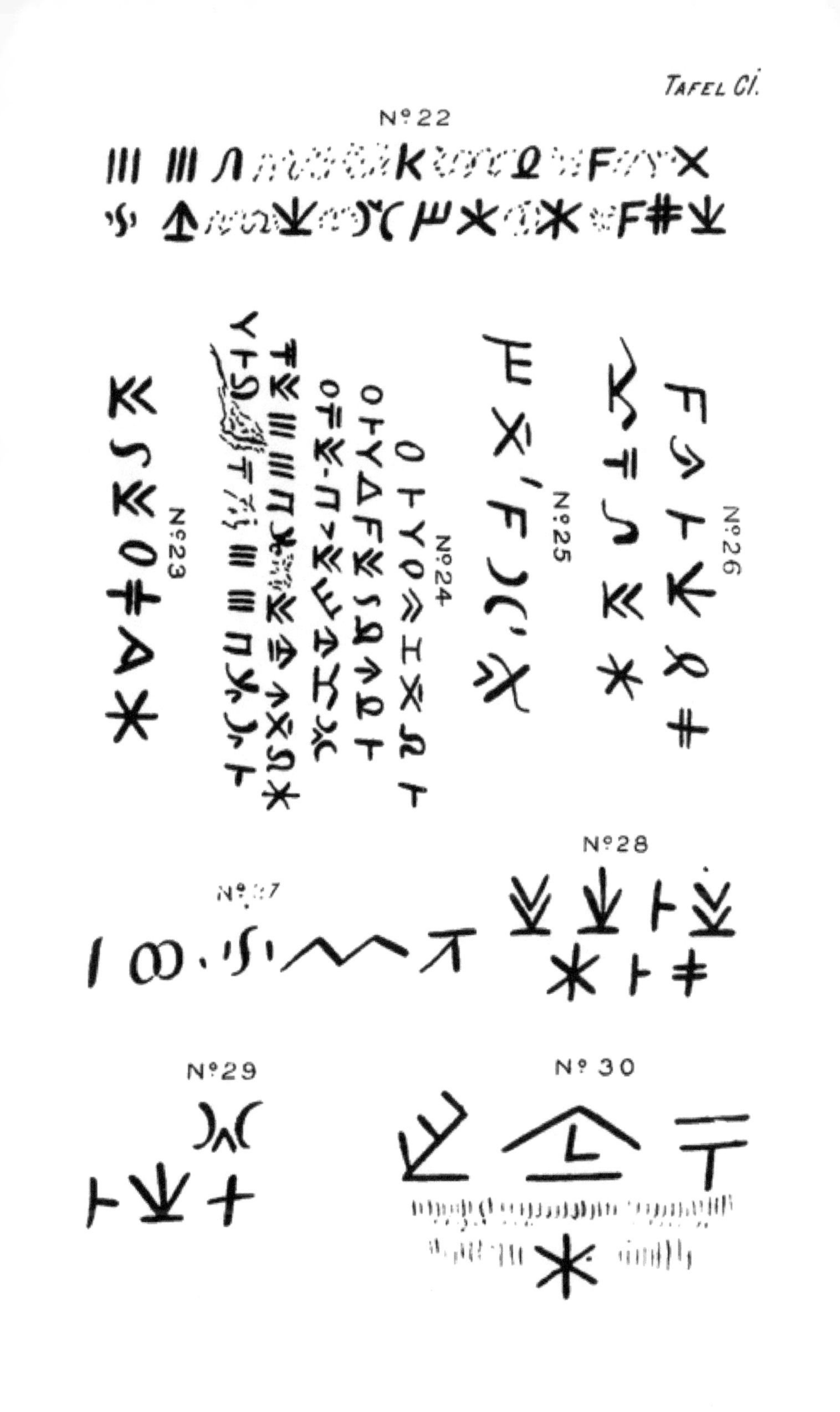

Nº 22

Nº 23

Nº 24

Nº 25

Nº 26

Nº 28

Nº 27

Nº 29

Nº 30

Nº 31
Nº 32
Nº 33
Nº 34
Nº 35
Nº 36
Nº 37
Nº 38
Nº 39
Nº 40

N° 41
N° 42
N° 43
N° 44
N° 45
N° 46
N° 47
N° 50
N° 52
N° 48
N° 49
N° 51

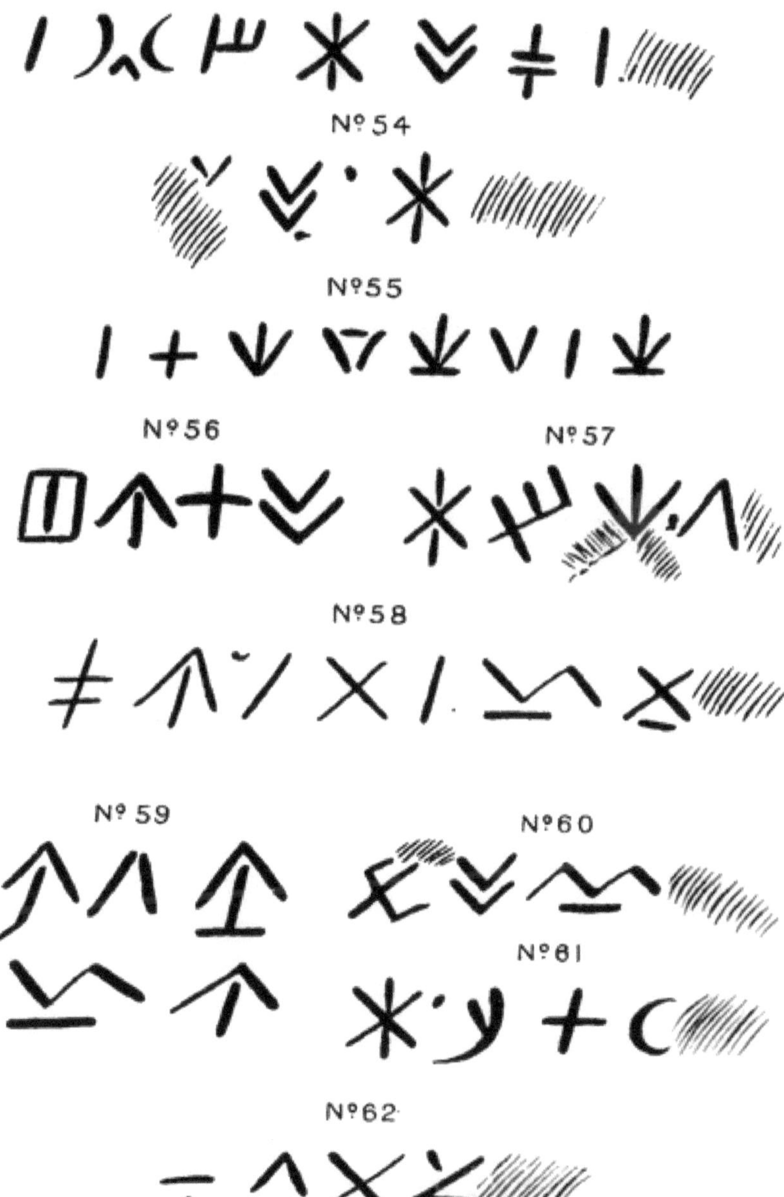

Nº 53
Nº 54
Nº 55
Nº 56
Nº 57
Nº 58
Nº 59
Nº 60
Nº 61
Nº 62

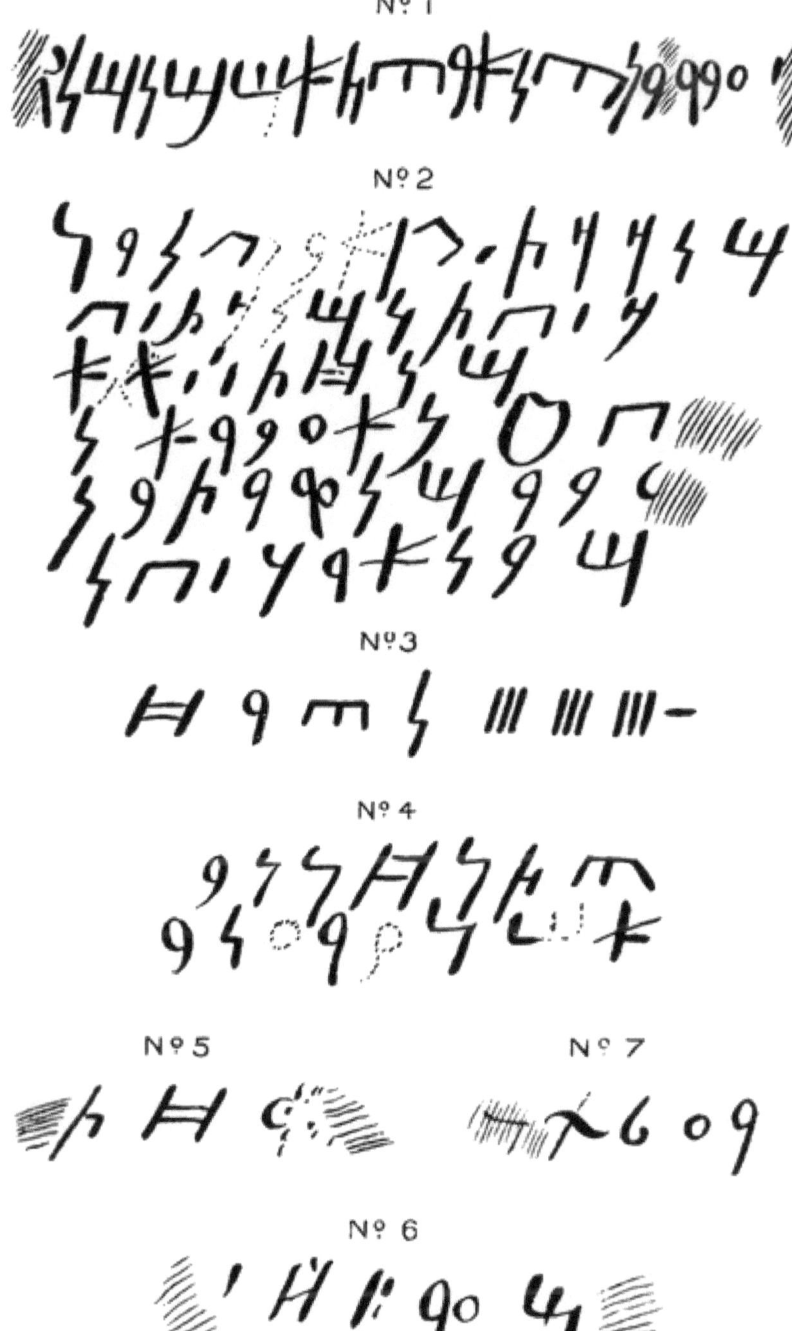

Nº 1
Nº 2
Nº 3
Nº 4
Nº 5
Nº 7
Nº 6

Nº 8

Nº 9

Nº 10

Nº 11

Nº 12

Nº 13

Nº 14

Nº 15

N° 25 N° 26

N° 27

N° 28 N° 29

N° 30

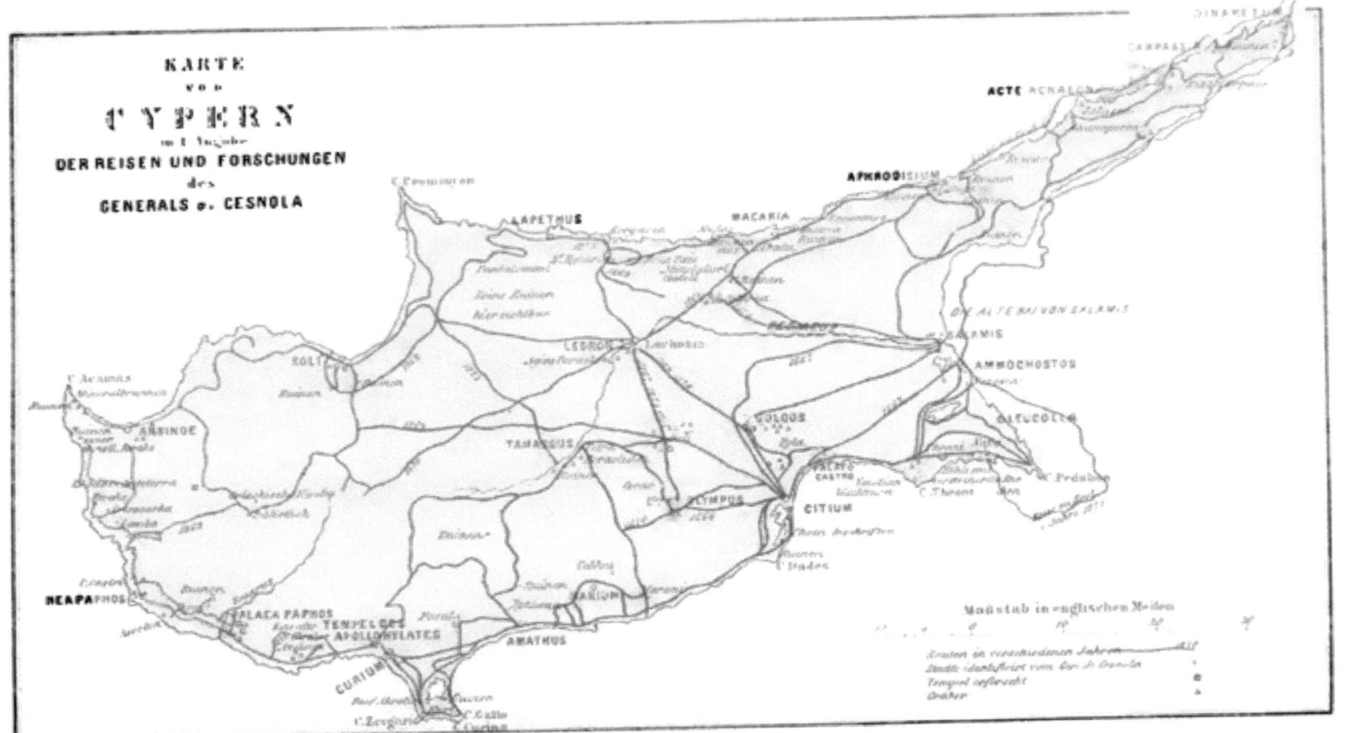

Jena Hermann Costenoble

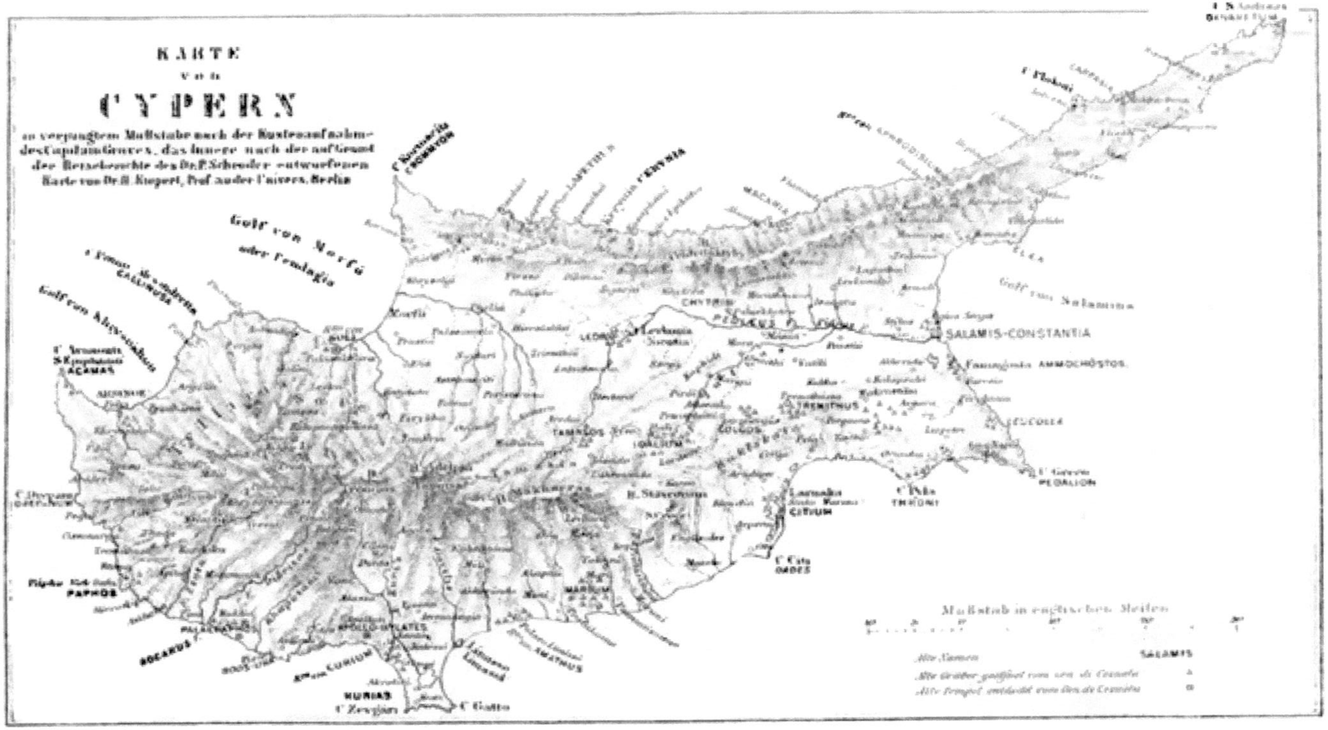

KARTE

von

CYPERN

in verjüngtem Maßstabe nach der Küstenaufnahme des Capitain Graves, das Innere nach der auf Grund der Reiseberichte des Dr. P. Schroeder entworfenen Karte von Dr. H. Kiepert, Prof. an der Univers. Berlin

Golf von Morfú oder Pendagia

Golf von Salamina

SALAMIS-CONSTANTIA

AMMOCHOSTOS

LEUCOLLA

C. Greco
PEDALION

C. Pila
THRONI

Larnaka
CITIUM

CHYTRIA

LEDRA

TAMASSOS

IDALIUM

GOLGOS

TREMITHUS

PAPHOS

KURIAS

C. Zevgari

C. Gatto

AMATHUS

Maßstab in englischen Meilen

Alte Namen SALAMIS

Alte Gräber geöffnet von Gen. di Cesnola

Alte Tempel entdeckt von Gen. di Cesnola

Jena: Hermann Costenoble